사회과교육론

SOCIAL STUDIES EDUCATION

사회과교육론

모경환 저

동문사

머리말

현대 사회는 빠르게 변화하는 환경 속에서 다양한 도전과 기회를 마주하고 있으며, 이에 따라 시민에게 요구되는 역량의 복잡성과 다양성도 증가하고 있다. 따라서 사회과교육이 양성하고자 하는 시민의 모습 역시 더욱 복잡하고 다차원적으로 변화하고 있으며, 이는 사회과교육에 중대한 도전 과제를 제시하고 있다. 이러한 맥락에서 사회과교육은 학생들이 비판적으로 사고하고, 다양한 관점을 이해하며, 책임 있는 시민으로 성장할 수 있도록 돕는 중요한 역할을 수행하고 있으며, 그 중요성은 더욱 강조되고 있다.

이 책은 사회과교육에 대한 깊이 있는 이해를 바탕으로, 이론적 측면과 실천적 측면을 포괄적으로 안내하고자 하는 목적에서 집필되었다. 먼저, 제1장에서 사회과교육의 개념과 이해를, 제2장에서 사회과의 발달 과정을, 제3장에서 사회과의 교육과정을 다루고 있다. 이어서 제4장에서는 사회과 교육과정을 실행하는 데 필요한 수업 설계를, 제5장에서는 다양한 수업모형과 교수 기법을 설명한다. 또한, 사회과 학습의 내용으로서 지식을 제6장에서, 기능을 제7장에서, 고차사고력을 제8장에서, 가치 학습을 제9장에서 다룬다. 제10장에서는 사회과 논쟁문제 수업을, 제11장에서는 평가를, 제12장에서는 현대 사회과교육의 도전과 과제인 다문화교육, 세계시민교육, 테크놀로지를 다룬다.

사회과교육은 19세기 말과 20세기 초 미국에서 시작되어 제2차 세계대전 이후 우리나라에 도입된 이후 많은 변화를 겪어왔다. 4차 산업혁명 시대의 도래와 디지털 전환, 학령 인구 감소 등 변화하는 교육 환경에 대응하기 위해, 2025년 고교 학점제의 전면 도입을 앞두고 2022 개정 교육과정이 고시되었다. '국민과 함께하는 교육과정'을 표방한 2022 개정 교육과정은 '포용성과 창의성을 갖춘 주도적인 사람'을 비전으로 제시하며, 사회과 교육과정에도 상당한 변화를 가져왔다. 이 책은 이러한 변화가 사회과에 미치는 영향을 분석하고, 교과로서의 사회과의 방향을 모색하는 데 목적이 있다.

이 책이 사회과 예비 교사 및 현직 교사들에게 유용한 자료가 되어 학생들이 바람직한 사회적 존재로 성장할 수 있도록 기여하기를 바란다. 이 책의 내용은 사회과교육에 입문하는 학생들뿐만 아니라, 교과 연구에 관심 있는 대학원생, 연구자, 일선 교사들에게도 큰 도움이 될 것으로 기대한다. 마지막으로, 이 책의 집필 과정에서 도움을 주신 동료 교수님들과 수업에 참여했던 학생들께 깊은 감사를 드린다. 또한, 책의 내용에 귀중한 조언을 해주신 황미영, 이경윤 교수님, 그리고 김재우, 임정수 박사께도 깊은 감사를 표한다. 이 책에 남아 있는 미흡한 부분은 전적으로 저자의 책임이며, 독자들의 건설적인 피드백을 환영한다.

2024년 8월

서울대학교 연구실에서

모경환

차 례

Chapter 08 사회과 고차사고력의 학습 261

Chapter 09 사회과의 가치 학습 307

Chapter 10 사회과 논쟁문제 수업 343

Chapter 11 사회과의 평가 383

Chapter 01

사회과교육의 개념과 목표

사회의 바람직한 구성원 양성이라는 목표는 인류 역사와 함께 시작된 오랜 과제이다. 그런데 이러한 목표를 위해 학교 교육과정에 도입된 사회과는 비교적 역사가 짧다. 19세기 말 20세기 초 미국에서 시민교육의 필요성이 대두되면서 시작된 사회과는 제2차 세계대전 이후 세계 각국으로 확산되었으며, 우리나라에서도 중요한 교과목으로 자리 잡았다. 이 장에서는 사회과와 사회과교육의 개념, 특징, 그리고 목표를 자세히 살펴보고자 한다.

1. 사회과교육의 개념

1) 사회과교육의 정의

가. 사회과교육과 시민교육

사회과(社會科)는 그 탄생 이래로 개념, 목표, 내용에 대한 논쟁이 끊이지 않고 있다. 사회과(social studies)는 학생들에게 시민으로서 필요한 자질을 교육하는 것을 목표로 하는 학교 교과(教科)이며, 사회과교육(social studies education)은 이러한 목표를 달성하기 위한 교육 활동을 의미한다. 사회과교육에 대한 학자들의 정의는 시대와 사회적 요구에 따라 다양하게 제시되어 왔다. 하지만 공통적으로 강조되는 핵심 목표는 바로 훌륭한 시민(good citizen)의 양성이다. 과거에는 국가에 대한 충성심을 강조하는 애국심 교육이 중심이었다면, 현대 사회에서는 민주시민으로서의 비판적 사고, 문제 해결 능력, 공동체 의식 등을 함양하여 지구촌 시민으로서의 역할을 수행할 수 있도록 하는 데 초점을 맞추고 있다. 이처럼 사회과 교육은 시대의 변화에 발맞춰 시민 교육의 중심 역할을 담당해 왔다.

이러한 관점에서 볼 때, 사회과교육은 학교에서 이루어지는 시민교육(civic education)이나 시민성교육(citizenship education)이라고 할 수 있다. 하지만 시민교육이 학교의 사회과교육에만 국한되는 것은 아니다. 도덕과, 과학과 등 다른 교과목은 물론, 학교 밖의 다양한 교육 활동을 통해서도 시민으로서 필요한 역량을 함양할 수 있기 때문이다. 즉, 시민교육은 사회과교육보다 더 넓은 의미를 포괄하는 개념이다.

요컨대 사회과(社會科)는 교과(教科)로서의 지위를 가지고 학교 교육과정의 일부로 편성·운영된다. 이에 비해 시민교육(市民教育)은 유아부터 성인까지 다양한 연령층을 대상으로 학교 안팎에서 이루어지는 포괄적인 교육 활동이다. 그러나 학교에서의 사회과는 시민교육을 위해 탄생한 교과로서 다른 어떤 교과보다도 핵심적인 역할을 담당하며, 또 학교 밖의 어떤 활동보다도 아동이나 청소년들을 위해 중요한 체계적 시민교육이라고 할 수 있다.

시민교육에 대한 관심은 고대 그리스 철학자 플라톤과 아리스토텔레스, 근대의 루소 등을 거치며 오랜 역사를 이어오고 있다. 하지만 체계적인 시민교육이 본격적으로 시작된 것은 근대적인 공교육 제도가 확립되고 국민 교육의 중요성이 강조되면서부터이다. 특히 미국은 19세기 중후반 의무교육 제도를 도입하며 학교 교육을 체계화했고, 19세기 말 20세기 초에는 사회과(social studies)라는 새로운 교과를 도입하여 학교에서의 시민 교육을 본격적으로 추진했다.

나. 사회과교육에 대한 다양한 정의

사회과교육이 학교에서 시민으로서의 자질을 함양하는 데 중핵적인 역할을 한다는 데에는 많은 사회과교육 학자들이 동의한다. 지금까지 사회과교육에 대한 다양한 정의들이 제시되어 왔는데, 주요 내용은 다음과 같다.

> 사회과는 시민성교육을 목적으로 인간관계에 관한 경험과 지식을 통합한 교과(Barr, Barth, & Shermis, 1977: 69)

> 사회과는 지역사회, 국가, 세계의 시민 생활에 참여하는 데 필요한 지식, 기능, 태도·가치를 육성하는 초·중등학교의 교육과정(Banks, 1999: 3)

> 사회과교육은 과학적 방법으로 얻어진 지식과 체계적으로 형성된 개인적 가치관을 기초로 하여 합리적으로 의사결정을 하고 행동하는 것을 목적으로 가르치는 모든 경험의 총체(Woolever & Scott, 1988: 18)

> 인간의 사회생활을 이해하는 데 필요한 사회과학적 지식과 탐구방법을 시민교육이라는 목표를 위해 구성한 교과목(Martorella, 1991: 37)

이러한 사회과교육 학자들의 논의를 통해 알 수 있는 사실은 이들 모두가 시민교육을 사회과의 가장 중요한 목적이자 본질로 보고 있다는 점이다. 우리나라의 학자들 역시 이러한 견해를 지지하고 있다(차경수, 1993; 조영달, 1995; 손봉호, 1997). 이와 같은 논의를 종합해 보면 사회과는 다음과 같이 정의할 수 있다.

> 사회과는 학생들이 사회생활에 필요한 지식, 기능, 가치 · 태도 등을 함양하여 민주 시민으로서 요구되는 자질을 갖추도록 하는 학교 교과이다.

다. 사회과교육의 내용

사회과교육의 내용은 모든 교과 중에서 가장 포괄적이다. 그래서 스탠리와 넬슨(Stanley & Nelson)은 사회과를 "시간과 공간을 초월하여 인간의 모든 행위에 대한 탐구하는 것"이라고 정의할 정도이다(Ross, 2001: 19에서 재인용). 미국사회과교육학회(National Council for the Social Studies: NCSS)는 1992년 이래로 다음과 같은 정의를 채택하고 있다:

> 사회과는 시민적 자질을 함양시키기 위한 사회과학과 인문과학의 통합 교과이다. 학교의 교과목으로서 사회과는 인류학, 고고학, 경제학, 지리학, 역사, 법, 철학, 정치학, 심리학, 종교 및 사회학, 그리고 인문학, 수학 및 자연과학으로부터 내용을 추출하여 체계적 통합적으로 조직한 것이다. 사회과의 주요 목표는 학습자로 하여금 상호의존적인 세계의 문화적으로 다양하고 민주적인 사회의 시민으로서, 공공선을 위해 합리적인 의사결정 능력을 함양하도록 돕는 것이다(NCSS, http://www.socialstudies.org/about).

이와 같이 사회과교육은 인간의 사회생활을 주요 내용으로 하며, 사회과학과 인문과학을 기초로 구성되어 있다. 먼저, 사회과는 정치, 경제, 사회 및 문화적인 면에서 인간의 생활에 필요한 기본적인 지식을 가르치고, 현재 및 미래에 당면할 여러 가지 문제를 성공적으로 해결할 수 있는 능력을 기르는 교과목이다. 또한 인간의 생활은 역사적 맥락에서 이루어지기 때문에, 역사적 사실에 대한 학습과 역사적 이해 및 탐구 방법 또한 중요한 사회과의 내용이다. 그리고 인간은 공간과 환경 속에서 생활하므로, 지리학의 내용 또한 사회과의 주요 부분이다. 이와 같이, 일반적으로 '사회과'라고 할 때는 정치, 경제, 사회, 문화, 법, 역사, 지리 등의 내용을 모두 포괄하고 있다.

이러한 맥락에서 우리나라 2022 개정 사회과 교육과정은 교과의 '성격'에서 다음과 같이 내용의 범위를 제시하고 있다.

> 사회과는 지리, 역사, 제 사회과학의 개념과 원리, 문제와 쟁점, 탐구 방법과 절차 등에 관한 요소를 통합적으로 선정 · 조직하여 사회현상과 사회문제, 공간구조와 변화, 시간의 변화와 지속을 종합적으로 이해하고 탐구할 수 있도록 구성되어 있다. 또 사회과는 우리 삶의 터전인 지역의 이해를 바탕으로, 우리나라의 역사, 국토와 환경, 한국 사회 제도의 현실과 변화, 지구촌의 특징과 변화 등에 대한 탐구를 통해 한국인으로서의 정체성과 세계시민으로서의 자질을 갖추도록 구성되어 있다. (교육부, 2022: 6)

2) 사회과교육의 특징

인간과 사회 현상을 탐구하고 시민의 자질을 육성하는 사회과교육은 다른 교과와 차별화되는 고유한 특징을 가지고 있다.

첫째, **내용 측면**에서 인간과 사회가 당면하고 있는 가장 중요한 문제가 사회과교육의 주요 내용을 이룬다. 사회과교육의 가장 큰 특징은 그것이 시대의 사회문제 또는 사회 현상과 밀접하게 관련되어 있다는 점이다. 사회문제는 시대와 장소에 따라서 다르게 나타나므로, 이를 반영하는 사회과의 교육 내용도 시대와 사회에 따라 달라진다. 오늘날 인류가 당면하고 있는 주요 문제로는 세계 도처의 전쟁과 테러, 환경오염에 따른 생존 위협, 전 세계적 질병, 그리고 빈곤과 불평등의 문제 등을 들 수 있다. 또한, 세계화에 따른 이주의 증가와 문화다양성의 심화, 많은 국가에서 일어나고 있는 급격한 사회적 변동과 이로 인한 사회적 갈등 또한 사회과교육의 주요한 내용을 이루고 있다.

둘째, **목표 측면**에서 사회과교육은 국가와 사회의 요구나 필요로부터 민감하게 영향을 받는다. 즉, 사회과는 사회 및 국가가 처해 있는 상황에서 중요하다고 생각되는 이념이나 가치를 목표로 설정하고, 학교에서 가르치도록 요구받는다. 사회과교육은 이로 인해 사회변화나 정치적 사회화의 중요한 수단이 되기도 한다. 1960년대 미국의 사회과 교과서에서 '법과 질서'가 대부분 강조되었고, 같은 시기의 한국 사회과교육에서 '반공'이 가장 강조된 것도 사회과교육이 국가적 · 사회적 요구의 영향을 강하게 받고 있음을 잘 보여준다. 우리나라 사회과 교육과정은 국가와 사회의 요구를 적극적으로 반영해 왔다. 예컨대 제1차 교육과정은 "중학교 사회 생활과 공민 부분의 교육 목적은 (중략) 유능하고 충성된 대한민국 국민을 길러냄에 있다"는 것을 밝히고 있다(문교부, 1955). 이에 비해 2022 개정 교육과정 사회과의 목표는 "… 사회과는 개인의 성장은 물론, 지역사회 · 국가 · 세계의 발전에 기여할 수 있는 책임 있는 시민을 기른다."고 규정하고 있다(교육부, 2022: 7).

셋째, **조직 측면**에서 사회과교육은 단일한 학문 영역이 아닌 여러 학문 영역을 교육적으로 포괄하여 내용을 조직하는 종합적인 성격을 가지고 있다. 이로 인해 교과의 학문적인 배경과 과목의 이름이 일치하지 않는다. 인간과 사회, 역사, 공간에 관한 연구는 정치학, 경제학, 사회학, 인류학, 지리학, 역사 등 여러 학문 분야에서 이루어지지만, '사회과'는 이러한 사회과학 및 인문과학을 학문적으로 교수하지 않는다. 사회과는 이러한 다양한 학문을 기초로 하여 시민으로서의 생활에 필요한 내용을 초 · 중등학교에서 학습할 수 있도록 재조직한 것이다. 특히 최근에는 정치학이나 경제학, 지리학, 역사학뿐만 아니라, 인간과 사회의 문제를 이해하는 데 크게 기여해 온 사회학, 인류학, 심리학, 법학 등이 사회과의 중요한 내용을 차지해 가고 있다. 뿐만 아니라, 이들 사회과학의 연구 방법도 사회과의 교수-학습에 중요한 영향을 미치고 있다. 이처럼 다양한 내용과 연구 방법을 통합적으로 조직한 것이 사회과의 특징이다.

3) 사회과와 관련된 용어

사회과교육 영역에서는 유사한 용어들이 많이 사용된다. 이러한 용어들의 고유한 의미를 정확히 파악하는 것은 사회과교육의 이해와 연구를 위해 필수적이다. 이들 중에서 사회과교육 문헌에서 자주 등장하는 몇 가지 주요 용어를 자세히 살펴보겠다.

가. 사회생활과, 일반사회

사회과교육은 역사학, 지리학, 그리고 정치학, 경제학, 사회학, 문화인류학 등의 인문학과 사회과학을 바탕으로 구성되어 있다. 즉, 지리학, 역사학 및 여러 사회과학이 통합되어 사회과라는 과목을 형성하고 있는 것이다. 우리나라에서 1945년 해방 직후의 '교수요목기'부터 '제1차 교육과정'까지는 사회과를 '사회생활과'(社會生活科)라고 불렀다. 사회생활과는 사회과의 미국식 명칭인 'Social Studies'를 번역한 것으로, 사회과교육이 인간의 사회생활을 그 중요한 내용으로 삼는다는 데에서 유래된 것으로 보인다. 이 교과 명칭은 1963년 제정 · 공포된 제2차 교육과정에서 '사회과(社會科)'로 변경될 때까지 사용되었다.

이에 비해 '일반사회'(一般社會)라는 명칭은 고등학교 사회과에서 정치, 경제, 사회, 문화 등 사회과학을 중심으로 하여 역사, 지리 영역을 일부 포괄하는 과목의 명칭으로 사용되었다. 즉, '일반사회'는 제1차 교육과정에서 고등학교의 사회 교과가 일반사회, 도덕, 국사, 세계사, 지리 등 다섯 과목으로 편성되면서 과목 명칭으로 등장하였다. 이후 1974년에 공포된 제3차 교육과정 개정에서 '일반사회' 과목이 '정치 · 경제'와 '사회 · 문화'로 구분되면서 '일반사회'라는 과목은 사실상 없어지게 되었다. 그러나 오늘날까지도 사회과 안에서 내용 영역을 구분하기 위해, 일반사회 또는 약칭인 '일사'라는 용어가 관례적으로 사용되고 있다. 예컨대, 우리나라 일부 사범대학에서는 역사교육과, 지리교육과와 구별하여 '일반사회교육과'라는 학과가 설치되어 있고, 이수 과목에서도 지리교육론, 역사교육론과 구별되는 '일반사회교육론'이라는 과목이 개설되어 있다.

나. 사회과교육, 사회교육

사회과교육과 사회교육의 의미도 혼동하기 쉽다. 국어교육, 수학교육처럼 학교의 교과를 지칭할 때 사회교육은 사회과교육을 줄여서 부르는 말이다. 그런데 중등교사 양성기관인 사범대학에서는 보통 지리교육과, 역사교육과, 사회교육과(또는 일반사회교육과) 등 세 학과가 분리되어 있다. 즉, 교과 명칭은 통합적 의미를 가지고 있지만, 사범대학의 학과 명칭은 분과적인 성격을 가지고 있어서 종종 혼란을 초래한다.

더욱 중요한 점은 사회교육이 완전히 다른 의미로 쓰이는 경우가 있다는 것이다. 학교 안에서 이루어지는 학교교육(學校教育)과는 달리, 학교 밖에서 이루어지는 조직적이고 체계적인 교육을 사회교육(社會教育)이라고 부르는 경우가 있다. 예를 들어, 일본의 사회교육법 제2조는 "사회교육이란 학교교육법에 따라 학교의 교육과정으로 행해지는 교육활동을 제외한, 주로 청소년 및 성인에 대하여 실시하는 조직적인 교육활동"이라고 규정하고 있다. 1982년에 제정된 우리나라 '사회교육법'도 제2조 1항에서 "'사회교육'이라 함은 다른 법률에 의한 학교교육을 제외하고 국민의 평생교육을 위한 모든 형태의 조직적인 교육활동을 말한다."라고 규정하였다. 이처럼 '사회교육'이라는 용어가 학교밖 교육이라는 의미를 가지면서 상당한 혼란을 일으키게 되었다.

이러한 우리나라의 사회교육법은 1999년에 마침내 '평생교육법'으로 명칭을 변경함으로써 혼란이 상당 부분 해소되었다. 평생교육법 제2조 1항은 다음과 같이 용어를 정의하고 있다. "평생교육이란 학교의 정규교육과정을 제외한 학력보완교육, 성인 문자해득교육, 직업능력 향상교육, 인문교양교육, 문화예술교육, 시민참여교육 등을 포함하는 모든 형태의 조직적인 교육활동을 말한다." 사회교육을 이와 같이 학교밖 교육으로 정의하는 경향은 일본, 중국, 그리고 우리나라 일부 학자들에게서 나타나고 있으나, 학교밖 교육에 대해서는 최근 평생교육(life-long education), 성인교육, 비형식 교육, 계속교육 등의 용어가 보다 빈번히 사용되는 추세에 있다.

미국에서 사회교육(social education)은 초·중등학교에서 교과목으로 교수되는 사회과교육(social studies education)을 의미하는 용어로 쓰이고 있다. 예컨대 미국사회과 교육학회(NCSS)는 「사회교육」(*Social Education*)이라는 격월간 잡지를 발행하고 있는데, 이 잡지는 초·중등학교에서 사회 교과(social studies)를 어떻게 교수할 것인가를 다루고 있다. 그리고 학교 밖에서 실시하는 교육에 대해서는 평생교육, 성인교육(adult education) 또는 비형식교육(nonformal education)이라는 용어를 사용하여 학교의 교과목인 사회교육과 구분하고 있다. 요컨대 '사회교육'이라는 용어는 학교의 '사회과교육'을 지칭하는 것이 일반적인 추세라고 할 수 있다.

다. 사회과, 사회과학

마지막으로 사회과와 사회과학의 차이에 대해 살펴보자. 사회과학은 인간관계 및 사회현상을 과학적으로 연구하는 정치학, 경제학, 사회학 등의 학문을 가리키는 말이다. 사회과학의 목적은 사회현상의 이해와 법칙 발견에 있다. 이를 위하여 사회과학자들은 실험, 조사, 관찰, 면담 등의 다양한 연구 방법을 사용한다. 이렇게 얻어진 연구 결과를 보고하고 이론을 발전시키는 것이 사회과학자의 중요한 임무이다.

여기에서 사회과학자와 교육자의 개념을 구분할 수 있다. 사회과학자는 사회현상에 대한 이론을 구성하고 발전시키려는 사람이지만, 교육자는 학생들이 그러한 이론을 잘 이해할 수 있도록 도와주고 가르치는 사람이다. 사회과학자의 연구 활동은 연구실에서도 가능하지만, 교육자는 학습 상황에서 학생들과 함께 가르치고 배우는 과정에 참여한다. 이처럼 사회과학자와 교육자는 개념적으로 구분되지만, 현실적으로는 두 역할이 겹치는 경우가 많다. 사회과학자가 교육을 하기도 하고, 또 교육자가 연구를 하기도 한다.

이상에서 서술한 바와 같이, 사회과학은 사회현상을 이해하고 법칙을 발견하려는 학문인 반면, 사회과는 인간과 사회, 역사, 공간 등에 관한 지식과 탐구 방법을 학생들에게 교육하기 위해서 재조직한 교수용 교과목(instructional school subject)이다. 따라서 독창적인 법칙을 발견하는 것은 사회과의 근본 목적이 아니다. 요컨대, 사회과학이 법칙과 이론의 발견과 같은 학문적 측면을 중요시하는 데 비해, 사회과는 교육현장에서 학문적 내용을 현실 생활과 학습자의 발달 수준에 맞게 재조직하고 교육할 수 있도록 하는 교육적 측면을 중요시한다.

2. 사회과교육의 본질

사회과의 개념 못지않게 사회과의 성격과 목표를 이해하는 것도 중요하다. 사회과는 다른 교과와 구별되는 특성을 가지며, 이것이 교과로서의 본질적 성격이다. 이러한 성격이 구체화되어 표현되는 것이 목표이다. 모든 교육활동은 목표 지향적이며, 사회과교육의 목표는 사회과교육의 방향을 설정하고, 내용 선정과 교수 방법 등에 중요한 영향을 미친다. 또한, 이러한 사회과교육 목표의 내용과 서술 방법은 사회와 시대에 따라 달라진다.

사회과가 시민성(citizenship), 즉 시민의 자질을 육성하는데 주안점을 둔 교과라는 데에는 이견이 없다. 그러나 시민적 자질의 내용이 무엇이며, 그러한 자질을 교육하기 위한 내용과 방법은 무엇인가에 대해서는 다양한 견해가 존재한다. 바아 등(1978)은 사회과 교육자들이 발전시켜 온 사회과의 전통을 '시민성 전달로서의 사회과교육', '사회과학으로서의 사회과교육', '반성적 탐구로서의 사회과교육' 등 세 가지 모형으로 분류하여 제시하였다(Barr, Barth, Shermis, 1978). 이러한 모형들은 사회과의 본질적 특성, 즉 교과로서의 '사회과'가 시민성 교육의 목적에 어떻게 공헌할 수 있느냐는 질문에 대한 서로 다른 유형의 대답이다. 마토렐라는 이러한 세 가지 전통에 엥글(Engle, 1977), 넬슨과 미개일리스(Nelson & Michaelis, 1980)가 제시한 '합리적 사회비판'과 '개인발달'이라는 두 가지 범주를 추가하여, 이를 다섯 가지 모형으로 종합해 제시하고 있다(Martorella, 1991).

여기에서는 이러한 다섯 가지 모형에 대해서 상세히 살펴보고자 한다. 이를 위해 각 모형이 제시하는 사회과교육의 ① **목적**, ② **가르쳐야 할 내용**, ③ **적절한 교수-학습 방법**, ④ **이들 모형에 대해서 제기되는 비판** 등 네 가지 측면에서 논의하겠다.

1) 시민성 전달 모형

시민성 전달(Citizenship Transmission) 또는 문화유산 전달로서의 사회과는 사회의 유지·존속에 필요하다고 여겨지는 바람직한 지식, 기능, 가치를 가르쳐 학생들이 미래의 훌륭한 시민이 되도록 하는 것을 목적으로 한다. 여기서 훌륭한 시민(good citizenship)이란 사회에서 수용되는 가치, 관습, 규범을 내면화하고 이에 따라 행동하는 사람을 말한다. 이들은 세금을 납부하고 학교에 다니며, 위기 때 나라를 지킨다.

이 모형에서는 교사와 학생이 살고 있는 사회의 유지·존속을 위해 필요한 지식과 행위를 주요 학습 내용으로 한다. 이때 교사가 교과서를 통해 전달하는 수업 내용도 중요하지만, 그 내용이 내포하고 있는 가치와 신념이 더욱 중요한 학습 요소가 된다. 예를 들어, 공민 과목을 가르칠 때, 학생들이 정부 구조를 상세히 암기하는 것보다는 미국이 지구상에서 가장 공정하고 최선의 정치체제라는 확신을 갖는 것이 더 중요하다.

시민성 전달 모형의 대표적인 교수학습 방법은 직접적인 전달 방식이다. 이는 전형적인 강의식 수업방식으로, 필수적인 학습 내용을 선정하여 직접적으로 전달함으로써 그 이면의 태도와 가치까지 전수하는 방식이다. 이러한 직접적인 방식과 함께 간접적인 전달 방식도 사용되는데, 학습 내용을 직접적으로 전달하기보다는 간접적이고 섬세한 방식으로 가치와 태도를 내면화하도록 하는 방식이다. 외견상 이러한 방식은 시민성 전달 모형의 교수학습 방법과는 거리가 있어 보이지만, 본질적으로 가치와 태도의 전수라는 목적에는 차이가 없다.

시민성 전달 모형은 전통적인 가치와 신념 체계의 전달을 강조하여 사회의 유지와 안정을 도모할 수 있다는 점에서 의의가 있다. 그러나 전통에 얽매여 변화하는 시대 흐름에 민첩하게 대응하지 못하고, 다원적인 민주주의 가치를 담보하지 못한다는 점에서 보수적이라는 비판을 받는다. 특히 전수하려는 가치 및 신념 체계에 대해서는 사회 구성원의 합의가 전제되어야 하는데, 이것이 어떻게 가능한지에 대해서는 여전히 미해결 과제로 남아있다. 또한, 이 모형은 신념과 이상을 전달하여 이상적인 훌륭한 시민을 양성하는 데 목적을 두고 있어서, 학생들의 다양한 욕구와 흥미를 고려하는 데는 미흡한 점이 있다.

2) 사회과학 모형

사회과학(Social Sciences)으로서의 사회과 모형은 사회과학의 탐구 방법과 학문의 구조를 습득한 미래 시민을 양성하는 것을 주요 목적으로 한다. 따라서 이 모형에서는 사회과교육의 본질을 사회과학의 지식, 개념, 일반화, 이론 등을 체계적으로 교육하고, 사회과학적인 탐구력을 육성하는 것으로 보고 있다. 이 모형은 20세기 초, 사회과교육에 있어 학문의 중요성을 강조하는 입장에서 제기되었으나, 사회문제 해결을 강조하는 진보주의 교육관에 밀려 쇠퇴하였다. 하지만 1950년대 후반부터 학문중심 교육과정이 대두되면서 1960년대에 부흥기를 맞게 되었다. 즉, 신사회과운동과 함께 학문의 구조와 연구 방법을 학습하는 것이 중요시되면서 사회과학 모형이 사회과교육의 주류로 등장하게 되었다.

사회과학 모형에서는 사회과학자가 사용하는 탐구 방법이 가장 중요한 내용이다. 즉, 사회과학자들이 채택하는 가설 설정, 자료 수집, 분석과 검증, 결론 도출이라는 탐구의 과정을 주된 학습 내용으로 삼는다. 이 전통에서는 사회과학의 탐구 방법을 익히고, 사회과학의 학문적 위계와 학습 내용을 익힌 사람이야말로 훌륭한 시민이 된다고 본다. 왜냐하면 사회과학적인 분석력과 사고력을 습득한 사람은 실제 생활의 문제에 대해서도 적절한 결정을 내릴 수 있다고 믿기 때문이다. 이 모형에서는 주로 빈곤, 계층, 사회변동, 가족구조 등 사회과학자들이 관심을 가지는 요소들을 다룬다.

사회과학 모형에서 추구하는 교수학습 방법은 사회과학 영역에서 활용되는 다양한 탐구 방식을 교실에서 재현하는 데에 목적이 있다. 예를 들어, 인류학 수업에서는 인류학자가 사용하는 문화기술지 방법(ethnography)을 학습자가 습득하도록 하며, 역사 수업에서는 역사학자들이 연구를 수행하는 방식대로 학습자들이 역사 연구를 직접 수행하는 과정을 익히고 연습하는 데 중점을 둔다. 또한 발견학습(discovery learning)을 강조하여, 학생들이 학자들의 탐구 과정을 스스로 체득하도록 하는 데 중점을 둔다.

그러나 사회과학으로서의 사회과교육은 다음과 같은 비판에 직면해 있다. 우선, 사회과학 모형의 기본 정의에 따르면 사회과학의 학문 내용과 탐구 방법을 습득하면 실생활의 사회문제를 해결하는 데 유용하다고 본다. 하지만 실제로 사회과학자의 관심은 문제해결을 위한 정책 결정과는 무관한 경우가 많다. 또한 사회과학의 훌륭한 연구 성과를 활용한다는 것과 좋은 의사결정을 내린다는 것은 별개의 문제일 수 있다는 점도 지적된다. 특히, 문제 선정이나 문제 해결을 위한 의사결정 과정에 가치가 개입될 수 있음에도 불구하고, 사회과학 모형에서는 가치판단을 배제하고 있다는 점이 문제점으로 지적된다.

3) 반성적 탐구 모형

반성적 탐구(Reflective Inquiry)로서의 사회과는 실생활에서 직면하는 문제를 해결하는 데 필요한 의사결정(decision making) 능력을 함양하는 것을 주된 목적으로 한다. 반성적 탐구 모형에서는 전달해야 할 가치와 지식의 목록이 존재한다고 믿는 시민성 전달 모형과는 달리, 학습자 자신의 가치 체계를 명료화(value clarification)하는 것을 중요시한다. 개인이 사회문제에 직면하여 바람직한 의사 결정을 하기 위해서는 지식이 필요하며, 이러한 지식은 가치 판단 과정의 일부분이 된다. 즉, 반성적 탐구 모형에서는 가치명료화와 지식 획득 과정이 수업의 핵심이 된다.

반성적 탐구 모형에서 중요시 하는 교육 내용은 사적으로 의미 있고, 사회적으로 공유되는 '문제'들과 그 해결을 위해 필요한 정보이다. 이러한 교육 내용은 학습자의 필요와 흥미를 바탕으로 조직되어야 한다. 예를 들어, 약물 남용이나 세대 갈등 같은 문제는 사회적 문제인 동시에 개인적 문제가 될 수 있다(Barr, Barth, Shermis, 1978). 이렇게 개인적, 사회적으로 의미 있는 문제에는 유일한 해결책이 존재하기 보다는 다수의 해결책이 경합할 수 있으며, 이에 대한 의사결정 능력의 육성은 민주시민을 양성하는 데 중요한 목표이다.

반성적 탐구 모형에서의 수업 방법은 반성적 탐구와 반성적 사고 과정을 중심으로 이루어진다. 듀이(Dewey)로부터 시작된 반성적 탐구의 과정(reflective inquiry process)은 경험 → 의심과 불확실성 → 문제의 체계화(framing the problem) → 가설의 설정 → 탐색과 검증 → 일반화의 과정을 거친다. 이때 각 단계는 상호 분리된 것이 아니라 중첩될 수 있다. 탐구의 전 과정에서 핵심은 토론(discussion)이며 사실, 맥락, 학생의 신념 · 가치에 대해 토론할 수 있다(Barr, Barth, Shermis, 1978). 이 모형에서 학생은 능동적이고 주체적인 탐구 수행자로 간주한다. 반성적 탐구 모형의 지지자들은 다양한 수업 모형을 제안했다. 예를 들어, 올리버와 쉐이버(Oliver & Shaver, 1966)는 대립하는 가치를 분석하고 합리적인 의사결정에 도달하기 위한 방안으로 공공문제를 탐구하는 논쟁문제 수업모형을 제안했는데, 이는 '하버드 모형' 또는 '법리(jurisprudential) 모형'으로 불린다.

결론적으로, 반성적 탐구 모형은 급변하는 현대 사회에서 직면하게 되는 문제를 다루는데 적합한 모형이다. 그러나 반성적 탐구는 다른 모형에 비해 상대적으로 추상적이어서 다양한 해석이 공존하는 양상을 보였고, 그 구체적 의미도 다양하게 제시되어 혼란을 초래했다. 이 모형의 취지에 많은 교사들이 공감함에도 불구하고, 체계적인 수업 설계가 비교적 어렵다는 점이 드러났다. 이로 인해 반성적 탐구는 교사에게 많은 능력을 요구하고 있어, 교사들이 부담스러워한다는 어려움이 있다.

위에서 살펴본 세 가지 모형은 사회과에 존재하는 모든 전통을 포괄하지 않으며, 이 외에도 여러 가지 전통들이 존재할 수 있다. 넬슨과 미케일러스(Nelson & Michaelis, 1980)가 사회비판 모형 및 개인발달 모형 두 가지를 추가하여 논의를 확장함에 따라, 오늘날 사회과교육의 본질에 대해서는 이러한 다섯 가지 모형으로 구분하기도 한다(Martorella, 1991). 이 다섯 가지 모형 중 어느 특정한 입장이 사회과교육의 본질에 더욱 적합하다고 단정할 수는 없으며, 각각의 모형에서 제시된 관점을 두루 고찰함으로써 사회과교육의 본질에 대한 논의를 보다 풍부하게 전개할 수 있을 것이다.

4) 사회비판 모형

사회비판(Informed Social Criticism)으로서의 사회과는 학생들에게 과거의 전통, 현재의 사회적 관행, 문제해결 양식 등에 대해 검토하고 비판하며, 대안을 모색하는 기회를 제공하는 것을 주요 목적으로 한다. 이 모형에서는 사회과교육이 인종, 성, 계층 등 다양한 영역에서 정의와 평등을 실현하기 위해 학생들이 어떠한 노력을 할 수 있는지를 깨닫게 하는 데 주안점을 둔다. 이는 과거의 전통과 가치, 신념 체계를 저항하고 비판함으로써 더 진일보한 대안을 제시할 수 있다는 믿음을 전제로 한다. 따라서 학생들에게 이러한 비판 능력을 심어주는 것이 진정한 의미의 사회과교육이라고 본다.

사회비판 모형에서 중요시되는 학습 내용은 사회적 소수자 문제, 불공정과 부정의(injustice), 소외계층의 문제, 인권 문제 등과 관련된 주제들이다. 또한 인종, 성, 연령, 지역, 계층 등에 따른 각종 차별 사례를 제시하고 이를 개선할 방안을 모색하도록 가르친다.

이와 같은 학습 내용을 가르치기 위한 교수·학습 방법으로는 대화법, 문제해결식 수업, 비판적 관점 등이 도입된다. 예를 들어, 권력을 가진 집단이 그렇지 않은 집단의 권리를 어떻게 침해하고 있는지를 비판적으로 인식할 수 있는 수업 방식을 사용한다. 나아가 각종 차별과 불평등을 확인하고 해결하기 위해 교사들은 학생들이 처한 다양한 맥락을 존중하고, 이에 기반을 둔 교수·학습 방법을 활용한다(Vinson, 1988).

그러나 민주시민성의 한 영역으로서 비판적인 사고력을 증진하는 것은 중요한 일이지만, 이것에만 지나치게 편중된다면 전통적인 가치와 신념을 일방적으로 부정하는 태도를 가질 우려가 있으며, 사회과학적인 지식의 기초가 약해질 수 있다는 점에도 주의해야 한다.

5) 개인발달 모형

사회과교육의 본질을 개인발달의 추구로 보는 개인발달 모형(Personal Development)은 학생 중심의 진보주의와 실존주의 철학에 기초를 두고 있다(Nelson & Michaelis, 1980). 개인발달 모형의 주요 목적은 긍정적인 자아개념과 자아의 발달 및 성취, 개인적 효능감(personal efficacy), 개인의 취업 준비, 행복한 생활능력 등을 함양하는 것이다. 즉, 이 모형에서는 거시적인 사회문제의 해결보다 개인의 미시적인 사적 생활과 발달, 그리고 자아실현을 위한 사회과교육을 지향한다.

개인발달 모형의 학습 내용은 학생 개개인의 성공과 자아실현을 위해 필요한 것으로 구성된다. 따라서 학생들의 소질과 흥미, 관심 등을 고려하여, 학생들의 필요에 따라 내용이 구성되는 것이 바람직하다. 이러한 목표를 실현하기 위해 교사와 학생이 함께 학습 내용을 선정하기도 하고, 나아가 학생이 주도하는 교수·학습 활동도 이루어진다.

개인발달 모형에서 추구하는 교수·학습 방법은 정형화된 것이 아니며, 학생들의 성공과 자아실현을 위해 다양한 방법이 두루 활용된다. 프로젝트 방법, 개별화된 교수 전략, 소크라테스식 문답법 등이 권장된다(Vinson, 1988).

한편, 이 모형에서 긍정적 자아개념이나 개인적 효능감 등을 지나치게 강조하다 보면, 사회과가 가지고 있는 사회적(social) 측면을 소홀히 하게 된다는 단점이 있을 수 있다.

이상에서 논의한 사회과의 본질에 관한 다섯 가지 전통은 상호 보완적 관계를 맺고 있다. 학자들은 각기 다른 입장을 분명하게 제시하는 경향이 있지만, 실제 학교 현장에서 사회과 교육과정을 실행하는 과정에서는 어느 한 입장에 무게를 두느냐에 따라 다양한 모습을 보이며, 때로는 여러 입장이 중첩되기도 한다. 즉, 사회과 교사들은 대체로 특정한 모형을 선호하지만, 수업 내용에 따라 다른 모형을 활용하거나 여러 모형을 복합적으로 활용하기도 한다. 사회과가 시민교육에 어떻게 기여할 수 있는지에 대한 명확한 합의는 이루어지지 않았으며, 사회과의 본질에 대한 연구는 여전히 활발하게 진행되고 있다.

3. 사회과교육의 목표

사회과교육의 목표는 사회과교육의 기본 방향을 제시하며, 사회과교육의 내용 선정, 교수·학습 방법, 평가 등에 중요한 영향을 미친다. 따라서 사회과교육 목표의 정의, 유형, 진술 방식을 명확하게 이해하는 것이 필요하다. 여기에서는 사회과교육의 궁극적인 목표인 '시민성'과 함께, 그동안 사회과의 역사 속에서 강조되어 온 목표 유형과 진술 방식 등에 대해 살펴보고자 한다.

1) 사회과 목표로서의 시민성

가. 시민성의 의미

시민의 자질 또는 시민성(citizenship)은 사회과교육에서 오랜 역사를 가진 가중 중요한 목표이다. 하지만 시민의 자질이 무엇인지에 대한 개념은 시대와 사회에 따라 다르게 정의되어 왔다. 미국에서 사회 교과의 시발점이 된 '1916년 문서'에서는 사회과가 개인을 '사회의 구성원'으로 양성하는 독특한 목표를 가진 교과라고 정의한다. 이러한 목표는 자연과 사회적 삶에 대한 이해, 집단 구성원으로서의 책임감, 사회발전에 참여하는 지성과 의지를 함양하는 교육을 통해 달성할 수 있다고 보았다. 이러한 교육을 통해 길러지는 '좋은 시민(good citizen)'은 자기가 살고 있는 사회, 즉 도시, 주, 국가에 대한 충성심과 책임감을 갖는 구성원을 말한다. 그러나 시민이 속한 사회는 국가를 넘어 전 세계 인류를 포함하므로, 사회과교육은 '세계 공동체'에 대한 소속감과 그에 수반되는 공감과 정의감을 길러주어야 한다(US Bureau of Education, 1916, 9). 따라서 사회과의 성립기에 교과로서의 사회과가 목표로 하는 시민성 교육이란 '바람직한 사회 구성원' 또는 '좋은 시민'의 양성을 말하는데, 그 구체적 의미는 자신이 속한 공동체, 즉 지역, 국가, 세계 공동체(world community)에 대한 소속감과 책임감을 가지고 참여할 수 있는 의지와 지성을 소유한 사람을 말한다.

사회과 성립기의 '1916년 문서'는 교과 목표인 시민의 자질이라는 개념의 기본적인 내용을 제시하고 있지만, 미국의 사회과를 도입하여 운영하는 각국의 사회과교육에서는 시대적 · 사회적 상황에 따라 시민의 자질은 다양한 해석이 나타났다. 예를 들어, 1980년대의 우리나라에서는 성실성과 효율성이 중요한 시민의 자질로 간주되었다. 1990년대에는 자원의 결핍과 환경오염, 인구 증가와 과잉 도시화 등이 안정된 생활을 위협하는 문제로 대두되면서, 이들에 대한 비판적 사고와 문제해결 능력이 시민성의 중요한 요소로 강조되었다. 또한 글로벌, 다문화 시대에 접어든 21세기에는 전 지구적 상호의존성과 운명공동체로서의 특징을 이해하고, 다양성을 존중하며 행동할 수 있는 능력이 중요한 시민적 자질로 요구되고 있다.

나. 다중 시민성의 요청

시민성 또는 시민의 자질을 뜻하는 시티즌십(citizenship)은 본래 '시민권(市民權)'의 의미를 가지고 있다. 시민권이란 '국가와 시민 사이의 관계'로서 시민이 소유하는 보편적 권리와 자격권을 말한다. 근대 초기의 시민권은 주로 정치적 권리를 의미했으나, 현대에 들어와 점차 경제적, 사회적, 문화적 권리까지 포함하는 폭넓은 개념으로 의미가 확장되었다. 이에 따라'시민의 자질'의 의미도 국가 구성원의 자격을 넘어서, 가족, 종교단체, 직장, 학교, 지역사회, 세계의 구성원으로서의 모습(Engle & Ochoa, 1988)으로 확대되고 있다. 즉, 원래 시티즌십은 국가 구성원으로서 누리는 시민적 지위를 의미했으나, 점차 그러한 시민에게 기대되는 자질과 역량이라는 의미도 포함하게 되었고, 이를 육성하기 위한 교육으로서의 사회과가 중요하게 된 것이다. 이때의 시티즌십은 '시민성(市民性)'이라는 뜻이며, 이 같은 맥락에서 사회과의 목표를 시민의 자질 육성 또는 시민성 교육이라고 하는 것이다.

이러한 시민과 시민성의 개념에는 소위 공동체주의자들이 강조하는 공동체 구성원으로서의 지위, 역할, 자질과 함께, 소위 자유주의자들이 강조하는 합리적 개인 혹은 행위자로서의 지위, 역할, 자질이 함께 내포되어 있다. 또한, 최근에는 국가를 넘어 다양한 집단에서의 다중적 지위, 역할, 자질이 추가되기도 한다. 즉, 오늘날의 시민은 한 국가의 국민(national citizen)이면서 세계의 시민(world citizen)이 되고, 동시에 지역의 주민(municipal citizen)으로서 서로 다른 여러 개의 지위를 가지며, 이에 따른 다중적 시민성(multiple citizenship)이 동시에 요구된다(김왕근, 1999). 이러한 시민의 자질 또는 시민성에 대한 다양한 해석은 사회과교육 목표의 설정에 주요한 시사점을 준다.

다. 사회과교육 목표의 설정

교육 목표는 교육을 통해 도달하고자 하는 최종적인 상태를 의미한다. 즉, 교육을 통해 변화시키고자 하는 인간의 모습이나 능력을 구체적으로 나타낸 것이다. 교육은 현재의 상태가 불만족스럽고 불충분하다고 생각하기 때문에 좀 더 나은 상태를 만들고자 하는 노력이며, 교육목표는 이러한 교육을 통해 달성하고자 하는 바람직한 미래의 모습을 제시한다. 이러한 교육 목표는 '민주시민의 육성'처럼 추상적인 표현으로 나타날 수도 있고, "이 수업이 끝나고 나면 시장에서 가격이 결정되는 원리를 설명할 수 있다."처럼 구체적으로 표현될 수도 있다.

교육 목표는 교육 과정 전반에 걸쳐 중요한 역할을 한다. 추상적인 교육 목표는 구체적인 교육 활동을 제시하지는 않지만, 교육의 전체적인 방향을 설정하는 역할을 한다. 이러한 교육 목표는 교육 내용 선정, 학습 방법 선택, 그리고 평가 기준 설정에 영향을 미친다. 예를 들어, '민주 시민 육성'이라는 교육 목표를 설정했다면, 민주 시민에게 필요한 의사결정능력, 비판적 사고 능력 등을 함양하기 위한 교육 내용과 학습 방법을 선택하게 될 것이다. 또한, 학생들이 민주 시민으로서의 역할 수행할 수 있는지를 평가하기 위한 다양한 방법을 모색하게 될 것이다. 교육 목표가 명확할수록 교육 과정은 더욱 효과적으로 운영될 수 있으며, 학생들의 학습 성과를 정확하게 평가할 수 있다.

사회과교육의 목표를 설정할 때는 다음과 같은 점을 고려해야 한다: ① **사회적 · 국가적 목표와의 조화,** ② **학생들의 발달 단계 고려,** ③ **교과의 특성과 전문가 의견 반영.**

첫째, 사회과의 교육 목표는 사회 또는 국가의 전체적인 교육 목표와 조화되어야 한다. 사회과의 교육 목표는 국가 교육 목표의 하위 개념이며, 사회과는 개인과 사회 · 국가의 관계를 직접적인 내용으로 다루기 때문이다. 따라서 사회과의 목표는 의사결정능력, 비판적 사고력과 같이 학습자의 역량 육성을 위한 요소를 포함하지만, 동시에 민주화, 경제성장, 복지사회의 실현, 공동체 의식의 증진 등 사회적 · 국가적 목표와 조화되어야 한다.

둘째, 사회과의 목표는 학습자의 심리적 발달 상황이나 준비도를 고려해야 한다. 심리학자인 피아제(J. Piaget)나 도덕교육학자 콜버그(L. Kohlberg) 등이 주장한 바와 같이, 초등학교 저학년에서는 구체적인 행동과 습관화를 주요한 교육 목표로 삼고, 고학년으로 올라갈수록 일반적이고 추상적인 개념, 원리, 명제를 학습하는 것을 목표로 해야 한다. 피아제와 콜버그 등의 인지 및 도덕성 발달 이론은 이 점에서 많은 시사점을 제공한다.

셋째, 사회과의 목표는 교과의 특성과 교과 전문가들이 제시하는 의견을 반영해야 한다. 교과 전문가들은 교과에서 필수적으로 포함되어야 할 학습 요소에 대한 논의와 교과의 최근 동향에 대한 분석을 통해 목표 선정에 기여한다(소경희, 2017: 277-278). 또한 교과 전문가들은 전문가 단체 활동이나 개별 학술활동을 통해 교과의 특성에 기초한 교과 목표를 제안하며, 이러한 제안은 학교급별 또는 학년군별 목표 설정과 내용의 범위(scope)와 계열(sequence)을 결정하는 데 반영된다.

2) 사회과 목표의 유형

가. 추상적 목표와 구체적 목표

앞에서 언급했듯이, 사회과교육 목표는 추상적으로 서술될 수도 있고 구체적으로 서술될 수도 있다. 추상적이고 포괄적인 교육 목표는 사회과교육을 통해 길러내고자 하는 인간상이나 교육의 기본 방향을 제시한다. 추상적으로 서술된 교육의 목표는 교육의 방향을 안내하는 역할을 한다. 영국의 신사, 합리적인 프랑스인, 우리나라 조선 시대의 선비 등은 그 사회를 대표하는 하나의 인간상이라고 할 수 있다. 2022 개정 교육과정은 총론에서는 우리나라 교육과정이 추구하는 인간상을 ① 자기 주도적인 사람, ② 창의적인 사람, ③ 교양 있는 사람, ④ 더불어 사는 사람 등으로 명시하고 있다(교육부, 2022: 5).

이상과 같이 추상적 교육 목표는 교육의 기본 방향을 제시하지만, 학습 활동을 구체적으로 안내하지는 못한다. 따라서 학습 활동을 구체적으로 안내할 수 있는 교육 목표를 함께 서술할 필요가 있다. 이는 대개 관찰 가능한 행동으로 교육 목표를 제시하는 것으로, 보통 수업목표(instructional objectives)라고 불린다. 예를 들어, "학생들은 세계지도를 보고 주요 도시의 위치를 찾을 수 있다"와 같이 구체적인 행동으로 표현된다. 이렇게 표현된 구체적 수업 목표는 학습 활동을 명확하게 하고, 학습 성과를 평가하는 기준이 된다. 그러나 때로는 구체적인 행동으로 수업 목표를 서술하기가 어려운 경우가 있어, 그 점에서 제약이 따를 수 있다.

수업 목표를 구체적인 행동으로 제시하려는 시도는 행동주의(behaviorism) 또는 조작주의(operationalism)라고 불리는 학문적 흐름에 큰 영향을 받았다. 이러한 관점에서는 추상적인 개념을 관찰 가능한 행동으로 바꾸어 정의하려는 시도가 핵심이다. 즉, 이들은 경험적 자료를 통해 사회 현상을 연구하기 때문에, 과학적인 연구를 위해 개념을 구체적인 조작적 정의로 표현하는 것이 필수적이다. 사회과교육의 목표를 이처럼 관찰 가능한 구체적인 행동으로 표현하려는 것은 위에서 설명한 바와 같이 여러 장단점이 있으며, 학습 활동의 선정과 평가 등에 직접적인 영향을 미친다.

하지만, 모든 교육 목표를 구체적인 행동으로 표현하려는 시도는 몇 가지 문제점을 초래할 수 있다. 첫째, 행동으로 표현하기 어려운 추상적인 목표, 예를 들어 '비판적 사고 능력 함양'과 같은 목표는 간과될 수 있다. 둘째, 추상적인 개념을 행동으로 무리하게 연결하려는 과정에서 목표가 왜곡될 수 있다. 셋째, 너무 구체적인 목표는 교육의 전체적인 방향성을 잃어버릴 수 있다. 매클루어(McLure, J.W.)는 이러한 현상을 '과도한 상세화'(endless specificity)라고 비판했다(McLure, 1973). 따라서 추상적인 목표와 구체적인 목표를 함께 사용하는 것이 효과적이다. 추상적인 목표는 교육의 큰 방향을 제시하고, 구체적인 목표는 학습 활동을 구체화하는 역할을 한다. 또한, 모든 목표를 행동으로 표현해야 할 필요는 없으며, 때로는 주제어나 질문 형태로 목표를 제시하는 것도 대안이 될 수 있다.

나. 인지적 목표와 정의적 목표

사회과 교육 목표를 행동적으로 표현할 때, 인지적 영역과 정의적 영역으로 나누어 고려하는 것은 효과적이다. 이러한 구분은 블룸(Bloom, B.S.)이 「교육 목표의 이원적 분류」에서 제시한 것으로(Bloom et al., 1956), 교육 목표를 명확하게 하고 학습 활동을 설계하는 데 큰 도움을 준다. 사회과 교육의 목표 진술 방식도 교육학의 일반적인 논의에 많은 영향을 받는다. 인간의 행동은 정보를 암기하거나 수학 문제를 푸는 지적인 행동과, 수학에 대한 태도나 사회와 국가에 대한 신념과 가치관 같은 정서적 행동으로 구분될 수 있다. 이 두 측면은 밀접한 관련이 있지만 개념적으로는 구분된다. 예를 들어, 수학을 좋아해도 문제를 잘 풀지 못할 수 있으며, 수학을 싫어해도 문제를 잘 풀어 좋은 점수를 받을 수 있다. 이러한 지적인 행동을 발전시키려는 것을 인지적 목표(cognitive objective)라고 하고, 바람직한 태도나 가치관을 형성하려는 것을 정의적 목표(affective objective)라고 한다.

첫째, 블룸의 「교육 목표의 이원적 분류」에 따르면, 인지적 목표는 다시 지식, 이해, 적용, 분석, 종합, 평가의 6사지 행동 영역으로 나뉜다. 이들 행동 영역을 간략하게 설명하면 다음과 같다. 지식(knowledge)은 정보나 과거의 경험을 암기하고 회상하며 재생할 수 있는 능력이다. 이해(comprehension)는 한번 들은 정보나 자료를 해석하여 자신의 언어로 표현할 수 있는 능력을 의미한다. 적용(application)은 학습한 개념, 규칙, 이론 등을 새로운 상황에 맞추어 활용할 수 있는 능력이다. 분석(analysis)은 여러 기준을 설정하여 수집한 정보를 분류하거나 재구성하여 의미를 도출할 수 있는 능력이다. 종합(synthesis)은 분류된 요소들을 재결합하여 추상적 개념을 형성하는 능력이다. 마지막으로, 평가(evaluation)는 증거를 통해 결론이 타당한지 판단하거나, 분석 및 종합된 자료들이 전체적으로 무엇을 의미하는지를 파악하는 능력이다.

둘째, 정의적 목표는 태도와 가치에 관한 것이며, 인지적 목표만큼 이론적으로 구체화되어 있지는 않다. 그러나 사회과 교육에서 중요한 목표 중 많은 부분이 애국심 함양이나 다양성 존중과 같이 태도와 가치에 관련된 정의적 행동이다. 블룸(Bloom)의 교육 목표 이원 분류에 따르면, 정의적 행동은 감수, 반응, 가치화, 조직화, 인격화의 5가지로 구분된다. 감수(receiving)와 반응(responding)은 가장 낮은 차원에서의 자극에 대한 의식과 관심을 표현하는 수준이다. 가치화(valuing)는 그 차원을 넘어서 개인적으로 의미를 부여하는 단계이다. 조직화(organization)는 이러한 가치들을 더 체계적으로 유형화하는 단계이다. 인격화(characterization)는 일반적인 기준을 자신의 인격 속에 내면화하여 행동하고, 안정된 성격을 형성하는 단계이다. 사회과교육에서 가정, 사회, 국가 등 다양한 사회 집단과 권력, 지위, 명예 등 여러 사회 현상에 대한 안정된 태도와 가치관을 형성하는 것이 중요한 정의적 교육 목표가 될 수 있다.

4. 사회과 목표의 변천

1) 초기 사회과의 목표

가. 시민성 함양: 좋은 시민 양성

사회과가 학교 교과로서 공식적으로 확산되기 시작한 중요한 계기는 전미교육협회(National Education Association)의 1916년 보고서를 통해 확인할 수 있다. 이 보고서는 초기 사회과 교육에서 강조된 목표들을 명확히 제시하고 있으며, 당시 교육 정책의 방향을 이해하는 데 중요한 역할을 한다. 이 보고서에서 권장된 사회과 교육과정에는 역사와 지리 과목뿐만 아니라, 12학년에서 '민주주의의 제 문제'(Problems of Democracy)라는 과목도 포함되었다. 이 과목은 학생들이 민주주의의 기본 원칙과 그 실천에 대한 다양한 문제들을 깊이 있게 탐구하도록 설계된 과목이었다.

또한, 이 보고서에서는 사회과의 궁극적인 목적을 '사회적 효율성의 증진'이라는 학교의 역할과 결부하여, '좋은 시민'(good citizenship)을 양성하는 데 있다고 규정하였다. 여기서 '사회적 효율성'이란 개인이 사회의 일원으로서 자신의 역할을 효과적으로 수행하고, 공동체의 발전에 기여할 수 있는 능력을 의미한다. 이렇듯 시민성 함양 또는 '좋은 시민'의 양성은 사회과가 탄생할 때부터 제시된 중요한 목표였다.

그러나 실제 미국의 학교 현장에서는 이 목표가 다양한 방식으로 구현되었다. 일부 학교에서는 전통적인 역사 과목을 강조하는 경향이 있었고, 다른 학교에서는 사회과학을 축소하여 가르치거나, 사회 문제를 중심으로 조직된 과목을 제공하는 등 여러 형태의 사회과 교육과정이 운영되었다. 이러한 다양한 교육 접근 방식으로 인해 '좋은 시민'의 의미도 시대와 교육적 요구에 따라 변화했다. 초기에는 주로 애국적이고 충성스러운 국민으로서의 시민이 강조되었다. 그러나 시간이 지남에 따라 사회과학적 지식을 갖춘 시민, 비판적 사고력을 통해 사회 문제를 잘 해결할 수 있는 시민으로 그 의미가 확장되고 변모했다.

나. 반성적 사고

미국의 사회과교육에서 1950년대 이후 큰 영향을 미친 대표적인 연구 중 하나는 헌트와 메트칼프의 반성적 교수 이론에 관한 저서이다. 1955년에 초판이 출간되고 1968년에 재판된 「고등학교 사회과교육」(*Teaching High School Social Studies*)에서, 그들은 반성적 사고가 사회과교육의 핵심 목표라고 주장했다. 그들은 인간의 사고 유형을 백주몽, 상상, 개인의 신념, 그리고 객관적인 타당성과 증거에 기반한 사고로 구분하였으며, 마지막 유형을 반성적 사고(reflective thinking)라고 정의했다. 반성적 사고란 주어진 문제를 현실적으로 파악하고, 논리적이거나 경험적으로 증명할 수 있는 증거를 통해 결론을 도출하는 사고 방법을 의미한다.

이러한 사고 방법은 과학적 방법과 유사하지만, 반드시 동일하지는 않다. 과학적 방법은 필수적으로 경험적인 증거를 요구하는 반면, 반성적 사고에서는 경험적 증거뿐만 아니라 논리적인 법칙에 의해서도 결론을 내릴 수 있기 때문이다. 따라서 반성적 사고는 사회과에서 인지적 문제뿐만 아니라 가치관과 같은 정의적 문제를 다루는 데에도 효과적이다. 헌트와 메트칼프가 반성적 사고를 사회과교육의 목표로 삼게 된 배경에는 존 듀이(Dewey, J.)의 저서 「우리는 어떻게 생각할 것인가」(*How We Think*)에서 얻은 통찰이 있었다. 이 책에서 제시된 사고 과정은 문제의 제기 → 가설의 설정 → 자료의 수집 → 결론 도출의 순서를 따르는 구조로 이루어져 있다.

이러한 사고방식은 과거의 도덕적이고 철학적인 교육 목표를 막연하게 제시하던 이론들과는 달리, 객관적인 근거를 바탕으로 사물을 이해하고 분석하는 사고방식을 발전시키는 데 크게 기여했다. 듀이의 이론에서 많은 영향을 받은 헌트와 메트칼프의 이론은 이후 마시알라스(Massialas)의 탐구 수업의 핵심으로 자리 잡았다. 그러나 이들의 사회과 이론은 사회과 교육의 목표를 구체적으로 세분화하거나 행동적으로 명확히 표현하지는 못했다. 이와 같은 구체적인 작업은 앞서 설명한 바와 같이 블룸 등에 의해 체계적으로 전개되었다.

2) 신사회과 시기의 사회과 목표

가. 지식의 구조화

브루너(Bruner)가 1960년에 출판한 「교육의 과정」(*The Process of Education*)에서 지식의 구조화와 발견 학습을 강조하자, 사회과교육에서도 지식의 구조 습득과 탐구 기능이 사회과의 주요 목표가 되어야 한다는 주장이 대두되었다.

지식의 구조화는 교육과정이나 교과 내용을 구성할 때, 그 교과의 가장 기본이 되는 사실, 개념, 일반화, 가치 등을 중심으로 내용을 조직해야 한다는 것을 의미한다. 예를 들어, 사회과에서 정치학 내용을 가르치기 위해서는 정치학의 가장 기본이 되는 사실, 개념, 일반적인 법칙 등을 중심으로 교육 내용을 구성해야 한다. 교과 내용을 이렇게 구조적으로 조직하는 방식은 지식의 양이 폭발적으로 증가하는 현대사회에서 많은 장점을 제공한다. 단순한 사실 전달을 최소화하고, 개념과 일반적인 법칙을 중심으로 교과의 내용을 구성함으로써 학습의 효율성을 높이고 응용력을 증대시킬 수 있다.

또한, 학교에서 교육하는 내용이 기본적인 개념과 일반적인 법칙을 중심으로 이루어지기 때문에, 이를 바탕으로 학생들이 다양한 상황에서 응용할 수 있으며, 문제해결력을 더욱 향상시킬 수 있다. 1960년대에 들어서면서 사회가 점점 더 복잡하게 발달하자, 이러한 교과 조직 방법은 학교 교육 전반에서 크게 환영을 받았다. 물리학과 생물학 등 자연과학뿐만 아니라, 사회과학을 중심으로 한 사회과에서도 교과의 구조화 운동이 활발히 전개되었다. 교과를 구조화하여 학습한다는 것은 단순히 그 교과의 개념이나 법칙을 이해하고 응용하는 것에 그치지 않고, 이러한 학습 과정을 통해 그 교과가 근본적으로 요구하는 사고방식 자체를 습득하는 것을 의미한다. 즉, 정치학의 개념과 법칙을 구조적으로 이해하고 응용함으로써 학생들은 정치학적 사고방식을 습득하게 된다. 따라서 사회과를 구성하는 배경 학문 지식의 구조화를 통한 체계적인 습득이 사회과 교육의 목표가 될 수 있다고 본 것이다.

나. 탐구 기능

지식의 구조화에 대한 논의가 활발히 전개되면서, 탐구 기능(inquiry skill)을 사회과 교육의 인지적 영역에서 중요한 목표로 강조하는 주장이 등장했다. 이러한 주장의 대표적인 예로는 마시알라스(Massialas)와 콕스(Cox)가 1966년에 출간한 「사회과의 탐구」(*Inquiry in Social Studies*)에서 강조한 내용을 들 수 있다. 이 책에서 탐구 기능의 중요성을 강조한 것은, 당시 학계에서 지식의 구조화를 중시하는 분위기 속에서 매우 자연스럽고 필연적인 흐름이었다. 이는 사회과에서 지식의 구조화에 대한 논의가 단순히 특정 지식을 학생들에게 강제로 주입하려는 목적이 아니라, 교과의 가장 기본이 되는 기초적인 개념과 법칙을 가르침으로써 학생들이 이러한 지식을 새로운 상황에 스스로 응용할 수 있도록 하는 데 초점을 두고 있었기 때문이다.

발견 학습(discovery learning)은 학생들이 자료를 분석하여 스스로 결론을 도출함으로써 지식의 구조를 체득하게 하려는 교육 방법으로, 교과 지식의 구조화 논의에서 강조된 핵심적 접근 방식이다. 이 과정에서 가장 중요한 지적 기능이 바로 탐구 기능이라고 할 수 있다. 탐구 기능은 개별적 지식 습득에 그치지 않고, '학습 능력을 학습한다'(learn how to learn)는 현대 사회의 요구를 충족시키는 데 매우 중요한 역할을 한다. 이는 단순한 정보 전달이 아닌, 학생들이 스스로 학습하는 방법을 익히고 문제를 해결할 수 있는 능력을 기르는 것을 목표로 한다. 따라서 사회과교육에서도 사회과학적 지식이나 개념을 이해하는 것뿐만 아니라, 사회과학적 탐구 기능을 배우는 것이 교과의 주요 목표가 된다.

탐구 기능에 대한 강조는 존 듀이(Dewey)의 반성적 사고에서 출발한 것으로, 마시알라스는 탐구 기능을 인지적 목표로 규정하고, 정의적 목표로서 참여, 흥미, 감정이입 등을 지적하였다. 그는 교육 목표를 내용과 행동을 중심으로 이원적으로 분류하였으며, 이러한 접근에서 듀이, 블룸(Bloom), 브루너(Bruner) 등의 이론이 마시알라스에게 큰 영향을 미쳤음을 알 수 있다.

3) 1990년대 이후의 사회과 목표

가. 고차사고력의 강조

1990년대 이후, 고차사고력이 사회과 교육의 주요 목표로 강조되어 왔다. 이는 현대사회가 점점 더 복잡하고 불확실한 상황이 되어감에 따라, 이러한 환경에서 성공적으로 살아가기 위해 고차사고력이 필수적이라는 현실적인 요구에서 비롯된 것으로, 이러한 경향은 21세기에도 계속될 것으로 보인다.

고차사고력(higher-order thinking)이란 과거의 경험을 단순히 재생하거나 지시에 따라 수동적으로 반응하는 것이 아니라, 불확실하고 모호한 상황에서 문제를 새롭게 해석하고 다양한 해결 방안 중에서 최선의 선택을 하여 문제를 해결하려는 사고 기능을 의미한다. 이는 기본적인 사고를 확대하고 심화시키는 것으로, 일종의 확장적 사고라고 할 수 있다.

고차사고력에는 여러 가지 요소가 포함되지만, 최근 사회과교육에서 특히 강조되고 있는 것은 의사결정력, 탐구력, 창의적 사고력, 비판적 사고력, 메타인지 기능 등이다. 이들 모두는 20세기 초에 존 듀이(John Dewey)가 주장한 반성적 사고에 뿌리를 두고 있지만, 다양한 형태로 발전하여 각각의 사고력을 향상시키기 위한 수업 방법이 최근 사회과교육의 중요한 과제가 되고 있다. 보다 자세한 내용은 제8장 고차사고력의 학습 부분에서 확인할 수 있다.

나. 가치 교육의 강조

학교 교육에서는 교과를 통해 중요한 개념과 법칙을 이해하고 응용하는 능력을 기르는 것뿐만 아니라, 가치 교육을 함께하는 것도 필수적이다. 사회과에서는 특히 가족, 사회, 국가에 대한 태도와 가치관을 형성하는 것이 중요한 내용 중 하나이다. 그러나 1960년대 신사회과 시기를 거치면서 사회과에서는 주로 인지적 영역의 목표들이 강조되었다. 이는 인지적 영역의 지식과 달리, 정의적 영역에서는 가치와 태도를 구조화하여 가르치는 것이 어렵다는 한계 때문이었다.

그럼에도 불구하고, 헌트와 메트칼프(Hunt & Metcalf) 등 반성적 사고를 강조하는 학자들은 사회과 교육과정이 가치가 개입된 논쟁적 문제를 중심으로 구성되어야 한다고 주장했다. 또한 엥글과 오초아(Engle, S. H. & Ochoa, A. S.), 뱅크스(Banks, J. A.) 등 의사결정을 강조하는 학자들은 사회과학 지식과 함께 개인적 가치의 검토와 가치 명료화, 가치분석 등 가치 탐구의 중요성을 지속적으로 강조해 왔다.

21세기는 지식과 정보의 시대인 동시에 다원적 가치의 시대이기도 하다. 따라서 고차 사고력을 중심으로 한 지식 · 정보 교육이 강조되는 것과 더불어, 가치 교육의 중요성도 점점 더 부각되고 있다. 특히 가치명료화나 가치분석을 통해 자신의 가치를 분명히 하고 선택의 근거를 밝히는 것뿐만 아니라, 다원적 사회에서 필요한 관용(tolerance)이나 연대성(solidarity) 같은 새로운 가치를 습득할 필요성도 제기되고 있다.

또한, 1980년대 후반 이후로는 시민성의 주요 덕목으로 정의감(justice)뿐만 아니라 배려(care)도 강조되었으며, 이러한 덕목은 양극화가 심화되고 있는 21세기에 그 중요성이 더욱 부각되고 있다. 이와 함께, 21세기에는 내면적 가치뿐만 아니라 적극적인 실천과 행동에 주목하면서, 사회 규범을 따르고 타인의 복지를 증진시키는 친사회적 행동(prosocial behavior)을 강조하는 가치 교육도 여전히 중요성을 지니고 있다. 가치 교육에 대한 보다 자세한 내용은 제9장 사회과의 가치 교육 부분을 참고하기 바란다.

다. 시민 행동의 강조

앞서 언급한 가치 교육의 강조에서 알 수 있듯이, 사회과에서는 내면적 가치와 함께 친사회적 행동을 강조하는 경향이 점차 두드러지고 있다. 이러한 경향은 사회과 교육의 목표로서 시민으로서의 행동과 적극적인 참여를 강조하는 방향으로 이어진다.

사적 및 공적 영역에서의 적극적인 참여는 민주적 시민성의 핵심 요소이며, 개인이 가진 지식과 가치, 그리고 의사결정을 실제 행동으로 실천하는 것이야말로 사회과 학습의 본질적인 목표이다(Woolever & Scott, 1988: 411). 그러나 학교 교육에서 교과 수업 형태로 진행되는 사회과교육을 통해 학생들이 시민 행동을 실제로 실행하게 만드는 것은 쉽지 않은 일이다. 더구나 구체적인 행동을 촉진하기보다는 행동할 수 있는 능력이나 성향을 길러주는 것이 목표라면, 이는 가치 · 태도 교육과 명확히 구분되지 않게 된다.

그럼에도 불구하고, 행동하지 않는 시민은 바람직한 시민이라고 할 수 없기 때문에, 시민 행동을 촉진하기 위한 참여와 체험을 강조하는 다양한 노력이 사회과교육에서 이루어지고 있다. 이러한 노력은 시민 행동을 사회과교육의 주요 목표로 삼는 것이 점점 더 당연시되는 이유이기도 하다. 사회과 교육의 목표로서 반성적 의사결정을 강조한 뱅크스(Banks) 역시, 사회탐구와 가치탐구를 통해 의사결정 능력을 함양하는 것이 중요하다고 주장한다. 그러나 궁극적으로 이러한 사회 문제에 대한 의사결정은 상위의 가치와 목표를 실현하기 위한 시민 행동(citizen action)을 촉진하는 데 그 목적이 있음을 강조하고 있다(Banks, 1999: 27-32).

따라서, 사회과교육에서 시민성 함양을 목표로 할 때, 이론적인 학습을 넘어 실제 행동으로 이어질 수 있는 능력과 참여를 유도하는 교육 방법의 개발이 중요해지고 있다. 이는 학생들이 민주적 시민으로서 적극적으로 사회에 참여하고, 자신이 가진 지식과 가치를 바탕으로 실질적인 변화를 이끌어낼 수 있도록 돕는 필수적인 교육과정이라 할 수 있다.

4) 21세기의 사회과 목표

앞서 언급한 바와 같이, 다원화된 사회의 시민에게는 다중적 시민성(multiple citizenship)이 요구된다. 현대 사회의 시민은 글로벌 시대를 살아가며, 지역의 지역민, 국가의 국민, 그리고 세계사회의 세계시민으로서 다양한 정체성을 가지게 된다. 이러한 다차원적인 정체성들이 조화와 균형을 이루도록 교육하는 것은 시민교육의 중요한 과제 중 하나이다.

특히, 대규모 국제이주와 세계화가 가속화된 시대에 살아가는 세계시민은, 세계 공동체에 대한 깊은 연대감을 가지고, 그 공동체에서 효과적으로 기능하기 위해 필요한 지식, 기능, 가치와 태도를 함양해야 한다. 이러한 역량을 세계시민성(global citizenship)이라고 하며, 이를 기르기 위해 사회과는 국제인권, 정의, 평화, 지속가능발전 등을 목표로 하는 세계시민교육을 수행해야 한다는 요구를 받고 있다(나장함 ·

조대훈, 2017; 모경환 · 임정수, 2014).

2000년대에 들어서면서 우리나라는 다문화사회로 급격하게 변화하고 있다. 결혼이주민, 외국인 근로자, 해외 유학생 등의 급증은 우리 사회에 긍정적인 변화를 가져오기도 했지만, 동시에 사회 갈등의 요인이 되기도 했다. 이러한 상황에서 우리 사회 구성원들이 문화 동화주의적 관점을 극복하고, 다양성을 수용하고 존중하는 품성, 즉 다문화시민성(multicultural citizenship)을 함양하는 것이 시민교육의 중요한 과제이자 사회 통합을 위한 핵심적인 방안으로 떠오르고 있다(조대훈, 2015).

또한, 정보통신 기술의 발달로 디지털 사회가 도래하면서, 디지털 시대를 살아가는 시민으로서의 자질, 즉 디지털 시민성(digital citizenship)의 중요성도 크게 부각되고 있다. 디지털 네트워크 시대의 시민으로서 반드시 갖추어야 할 디지털 문해력, 디지털 공감 능력, 디지털 윤리, 그리고 책임 있는 참여 등이 21세기 시민의 필수 자질로 자리 잡고 있다(박기범, 2019; 이지혜, 2018; 이진석, 2018; 최문선 · 박형준, 2015).

결국, 현대 사회의 복잡한 요구에 부응하기 위해서는 지역, 국가, 세계, 그리고 디지털 공간에서 시민으로서의 다양한 역할을 수행할 수 있는 다중적 시민성을 함양하는 것이 필수적이다. 이를 위해 시민교육은 다양한 정체성 간의 조화와 균형을 이루도록 돕고, 각 정체성에 맞는 지식과 가치, 태도를 교육함으로써 진정한 의미의 시민성을 길러야 한다. 사회과교육은 이러한 복합적인 교육 목표를 달성하는 데 핵심적인 역할을 수행할 수 있다.

5) 우리나라 사회과의 목표

우리나라 「교육기본법」 제2조는 교육의 이념과 목적을 다음과 같이 밝히고 있다.

> 교육은 홍익인간(弘益人間)의 이념 아래 모든 국민으로 하여금 인격을 도야(陶冶)하고 자주적 생활능력과 민주시민으로서 필요한 자질을 갖추게 함으로써 인간다운 삶을 영위하게 하고 민주국가의 발전과 인류공영(人類共榮)의 이상을 실현하는 데에 이바지하게 함을 목적으로 한다.”

우리의 교육기본법은 사회과를 직접적으로 언급하지는 않지만, 교육이 민주시민으로서 필요한 자질을 육성하는 것을 목적으로 한다고 밝힘으로써 사회과교육의 목표를 간접적으로 명시하고 있다. 교육기본법에 나타난 이러한 내용은 구체적으로 교과의 학습 활동을 제시하지는 않지만, 기본 방향에 대한 안내가 되고 있다. 이 조항은 민주시민으로서 필요한 자질을 육성하여 개인적으로는 인간다운 삶을 영위할 수 있게 하고, 국가적으로는 민주국가의 발전에 이바지할 인재를 양성하며, 세계시민의 한 사람으로서 인류의 공영에 기여할 것을 규정하고 있다. 즉, 우리나라 교육의 목표는 개인이 훌륭한 사회생활을 하고 민주 국가의 발전과 국제사회의 발전에 공헌할 수 있는 인간을 형성하려는 것이다.

이와 같은 상위의 교육 목표를 학교 교육에서 구체적으로 실현하는 핵심 교과가 사회과이다. 교육부가 2022년 12월에 개정 · 고시한 사회과 교육과정 문서에서는 [1. 성격과 목표, 가. 성격]에서 사회과의 목표로서 '시민'을 다음과 같이 정의하고 있다(교육부, 2022: 6).

> 사회과에서 기르고자 하는 시민은 인간과 사회현상을 탐구하고 지역사회, 국가, 세계에서의 생활에 참여하는 데 필요한 지식과 기능의 습득을 바탕으로 자율적으로 판단하고 행동한다. 또한 공동체 의식을 가지고 타자를 존중하고 배려하면서 개인적, 사회적 문제를 합리적으로 해결하는 능력을 갖추어 개인의 성장을 도모하고, 지역사회 · 국가 · 세계의 발전에 기여한다.

이러한 진술은 우리나라 사회과교육이 추구하는 목표를 명확하게 나타내고 있으며, 그동안 사회과교육의 역사에서 강조해 온 목표들을 함축적으로 표현함과 동시에 미래 지향적인 비전을 제시하고 있다. 사회과 교육과정 문서는 또한 [1. 성격과 목표, 나. 목표]에서 다음과 같은 세부 목표를 제시하고 있다(교육부, 2022: 7).

(1) 사회의 여러 현상과 특성을 그 사회의 지리적 환경, 역사적 맥락, 정치 · 경제 · 사회적 제도 등과 관련지어 이해한다.
(2) 지표 공간의 자연환경 및 인문환경에 대한 이해를 통해 지역에 따른 인간 생활의 다양성과 역동성을 파악하고, 지역적, 국가적, 세계적 수준의 지리 문제와

쟁점에 관심을 갖는다.

(3) 역사 지식과 개념에 대한 이해를 바탕으로 과거 사람들이 각 시대의 사회구조와 상호 작용한 방식과 그 영향을 탐구함으로써 시대별 생활 모습을 파악한다.

(4) 사회생활에 관한 기본적 지식과 정치 · 법 · 경제 · 사회 · 문화 현상에 대한 기본적인 원리를 종합적으로 이해하고, 현대 사회의 성격 및 민주적 사회생활을 위하여 해결해야 할 여러 문제를 파악한다.

(5) 인간과 사회현상을 파악하는 데 필요한 지식과 정보를 획득, 분석, 조직, 활용하는 능력을 기르며, 공동체 생활과 관련된 여러 문제를 합리적으로 해결하기 위한 탐구 능력, 의사 결정 능력 및 사회 참여 능력을 기른다.

(6) 개인과 사회생활을 민주적으로 운영하고, 우리 사회가 당면한 문제들에 관심을 가지고 개인 · 지역사회 · 국가 · 세계적 차원에서 지속가능한 삶을 위해 적극적으로 노력하는 태도를 가진다.

연구보고

빈슨(Kevin D. Vinson, 1998)은 미국사회과교육학회(National Council for the Social Studies) 회원으로 가입된 고등학교 사회과 교사 500명을 대상으로 사회과교육에 대한 그들의 관점을 조사하였다. 마토렐라(Martorella)의 다섯 가지 분류를 사용하여 사회과교사들이 수업의 목표, 내용 선정, 수업 방법 세 영역에 대해 가지고 있는 관점을 조사하였다. 그 결과 빈슨은 미국 사회과교사들이 사회과학모형이나 시민성전달모형보다는 반성적 탐구모형, 사회비판모형, 그리고 개인발달모형을 선호하고 있음을 발견하였다. 또한 교사들의 관점은 어느 한 특정 모형만을 고집하지는 않으며 복합적인 것으로 나타났다.

Vinson의 질문지를 활용하여 한국 고등학교 교사 500명을 대상으로 조사한 박형준(2005)의 연구에 따르면 한국의 고등학교 사회과 교사들도 미국 사회과 교사들과 비슷한 응답 유형을 보여주고 있다. 즉 반성적 탐구, 사회비판, 개인발달모형이 시민성전달이나 사회과학모형보다 선호되었다.

범주	한국		미국	
	빈도	백분율(%)	빈도	백분율(%)
시민성전달	21	5.0	29	13.2
사회과학	7	1.7	24	10.9
반성적탐구	218	52.0	58	26.4
사회비판	91	21.7	42	19.1
개인발달	75	17.9	57	25.9
기타	7	1.7	10	4.5

*자료: 박형준(2005): 94

* 당신은 사회과교육의 본질에 관한 다섯 가지 모형 중에서 어느 모형을 선호합니까? 그 이유는 무엇입니까?

자료: Kevin D. Vinson (1998). The “Traditions” Revisited: Instructional Approaches and High School Social Studies Teachers. *Theory and Research in Social Education*, 26(1): 50-82.
박형준 (2005). “중등학교 사회과 교사의 사회과 교과 성격에 대한 이해.” 「시민교육연구」, 37(1): 81-100.

주요개념

시민성 전달 모형, 사회과학 모형, 반성적 탐구 모형, 사회비판 모형, 개인발달 모형, 추상적 목표, 구체적 목표, 인지적 목표, 정의적 목표, 시민성, 시민의 자질, 반성적 사고력, 구조화, 탐구 기능, 지식, 기능, 가치, 행동, 핵심역량

Chapter 01

사회과교육의 개념과 목표
연습문제

01. 사회과는 타 교과에 비하여 어떤 특징을 가지고 있는지 설명하시오.

02. 사회과교육과 사회과학의 차이점을 제시하시오.

03. 사회과교육과 시민교육의 관계를 서술하시오.

04. 사회과의 시민성 전달 모형과 사회비판 모형을 비교하시오.

05. 사회과의 목표 진술에 있어서 행동적 표현과 구조화에 영향을 미친 사람들은 누구인지 나열하시오.

06. 1990년대 이후 특히 강조되어온 사회과교육의 목표들은 무엇인지 설명하시오.

07. 우리나라 교육기본법에 규정되어 있는 교육의 이념과 국가 교육과정 문서에 나타난 사회과의 목표는 서로 어떻게 관련되어 있는지 설명하시오.

08. 2022 개정 사회과 교육과정에서 제시하는 민주시민의 특성을 제시하시오.

09. 21세기 우리나라 사회에서 특히 강조되어야 한다고 생각되는 사회과교육의 목표는 무엇인지 설명하시오.

참고문헌

Banks, J. A.(1990). *Teaching strategies for the social studies*(4th edition). New York: Longman.

Banks, J. A.(1999). *Teaching strategies for the social studies*(5th edition). New York: Longman.

Barr, R.D., Barth, J.L. & Shermiss, S.S.(1978). *The Nature of the social studies*. ETC Publications

Bloom, B. S., Engelhart, M. D., Furst, E. J., Hill, W. H. & Krathwohl, D. R.(Eds.)(1956). *Taxonomy of educational objectives*. New York: David Mckay.

Bruner, J. S.(1960). *The process of education*. Cambridge, MA: Harvard University Press.

Dewey, J.(1909). *How we think*. Boston: Heath.

Engle, S. H. & Ochoa, A. S.(1988). *Education for democratic citizenship*. N.Y.: Teacher's College Press, Columbia University. 정세구 역(1989). 『민주시민교육』. 서울: 교육과학사.

Fenton, E.(1966). *Teaching the new social studies in secondary schools: An inductive approach*. New York: Holt, Rinehart and Winston, Inc.

Gagne, R. M.(1970). *The conditions of learning(2nd edition)*. New York: Holt, Reinhart, and Winston.

Hunt, M. P. & Metcalf, L. E.(1968). *Teaching high school social studies*, 2nd ed. New York: Harper and Row, Publishers.

Mager, R. F.(1962). *Preparing Instruction Objectives*. Belmont, CA: Fearon Publishers.

Martorella, P.H.(1991). *Teaching social studies in middle and secondary schools*. New York: Macmillan.

Massialas, B. & Cox, C. B.(1966). *Inquiry in the social studies*. New York: McGraw-Hill Book Co.

McLure, J.W.(1973). "Affective and cognitive problems in designing behavioral objectives." *Curriculum Theory Network*, 11: 94-96.

Nelson, J.L. & Michaelis, J.U.(1980). *Secondary social studies: Instruction, curriculum, evaluation*. Englewood Cliffs, NJ: Prentice-Hall.

Oliver, D.W. & Shaver, J.P. (1966). *Teaching public issues in the high school*. Boston: Houghton Mifflin Company.

Taba, H.(1962). *Curriculum development: Theory and practice*. New York: Harcourt, Brace, Jovanovich.

Tyler, R. W.(1950). *Basic Principles of Curriculum and Instruction*. University of Chicago Press.

Vinson, K.D.(1998). The "Traditions" revisited: Instructional approach and high school social studies teachers. *Theory and Research in Social Education*, 26(1): 50-82.

Woolever, R. & Scott, K. P.(1988). *Active learning in social studies*. Glenview, IL.: Scott,

Foresman and Company.
교육부(2015). 「사회과 교육과정」. 교육부 고시 제2015-74호 [별책 7]
김왕근(1999). 세계화와 다중 시민성 교육의 관계에 관한 연구. 「시민교육연구」, 28: 45-68.
나장함·조대훈(2017). 세계시민교육 유관기구 발간 교육자료에 나타난 세계시민교육의 양상 분석. 「학습자중심교과교육연구」, 17(24): 907~933.
노경주(2009). 시민 교육을 위한 쟁점 협상 모형에 관한 연구. 「시민교육연구」, 41(2): 73-95.
모경환·임정수(2014). 사회과 글로벌 시티즌십 교육의 동향과 과제. 「시민교육연구」, 46(2): 73-108
문교부(1955). 「중학교 교육 과정」 문교부령 제45호.
박기범(2019). 디지털 네트워크 시대에 시민의 자질. 「사회과교육」, 58(4): 1-12,
박형준(2005). 중등학교 사회과 교사의 사회과 교과 성격에 대한 이해. 「시민교육연구」, 37(1): 81-100.
소경희(2017). 「교육과정의 이해」. 파주: 교육과학사.
손봉호(1997). 한국사회의 진로와 시민교육. 「사회와 교육」, 25: 1-10.
이지혜(2017). 사회과교육의 디지털 시민성에 대한 연구. 「학습자중심교과교육연구」, 17(1): 21-39.
이진석(2018). 사회과 교육과정에 나타난 디지털 시민성 : 제6차 교육과정부터 2015 개정 교육과정의 변천을 중심으로. 「교육연구」, 73: 65-82.
조대훈(2015). 글로벌다문화 한국의 시민과 시민교육. 「교육과학연구」, 17(1): 1-18.
조영달(1995). 한국 학교 시민교육의 성립과 전개 - 중, 고등학교 사회(과) 교육을 중심으로-. 「사회와 교육」, 21: 323-340.
최문선·박형준(2015). 탐색적·확인적 요인분석을 통한 한국형 디지털 시민성 척도 타당화 연구. 시민교육연구, 47(4): 273-297.
차경수(1993). 개념학습과 고급사고력 함양: 21세기 한국 시민사회의 발전과 한국병 치료를 위한 사회과교육의 처방. 「사회와 교육」, 17: 1-18.

http://www.socialstudies.org/about

Chapter 02

사회과의 발달 과정

1. 미국 사회과의 탄생과 발달 과정
2. 우리나라 사회과의 발달 과정

사회과교육이 목표로 하는 시민교육은 인류 사회의 시작과 함께 이루어져 왔다고 해도 과언이 아니다. 사회가 유지되고 발전하기 위해서는 시민교육이 필수적이기 때문이다. 그러나 역사, 지리, 정치학, 경제학 등의 학문을 통합하여 교육하는 학교 교과목으로서 '사회과'의 이름과 형태가 처음 등장한 것은 19세기 말에서 20세기 초반의 미국 사회였다. 이러한 사회과는 제2차 세계대전 이후 우리나라, 일본, 대만 등 여러 나라에 소개되어 현재와 같은 모습으로 발전해 왔다. 이 장에서는 미국에서 사회과가 처음 등장하여 발전해 온 역사적 과정, 그리고 우리나라에서 사회과가 소개되어 변화하고 발달해온 과정을 살펴보겠다.

1. 미국 사회과의 탄생과 발달 과정

1) 1916년 사회과 모형과 발달

가. 학교 시민교육의 개혁 요구

19세기 말 20세기 초 미국에서 사회과가 학교 교과목으로 자리 잡은 배경을 살펴보면, 당시 미국의 사회적 변화와 밀접한 관련이 있음을 알 수 있다. 남북전쟁 후 재건기를 거치며 산업화와 도시화가 빠르게 진행되면서 유럽에서 많은 이민자가 유입되었고, 이 과정에서 노동 문제, 인종 차별 등 다양한 사회 문제가 발생했다. 이러한 사회적 변화 속에서 미국은 새롭게 통일된 국가의 발전을 위해 애국심을 갖춘 시민을 양성하고, 산업 사회가 안고 있는 문제를 해결할 수 있는 인재를 키우기 위해 사회과 교육을 도입하게 된 것이다.

사회과가 정식 교과목으로 자리 잡기 전, 학교 시민 교육은 역사를 중심으로 지리, 공민, 정치경제, 도덕, 철학, 종교 등 다양한 분야가 혼재된 형태로 이루어졌다. 특히 역사 교육이 주를 이루었으며, 그리스 · 로마 신화, 미국 독립 전쟁 영웅, 신대륙 발견 등의 내용을 중심으로 애국심과 도덕성 함양에 초점을 맞추었다. 하지만 당시의 역사 교육은 주입식 암기에 치중하는 경향이 강했고, 교재 또한 체계적인 구성보다는 단편적인 역사적 사건과 인물 중심으로 이루어져 있었다.

따라서 이 시기의 시민교육에 대한 요구는 단편적 역사 지식 전달 위주의 전통적 교육에 대한 개혁 필요성으로 나타났다. 이러한 개혁요구에 부응하여, 1892년 전미교육협회(National Education Association: NEA)는 하버드대 총장 찰스 엘리엇(Charles Eliot)을 중심으로 '10인 위원회'(The Committee of Ten)를 조직하였다. '10인 위원회'는 체계적인 8년간의 역사 교육과정을 제시하며, 수업 방법에서도 일방적인 강의와 지나친 교과서 의존을 탈피하여 토의 · 토론을 도입하고, 시 · 소설 · 전기 등 문학 작품을 함께 활용할 것을 제안하였다. NEA의 '10인 위원회'가 제출한 보고서는 고등학교에 역사 교과가 정착하는 데는 기여했으나, 학교 프로그램에 대한 구체적인 지침을 제공하지는 못한 한계를 지니고 있었다(Evans, 2004).

이러한 문제를 개선하기 위해 1896년 미국역사학회(American Historical Association: AHA)에서는 '7인 위원회'(The Committee of Seven)를 조직하였다. 이 위원회는 전통적인 지식 전달 중심의 역사교육에서 벗어나, 학생들에게 역사적 이해력과 역사적 사고력을 길러주는 과학적인 역사교육을 강조하였다. 또한, 이들은 (1) 고대사, (2) 중세 및 근대 유럽사, (3) 영국사, (4) 미국사 및 시민정부로 구성된 4년간의 구체적인 역사 교육 프로그램을 제안하였다. 그러나 이 보고서는 고대사에 대한 지나친 강조와 시민정부에 대한 관심 부족이라는 한계를 가지고 있었다(Hertzberg, 1981).

결국, 10인 위원회와 7인 위원회에서 제안한 보고서들은 전통적인 역사 중심의 교육과정에 치중함으로써 NEA가 추구한 시민교육의 이상에 미치지 못하였고, 학교 현장에서는 여전히 지식 전달 중심의 교육과정이 강조되었다. 즉, 당시의 사회 문제를 해결하고 학생들의 필요와 흥미에 연계된 시민교육을 요구하는 개혁적 필요에 부응하지 못한 것이다. 이에 따라 현대사회의 문제를 적극적으로 해결하고 사회발전에 기여할 수 있는 바람직한 시민을 양성하기 위한 새로운 교과가 모색되었다.

나. 최초의 사회과 교육과정 모형: 1916년 보고서

이에 NEA에서는 중등교육개혁위원회(The Commission on the Reorganization of

Secondary Education: CRSE)를 만들어 개혁을 모색하였다. CRSE의 활동 과정에서 시민교육을 주된 목표로 하는 새로운 교과에 대한 논의가 진행되었고, 그 결과 1912년에 NEA의 '사회과 위원회'(The Committee on Social Studies)가 설립되었다[1]. NEA 사회과 위원회는 1914년 'A Preliminary Statement', 1915년 'The Teaching of Community Civics' 그리고 1916년의 최종보고서 'The Social Studies in Secondary Education' 등의 보고서를 통해 사회과라는 교과의 필요성을 주장하였다. 이 보고서는 중등 교육과정에 '사회과'라는 교과가 공식적으로 편성되는 결정적인 계기를 마련하였다(Lybarger, 1991).

NEA의 1916년 보고서는 사회과(social studies)를 '인간 사회의 조직과 발전 및 사회 구성원으로서의 인간과 직접적으로 관련된 교과'로 정의하고 있다. 또한 현대교육의 주안점이 '사회적 효율성(social efficiency)'에 있으며, 모든 교과의 수업은 이 목적을 위한 것이라고 천명하였다(U.S. Bureau of Education, 1916: 9). 사회과 위원회는 이 보고서에서 두 개의 주기로 구성된 6년의 중등 사회과 교육과정을 제안하였다:

① 1주기(junior cycle, 7~9학년): 지리, 유럽사, 미국사, 공민
② 2주기(senior cycle, 10~12학년): 유럽사, 미국사, 민주주의의 제 문제(사회, 경제, 정치)

1916년 보고서의 '공민(Civics)' 과목은, 사회과 위원회의 간사를 맡았던 아서 던(Arthur W. Dunn)이 1915년에 발간한 'The Teaching of Community Civics'(공동체 공민의 교수)의 내용을 이어받았다. 공민 과목은 주로 가정, 공동체, 교육, 정부와 대통령, 법원, 토지, 노동, 자본, 운송, 통신, 지역, 환경 등의 내용으로 구성되었으며[2], 이 과

1) 학교교육에 사회과(social studies)가 등장하기 시작한 것은 19세기 말이다. 1880~90년대 급속히 발달한 사회과학을 사회문제 해결에 활용하고자 했던 사회개혁가들에게 사회문제 중심의 교육이 각광을 받게 되었다. 이들은 사회과학에 기초한 시민교육의 의미로 social education 또는 social studies라는 이름을 사용하여 시행하였다. 대표적으로 사회과 위원회 의장이었던 Thomas Jesse Jones 박사는 1899년 그의 석사학위 논문 제목에 social education이라는 용어를 사용하였고(Saxe, 1992: 267-270), 1905년에 출판한 「Social Studies in the Hampton Curriculum」에서는 자신이 햄프턴 학교에서 가르쳤던 공민, 경제학, 사회학 등 인문과정(중등수준)의 과목(social study)들을 통칭하여 social studies라고 하였다. 이러한 social studies는 교양교육이 아니라 산업사회에 필요한 자질 육성을 목표로 하였다(차조일, 2016).

2) 공동체 공민(Community Civics) 과목은 이전에 정치 교육을 담당했던 구 공민(정부론) 과목과 내용상 유사한 점이 있으나, 단순히 정부 조직을 소개하는 데 그치지 않고 미국 정치의 문제점과 시민 참여의 필요성을 다루고 있다는 점에서 차이가 있다(차조일, 2017: 123).

목은 시민교육을 위한 핵심 과목으로 자리를 잡게 되었다(Hertzberg, 1981; 차조일, 2013). 또한 사회과 위원회가 12학년용 과목으로 창안한 '민주주의의 제 문제(Problems of Democracy: POD)'는 여러 사회과학 학계의 요구를 수용하여 만들어졌다. 교과서 구성을 살펴보면, 정치학, 경제학, 사회학의 세 분과 학문을 중심으로 역사 및 기타 학문 내용을 융합하여 사회적 이슈와 문제 중심의 교육과정을 구성하였다. 또한 실생활에서 발생하는 문제를 다루는 과정에서 여러 학문적 지식을 활용하고, 반성적 사고기능을 강조하였다(Evans, 2004). 이러한 POD 과목은 교육과정 융합을 시도한 초기 움직임이며, 사회 문제를 중심으로 한 최초의 통합적 이슈중심 과목이라는 점에서 당시로써는 획기적이었고, 사회과의 발전에 있어서 중요한 의미를 가진다.

1916년 보고서는 첫 페이지에서 사회과의 본질적 목표가 훌륭한 시민성을 육성하는 것(cultivation of good citizenship)이며, 훌륭한 시민(good citizen)이란 공동체에 대한 충성심과 의무감을 갖는 사람이라는 것을 명시하고 있다(U.S. Bureau of Education, 1916: 9). 즉 사회과가 추구하는 '사회적 효율성'이란 공동체의 복지나 공동체의 개선에 기여하려는 의무감이나 사회적 의식을 의미한다(손병노, 2009). 이 보고서에 나타난 사회과의 가장 중요한 특징은 앞서 언급한 '공민'(Civics) 과목과 '민주주의의 제 문제'(POD) 과목이다. 이 두 과목이야말로 사회과라는 새로운 교과의 존재 의의를 드러내며, 민주시민 육성의 핵심적 역할을 담당하는 과목임을 나타내고 있다.

이러한 1916년 사회과모형은 기존의 역사 중심의 전통적 교육과정과 시민 양성을 목표로 하는 진보적인 사회과교육을 절충한 근대적 형태로 제시된 것이었다. 이 모형은 이후 사회과 교육과정의 전형으로 자리 잡게 되었다. 1916년 사회과 모형은 최근의 사회 문제, 현대사, 그리고 학생들의 요구 및 흥미를 강조한다는 점에서 이전의 전통적 교육과정과 차별성을 가진다. 또한 10인 위원회와 7인 위원회가 개인의 지적 성장을 강조했다면, 1916년 사회과 모형은 사회적 효율성과 사회복지, 진보적인 역사교육, 그리고 학생의 흥미와 필요를 강조하는 특징을 갖고 있다(Evans, 2004; 차조일, 2003). 1921년에는 미국사회과교육학회(The National Council for the Social Studies)가 조직되면서 새로운 교과로서 사회과의 정체성을 모색하고 학문적 발달의 토대를 마련하였다.

다. 1920~30년대 사회과의 발달

1920~30년대는 사회과의 내용과 조직에 대한 다양한 접근이 시도되고, 사회과 수업 개설과 사회과에 대한 문헌이 폭발적으로 증가한 '사회과 운동(The Social Studies Movement)'의 시기였다. 신생 교과인 사회과에 대해 많은 제안과 프로젝트가 쏟아졌으며, 사회과의 정의와 접근법에 대한 통일된 입장을 찾기 어려웠다. 이 시기 사회과에 큰 영향을 미친 두 가지 흐름은 1) 진보주의와 존 듀이(John Dewey)의 영향, 2) 대공황 이후의 사회적 격변기에 부상한 사회재건주의 입장이다.

당시 미국의 교육은 진보주의가 중심 사상이었고, 사회과는 그 핵심 교과로 간주되었다. 듀이에 의해서 체계화된 진보주의 교육은 아동의 외부에 미리 존재하는 지식을 아동에게 암기시키는 것에 반대하고, 교육은 아동의 필요와 흥미에 맞추어 실시되고 아동의 성장을 도와주는 것이어야 한다고 주장했다. 듀이의 진보주의 철학은 사회과에도 영향을 미쳐, 학생들이 문제에 직면하여 참여할 수 있는 실제적 상황에 대한 강조, 다양한 학교 교과들의 연계와 통합, 사고력을 학습의 중심에 두는 경향 등으로 나타났다.

이 시기 교육과정에서는 통합적 접근[3]에 대한 관심이 증대되었다. 교육과정 조직에 대한 다양한 입장들이 대두되었는데 대표적인 접근법은 다음과 같다. 첫째, 1930년대에는 융합(fusion)에 대한 관심이 높았다. 즉 역사, 지리, 공민을 융합된 형태로 조직하여 가르치는 것이 학생들이 시민으로서의 역할을 수행하는 데 가장 적합하다는 입장이 강하게 대두되었다. 융합의 한 형태로, 사회 교과를 모든 교과의 중핵(core)에 두고 영어, 과학 등 다른 교과를 통합하는 방안이 실험되었고, 나중에 이를 중핵교육과정(the core curriculum)이라고 불렀다. 둘째, 사회교과 중의 특정 과목을 중심에 두고 다른 과목이나 사회과학들과의 상관관계를 제공하는 상관형(correlation) 접근이 시도되었다. 셋째, 문제중심(problem-centered) 접근으로, 사회문제를 중심으로 다양한 영역의 내용을 결합하여 하나의 과목을 구성함으로써 학생들의 사고력과 사회에 대한 이해를 증진시키려는 접근법이 있었다. 그러나 실제 학교 현장의 전반적

3) 오늘날의 통합교육과정(integrated curriculum)이라 불리는 다양한 형태의 교육과정 개발이 1930년대에 등장했다. 이와 관련하여 사용된 명칭도 integration, correlation, fusion, unification, core 등 여러 가지가 있었다.

인 경향은, 크게 보아 교과서와 주제(topics)를 중심으로 가르쳤던 비교적 '전통적인' 학교와 문제 해결적 접근을 취했던 '진보적인' 학교로 대별되었다(Dougan, 1989).

1929년의 대공황과 그 이후의 정치, 경제적 격변을 겪으면서 사회과에 나타난 또 하나의 흐름은 조지 카운츠(George S. Counts)를 중심으로 교육을 통한 사회 변화와 새로운 사회 질서의 창조를 추구하는 '사회재건주의'(social reconstructionism) 관점이었다. 이 관점은 지나치게 정치적이라는 비판도 받았으나, 교육의 목적을 다시 생각해보게 하는 기회를 제공했다. 특히 사회과에서는 POD 과목에 대한 관심을 높이고 사회문제(social problems)를 교육과정의 중심에 두게 하는 계기를 마련했다. 문제중심 사회과의 대표적 학자는 해롤드 러그(Harold O. Rugg)로, 그는 교육을 통한 사회재건을 주장하면서 사회문제 중심의 사회과 교과서 시리즈를 제작하였고, 그의 교과서들은 1930년대 미국 전역에서 광범위하게 사용되었다. 이러한 Rugg의 교재는 학습자의 흥미를 반영하는 실제적 사회문제를 핵심 내용으로 삼았고, 연대기적 구성을 탈피하여 사회 문제 혹은 쟁점을 중심으로 통합적 구성을 지향했다는 점에서 1916년 보고서와 맥을 같이 하고 있으며(오연주, 2006), 초기 사회과의 정신을 계승하여 발전시킨 것이라고 볼 수 있다.

라. 1940~50년대의 사회과

그러나 제2차 세계대전의 발발과 전시체제의 영향으로 교육계에도 보수주의의 움직임이 강화되었고, 이에 따라 사회과의 진보주의 실험은 1940년대에 이르러 주춤하게 되었다. 특히 러그(Rugg)의 교과서들은 지나치게 체제 비판적이라는 비난을 받게 되었다. 러그 자신이 정통 마르크스주의자는 아니었음에도 불구하고, 일부 기업가와 보수 단체들은 그의 교재가 반자본주의적이라고 비난했으며, 이러한 분위기 속에서 40년대 중반에는 러그의 교과서가 거의 사라지게 되었다. 또한, 일부 역사학자들은 학교에서 역사 수업 시간이 충분치 않으며 청소년들이 역사에 대해 무지하다는 글을 언론을 통해 발표하며, 역사 수업 시간의 증대를 요구했다. 이 시기에는 전반적으로 애국적인 시민의 양성과 전통적인 역사교육이 강조되었다.

제2차 세계대전이 끝나고 미국과 소련의 냉전 체제가 형성되면서 군비 경쟁이 격화되고, 반공주의, 애국심, 국가 경쟁력 강화 등이 사회 분위기를 주도했다. 이런 상황에서 사회문제 해결을 강조하던 사회과는 퇴조하고, 국가에 대한 충성심을 강조하는 방향으로 변화했다. 그러나 이 시기의 사회과는 또한 전체주의에 대한 비판과 민주주의 가치 함양, 세계평화를 추구하는 시민 양성을 위한 교과로서 새롭게 자리매김하는 계기가 되기도 했다(차조일, 2012).

1950년대에 들어서면서, 미국의 학교들이 유럽, 특히 소련에 비해 열등하다는 비판을 받게 되었고, 학교는 각 교과에서 수월성을 추구해야 한다는 사회적 압력에 직면하게 되었다. 이는 곧 사회과가 사회문제 접근에서 분과 학문적 접근으로 회귀하게 된다는 것을 의미한다. 교육의 내용으로는 개별 학문의 내용을, 교육의 방법으로는 탐구(inquiry)에 기초하여 체계적으로 가르쳐야 한다는 주장이 힘을 얻으며, 통합에 대한 관심은 상대적으로 저조해졌다. 이것이 1950년대 후반 사회과에 일어난 가장 큰 변화 중의 하나이며, 1960년대 신사회과 운동의 토대를 이루게 되었다.

2) 1960년대~70년대 초의 신사회과운동

가. 신사회과운동의 배경

제2차 세계대전 종식 이후 냉전 시대의 시작과 함께, 사회과는 사회문제 중심의 교육과정에서 학문중심적 교육과정으로 방향을 선회하게 되었다. 1957년 10월 4일, 소련이 최초의 인공위성 스푸트니크(Sputnik)를 발사했는데, 우주 개발에서 소련에 뒤진 미국은 이 사건을 '스푸트니크 충격(Sputnik shock)'이라고 불렀다. 이후 이 사건은 미국이 소련과의 과학기술 경쟁에서 뒤처진 것이 교육 문제 때문이라는 해석을 촉발하면서, 광범위한 교육 개혁을 시도하는 계기가 되었다. 1959년 9월 매사추세츠주의 우즈호울(Woods Hole) 회의에서 미국학술원(National Academy of Sciences)의 주최로 35명의 과학자, 교수, 교육자들이 모여 미국 초·중등교육의 문제점에 대해 10일간 토론을 했고, 그 결과를 보고서로 출판한 것이 브루너(J. Bruner)의 「교육의 과정」(*The Process of Education*)(1960)이다.

브루너의 이 보고서는 당시 개혁을 주도한 핵심 아이디어를 담고 있는데, 모든 학문에는 고유의 구조(structure)가 있으며, 학교에서는 학생들이 이러한 학문의 구조를 발견(discovery)하도록 가르쳐야 한다고 주장했다. 또한, 저학년에서 고학년으로 갈수록 내용의 범위와 깊이가 심화되는 나선형(spiral) 교육과정으로 구성되어야 한다고 보았다. 이 영향으로 과학 및 수학 교육의 개혁이 이루어졌을 뿐만 아니라, 사회과에서도 인류학, 사회학, 정치학, 경제학, 심리학 등 사회과학의 내용과 연구방법이 강화되었다. 이처럼 새롭게 등장한 사회과학 중심의 사회과를 '신사회과'라고 하며, 이러한 운동을 '신사회과운동(New Social Studies Movement)'이라고 부른다. 1960년대와 70년대 초까지 연방정부와 민간 재단의 막대한 예산 지원을 받으며 많은 학습 자료가 개발되었다.

나. 신사회과의 내용과 방법

사회과학 중심의 사회과 모형이 발달하게 된 데는 다음과 같은 배경이 있다. 무엇보다도 제2차 세계대전 이후 사회학, 인류학, 심리학 등의 사회과학 내지 행동과학이 발달한 점을 들 수 있다. 1940년대부터 자연과학에서 사용되던 통계학적인 연구 방법이 사회현상을 연구하는 데도 사용되기 시작하면서 사회과학이 급속히 발달하였다. 특히 1960년대 미국은 인종 갈등을 비롯한 많은 사회문제에 직면하게 되었고, 이러한 문제들의 진단과 해결을 위해 사회과학 지식이 필요하다는 인식이 확산되었다. 이러한 사회적 상황에서 사회과에서는 단편적인 지식의 이해나 암기보다는 문제해결력, 비판적 사고력, 의사결정력 등 고차적 사고력을 강조하게 되었고, 내용 면에서는 인류의 생존과 직접적으로 관계있는 문제들, 즉 전쟁의 예방, 평화, 환경오염, 소비자 교육, 마약중독, 그리고 과학의 발달과 그에 따른 문제점 등이 포함되었다.

사회과의 교수 방법 측면에서는 발견학습, 탐구학습, 학제적[4] 접근법 등이 강조되었다. 먼저, 학문의 구조(structure)는 교사가 주입하는 것이 아니라 학생 스스로가 발견적 방법(discovery)을 통해 체득해야 한다는 것이 브루너 보고서의 핵심 내용이었다. 또한 학생들이 여러 가지 자료를 통해 스스로 해답을 찾아가는 과정에서 지식을 습득하는 탐구학습(inquiry)이 강조되었다. 학생들이 다루는 도시문제, 국가발전, 환

4) 또는 '간학문적'(interdisciplinary)

경오염 등의 사회문제는 단일 학문 분야의 지식만으로는 해결할 수 없는 문제이기 때문에, 다양한 학문을 활용하는 학제적인(interdisciplinary) 연구 방법, 또는 다학문적(multidisciplinary) 연구 방법이 강조되었다.

학문중심의 사회과 교육과정을 위한 많은 프로젝트들이 진행되었는데, 그중 가장 주목할 만한 것은 하버드대학교의 브루너 교수가 중심이 되어 개발한 사회과학 중심 교육과정인 「Man: A Course of Study」(MACOS)를 들 수 있다[5]. MACOS는 사회과학 전문가들이 모여 학생들이 발견적 학습(discovery learning)을 통해 학문의 구조(주로 인류학)를 배울 수 있도록 설계한 교육과정으로, 문제 해결을 위한 과학적 접근이 강조되었다. 1963년에 시작하여 1967년에야 완성되었던 MACOS는 초등학교 고학년용으로 개발되었으며, 총 6개의 대단원으로 구성되어 있다: 1. 생물의 생애주기(What's in a Lifetime?), 2. 연어(Salmon), 3. 재갈매기(Herring Gulls), 4. 개코원숭이(Baboons), 5. 인디언 부락의 넷실리크(Netsilik) 에스키모족, 6. 해빙(Sea Ice) 위의 넷실리크 에스키모족. 이러한 MACOS를 관통하는 세 가지 질문은 '인간의 인간다움은 무엇인가?', '인간은 어떻게 그러한 모습을 갖게 되었는가?', '인간이 더 인간다워질 수 있는 방법은 무엇일까?' 등이었으며, 특히 마지막 두 단원에는 MACOS 개발팀이 상정했던 인간다움의 특성인 '도구 사용', '사회 조직', '오랜 유년기', '설명 욕구', 그리고 '언어'가 잘 나타나 있다(손병노, 2012).

다. 신사회과운동의 한계와 의의

사회과학자들이 중심이 된 프로젝트 개발 위주의 초기 신사회과에 대해 점차 학부모와 교사들은 평등, 공정성, 사회문제에 대한 참여 등을 소홀히 다루고 있다는 비판을 제기하였다. 이와 동시에 3R 기초교육(읽기, 쓰기, 셈하기)의 강조와 연대기적 역사지식이 강조되면서 1970년대 중반 이후부터 신사회과운동은 쇠퇴기를 겪게 되었다.

막대한 예산을 통한 많은 프로그램이 개발되었음에도 불구하고, 신사회과운동은 실제 학교 교육과정을 개혁하는 데는 성공을 거두지 못했다. 이 운동은 주로 대학 교

5) 「Man: A Course of Study」을 직역하면 「인간: 교수요목」이 된다. 이 명칭은 '인간을 주제로 한 교수요목(교육과정)', '인간에 대한 연구', 또는 '인류에 대한 탐구'라는 의미를 가지고 있다.

수들을 중심으로 한 사회과학 전문가집단이 개발에 참여했고, 현장 교사들의 역할은 미미했다. 실제로 당시에 전문가 집단이 개발한 자료를 사용한 사회과 교사는 전체의 20%에도 미치지 못했다(Evans, 2004: 145-146). 또한 교사들은 신사회과운동이 가져오는 변화에 부담을 느끼고 수용하기를 꺼렸으며, 수업 자료의 난이도가 높아 학생들의 이해 수준을 벗어난 경우가 많았다.

이러한 한계에도 불구하고, 신사회과운동은 이후 사회과의 발전에 지대한 영향을 미쳤다. 우선, 방대한 학습 자료가 개발됨으로써 이후 상업용 혹은 교사가 제작하는 다양한 교재 개발의 계기를 마련하였다. 또한 교수-학습 과정에서 학습자의 적극적인 역할을 강조하고 탐구(inquiry)를 중요시함으로써, 후에 학습자의 역할을 중시하는 구성주의적 교수이론의 배경이 되었다. 아울러 교수-학습에서 매체의 활용을 권장한 점과 사회과 수업에서 가치 교육을 강조한 점도 신사회과운동의 중요한 의의로 들 수 있다.

3) 신사회과운동 이후~1980년대의 사회과교육

1970년대 중반 이후부터 1980년대는 미국의 학교 문화와 사회 전반에 신자유주의와 보수주의가 팽배한 시기였다. 사회과교육에서도 가치에 대한 토론이나 사회적 이슈 중심의 간학문적 접근이 비판을 받았고, 분과 중심의 교육이 강조되었다. 1970년대 후반, 보수주의자들의 기초복귀운동(back-to-basics)에는 대중매체도 적극 가세했다. 이들은 교육의 질 향상, 수월성 강화, 교육의 경제성장에 대한 기여, 입학과 졸업 요건의 강화 등을 주장했다. 공화당 레이건 정부의 국가교육수월성위원회(The National Commission on Excellence in Education)가 1983년에 발간한 「국가의 위기(A Nation at Risk)」라는 보고서는 미국이 상업, 산업, 과학, 기술 혁신에서 누려오던 세계 최고의 지위가 위협받고 있으며, 미국이 위기에 처해 있다고 주장했다. 이 보고서는 이러한 위기의 원인 중 하나로 교육의 실패를 지적하며, 고등학교 졸업 요건 및 대학교 입학요건의 강화, 수준 높은 교육과정, 높은 교사 기대 등을 주장했고, 이후 전개된 미국 교육개혁을 뒷받침했다.

사회과에서 일정한 방향성을 갖지 못하고 혼란을 겪고 있던 이 시기에 등장한 흐름은 '전통적 역사(traditional history)'의 강조였다. 신사회과운동이 사회과학을 중심으로 하고 사회적 이슈에 대한 통합적 접근을 취한 것이 역사교육의 지위를 위협한다고 생각한 보수주의 역사학자들이 통합적 사회과를 집중적으로 비판하였고, 캘리포니아주를 비롯해 역사를 강화하고 분과주의를 지지하는 움직임이 나타났다. 그리하여 1980년대 중후반에 이르러 사회과는 이슈 중심의 사회과가 쇠퇴하고 전통적 역사교육이 강화되었다.

1980년대 후반과 1990년대에 나타난 중요한 교육적 담론 중 하나는 다문화교육(multicultural education)이다. 1960년대 민권운동(civil rights movement)에서 태동한 다문화교육은 유색인종, 여성, 노동계층 등 사회적 소수자가 교육의 내용에서 배제되어 온 문제점을 지적하며, 교육과정과 교과서에 이들을 포함시킴으로써 학생들이 올바른 사회 인식을 갖게 되고, 평등한 사회의 구현에도 기여할 것이라고 주장했다. 이에 반하여 보수주의 교육가들은 다문화교육이 차이와 갈등을 강조함으로써 미국 사회의 분열을 초래한다는 비판을 제기하였다(Evans, 2004).

4) 1990년대 이후의 사회과교육

가. 표준중심 개혁운동

1990년대 이후 미국 사회과 교육과정의 지배적인 추세는 '표준화'(standardization)이다. 「국가의 위기(A Nation at Risk)」 출간과 함께 촉발된 성취 수준 향상, 학교 책무성 강화 등의 일련의 교육개혁 운동은 1980년대 말부터 각 교과별로 높은 수준의 '표준'을 제정하고 실행하는 표준중심 교육개혁(standards-based educational reform)으로 이어졌다. 연방정부의 재정 지원을 받아 1989년에 수학과 표준 교육과정이 개발되었고, 1994년에는 미국의 전국역사과협의회(National Center for History in Schools), 지리교육학회(National Council for Geographic Education), 경제교육학회(National Council on Economic Education), 공민교육센터(Center for Civic Education), 미국심리학회(American Psychological Association) 등에서도 각각 교육과정 표준을 제정하여 각 주의 교육과정에 영향을 미쳤다.

미국 사회과교육학회(NCSS)도 1994년에 *The Curriculum Standards for Social Studies*라는 교육과정 표준서를 자체적으로 개발하여 발표하였다. 여기에 제시된 사회과의 핵심적인 주제 스트랜드(strand) 10가지는 다음과 같다.

> 1) 문화, 2) 시간, 계속성, 변화, 3) 사람, 장소, 환경, 4) 개인의 발달과 정체성, 5) 개인, 집단, 제도, 6) 권력, 권위, 통치, 7) 생산, 분배, 소비, 8) 과학, 기술, 사회, 9) 국제 관계, 10) 시민적 이상과 실천(National Council for the Social Studies, 1994)

2010년에 발간된 개정판에서도 동일한 스트랜드에 대한 보완 사항을 제시하고 있다(NCSS, 2010). NCSS의 이러한 교육과정 표준은 거의 모든 주에서 주 단위 사회과 표준을 제정하는 데 영향을 미쳤으며, 각급 학교는 이러한 주 단위 표준에 따라 집필된 교과서를 사용한다. 또한, 각 주에서 실시하는 고부담시험(high-stakes testing)[6]이 이러한 표준에 의거해 학업 성취도를 평가함에 따라 '표준'은 명실상부한 교육과정의 지침 역할을 하고 있다.[7]

멀게는 1970년대 말부터, 그리고 1989년 수학 교육과정 표준서의 발간과 함께 추진되어 온 교육과정 표준화 움직임은 2002년 1월, 부시(George W. Bush) 대통령이 '전원성취법(No Child Left Behind)'[8]이라 불리는 초·중등교육법의 개정안에 서명함으로써 정점을 형성한다. 전원성취법은 수학, 과학, 읽기뿐만 아니라 다른 교과에도 영향을 미쳤으며, 사회과에서도 교육과정 표준서에 따른 주 단위 교육과정의 마련과 이에 따른 평가의 실시라는 추세를 강화했다.

이러한 교육과정의 표준화, 고부담 시험, 수월성 추구, 책무성 강화, 국제 경쟁력

6) 시험의 결과가 관련 당사자들에게 막대한 영향을 미친다는 의미에서 '고부담 시험(high-stakes testing)'이라고 불린다. 이 시험의 결과는 각 학교별 예산 차등 지원, 교장의 임면, 교사 승급 및 보수, 학생의 진급 및 졸업 등에 광범위한 영향을 미치고 있다.

7) 경제와 공민 과목처럼 큰 논란 없이 '표준'이 수용되는 경우도 있지만, 역사 과목처럼 많은 논란과 함께 초기에 무력화된 경우도 있다. 연방 정부의 재정 지원 없이 미국사회과교육학회(NCSS)가 독자적으로 개발한 사회과(social studies) 표준서는 강력하고 광범위하게 영향을 미치고 있다.

8) No Child Left Behind(NCLB): '아동낙오 방지법'이라고도 번역된다. 2002년 1월에 부시 대통령이 서명하여 발효된 미국의 초·중등 교육법(Elementary and Secondary Education Act: ESEA) 개정안의 별칭이다. 이 법은 수학, 과학, 읽기 교육의 강화, 학교 책무성과 교사 자격 요건 강화 등을 주요 내용으로 하고 있다. 이 법의 시행 결과, 미국 초·중등 학생들의 읽기와 수학 성취도 향상, 인종 간 학업성취도 차이 감소, 학부모의 학교 참여권 강화, 연방정부의 개입을 통한 경각심 고조 등의 효과를 거두었으나, 평가 위주의 교육과정 운영, 획일적인 평가시스템 적용 등의 문제점도 나타났다(염철현, 2016).

강화 등의 일련의 보수주의적 흐름이 대세를 이루고 있지만, 미국 교육이 오랫동안 간직해온 또 하나의 전통인 풀뿌리 민주주의, 다양성, 다원주의 흐름도 여전히 존재하며, 표준화 추세와 긴장 관계를 형성하고 있다. 이 전통에는 구성주의, 실제적 평가, 이슈 중심의 접근, 사회정의에 대한 관심 등이 포함된다(모경환, 2005; Evans, 2004).

나. 공통핵심기준과 C3 Framework

앞서 살펴본 바와 같이, 높은 수준의 표준을 설정하고 이를 모든 학생들에게 이수하게 한다는 열망을 담은 표준화 운동은 오바마 정부에 들어서 2010년 수학과 영어의 공통핵심기준(Common Core State Standards: CCSS)이 발표됨으로써 새로운 전기를 맞게 되었다. 오바마 행정부도 출범 초기에는 NCLB에 대한 기대와 희망을 버리지 않았다. 그러나 학생들의 학업성취도 평가 결과는 매우 실망스러웠고, 결국 국가 수준의 공통 기준을 다시 마련해야 한다는 필요성이 제기되었다. 이에 주지사협의회(The National Governors Association)와 주교육감협의회(The Council of Chief State School Officers)의 주도하에 공통핵심기준 개발이 시작되었다.

먼저 이들은 대학 및 직업 준비도 기준(College and Career Readiness Standards)을 만들고, 이에 근거하여 K-12 학년별 기준을 작성하였다. 공통핵심기준의 개발은 K-12 과정을 마치고 고등학교를 졸업하는 학생들이 대학 및 직업에서 성공적인 삶을 영위하는 데에 필요한 지식과 기능을 명료하게 규정하고자 하였다.

2010년에 수학과 영어 공통핵심기준이 발표되자, 45개 주, 4개 자치령, DC가 이를 채택하면서 사실상 국가 수준의 내용 기준 역할을 하게 되었다.[9] 이는 오바마 행정부가 각 주의 공통핵심기준 채택을 연방 보조금 지원 및 NCLB 면책권 부여와 연계했기 때문이다. NCLB법에 따르면, 모든 주와 교육구(school district)는 연방정부에 제출했던 목표치를 2014년까지 달성해야 했다. 그러나 현실적으로 거의 모든 지역에서 기준치 달성이 불가능했으며, 이들은 공통핵심기준을 채택함으로써 면책권을 받고자 했다(Kenna & Russell, 2014; 염철현, 2016).

9) 2021년 1월 기준으로 41개 주, 4개 자치령, 워싱턴 DC에서 CCSS를 채택하고 있다.

수학과 영어에서 시작된 이러한 공통핵심기준 움직임은 2013년 과학에 이어 사회과도「College, Career, and Civic Life Framework for Social Studies State Standards」(일명 C3 Framework)를 발표하면서 구체화되었다(NCSS, 2013). C3 Framework의 작성은 NCSS의 주도하에 14개의 교과 내용학 관련 단체가 참여했으며, 제목이 의미하는 바와 같이 대학, 직업, 그리고 시민적 삶을 성공적으로 영위하는 데 필요한 자질을 함양하는 데 초점을 두고 있다.

기존의 스트랜드 중심 교육과정을 존중하면서, C3 Framework은 세 가지 목적을 명확히 제시하고 있다. 첫째, 사회과 교과 위상의 강화; 둘째, 참여적 시민이 되기 위한 비판적 사고력, 문제해결력, 참여 기능 육성; 셋째, CCSS 언어 영역과의 연계 추구(https://www.socialstudies.org/standards/c3). 이러한 C3 Framework은 '탐구'를 강조하고 있으며, 탐구 과정(inquiry arc)은 〈표 2-1〉에 나타난 바와 같이 네 가지 단계(dimensions)로 나누어져 있다. 첫째, 문제의 제기와 탐구 계획(Developing questions and planning inquiries). 둘째, 교과의 개념 및 도구의 적용(Applying disciplinary concepts and tools). 여기에서 공민, 경제, 지리, 역사를 사회과의 주요 교과 영역으로 제시하고 있다. 셋째, 자료의 평가와 근거 제시(Evaluating sources and using evidence). 넷째, 결론 제시 및 식견 있는 행동(Communicating conclusions and taking informed action). 그리고 각 단계의 끝에는 2010년에 발표된 언어 영역(English Language Arts and Literacy) 기준과의 연계점을 제시하여 사회과 시수 확보를 위한 방안을 마련하려 했다는 점이 주목할 만하다(최정순, 2015). 또한 각 단계의 하위 항목에 대해 학년군별(유치원~2학년, 3~5학년, 6~8학년, 9~12학년) 성취 기준을 제시함으로써 상세한 가이드라인을 제공하고 있다. C3 Framework가 실제로 어떻게 지속적인 영향을 미칠 것인지 큰 관심사가 아닐 수 없다.

〈표 2-1〉 C3 Framework의 기본 구조

1단계 문제 제기와 탐구 계획	2단계 교과 개념과 도구의 적용	3단계 자료의 평가와 근거 제시	4단계 결론 제시 및 식견 있는 행동
• 문제 제기(질문) • 탐구 계획	• 공민 • 경제 • 지리 • 역사	• 자료 수집과 평가 • 주장 개발과 근거 제시	• 결론 제시와 비판 • 식견 있는 행동

출처: NCSS(2013), p. 12

공통핵심기준 개발 움직임에 대한 평가에서도 다음과 같은 두 가지 입장이 팽팽하게 대립하고 있다. 첫째, 공통핵심기준이 오래전에 시작된 표준화 운동의 연장선에 있으며, 높은 수준의 기준 또는 표준을 마련하여 이를 이수하게 함으로써 학업성취도를 향상시키고 국가경쟁력을 강화한다는 입장이다. 둘째, 다원화된 시대에 기준을 강조하는 것은 교육의 다양성을 저해할 것이라는 입장이다.

2. 우리나라 사회과의 발달 과정

1) 도입기 사회과: 교수요목기

현재와 같은 역사, 지리, 사회과학을 통합한 사회과교육이 등장한 것은 1945년 광복 이후이다. 일제강점기에는 일본 본토와 마찬가지로 일본사, 일본지리, 그리고 도덕 교육에 해당하는 수신(修身)과가 독립적으로 운영되었다. 하지만 이러한 과목들이 민주적이지 못하고 군국주의적이라는 비판을 받으며 미군정에 의해 폐지되었고, 대신 자유, 평등, 인권 존중, 국민의 정치 참여 등을 내용으로 하는 민주적인 '사회과'가 도입되었다. 이는 제2차 세계대전 후 일본에서도 동일하게 나타난 현상이다.

미군정 시기는 사회과가 도입된 시기라고 할 수 있다. 1945년 8월 광복 직후, 미군정은 일제강점기의 전체주의 교육을 청산하고 민주주의 교육을 실현하기 위해 미국 진보주의 교육의 산물인 '사회과(social studies)'를 도입하기로 결정했다. 1945년 9월 발표된 초·중등학교 교과목 편제에는 지리, 역사, 그리고 '공민'이라는 과목이 포함되었는데, '공민'은 일제강점기의 '수신'을 대체하는 과목이었다(홍웅선, 1992a: 116). 황국 신민화를 위한 수신 과목을 폐지하고, 새로운 독립 국가에서 민주 시민을 양성하고 민주주의 교육을 실시하기 위해 공민(Civics)을 도입한 것이다.

미군정청 학무국은 교수요목 제정위원회를 구성하여 모든 교과의 교수요목(教授要目)을 제정했는데, 1946년 9월 '국민학교 사회생활과 교수요목'을 제정하고 공포함으로써 초등학교 교과목에 '사회생활과'가 공식적으로 등장하게 되었다(이진석, 2003: 102). '교수요목(syllabus)'은 학생들이 학습해야 할 코스 또는 교사가 가르칠 내용의 주제나 제목이라는 의미를 가지고 있었다. 새롭게 도입된 사회생활과는 제2차 교육과정에서 현재의 '사회과'로 명칭이 변경되었으며, 도입기 사회과는 미국의 영향을 강하게 받았다. 특히 초등학교 사회생활과 교수요목은 미국 콜로라도주 덴버(Denver)시의 교육과정을 참고하여 만들어졌다.

미군정 시기의 사회생활과 교수요목은 지리, 역사, 공민을 통합하여 민주시민을 양성한다는 목적에서 편성되었다. '국민학교 교수요목'은 사회생활과의 목적을 "사회생활과(social studies)는 사람과 자연 환경 및 사회 환경과의 관계를 밝게 인식시켜 사회생활에 성실 유능한 국민이 되게 함을 목적으로 함."이라고 명시하고 있다. 또한 '국민학교 교수요목'에 서술되어 있는 사회생활과 교수요목 운용법의 여섯 번째 항목에는 "역사, 지리, 공민의 혼연 융합을 기할 것."이라고 하여 과목 간 통합을 강조하고 있다.

교수요목에는 초등학교 1학년에서 가정과 학교, 2학년에서 고장 생활, 3학년에서 여러 곳의 사회 생활, 4학년에서 우리나라의 생활, 5학년에서 다른 나라의 생활, 6학년에서 우리나라의 발달을 다루었다. 또한, 〈표 2-2〉에 나타난 바와 같이 덴버시의 Social Studies 8년 과정을 6년으로 압축하면서, 우리나라의 6학년 교육과정에는 역사뿐만 아니라 공민 내용도 포함되었다.[10] 교수요목기에는 사회생활과를 통해 지리, 역사, 공민의 내용을 통합하였으며, 아동들의 사회생활 적응을 일차적인 목표로 삼고

10) 해방 이후 우리나라는 6-3-3 학제를 채택하였으나 당시 덴버시에서는 8-4제의 학제를 운영하고 있었다.

있다. 또한, 우리나라의 역사와 제도를 강조하는 민족주의적 색채도 나타나 있는데, 이는 신생국가로서의 필요가 반영된 결과라고 할 수 있다.

〈표 2-2〉 **교수요목기 초등학교 사회생활과**

콜로라도 주 교수요목		한국의 교수요목	
학년	주제	학년	주제
제1학년	가정 및 학교에서의 생활	첫째 학년	가정과 학교
제2학년	향토 생활		
제3학년	더 넓은 사회 생활	둘째 학년	고장(향리, 고향, 향토) 생활
제4학년	다른 지방의 사회 생활	셋째 학년	여러 곳의 사회 생활
제5학년	미 합중국의 생활	넷째 학년	우리나라의 생활
제6학년	미 합중국의 여러 이웃 나라		
제7학년	타 대륙의 생활	다섯째 학년	다른 나라의 생활
제8학년	콜로라도와 합중국의 발전	여섯째 학년	우리나라의 발달

출처: 홍웅선(1992b): 32 자료를 토대로 작성

통합적인 성격의 사회과가 도입된 초등 교육과정과는 달리, 중등에서는 통합적인 사회과 구성에 대한 합의에 실패하였다. 그 결과, 중등학교의 사회과 교육과정에서는 〈표 2-3〉과 같이 '사회생활과'라는 교과 명칭 아래 역사, 지리, 공민이 분과형으로 편성되었다. 즉, 교수요목기의 사회과는 초등에서는 통합 체제의 도입을, 중등은 분과 형태의 병합을 특징으로 한다.

〈표 2-3〉 **교수요목기 중등학교 사회생활과**

학년	지리	역사	공민
중등 1학년	이웃 나라 생활	이웃 나라(동양사)	공민 생활(공동생활)
중등 2학년	먼 나라 생활	먼 나라(서양사)	공민 생활(정치생활)
중등 3학년	우리 나라 생활	우리 나라(국사)	공민 생활(경제생활)
중등 4학년	지리통론	인류문화사	정치편
중등 5학년	인문지리	우리문화사	경제편
중등 6학년	경제지리	인생과 문화	윤리철학

출처: 홍웅선(1992b): 39, 42.

2) 정부 수립 후의 사회과 교육과정

대한민국 정부수립 후, 사회과 교육과정은 '교수요목기'부터 최근 2022년 12월 22일에 고시된 교육과정까지 여러 차례 개정을 겪었다. 제1차 개정부터 제7차 개정까지는 대략 5년에서 10년 주기로 전면 개정의 형태로 이루어졌으며, 2007년 개정부터는 '수시 개정'과 '부분 개정'이 이루어지고 있다.

가. 제1차 교육과정(1955~1963)

제1차 교육과정은 정부 수립 직후인 1949년부터 제정 논의가 시작되었으나, 한국전쟁으로 인해 중단되었다가 1955년 8월에야 비로소 공포되었다. 이 교육과정의 가장 큰 특징은 초등학교(당시 명칭은 '국민학교')에서는 '사회생활과'를 통합 과목으로 운영하고, 중학교에서는 '사회생활과'를 지리, 역사, 공민으로 분리하여 가르친 점이다[11]. 즉, 국민학교 교육과정의 사회생활과 목표에서는 "사회생활과의 내용인 지리, 역사, 공민은 이를 분과적 또는 계통적으로 다룰 것이 아니라, 심신 발달의 단계로 보아 종합적으로 다루어져야 할 것이다."라고 명시했다. 반면, 중학교 교육과정에서는 "중학교 사회생활과 과정은 지리, 역사, 공민의 세 부분으로 갈라서 작성하기로 하였다."라고 밝히고 있다.

한편, 고등학교 '사회과'에는 일반사회, 도덕, 국사, 세계사, 지리의 다섯 과목이 편성되었다. 이 중에서 일반사회, 도덕, 국사는 필수 과목으로, 세계사, 지리는 선택과목으로 지정하였다. 고등학교 사회과의 특징으로는 첫째, 교과명이 '사회생활과'에서 '사회과'로 바뀌었고, 둘째, 교수요목기의 '공민' 대신에 일반사회와 도덕이 신설되었으며, 역사는 국사와 세계사로 분화되었다. 셋째, 중학교 공민 영역의 연장인 '일반사회'는 필수 과목으로 전 학년에 걸쳐 이수하도록 하였는데, "정치, 경제, 사회를 중심으로 하고 지리와 역사를 배경으로 하여 민주사회와 공민적 자질을 신장함"을 내용으로 하는 통합 성격의 과목이었다.

11) 즉 중학교의 교과 명칭은 '사회 생활과', 과목 명칭은 공민, 지리, 역사 등 3과목으로 구성되었다.

나. 제2차 교육과정(1963~1973)

제2차 교육과정은 1958년부터 개정 작업이 시작되었으나, 최종 고시는 1963년에 이루어졌다. 개정 과정 중 1960년 4 · 19 혁명과 1961년의 5 · 16 군사정변이 발생하여 개정 작업이 지연되었다. 군사정변 이후에는 민족주체성과 경제성장을 강조하는 내용이 강화된 것이 특징이다. 초등학교(국민학교)와 중학교의 '사회생활과'는 '사회과'로 명칭이 변경되었다. 초등학교에서는 제1차 교육과정기와 마찬가지로 내용의 조직에 환경확대법이 적용되었으며, 수업 방법으로는 문제해결학습이 강조된 것이 특징이다(최용규, 2005). 제2차 교육과정 문서에서는 이전과 달리 '지도상의 유의점'을 기술하고 있는데, 여기에서 학생들의 생활을 토대로 한 문제해결학습을 강조하고 있다.[12)]

중학교에서는 '사회'라는 과목 명칭 아래, 1학년은 지리 영역, 2학년은 한국사와 세계사 영역, 3학년은 공민 영역을 중심으로 구성하되, 타 영역을 부분적으로 통합하려는 시도를 하였다. 중학교 교육과정 '지도상의 유의점' 부분의 첫 번째 항목을 보면, "중학교 사회과에서는 과목 구분을 두지 않으며, 또한 공민 부분, 역사 부분, 지리 부분과 같은 부분 구분을 하지 않는 기본 정신이 지도면에서 반영되어야 한다."라고 되어 있다. 수업 방법으로는 중학교 수준에서도 문제해결 학습을 강조하고 있다.[13)] 고등학교에서는 총 7개 과목이 편성되었으며, 일반사회, 국민윤리, 국사, 세계사, 지리I을 필수 과목으로, 정치 · 경제, 지리 II를 선택 과목으로 지정하였다.

다. 제3차 교육과정(1973~1981)

1969년부터 부분 개정을 거쳐 1973~74년에 개정 공포된 제3차 교육과정은 학문중

12) 예를 들어, 〈국민 학교 교육 과정〉의 IV. 지도상의 유의점 제1항은 다음과 같이 기술되어 있다: "사회과 목표를 달성하기 위하여는 사회적 및 어린이의 욕구에 의한 기초적인 문제가 다루어져야 할 것이며, 사회과의 내용인 공민, 역사, 지리, 도덕은 이를 분과적 또는 계통적으로 다룰 것이 아니라, 심신 발달의 단계로 보아 종합적으로 다루어져야 하고 특히 사회, 경제, 문화생활의 개선 발전을 위하여 지역사회를 중심으로, 문제 해결을 위한 효과적인 학습이 되도록 지도하여야 한다."

13) 〈중학교 교육 과정〉의 IV. 지도상의 유의점 제3항은 다음과 같다: "사회과 교육이 현대 사회 생활의 당면한 제 문제를 해결하는 데 필요한 이해, 기능, 태도를 체득하는 것을 목표로 하는 점에 유의하여, 전문적 지식 체계를 전달하는 일에 치우치지 않도록 유의하여 지도하여야 한다."

심 교육과정의 영향을 받아 지식의 구조와 탐구가 강조되었다. 또한, 1970년대에 들어서 경제성장이 가속화됨에 따라 산업화가 초래하는 사회문제를 해결하기 위해 국민이 갖추어야 할 능력이 더욱 강조되었다. 1972년 10월 유신 이후에는 국사와 도덕이 강화되는 등 국가주의 영향이 강하게 나타났다. 즉, 제3차 교육과정은 이론적인 측면에서는 학문중심 교육과정의 영향을 받았고, 현실적인 측면에서는 국가주의의 영향을 받아 개정되었다. 초등학교와 중학교에서는 탐구, 발견, 문제해결 등이 강조되었으며, 고등학교에서는 '한국 국민으로서의 긍지'와 같은 국가주의적 목표가 강조되었다(이진석, 2001). 초등 사회과에서 특이한 점은 5, 6학년에 〈국사 부분〉과 〈지리 · 공민 부분〉을 분리하여 제시한 점인데, 이는 국가주의적 목표가 반영된 것으로 볼 수 있다.

중학교에서는 '도덕'과 '국사'가 독립 교과로 편성되었다. 제2차 교육과정과 달리 국사가 독립됨에 따라 중학교 1학년은 지리 영역, 2학년은 세계사 영역, 3학년은 일반사회 영역으로 내용이 구성되었다. 고등학교에서는 '국민윤리'와 '국사'가 필수 교과로 독립하였고, '사회'과 내에서는 인문계 고등학교의 경우, 정치 · 경제[14] 과목을 필수로 이수하고, 사회 · 문화, 세계사, 국토지리, 인문지리 등 네 과목 중에서 한 과목을 필수로 이수하도록 하였다. 제1, 2차 교육과정기에 편성되었던 고등학교 '일반사회' 과목이 인문계 고등학교에서 폐지되고, 정치 · 경제, 사회 · 문화 두 과목으로 재편성된 것이 특징 중 하나이다.

라. 제4차 교육과정(1981~1987)

제4차 교육과정은 1981년 12월 개정 · 고시되었다. 1980년 군사쿠데타로 정권을 잡고 1981년 3월 출범한 제5공화국은 민주, 복지, 문화 창달이라는 국가적 목표를 국가 교육과정의 기조로 삼았다. 이에 따라 제4차 교육과정의 개정 방향은 전인 교육, 과학 · 기술 교육, 국민정신 교육을 강조하는 것이었다(김두정, 2000: 69). 학문중심 교육과정의 영향은 제3차 교육과정부터 시작되었지만, 한국의 사회과에 나선형 교육과정

14) 정치 · 경제 과목은 처음에는 선택과목이었으나, 고등학교 교육과정이 시행된 해인 1977년 2월에 필수 과목으로 지정되었다(김용만, 1990: 115).

조직이 환경확대법의 원리에 맞추어 체계적으로 이루어진 것은 제4차 교육과정의 초등 사회과부터이다(최용규, 2005: 244). 이 시기 국민학교 교과 편제에서 특이한 점은 1~2학년군의 도덕, 국어, 사회를 하나의 교과군으로 묶고, 또 산수, 자연을 하나의 교과군으로, 그리고 체육, 음악, 미술을 하나의 교과군으로 묶은 것이다. 요컨대 초등학교 저학년에 통합 교과가 등장한 것은 제4차 교육과정에서부터였다. 교육과정 문서에는 각 교과군의 시수만이 표시되었고, 나중에 교과서에는 각각 '바른생활', '슬기로운 생활', '즐거운 생활'이라는 명칭이 붙여졌으나, 이는 내용의 통합이 이루어지지 않은 물리적 통합이었다(김두정, 2000: 69).

중학교에서는 도덕, 국사, 사회가 각각 독립 교과로 편성되었고, 제3차 교육과정과 마찬가지로 '국사'를 2, 3학년에서 가르쳤다. 중학교 '사회'는 1학년에서 한국지리와 공민, 2학년에서 세계지리와 세계사, 3학년에서 세계사와 공민의 내용으로 구성한 것이 특징이었다. 고등학교에서는 국사와 국민윤리가 제3차 교육과정과 마찬가지로 독립 교과로 유지되었으며, 사회과에서는 과목의 변화가 나타났다. 기존의 정치 · 경제, 사회 · 문화의 내용을 통합 조정하여 구성한 사회Ⅰ, 사회Ⅱ 과목이 등장하였고, 지리 영역에서도 국토지리와 인문지리가 지리Ⅰ, 지리Ⅱ 과목으로 재구조화되었다. 그리고 세계사 과목은 그대로 유지되었다. 이들 다섯 과목 중에서 사회Ⅰ, 사회Ⅱ는 국사, 국민윤리와 함께 필수 과목으로, 세계사, 지리Ⅰ, 지리Ⅱ 세 과목은 선택과목으로 편성되었다.

마. 제5차 교육과정(1987~1992)

제5차 교육과정은 1987~88년에 개정 · 고시되어 1990년부터 적용되기 시작하였다.[15] 1980년대에 우리나라는 산업화의 진전에 따른 사회문제가 대두되고, 권위주의 정치체제에 대한 저항이 심화되면서 혼란을 겪었다. 더불어 사회의 기초 질서 붕괴에 대한 우려와 위기감이 고조되었다. 이러한 어려움 속에서 건강하고 자주적이며, 창의성과 도덕성을 갖춘 인간을 양성하는 것을 목표로 개정이 추진되었다. 구체적으

15) 교과서 집필과 학교 현장의 준비 등을 위해 개정 문서가 고시된 시점과 학교 현장에 시행되기 시작하는 시점 사이에는 보통 2년 정도의 시차가 존재한다.

로 교육과정의 적정화, 내실화, 지역화를 개정의 기본 방향으로 삼았으나, 전반적으로 제4차 교육과정에 비해 큰 변화는 없었다. 이 시기에 지방자치제의 기대와 함께 교육과정의 지역화 논의가 활성화되기 시작하였는데, 국가 수준의 교육과정 각론과 교과서를 통해 구체화된 것은 제6차 교육과정에서부터이다(김경모, 2006).

초등학교(국민학교) 1~2학년에서는 국어, 산수, 바른생활, 슬기로운 생활, 즐거운 생활 등 다섯 개의 교과가 편성되었고, 3학년부터 사회 교과가 설치되었다. 바른생활은 제4차 교육과정기의 바른생활에서 국어가 분리되고, 사회와 도덕이 실질적으로 통합되었다. 요컨대 1~2학년군의 바른생활은 제4차 교육과정기에는 교과서상의 물리적인 통합의 형태(국어, 도덕, 사회)로 시작되었으나, 제5차 교육과정기에 와서는 명실상부한 내용상의 통합교육과정(도덕, 사회)을 이루게 된 것이다. 중학교에서는 변함없이 도덕, 국사, 사회가 독립 교과로 편성되었다. 중학교 사회과 내용에서는 제4차 교육과정에서 나타난 불완전한 통합의 문제가 지속되었다. 1학년에서는 지리와 세계사, 2학년에서는 세계사와 공민, 3학년에서는 지리와 공민 영역의 내용을 결합한 형태였다. 고등학교에서는 국민윤리와 국사가 각각 독립 교과로서 필수로 지정되었고, 사회과에서는 정치·경제, 한국지리가 필수로, 사회·문화, 세계사, 세계지리가 선택과목으로 편성되었다. 기존의 사회Ⅰ, 사회Ⅱ가 다시 정치·경제 및 사회·문화로, 지리Ⅰ, 지리Ⅱ가 한국지리 및 세계지리로 바뀐 것 외에는 큰 변화가 없었다.

바. 제6차 교육과정(1992~1997)

1992년에 고시된 제6차 교육과정 개정에서는 정보화, 국제화, 민주화, 지방화 등의 국내외적 상황 변화에 대비하는 것을 큰 방향으로 삼았다. 1990년대 초반은 소련의 붕괴와 동구권의 민주화, 우리나라와 중국의 국교 정상화, 그리고 우리나라의 민주화 진전과 함께 1993년 이른바 '문민정부'의 수립 등 국내외적으로 변화와 개혁의 시기였다. 이러한 상황은 사회과 교육과정에도 큰 영향을 미쳤다. 대표적으로 교과 목표의 진술에서, 제5차 교육과정에서는 '국민적 자질'(국민학교), '민주시민으로서의 기본적 자질'(중학교), '국민으로서의 자질'(고등학교)이었으나, 제6차 교육과정에서는 '민주시민으로서의 기본적 자질'(국민학교, 중학교), '바람직한 민주시민으로서의 자질과 능력'(고등학교)으로 변화하였다. 즉 제5차 교육과정까지는 '국민적 자질'이 교과 목표의 용어로 주로 사용되었으나, 제6차 교육과정부터는 모든 학교 급에서 '민주시민적 자질'을 내세웠다.

초등학교 1, 2학년의 통합과정에서 사회의 내용은 기존의 '바른생활'이 아닌 '슬기로운 생활'로 편성되었다. 이전의 제5차 교육과정기에 시작된 사회과 교육과정의 지역화 작업은 제6차 교육과정기에 이르러 4학년 1학기 보조 교과서인 '사회과 탐구'를 지역 교육청에서 해당 지역의 내용을 반영하여 구성하고, 3학년에서도 지역화 교재 개발이 이루어짐으로써 획기적인 진전을 이루었다(최용규, 2005: 246).

중학교에서 '도덕'은 변함없이 독립 교과로 편성되었으나, 국사가 다시 '사회' 교과 속에 편입된 것이 주목할 만하다. 즉, 국사는 교과로서의 지위를 상실하고 '사회'의 한 영역으로 편성되었다. 이와 함께 교육과정 문서의 '내용 체계'에서 지리, 세계사, 정치, 경제, 사회, 문화, 국사 등 7개 영역으로 나누어 학년별로 내용을 제시한 것이 중학교 사회의 특징이다. 그리하여 1학년 사회는 지리와 세계사 영역의 내용을 중심으로, 2학년 사회는 세계사와 국사 영역의 내용을 중심으로, 3학년 사회는 일반사회와 국사 영역의 내용을 중심으로 다른 영역을 통합하려는 시도를 하였다.

고등학교에서도 많은 변화가 나타났다. 국민윤리는 '윤리'로 교과 명칭이 변경되었고, 국사가 독립 교과로서의 지위를 상실하고 사회과에 포함되었다. 이전의 정치 · 경제 과목은 정치와 경제로 과목이 분리되었다. 일반사회와 지리 영역의 내용을 통합하여 구성한 '공통사회'라는 과목이 신설된 것이 큰 특징인데, 사회문제 해결 능력을 기르는 데 중점을 둔 과목이다. 고등학교 사회과 과목 중에서 국사와 공통사회는 공통필수 과목으로 지정되었고, 정치, 경제, 사회 · 문화, 세계사, 세계지리는 선택과목으로 지정되었다.

사. 제7차 교육과정 개정(1997-2007)

1997년 12월 30일에 고시되어 2000년부터 단계적으로 시행된 제7차 교육과정은 학습자 중심, 프로그램 다양화, 자율성과 책무성, 열린교육 등의 개정 방향에 따라 개발되었다. 1995년 당시 김영삼 정부의 대통령 교육 자문 기구인 '교육개혁위원회'가 발의한 교육과정 개정의 원칙은 1) 필수과목 축소 및 선택과목 확대, 2) 정보화 · 세계화 교육의 강화, 3) 수준별 교육과정 등이다(류방란 · 박상철, 2003). 또한, 초등학교의 명칭은 이전의 '국민학교(國民學校)'에서 제7차 교육과정기부터 '초등학교(初等學校)'로 바뀌었다.

무엇보다도 교육과정 편제에서 두드러지는 점은 〈표 2-4〉에 나타난 바와 같이 교육과정을 크게 국민공통기본교육과정(1~10학년)과 선택중심교육과정(11~12학년)으로 구분한 것이다. 국민공통기본교육과정에서 국어, 도덕, 사회, 수학, 과학, 실과, 체육, 음악, 미술, 외국어(영어) 등 10개의 기본 교과가 설치되었고, 11~12학년의 선택중심 교육과정에서는 일반선택 총 26과목, 심화선택 총 53과목이 설치되었다.

〈표 2-4〉 **제7차 교육과정 편제**

학교급	초등학교	중학교	고등학교	
학년	1 ~ 6	7 ~ 9	10	11 ~ 12
구분	국민공통 기본 교육과정			선택중심 교육과정
교과목	필수 교과: 국어, 도덕, 사회, 수학, 과학, 실과, 체육, 음악, 미술, 외국어(영어)			일반선택 26과목, 심화선택 53과목

이에 따라 국민공통기본교육과정에 해당하는 고등학교 1학년(10학년)은 도덕(34시간), 국사(68시간), 사회(102시간) 과목을 필수로 이수하고, 고등학교 2, 3학년(11, 12학년)은 선택 과목을 이수하도록 하였다. 사회과의 선택 과목은 일반선택과 심화선택으로 나뉘었는데, '인간사회와 환경' 과목이 일반선택 과목으로, '한국 지리', '세계 지리', '경제 지리', '한국 근 · 현대사', '세계사', '법과 사회', '정치', '경제', '사회 · 문화'의 9개 과목이 심화선택 과목으로 지정되었다.[16)]

초등학교 1~2학년에서는 변함없이 바른 생활, 슬기로운 생활, 즐거운 생활 등의 통합 교과가 편성되었고, 제6차 교육과정에 이어 사회과 내용은 슬기로운 생활에 편성되어 있다. 3학년부터 사회 과목이 설치되었는데, 초3~고1까지의 사회과 교육과정 내용 체계는 '인간과 공간', '인간과 시간', '인간과 사회'로 영역을 구분하여 학년별로

16) 참고로, 도덕과에서는 일반선택 과목으로 시민윤리, 심화선택 과목으로 윤리와 사상, 전통 윤리가 설치되었다.

제시한 것이 특징이다. 이 세 영역은 전통적 분류 방식인 지리, 역사, 일반사회의 다른 명칭이라고 할 수 있으며, 각 영역 간 내용의 배분에 균형을 추구하고 있다. 제6차 교육과정과 마찬가지로 국사는 사회과의 하위 영역으로 존재했으며, 중학교에서는 8학년과 9학년에 내용이 편성되었다.

제7차 교육과정의 중요한 특징 중 하나는 1990년대에 들어서면서 활발하게 논의된 구성주의 교육관이 본격적으로 반영되었다는 점이다. 즉, 학습자의 능동적인 지식의 구성을 강조하는 구성주의 철학이 반영되어 자기주도적 학습과 개별화학습이 강조되었으며, 개인차를 고려한 수준별 교육과정이 구성되었다(최원회, 1998). 국민공통기본교육과정의 교과는 크게 단계형(영어, 수학) 혹은 심화 · 보충형(국어, 사회, 수학)으로 구분되었고, 각 교과 내에서는 기본 과정과 심화 과정으로 나누어 내용을 제시하였다(김두정, 2000: 70-71). 그리고 교육과정 문서에 용어가 나타나지는 않았으나 각급 학교에 수행평가를 도입하고 확대한 것이 바로 7차 교육과정기이다.

또한, 제7차 교육과정 문서가 성취기준 형식으로 내용을 진술하고 있는 점은 이전 교육과정과 확연히 다른 특징이다. 즉, 〈표 2-5〉에 나타난 바와 같이 기존 교육과정이 단원명과 내용 요소를 나열했던 것에 비해, 제7차 교육과정 문서는 진술문 형태로 내용 요소와 행동 요소를 결합하여 제시하고 있다.

〈표 2-5〉 **내용 제시 방식의 변화 예시**

제6차 교육과정	제7차 교육과정
〈중학교 3학년〉 (1) 인간과 사회 · 문화 생활 (가) 개인과 사회 생활 – 사회적 존재로서의 인간, 사회적 상호 작용, 사회적 지위와 역할	〈8학년〉 (6) 개인과 사회의 발전 (나) 인간의 사회 생활 ① 지위와 역할, 사회 조직과 관료제, 사회적 불평등 현상 등 사회 생활의 원리와 현상을 인식하는 데 기본이 되는 개념을 이해한다. ② 사회적 불평등으로 인해 나타나는 문제를 해결하는 방안을 모색하는 학습 경험을 제공함으로써 구성원과 공동체 조화의 관점에서 역할을 수행한다. **[심화 과정]** ① 일상 생활에서 지위에 따른 역할을 충실히 수행하는 사례와 그렇지 못한 사례의 비교, 분석을 토대로 원인과 해결 방안을 탐색한다.

아. 2007 개정 교육과정

2007 개정 교육과정은 주 5일제 근로조건, 저출산 · 고령화 등의 사회적 상황에 부응하고, 정보화 · 세계화 등의 시대적 특성에 맞는 교육과정을 개발한다는 취지로 2005년부터 개정 작업을 시작하여 2007년 2월에 고시되었으며, 2009년부터 순차적으로 시행되었다. 제7차 교육과정까지의 교육과정 개정은 **주기적, 전면적, 일시적, 중앙 집중적인** 방식으로 이루어졌다. 이에 비해 2007 개정 교육과정은 주기적 개정에서 수시 개정으로, 전면 개정에서 부분 개정으로, 일시적 개정에서 점진적 개정으로, 전문가 주도에서 교사 참여의 확대로 변화하였다. 기존의 전면 개정과는 달리 부분 개정을 시작했다는 의미에서, 차수 변경을 뜻하는 '제8차 교육과정'이라고 하지 않고, 개정 연도를 명시하여 '2007 개정 교육과정'이라고 부른다.[17)]

2007 개정 교육과정에서는 교육과정 문서의 진술 체계에 있어서 대강화(大綱化)를 도입하였다. 제7차 교육과정에서는 〈표 2-6〉에 나타난 바와 같이, 주제명(대단원) - 주제안내 - 중주제(중단원) - 성취기준 순으로 기술되어 있었다. 그러나 2007 개정 교육과정에서는 주제명 - 주제안내 - 성취기준 순으로 간소화하여 중주제(중단원)가 사라졌다. 즉, 대주제 - 중주제 - 성취기준의 형식에서 대주제-성취기준으로 대강화함으로써 교과서 개발자에게 재량권을 부여하고, 교사들에게 교육과정 운영의 재량권을 확대하였다(허수미, 2010).

〈표 2-6〉 **교육과정 문서 진술 체계의 변화**

제7차 교육과정	2007 개정 교육과정
(1) 민주 정치와 시민 참여 민주주의의 기본 이념과 민주 시민의 역할을 민주주의 발전의 역사적 맥락에 비추어 이해하고...(중략) (가) 민주주의의 발전과 시민의 역할 (1) 민주주의의 기본 이념과 원리를 역사적 맥락에서 탐색함으로써, 민주 정치 제도의 의미와 의의를 시민의 자유와 권리의 실현이라는 관점에서 인식한다.	(6) 정치 생활과 민주주의 ...정치 현상의 이면에 작용하는 권력의 원천과 주체에 관한 사고방식이 역사적으로 어떻게 변화되어왔는지를 인식하여 현대 민주주의의 이념과 정치 원리를 이해한다. ④ 민주주의의 이념을 역사적 · 사회적 전개 과정과 관련지어 이해한다.

17) 2007 개정 교육과정부터 수시 개정 체제로 변화함에 따라 사회과 교육과정도 몇 차례 부분 수정을 거치게 되었다. 어디까지를 2007 개정 교육과정의 수정안으로 볼 것인가에 대해서 학자들 사이에서 견해차가 있다. 이 책에서는 총론이 고시된 시점을 기준으로, 2009년 12월에 고시된 교육과정을 2009 개정 교육과정, 그 이전을 2007 개정 교육과정이라고 부르겠다.

초등학교 1~2학년에서는 이전 교육과정과 마찬가지로 사회 내용은 과학과 함께 '슬기로운 생활'에 통합되었고, 초등학교 3~6학년에서는 탄력적 환경확대법이 적용되었다. 3학년에서 10학년까지의 내용 체계에서는 영역 구분을 제7차 교육과정의 '인간과 공간', '인간과 시간', '인간과 사회'에서 '역사 영역', '지리 영역', '일반사회 영역'으로 명칭을 변경하였는데, 이로 인해 분과적 성격이 보다 강하게 드러나게 되었다. 이에 따라 중학교에서는 영역 간 통합보다는 영역 내 통합을 추구한 것이 특징이다. 제7차 교육과정에서 대학수학능력시험에 반영되지 않는 고등학교 일반선택 과목이 현장에서 형식적으로 운영되고 있다는 문제가 제기됨에 따라, 2007 개정 교육과정에서는 일반선택 과목과 심화선택 과목의 구분이 없어지고, 이와 함께 사회과의 일반선택 과목인 '인간 사회와 환경'이 폐지되었다.

또한, 일본과 중국의 역사 왜곡 움직임에 따라 역사교육 강화의 필요성이 제기되면서, 중 · 고등학교 수준에서 '역사' 영역이 독립 과목으로 분리되었다. 즉, 중학교에서는 8학년과 9학년에 한국사와 세계사 내용을 포함한 '역사' 과목이, 고등학교 10학년에서는 한국사 내용을 다루는 고등학교 '역사' 과목이 설치되었다. 이에 따라 지리 영역과 일반사회 영역의 내용을 합쳐서 중학교 7학년과 9학년의 '사회' 과목, 그리고 고등학교 수준의 10학년의 '사회' 두 과목을 이수하게 하였다. 따라서 '사회'라는 교과 아래, 중 · 고등학교 수준에서는 '사회', '역사' 두 과목이 생겨났다.[18] 한편, 11~12학년의 선택 과목으로는 한국지리, 세계지리, 경제지리, 한국문화사, 세계역사의 이해, 동아시아사, 법과 사회, 정치, 경제, 사회 · 문화 등 총 10개 과목이 편성되었다. 그러나 이러한 선택 교육과정은 2009 개정 교육과정의 고시로 인하여 시행되지 못하였다.

2007 개정 교육과정의 특징 중 하나는 이전 교육과정에서 나타난 단일민족주의 관점을 지양하고, 다문화와 인권 내용을 강화했다는 점이다. 교육과정 총론에서 '다문화교육'을 범교과 주제 중 하나로 신설하였으며, 3학년, 6학년, 7학년의 사회 과목과 고등학교 선택과목들에 다문화적 내용 요소를 포함하였다.

18) 2007 개정 교육과정에서는 제7차 교육과정과 마찬가지로 국어, 도덕, 사회, 수학, 수학, 과학, 실과, 체육, 음악, 미술, 외국어(영어) 등 10개의 기본 교과가 설정되었다.

자. 2009 개정 교육과정

2008년 2월 출범한 이명박 정부는 2007 개정 교육과정이 고시된 지 얼마 되지 않은 시점에 다시 교육과정을 개정하였다. 대통령 자문기구인 '국가교육과학기술자문회의'가 2008년부터 교육과정 개정 논의를 시작하여 2009년 교육과학기술부에 '미래형 교육과정 구상'을 제안한 이후, '미래형 교육과정'을 '2009 개정 교육과정'으로 명명하고 한국교육과정평가원에 위탁하여 개정 작업을 추진하였다. 2009년 12월에 고시된 2009 개정 교육과정은 기존의 국민공통기본교육과정(1~10학년)을 단축하여 '공통교육과정'(1~9학년)으로 운영하도록 하고, 고등학교 전체 과정을 '선택교육과정'(10~12학년)으로 편성하였다. 이에 따라 기존의 고등학교 10학년 필수 과목인 사회, 도덕, 역사 과목이 폐지되었다.[19]

이러한 2009 개정 교육과정은 학년군제, 교과군제, 교과군 간 수업 시수 20% 증감 운영, 집중이수제 등의 특징을 가지고 있었다(모경환 외, 2012).

첫째, 초등학교 1~2학년, 3~4학년, 5~6학년, 중학교 3개 학년, 고등학교 3개 학년을 각각 하나의 '학년군'으로 편성하였다. 이에 따라 사회과에서는 기존에 학년별로 제시되었던 성취기준이 학년군 단위로 제시되었다.

둘째, 교과의 인접성을 고려하여 일부 교과를 하나로 묶어 제시하는 '교과군'제를 도입하였다. 이에 따라 이전의 10개(국어, 도덕, 사회, 수학, 과학, 실과, 외국어, 체육, 음악, 미술)인 국민공통기본교과가 7개의 교과군(국어, 사회 · 도덕, 수학, 과학 · 실과, 외국어, 체육, 예술)으로 재편되었다. 사회과는 도덕과와 통합되어 하나의 '교과군'을 형성하게 되었다.

사회 · 도덕 교과군의 고등학교 과목은 한국지리, 세계지리, 한국사, 동아시아사, 세계사, 경제, 법과정치[20], 사회 · 문화, 사회, 생활과윤리, 윤리와사상 등 총 12과목이며, 이 중에서 사회 과목은 대학 수학능력 시험에서 제외되었고, 한국사 과목은 이후 필수 이수 및 대학 수학능력시험 필수 과목이 되었다.

셋째, 집중이수제는 학교의 여건과 교과별 특성에 따라 개별 교과의 이수 시기를

19) 2010년에 고등학교 역사 과목은 '한국사'로 과목 명칭을 변경하여 부활하였다. 이후 한국사 과목은 고등학교 필수 이수 과목이 되었고, 나아가 대학 수학능력시험 필수 과목이 되었다.
20) 2007 개정 교육과정의 '법과 사회' 과목과 '정치' 과목이 '법과 정치'라는 이름의 과목으로 통합되었다.

특정 학기나 학년에 집중하여 운영할 수 있는 제도이다. 2009 개정 교육과정에서는 학기당 이수 교과목의 수를 기존의 10~13과목에서 8개 과목 이하로 편성하도록 제한하고, 각 교과군별 기준 수업 시수를 학년 단위가 아니라 학년군 단위에 따라 제시함으로써 집중 이수가 가능하게 하였다. 또한, 교과군별 기준 시수만 제시하고 교과군 내 교과별 시수는 단위학교가 결정하도록 하였으며, 교과군 간 수업 시수의 20% 증감 운영이 가능하게 하였다(교육과학기술부, 2009).

넷째, 기존의 특별활동과 재량활동을 통합하여 '창의적 체험활동'으로 편성함으로써, 각급 학교 교육과정은 교과(군)와 창의적 체험활동으로 대별하여 편성되었다. 창의적 체험활동은 자율활동, 동아리 활동, 봉사활동, 진로활동 등 비교과활동으로 구성되었다.

차. 2015 개정 교육과정

2013년 2월 박근혜 정부가 출범하면서 '창의 · 융합형 인재 양성'이 교육의 목표로 부각되었다. 융 · 복합에 기초를 둔 인재 양성과 고등학교 문 · 이과 통합에 대한 사회적 요구가 거세지면서, 정부는 2014년 교육과정 개정 작업에 착수하였다. 개정 초기에는 그 취지를 살려 '문 · 이과 통합형 교육과정'으로 부르며 고등학교 교육과정 개정에 주력하였고, 이후 창의 · 융합형 인재 양성을 위해 초 · 중등 교육과정을 전면 개정하기로 방향을 선환하면서 '2015 개정 교육과정'으로 명칭이 변경되었다. 2015년 9월에 고시된 '2015 개정 교육과정'의 전체적 특징을 살펴보면 다음과 같다(교육부, 2015a).

첫째, 교육과정 총론 문서에서 '추구하는 인간상'을 구현하기 위해 학교교육을 통해 기르고자 하는 핵심역량을 〈표 2-7〉에 나타난 바와 같이 여섯 가지로 제시하였다.

〈표 2-7〉 **2015 개정 교육과정의 핵심역량**

가. 자아정체성과 자신감을 가지고 자신의 삶과 진로에 필요한 기초 능력과 자질을 갖추어 자기 주도적으로 살아갈 수 있는 *자기관리 역량*
나. 문제를 합리적으로 해결하기 위하여 다양한 영역의 지식과 정보를 처리하고 활용할 수 있는 *지식정보처리 역량*
다. 폭넓은 기초 지식을 바탕으로 다양한 전문 분야의 지식, 기술, 경험을 융합적으로 활용하여 새로운 것

을 창출하는 *창의적 사고 역량*
라. 인간에 대한 공감적 이해와 문화적 감수성을 바탕으로 삶의 의미와 가치를 발견하고 향유하는 *심미적 감성 역량*
마. 다양한 상황에서 자신의 생각과 감정을 효과적으로 표현하고 다른 사람의 의견을 경청하며 존중하는 *의사소통 역량*
바. 지역 · 국가 · 세계 공동체의 구성원에게 요구되는 가치와 태도를 가지고 공동체 발전에 적극적으로 참여하는 *공동체 역량*

출처: 교육부(2015a), p. 2

둘째, 초등학교 1~2학년군에 '안전 생활' 교과를 신설하여 주당 1시간을 가르치도록 하고, 중학교에 '정보' 교과를 필수 과목으로 지정하여 소프트웨어 교육을 강화했으며, 고등학교에 통합사회, 통합과학 과목을 공통과목으로 신설하였다. 따라서 고등학교에서는 국어, 영어, 수학, 한국사, 통합사회, 통합과학 등 6과목이 공통과목으로 지정되었다.

셋째, 교과별로 '핵심개념'을 중심으로 교육 내용을 엄선하여 학습량의 적정화를 도모하였는데, 〈표 2-8〉에 나타난 바와 같이 이러한 핵심개념을 통해 '내용 체계표'를 작성하고 내용의 계열성을 추구하고 있다.

〈표 2-8〉 **2015 개정 교육과정 내용 체계표 예시**

<table>
<tr><th rowspan="3">영역</th><th rowspan="3">핵심 개념</th><th rowspan="3">일반화된 지식</th><th colspan="3">내용 요소</th><th rowspan="3">기능</th></tr>
<tr><th colspan="2">초등학교</th><th>중학교</th></tr>
<tr><th>3~4학년</th><th>5~6학년</th><th>1~3학년</th></tr>
<tr><td rowspan="3">정치</td><td>민주주의와 국가</td><td>현대 민주 국가에서 민주주의는 헌법을 통해 실현되며, 우리 헌법은 국가기관의 구성 및 역할을 규율한다.</td><td rowspan="2">민주주의, 지역 사회, 공공 기관, 주민 참여, 지역 문제 해결</td><td>민주주의, 국가기관, 시민 참여</td><td>정치, 민주주의, 정부 형태, 지방 자치 제도</td><td rowspan="3">조사하기
분석하기
참여하기
토론하기
비평하기
의사 결정하기</td></tr>
<tr><td>정치과정과 제도</td><td>현대 민주 국가는 정치과정을 통해 시민의 정치 참여가 실현되며, 시민은 정치 참여를 통해 다양한 정치 활동을 한다.</td><td>생활 속의 민주주의, 민주 정치 제도</td><td>정치과정, 정치 주체, 선거, 시민 참여</td></tr>
<tr><td>국제 정치</td><td>오늘날 세계화로 인해 다양한 국제기구들이 활동하고 있으며, 한반도의 국제 질서도 복잡해지고 있다.</td><td></td><td>지구촌 평화, 국가 간 협력, 국제기구, 남북통일</td><td>국제 사회, 외교, 우리나라의 국가 간 갈등</td></tr>
</table>

출처: 교육부(2015b), p. 5

넷째, 문서 체제의 변화로 성취기준의 상세화가 이루어졌는데, 성취기준 그룹별로 1) 학습 요소, 2) 성취기준 해설, 3) 교수 · 학습 방법 및 유의 사항, 4) 평가 방법 및 유의 사항을 제시하고 있다. 주요 성취기준을 해설하고 교수 · 학습 및 평가의 방법과 예시를 제공함으로써 현장 수업에 도움을 주고 있다. 또한 각 성취기준에 코드를 부여하여 성취기준의 검색과 분류를 용이하게 하고, 이를 통해 관련 성취기준을 찾아 통합적 교수활동이 가능하도록 하였다(예: [6사05-06] 국회, 행정부, 법원의 기능을 이해하고, 그것이 국민 생활에 미치는 영향을 다양한 사례를 통해 탐구한다.).

2015 개정 교육과정에서 사회과에 나타난 주요 변화는 다음과 같다(모경환 외, 2016).

첫째, 고등학교에 '통합사회' 과목이 공통과목으로 신설된 것이다. 창의 · 융합형 인재 양성을 위한 융합 교육의 취지로 개발된 이 과목은 사회 · 도덕 교과군 내 지리, 일반사회, 역사, 도덕 등 네 영역을 포괄하여 아홉 가지 주제를 중심으로 통합적으로 구성되어 있다.

둘째, 고등학교 선택과목을 일반선택, 진로선택으로 구분하여 개발하였는데, 사회과에서는 '여행지리', '사회문제 탐구' 과목이 진로선택 과목으로 신설되었다. 〈표 2-9〉에 나타난 바와 같이 고등학교 사회과에는 일반선택 과목으로 한국지리, 세계지리, 동아시아사, 세계사, 경제, 정치와 법, 사회 · 문화 등 7과목이 확정되었다.[21)]

〈표 2-9〉 고등학교 사회 교과군 과목

교과 영역	교과(군)	공통 과목	선택 과목	
			일반 선택	진로 선택
탐구	사회 (역사/ 도덕 포함)	통합사회	한국지리, 세계지리, 세계사, 동아시아사, 경제, 정치와 법, 사회 · 문화, 생활과 윤리, 윤리와 사상	여행지리, 사회문제 탐구, 고전과 윤리

셋째, 학습량의 적정화를 상당 수준으로 달성하였다. 영역 간 및 영역 내 중복 요

21) 참고로, 도덕과의 일반선택 과목은 '생활과 윤리', '윤리와 사상'이며, 진로선택 과목은 신설된 '고전과 윤리' 과목이다.

소를 해소하고 주제 중심의 통합을 강화함으로써 내용의 감축을 이룩하였다. 예를 들어, 초등학교 사회의 경우 2009 개정 교육과정에서는 전체 성취기준의 수가 107개였으나(3~6학년), 2015 개정 교육과정에서는 72개로 감축되었다.

넷째, 사회과에서 육성해야 할 교과역량으로 〈표 2-10〉에 나타난 바와 같이 여섯 가지를 교육과정 문서의 '성격'에 제시하였다(교육부, 2015a).

〈표 2-10〉 **사회과 교과 역량**

2015 개정 교육과정의 사회과 역량	
창의적 사고력	새롭고 가치 있는 아이디어를 생성하는 능력
비판적 사고력	사태를 분석적으로 평가하는 능력
문제 해결력 및 의사 결정력	다양한 사회적 문제를 해결하기 위해 합리적으로 결정하는 능력
의사소통 및 협업 능력	자신의 견해를 분명하게 표현하고 타인과 효과적으로 상호작용하는 능력
정보 활용 능력	다양한 자료와 테크놀로지를 활용하여 정보를 수집, 해석, 활용, 창조할 수 있는 능력

카. 2022 개정 교육과정

교육부는 4차 산업혁명 시대의 도래와 인공지능 기술 발달 등으로 인한 급격한 사회 변화와 학령인구 감소 등 교육 환경의 변화에 대응하고, 2025년 고등학교 학점제 전면 도입을 앞두고 미래 교육 체제를 구축하기 위해 2019년부터 교육과정 개정 연구를 시작하였다. 2021년 11월에 「2022 개정 교육과정 총론 주요 사항」을 발표하고 교육과정 개발을 추진하여, 2022년 12월에 고시한 '2022 개정 교육과정'은 '**포용성과 창의성을 갖춘 주도적인 사람**'을 추구하는 인간상으로 표방하고 있다. 이를 위해 '미래 변화에 대응하는 역량 및 기초소양 함양 강화'에 주안점을 두었으며, 지속가능한 사회를 위한 생태전환교육 및 민주시민교육을 전 교과에 반영하고, 미래 세대 핵심 역량으로 디지털 기초 소양 강화 및 정보교육을 확대한 것이 특징이다(교육부, 2021).

이번 개정은 '국민과 함께하는 교육과정'을 표방하며, 학생, 학부모, 교원, 그리고 일반 국민을 대상으로 대국민 의견 수렴을 강화하여 국민과 함께 소통하는 체제를 마련하였다. 또한 교육과정 개발을 위한 연구진의 50% 이상을 현장 교원으로 구성하여 교육과정의 현장 수용성을 제고한 것이 특징이다. 새 교육과정은 2024년부터 초등학교 1~2학년에 적용되며, 2025년부터는 중 · 고등학교에 연차 적용된다. 2022 개정 교육과정의 주요 변화는 〈표 2-11〉에 나타나 있다.

〈표 2-11〉 2022 개정 교육과정의 주요 변화

	2015 개정 교육과정	2022 개정 교육과정
추구하는 인간상	바른 인성을 갖춘 창의 융합형 인재	포용성과 창의성을 갖춘 주도적인 사람
개정의 중점	모든 학생이 인문 · 사회 · 과학기술에 대한 기초 소양을 함양할 수 있는 문 · 이과 통합형 교육과정	생태전환교육, 인공지능(AI)과 디지털 소양, 민주시민교육 등 기초소양 교육, 모두를 위한 교육과정 강화
핵심역량	자기관리 역량, 지식정보처리 역량, 창의적 사고 역량, 심미적 감성 역량, 의사소통 역량, 공동체 역량	자기관리 역량, 지식정보처리 역량, 창의적 사고 역량, 심미적 감성 역량, 협력적 소통 역량, 공동체 역량
창의적 체험 활동	자율활동, 동아리 활동, 봉사활동, 진로 활동 4개 영역으로 구성	자율자치 활동, 동아리 활동, 진로 활동 3개 영역으로 재구조화
내용 체계	핵심 개념 중심의 학습량 적정화	핵심 아이디어 중심의 학습량 적정화 내용 요소를 지식 · 이해, 과정 · 기능, 가치 · 태도로 구분
고교 학점제 기반 구축	• 공통과목 및 선택과목으로 구성 • 선택과목은 일반선택과 진로 선택으로 구분 고교 교과군별 필수 이수 단위 – 국어, 수학, 영어, 사회 10단위, 한국사 6단위 – 과학은 12단위	• 수업량 적정화(1학점 수업량 50분 기준 16회로 전환) 및 총 이수 학점을 204단위에서 192학점으로 적정화 • 공통과목 및 선택과목으로 구성, 선택과목은 일반선택, 진로선택, 융합선택(신설)으로 구분 고교 교과군별 필수 이수 학점 – 국어, 수학, 영어, 사회 8학점, 한국사 6학점 – 과학은 10학점

출처: 교육부(2022), p. 1~38 재구성

2022 개정 교육과정 문서의 내용 체계는 2015 개정 교육과정과 달리 '핵심 개념' 대신에 '핵심 아이디어'를 중심으로 학습량의 적정화를 추구하고 있다. 또한 내용 요소를 지식 · 이해, 과정 · 기능, 가치 · 태도로 구분하여 제시하고 있는데, 〈표 2-12〉에 예시한 바와 같다.

〈표 2-12〉 2022 개정 교육과정 정치 영역의 내용 체계표

<table>
<tr><td colspan="2">핵심 아이디어</td><td colspan="3">· 민주주의의 이념과 원리를 실현하기 위해서는 제도와 의식의 개선이 필요하다.
· 다양한 정치 주체가 정치과정에 참여하며, 민주주의는 여러 제도와 시민 참여를 통해 실현된다.
· 국제 사회에는 여러 행위 주체가 활동하며, 우리나라를 비롯한 국제 사회의 행위 주체는 다양한 국제 문제 해결을 위해 노력한다.</td></tr>
<tr><td colspan="2" rowspan="3">범주</td><td colspan="3">내용 요소</td></tr>
<tr><td colspan="2">초등학교</td><td>중학교</td></tr>
<tr><td>3~4학년</td><td>5~6학년</td><td>1~3학년</td></tr>
<tr><td rowspan="3">지식 · 이해</td><td>민주주의</td><td>· 민주주의의 의미
· 학교 자치 사례
· 주민 자치 사례</td><td>–</td><td>· 정치와 민주주의
· 민주주의의 발전, 민주주의의 이념과 원리
· 현대 민주주의와 시민의 역할</td></tr>
<tr><td>정치 과정</td><td>· 민주주의의 실천
· 주민 참여와 지역사회 문제 해결</td><td>· 선거의 의미와 역할
· 미디어의 역할
· 미디어 콘텐츠의 분석</td><td>· 선거와 유권자 및 정당의 활동
· 정치 주체와 정치과정
· 지방 자치와 시민 참여</td></tr>
<tr><td>국제 정치</td><td>–</td><td>· 평화 통일을 위한 노력
· 지구촌의 평화</td><td>· 국제 사회의 주체와 특징
· 국제 사회의 분쟁과 시민의 역할
· 우리나라의 국제 문제와 대응 방안</td></tr>
<tr><td colspan="2">과정 · 기능</td><td colspan="2">· 민주주의 사례를 조사하기
· 미디어 콘텐츠를 비판적으로 분석하기
· 사회문제 해결에 참여하기</td><td>· 정치 현상 및 문제의 사례 조사하기
· 정치적 쟁점에서 사실과 가치문제 구분하기
· 정치 관련 자료 및 정보의 타당성과 신뢰성 검토하기
· (중략)</td></tr>
<tr><td colspan="2">가치 · 태도</td><td colspan="2">· 민주적 기본 가치
· 선거 과정의 참여
· 학교 자치에의 참여
· 미디어에 대한 비판적 태도</td><td>· 민주주의의 이념과 원리의 내면화
· 개인의 자유와 공공선의 조화로운 실천
· 민주적 의사 결정 과정에 대한 존중
· (중략)</td></tr>
</table>

출처: 교육부, 2022, p.12.

2022 개정 교육과정의 고등학교 교과 구조는 〈표 2-13〉, 〈표 2-14〉에 나타난 바와 같이, 다양한 진로선택과 융합선택 과목을 신설한 것이 특징이다. 2015 개정 교육과정에서는 선택과목이 일반선택, 진로선택으로 구분되었으나, 2022 개정 교육과정에

서는 선택과목이 일반선택, 진로선택, 융합선택으로 변화하였다.

〈표 2-13〉 2022 개정 교육과정 고등학교 교과 구조 개편

공통과목	일반 선택과목	진로 선택과목	융합 선택과목
기초소양 및 기본학력 함양, 학문의 기본이해 내용 과목	교과별 학문 영역 내의 주요 학습 내용 이해 및 탐구를 위한 과목	교과별 심화 학습 및 진로 관련 과목	교과 내·교과 간 주제 융합 과목, 실생활 체험 및 응용을 위한 과목

〈표 2-14〉 2022 개정 교육과정 고등학교 사회 교과군의 과목

교과(군)	공통 과목(2)	선택 과목		
		일반 선택(4)	진로 선택(9)	융합 선택(6)
사회(역사/도덕 포함)	한국사1 한국사2	세계시민과 지리, 세계사, 사회와 문화, 현대사회와 윤리	한국지리 탐구, 도시의 미래 탐구, 동아시아 역사 기행, 정치, 법과 사회, 경제, 윤리와 사상, 인문학과 윤리, 국제 관계의 이해	여행지리, 역사로 탐구하는 현대 세계, 사회문제 탐구, 금융과 경제생활, 윤리문제 탐구, 기후변화와 지속가능한 세계
	통합사회1 통합사회2			

한편, 교육부가 2023년 12월에 발표한 '2028학년도 대입제도 개편안'에 따르면, 2028학년도 대입부터는 기존의 내신 9등급제는 5등급제로 개편되고, 과목 평가 결과는 절대평가(A~E)와 상대평가(1~5)를 함께 기재한다. 다만, 사회·과학의 융합선택 9개 과목은 성취도(절대평가) 5단계만 기재하고 석차 등급(상대평가)을 기재하지 않는다. 대학수학능력시험은 통합형 과목체계를 도입하여 국어, 수학, 사회·과학탐구, 직업탐구 영역에서 선택과목 없이 동일한 내용과 기준으로 평가가 시행된다. 대학수학능력시험 과목은 〈표 2-15〉에 나타난 바와 같이 변화하였다(교육부, 2023).

〈표 2-15〉 **2028 대입 개편 수능 과목**

영역	응시 방식	세부 과목	평가 방식	교육과정 편제
국어	공통	화법과 언어, 독서와 작문, 문학	상대평가	일반선택 과목
수학	공통	대수, 미적분 Ⅰ, 확률과 통계	상대평가	일반선택 과목
영어	공통	영어 Ⅰ, 영어 Ⅱ	절대평가	일반선택 과목
한국사	공통	한국사1, 한국사2	절대평가	공통 과목
사회 · 과학	공통	통합사회1, 통합사회2	상대평가	공통 과목
	공통	통합과학1, 통합과학2	상대평가	공통 과목
직업	공통	성공적인 직업 생활	상대평가	공통과목(전문 교과)
제2외국어/한문	선택	9과목 중 택1	절대평가	일반선택 과목

2022 사회과 교육과정 설계의 개요를 도식으로 제시하면 다음 [그림 2-1]과 같다(교육부, 2022, p.5). [그림 2-1]을 살펴보면, '시민의 자질 함양'이라는 교과 목표를 중심으로 2015 개정 교육과정에서 설정된 다섯 가지 교과 역량, 그리고 내용 요소인 지식 · 이해, 과정 · 기능, 가치 · 태도와 사회과의 세 영역인 지리, 역사, 일반사회가 제시되어 있다(은지용, 2023).

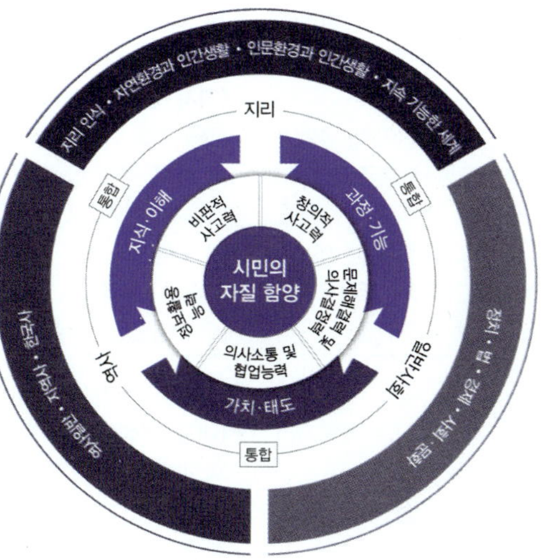

[그림 2-1] **2022 사회과 교육과정 설계의 개요**

2022 개정 사회과 교육과정에 나타난 주요 변화를 살펴보면 〈표 2-16〉과 같다. 첫째, 교과 내 중복되는 내용을 해소하고 초, 중, 고에 걸쳐 성취기준의 수를 전체적으로 감축함으로써 학습량의 적정화를 추구했다(박상준 · 이경윤, 2023; 은지용, 2023). 둘째, 초등 3~4학년에서 학교 자치를 통해 학교생활 속 민주주의를 학습하는 내용을 신설했고, 5~6학년에서는 선거 교육 내용을 신설함으로써 민주시민교육 내용을 강화했다(나경훈 · 이동원, 2023; 박상준 · 이경윤, 2023). 셋째, 5~6학년 '민주주의와 시민 참여' 주제에서는 다양한 미디어의 내용을 비판적으로 분석하여 올바르게 이용하는 내용을 추가하여(6사08-03), 미디어 리터러시 교육을 강화했다(박상준 · 이경윤, 2023). 넷째, 고등학교의 경우 고교학점제 시행에 대비하여 학습자의 적성 및 진로에 적합한 맞춤형 교육이 가능하도록 〈표 2-14〉에 나타난 바와 같이 다양한 선택과목을 개설하였다(은지용, 2023).

〈표 2-16〉 **사회과 주요 변화 내용**

학교급	2015 개정 교육과정	2022 개정 교육과정
초등학교	• **(지리 영역)** 환경확대법에 따른 3학년 기초지자체, 4학년 광역지자체로 구분하여 학습 • **(일반사회 영역)** 가족의 모습과 역할의 변화, 지역의 공공 기관과 주민 참여 등 내용 • **(역사 영역)** 3학년 고장 이야기, 4학년 지역의 역사로 학습, 통사 위주의 정치(인물) · 문화사 중심의 내용 구성, 초-중 내용 체계에서 중학교 내용은 미 제시 • [3~4학년군] 성취기준(24개), [5~6학년군] 성취기준(48개), 총 72개	• **(지리 영역)** 학생의 생활 경험 범위로 탄력적인 환경 확대법 적용, 지리적 기능 수행 강조 • **(일반사회 영역)** 통합교과와 중복적인 가족 내용 삭제, 학교생활 속 민주주의 강조, 미디어 리터러시 등 시민성 교육 내용 강화 • **(역사 영역)** 3~4학년 역사적 시간 개념, 역사증거 등의 기초 개념 추가, 탐구 중심의 역사 수업을 위해 내용 구성 방식을 생활사 중심으로 변경, 초-중 내용체계에서 중학교 내용 요소 제시로 계열성 확인 가능 • **학습량 적정화:** [3~4학년군] 성취기준(22개), [5~6학년군] 성취기준(27개), 총 49개
중학교	《중-지리 영역》 • **(내용 구성 방식)** 주제 중심인 계통지리 방식으로 구성 • 지리 영역 지식 중심의 내용 요소 《중-일반사회 영역》 • 사회현상의 이해 및 탐구 중심의 내용 구성	《중-지리 영역》 • **(내용 구성 방식)** 지역성을 바탕으로 한 지리학습 체계화를 위해 지역지리 방식으로 내용 구성 방식이 변경 • 학생의 흥미와 관심을 고려한 여러 지역에 대한 탐구 강조, 가치 · 태도 관련 성취기준 비중 증대

학교급	2015 개정 교육과정	2022 개정 교육과정
	• 학문 기반으로 지식 중심의 성취기준 서술이 많음	《중-일반사회 영역》 • 사회문제 및 공공쟁점에 대한 토의 강조, 사회적 탐구를 통한 역량 함양 지향 • 성취기준 서술시 '일상생활', '실제사례'와 연계한 지식 · 이해 학습으로 삶과 연계한 맥락적 학습 강조
고등학교	• 공통과목- 통합사회, 일반선택- 9개, 진로선택-3개, 국제계열(전문교과Ⅰ) – 11개 • **(과목 신설)** 통합사회, 여행지리, 사회문제 탐구 • [정치와 법] 단일과목으로 구성 • [세계지리, 한국지리] 계통지리와 지역지리 내용이 함께 구성 • [사회 · 문화] 지위, 역할, 현재 사회의 변동 양상 등 내용 요소 존재 • 사회과 선택과목(기본학점 5학점)은 5~8개 단원으로 성취기준 수는 18~28개로 개발	• 공통과목- 통합사회1, 2, 일반선택- 4개, 진로선택 – 9개, 융합선택- 6개 • **(과목 신설)** 도시의 미래 탐구, 기후변화와 지속가능한 세계, 금융과 경제생활, 국제 관계의 이해 • **(과목 성격 변경)** 세계지리 → 세계시민과 지리, 한국지리 → 한국지리 탐구 • **(과목 분리)** 정치와 법에서 정치, 법과 사회로 과목으로 분리 • [세계시민과 지리, 한국지리 탐구] 지역지리 관련 내용은 사례로 활용, 체계적인 지역지리 내용은 중학교로 이동 • [사회와 문화] 과목명 변경, 지위, 역할, 현재 사회의 변동 양상 등은 중학교 사회와 중복으로 삭제, 대중문화, 미디어, 다문화 이론 등 최근 사회 변화 반영 • 기본학점 5 → 4학점으로 조정됨에 따라 4개 단원, 성취기준 수는 12~16개로 조정

출처: 교육부, 2022, p.25

연구보고

이진석(1995; 2015)은 미국과 한국의 사회과 성립 초기 분석을 통해 두 가지 원리 즉, 학습 목표로서의 시민성 원리와 내용 구성 방법으로서의 통합성 원리가 어떻게 반영되고 전개되어 왔는지 분석한다. '시민성의 원리'란 사회과가 바람직한 민주시민의 자질 함양을 목표로 한다는 것을 의미한다. '통합성의 원리'란 지적 측면에서 역사, 지리, 정치, 경제 등의 사회과학을 통합적으로 교수–학습하여 사회현상의 종합적 인식을 도모한다는 의미와 함께, 사회현상에 대한 인식과 민주사회에 참여하는 태도 및 능력을 통합한다는 의미를 복합적으로 가진다. 이 두 가지 원리는 초창기 사회과 교육과정에서부터 지속적으로 나타난다. 1946년의 교수요목 중 '사회생활과 교수요목의 운용법'에서는 '지리, 역사, 공민의 혼연 융합을 기할 것'과 '민주주의교육을 할 것'을 규정하고 있다. 제1차 교육과정 역시 민주주의 정신, 인간의 존엄성을 교육 운동의 이념으로 강조함으로써 시민성의 원리를 계승하고 있으며, 문제중심으로 지리, 역사, 공민 등을 종합적으로 다룰 것을 제시하여 통합성의 원리를 구체화하고 있다. 이와 같이 사회과 도입 이래 이 두 가지 원리는 사회과 교육과정에 지속적으로 반영되어 왔음을 알 수 있다.

* 2022 개정 사회과 교육과정에서 '시민성의 원리'와 '통합성의 원리'가 어떻게 구체화되고 있는지 찾아보자.

자료: 이진석(1995). "사회과 학습 목표로서 '시민성 원리'와 내용 구성 방법으로서 '통합성 원리'에 대한 사적 고찰 -사회과 성립 과정 시기를 중심으로-". 「사회와교육」, 20: 173-191. 이진석(2015). 「한국 사회과의 성립 과정과 그 성격」. 부산대학교출판부.

주요개념

1916년 사회과모형, 공민, 민주주의의 제 문제, 신사회과운동, 표준중심 개혁운동, 공통핵심기준, C3 Framework, 교수요목기, 사회생활과, 2015 개정 교육과정, 핵심역량, 통합사회

Chapter 02

사회과의 발달 과정

연습문제

01. 1916년 사회과모형의 특징을 설명하시오.

02. 1930년대 미국 사회과교육의 특징을 나열하시오.

03. 1960년대 신사회과운동기의 교과 특징을 설명하시오.

04. 1960년대에 사회과교육이 문제해결력과 의사결정능력 등을 강조하게 된 이유를 제시하시오.

05. 표준중심 개혁운동의 특징을 서술하시오.

06. 미국 사회과 C3 Framework의 특징을 설명하시오.

07. 교수요목기 사회과의 특징을 서술하시오.

08. 제7차 교육과정의 변화 중에서 두드러진 특징을 서술하시오.

09. 2009 개정 교육과정의 구조적 특징을 설명하시오.

10. 2022 개정 교육과정에서 사회과의 주요 특징을 서술해 보시오.

참고문헌

교육과학기술부(2009). 「2009 개정 교육과정(초·중등학교 교육과정)」발표-「창의와 인성」을 강화하는 교육과정으로 개편-2009년 12월 17일 보도 자료.

교육부(2015a). 「초·중등학교 교육과정 총론」. 교육부 고시 제2015-74호 [별책 1]

교육부(2015b). 「사회과 교육과정」. 교육부 고시 제2015-74호 [별책 7]

교육부(2021). 2022 개정 교육과정 총론 주요사항(시안). 2021.11.24. 보도자료

교육부(2022). 「사회과 교육과정」 교육부 고시 제2022-33호 [별책 7].

교육부(2023). 미래 사회를 대비하는 2028 대학입시제도 개편 확정안. 보도자료 2023. 12. 27.

김경모(2006). 연구자로서 경남 지역의 교사가 "이해"한 지역화 교육의 "이론" -국어과와 사회과를 중심으로. 「중등교육연구」, 17: 91-121.

김두정(2000). 광복 후의 학교 교육과정; 공식적 교육과정과 운영의 변천, 평가. 「교육발전논총」, 21(1): 61-81.

김명정·박정서(2023). 2022 개정 고등학교 『국제 관계의 이해』 교육과정 개발에 대한 성찰. 「법교육연구」, 18(3): 1-23.

김용만(1990). 사회과 교육과정의 변천 개관. 교육과정교과서 연구회(편). 한국 교과교육과정의 변천: 고등학교. 서울: 대한교과서주식회사. 115.

나경훈, 이동원(2023). 교육과정 실행의 관점에서 본 2022 개정 초등사회과 교육과정의 주요 특징과 논쟁점. 「사회과교육연구」, 30(2): 19-38.

모경환(2005). 미국 사회과 교육과정의 패러독스: 표준화와 다양성의 문제. 「한국교원교육연구」, 22)1): 251-265.

모경환 외(2012). 2009 개정 사회과 교육과정 개선 방향 연구 -중학교 <사회>를 중심으로-. 「중등교육연구」, 60(2): 585-614.

모경환, 강대현, 은지용(2016). 2015 개정 사회과 교육과정의 변화와 쟁점. 「시민교육연구」, 48(1): 1-30.

박상준·이경윤(2023). 2022 개정 사회과 교육과정의 개발 과정 및 특징 분석: 초등학교 일반사회 영역을 중심으로. 「사회과교육」, 62(4): 43-62.

손병노(2009). 1916년 NEA 사회과보고서의 이념적 정향. 「사회과학교육연구」, 10: 83-95.

손병노(2012). 신사회과 교재의 구성논리-MACOS를 사례로. 「사회과학교육연구」, 14: 117-129.

염철현(2016). 미국의 '모든 학생의 성공법(ESSA)' 제정 및 시사점. 「교육법학연구」, 28(1): 81-101.

오연주(2006). 미국 초기 사회과 전통에서 Harold Rugg의 교육이념 및 실천 노력의 위상 탐색. 「시민교육연구」, 38(3): 63-96

은지용(2023). 2022 개정 사회과 교육과정의 특징과 쟁점 및 과제. 「시민교육연구」, 55(4):

121-154.

이진석(1995). 사회과 학습 목표로서 '시민성 원리'와 내용 구성방법으로서 '통합성 원리'에 대한 사적 고찰-사회과 성립 과정 시기를 중심으로. 「사회와교육」, 20: 173-191.

이진석(2001). '신사회과'가 우리나라 사회과 교육과정에 끼친 영향에 관한 연구. 「시민교육연구」, 32: 227-247.

이진석(2003). 한국과 일본의 미군정 초기 교육정책과 사회과 도입에 관한 연구. 「시민교육연구」, 35(2): 95-118.

이진석(2015). 「한국 사회과의 성립 과정과 그 성격」. 부산대학교출판부.

차조일(2003). '사회문제 중심 사회과'의 합리성에 대한 연구 : 도구적 합리성을 넘어 의사소통적 합리성으로. 서울대학교 교육학 박사학위 논문

차조일(2012). 제2차 세계대전과 사회과교육의 위상 변화. 「사회과교육」, 51(2): 1-14.

차조일(2013). 「사회과 교육과 공민교육」. 한국학술정보.

차조일(2016). 미국 사회과 성립 과정에 대한 역사적 고찰 –존스(Thomas J. Jones)의 햄프턴 학교 사회과를 중심으로-. 「시민교육연구」, 48(1): 167-188.

차조일(2017). 미국 사회과 성립 과정에 대한 역사적 고찰 –던(Arthur W. Dunn)의 공동체 공민(Community Civics)을 중심으로-. 「시민교육연구」, 49(1): 113-134.

최용규(2005). 초등 사회과교육 60년: 변천과 전망. 「사회과교육연구」, 12(1): 229-256.

최원회(1998). 교과영역에서의 사고수업방업 개발: 구성주의적 접근. 「대한지리학회지」, 33(4): 635-654.

최윤정·윤노아(2023). 국제 교과 특성화 학교의 국제 계열 전문교과 교육과정 운영 현황 분석: 세계 시민교육에의 시사점 탐색. 「국제이해교육연구」, 18(2): 43-82.

최정순(2015). 시민교육을 위한 미국 사회과의 노력 –C3 framework의 탐색-. 「교육과정평가연구」, 18(1): 61-82.

허수미(2010). 2007년 개정 사회과 교육과정과 교과서 특성 간의 정합성. 「사회과교육연구」, 17(3): 109-127

홍웅선(1992a). 미군정하 사회생활과 출현의 경위. 「교육학연구」, 30(1): 111-128.

홍웅선(1992b). 최초의 사회생활과 교수 요목의 특징. 「한국교육」, 19: 23-46.

Bruner, J.S.(1960). *The process of education*. Cambridge, MA: Harvard University Press.

__________(1965). Man: A Course of Study. ED178390

Dougan, A.M.(1989). The Search for a Definition of the Social Studies: A Historical Overview. *The International Journal of Social Education*, 3(3): 13-35.

Evans, R.W.(2004). *The Social Studies Wars*. New York: Teachers College, Columbia University.

Hertzberg, H.W.(1981). Social Studies Reform 1880-1980. ED211429

Kenna, J.L. & Russell, W.B.(2014). Implications of Common Core State Standards on the Social Studies. *The Clearing House*, 87: 75-82.

Lybarger, M.B.(1991). The Historiography of Social Studies: Retrospective, Circumspect, and Prospect. In J.P. Shaver(Ed.). *Handbook of Research on Social Studies Teaching and Learning*. Macmillan.

National Council for the Social Studies(1994). *Curriculum standards for social studies: Expectations of Excellence*. Washington, DC: National Council for the Social Studies.

National Council for the Social Studies(2010). *Curriculum standards for social studies: A Framework for Teaching, Learning, and Assessment*. Washington, DC: National Council for the Social Studies.

National Council for the Social Studies(2013). *Social studies for the next generation: purposes, practices, and implications of the college, career, and civic life (C3) framework for social studies state standards*. Washington, DC: National Council for the Social Studies.

Saxe, D.W.(1992). Framing a Theory for Social Studies Foundations. *Review of Educational Research*, 62(3): 259-277.

U.S. Bureau of Education.(1916). *The social studies in secondary education*. Washington, DC: U.S. Government Printing Office, Bulletin No.28.

Chapter 03

사회과의 교육과정

1. 사회과 교육과정의 기초
2. 사회과 교육과정의 조직 원리
3. 사회과 교육과정의 조직 형태
4. 사회과 교육과정과 교과서
5. 사회과 교육과정과 교사의 역할

시민성의 육성이라는 사회과의 목표는 교육과정을 통해 구체적으로 표현된다. 사회과 교육과정은 계획 단계에서 사회과의 성격, 목표, 내용, 방법, 평가 등의 기준을 제시하며, 학교와 교실이라는 구체적 맥락 속에서 실행된다. 이 장에서는 사회과 교육과정을 어떻게 구성하고 조직할 것인지에 대해 살펴보고자 한다. 이를 위해 우선 사회과 교육과정 구성의 기초와 조직 원리를 살펴보겠다. 다음으로 사회과 교육과정의 다양한 조직 형태를 교과중심, 학문중심, 경험중심, 역량중심 교육과정으로 구분하여 제시하려고 한다. 그리고 교육과정 구현의 중요한 수단으로서 교과서의 의미와 발행 제도에 대해 살펴볼 것이다. 끝으로, 사회과 교육과정 실행의 주체로서 교사의 역할에 대해서 다룰 것이다.

1. 사회과 교육과정의 기초

1) 교육과정의 의미

교육과정은 '학교가 무엇을 가르치는가 혹은 가르칠 것인가'에 대한 대답이라고 할 수 있다. 그러나 그 구체적인 정의는 학자마다 다양하게 제시된다. 예를 들어, 최초로 「교육과정(The curriculum)」이라는 제목의 저서를 출간한 보비트(Bobbitt)는 교육과정을 '성인으로서의 삶을 잘 살아가기 위한 능력들을 계발하는데 필수적인 경험과 지식들로 이루어진 일련의 체계'(Bobbitt, 1918: 42)로 보며, 태너와 태너(Tanner & Tanner)는 '학교에서 제공되는 계획적인 학습 활동'(Tanner & Tanner, 1980: 406)으로 정의한다. 반면에 워커(Walker, 1990)는 교육과정의 개념을 다음의 다섯 가지로 나누어 설명하고 있다.

가. 학습을 위해 제공되는 교과(subjects offered for study)
  영어, 사회, 수학, 과학, 외국어, 미술, 체육 등의 과목
나. 학습 활동(educational activities)

읽기, 쓰기, 토론, 실험 등 학습을 신장시킬 목적으로 계획된 학생의 활동들

다. 의도된 학습(intended learning)

학습자들이 성취해야 할 목표 혹은 목적들

라. 학생들의 경험(students' experiences)

학교에서의 지도와 안내 하에 학생들이 실제로 경험하는 것들

마. 학습 결과(learning outcomes)

교과 내용에 대한 학습은 물론이고, 해당 교과에 대한 믿음이나 권위에 대한 태도와 같은 부수적인 학습을 포함하여 학생들이 실제로 성취한 결과들

교육과정은 논의되는 맥락과 수준에 따라 위 개념들 중 하나에 국한되어 사용되기도 하고, 두 개 이상의 개념들이 통합되어 사용되기도 한다. 즉, 학교 교육과 관계된 교육 현상의 어떤 측면에 초점을 맞추느냐에 따라 교육과정은 다채로운 의미를 갖는다. 예를 들어, 교사가 기획하고 있는 사회 수업의 교육 목표와 내용, 그리고 교수-학습 방법에 초점을 맞추면 '계획된' 교육과정의 측면을 들여다보는 것이며, 사회 수업을 통해 함양된 학생들의 가치와 태도에 초점을 맞추면 '경험된' 교육과정의 측면에 관심을 갖는 것이 된다. 이러한 다양한 개념들을 포괄하는 공통 요소를 찾아본다면, 첫째, 교사와 학생이라는 교육 주체의 참여와 관련된 것이며, 둘째, 학문과 배움의 영역에서 중요하다고 생각되는 내용들을 다루며, 셋째, 특정 시공간과 교육적 상황 속에서의 목표와 내용들의 조직 방식과 관련되어 있다고 볼 수 있다(Walker, 1990: 4-5).

2) 사회과 교육과정 구성의 기초

가. 철학적 기초

철학적 기초는 사회과 교육과정이 어느 사회가 궁극적으로 지향하고 있는 이상이나 이념, 가치 체계를 기초로 해야 한다는 것을 의미한다. 우리나라 사회과 교육과정은 한국의 전통 사상이라고 할 수 있는 인간 존중 사상, 홍익인간, 경천애인 사상 등을 바탕으로 구성되어야 한다는 것이 그 예라고 할 수 있다. 근대 사회로 접어들면서

서구에서 도입된 진보주의나 실용주의 교육사상 등도 우리나라 사회과 교육과정의 철학적 기초가 되었다.

이처럼 한국의 전통 사상이나 서구에서 들어온 사상을 가지고 사회과 교육과정의 철학적 기초에 대해 논의할 수도 있지만, 오늘날 우리나라 사회과 교육과정을 구성할 때 가장 기본적으로 고려해야 하는 것은 민주주의 이념이라고 할 수 있다. 민주주의 이념은 무엇보다도 인간의 존엄성을 최고의 가치로 여긴다. 인간은 어떠한 경우에도 수단이 아닌 목적으로서 존중받아야 한다는 것이다. 또한, 민주주의는 인간의 자유와 평등을 실현하고자 한다. 이에 따라 신체, 거주 이전, 직업 선택, 언론, 출판, 집회, 결사의 자유 등 국민의 기본권이 보장되어야 하며, 성별, 종교, 부모의 사회적 지위 등에 따른 차별을 받아서는 안 된다.

이러한 민주주의 이념에 기초한 교육은 학습자의 개인차를 존중하고 각자의 자율적인 책임 완수를 강조한다. 따라서 교육은 모든 사람이 다양한 개성과 능력을 가지고 있다는 전제에서 시작되어야 하며, 타인의 강제에 의한 행동보다는 자율성을 바탕으로 행동하는 능력을 길러주는 것을 기본 방향으로 삼아야 한다. 사회과 교육과정은 이러한 민주주의 교육이 추구하는 방향에 부합하도록 계획되고 실행되어야 할 것이다.

한편, 1980년대 이후 세계적으로 주목받는 비판교육학(critical pedagogy)은 과거의 관료주의적 획일성, 실증주의와 구조기능주의, 사본주의석 무한경쟁으로 인한 빈부격차 등을 날카롭게 비판하고 있다. 비판 교육학은 학교 교육이 단순히 지식을 전달하는 것을 넘어, 학생들이 지식에 대해 비판적으로 사고할 수 있도록 해야 한다고 주장한다. 즉, 지식을 고정된 진리로 받아들이기보다는 끊임없이 질문하고 성찰하는 태도를 길러야 한다는 것이다. 비판이론의 이러한 주장은 민주주의 교육 철학뿐만 아니라 사회과 교육과정의 방향 설정에 중요한 시사점을 제공한다(차경수 외, 1995: 31-91).

나. 사회적 기초

사회적 기초는 사회과 교육과정이 우리가 살아가고 있는 시대와 사회의 여러 상황과 요구에 적합하게 구성되어야 한다는 것을 의미한다. 농업사회에는 농업사회에 적합한 교육이, 산업사회에는 산업사회에 적합한 교육이 계획되고 실행되어야 한다는 것은 너무나 당연한 일이다. 특히 최근에는 세계화, 정보화, 다원화 등 사회 변동 양상이 매우 복잡하고 그 속도 또한 매우 빠르게 진행되고 있다. 따라서 이러한 현상에 적응하고 대응하는 능력, 그리고 그러한 변화를 선도할 수 있는 능력을 기르는 교육이 사회과에서도 중요하게 부각되고 있다.

예를 들어, 오늘날 우리 사회는 저출산 · 고령화라는 인구 구조의 변화와 4차 산업혁명이 야기하는 사회 환경의 변화를 맞이하고 있다. 이는 사회과 교육과정에서 다양한 진로 및 직업 세계에 대한 이해와 새롭게 등장할 윤리적, 법적 쟁점들을 다룰 것을 요구한다. 한편, 우리나라도 점차 다문화 사회로 변모함에 따라, 이주민 가정과 그 자녀들이 새로운 환경에 적응하며 살아가도록 하기 위한 교육도 중요해지고 있다. 이를 위해 다른 사람들과 함께 어울려 지낼 수 있는 협동심과 개방적인 태도뿐만 아니라, 다문화 가정에 대한 이해와 존중을 위한 교육 등이 사회과 교육과정에서 요청된다.

또한, 현대 사회의 급속한 변동 속에서 사회의 여러 측면에 문화 지체(cultural lag)와 같은 불균형이나 단절이 발생하지 않도록 하는 노력도 강조되고 있다. 이와 함께, 사실이나 지식 그 자체보다는 탐구력과 사고력 향상을 강조하며, 전이가치(轉移價值)[1]가 높은 내용을 학습하는 것도 빠르게 변동하는 현대 사회에 보다 적합한 사회과 교육과정을 구성하는데 고려해야 할 요소이다.

다. 심리적 기초

심리적 기초는 사회과 교육과정이 우리가 살아가는 시대와 사회의 다양한 상황과 요구에 부합해야 한다는 것을 의미한다. 교육의 이상이나 목표는 궁극적으로 학습자를 통해서 실현되어야 한다. 학습 내용이 아무리 중요하고 가치 있는 것이라 하더라도 학습자의 발달 단계에 맞지 않으면 효율성이 떨어질 수 있고 심지어 오히려 역효과를 낼 수도 있다.

1) 어떤 학습의 결과가 학습 상황 이외에서 또는 그 후의 다른 학습에 적용되는 것을 전이(transfer)라고 한다.

스위스의 심리학자 피아제(Jean Piaget)는 아동의 인지 발달이 출생부터 2세까지의 감각운동기(sensorymotor stage), 2세부터 7세까지의 전조작기(preoperational stage)를 거쳐 7세부터 11세 또는 12세 정도까지의 구체적 조작기(concrete operational stage)로 발달하며, 11세 또는 12세에 인지 발달의 마지막 단계인 형식적 조작기(formal operational stage)가 시작된다고 제안했다(신종호 외, 2015: 77-89). 구체적 조작기는 구체적인 대상을 중심으로 사고하는 시기를 말하며, 형식적 조작기에 이르면 아동은 보다 추상적인 사고를 할 수 있게 된다. 이러한 아동의 인지 발달 단계에 대한 이론은 사회과 교육과정 구성에 있어 고려해야 하는 요소이다.

한편, 동기 유발, 학생들의 흥미, 지능과 능력의 개인차 존중 등에 대한 고려도 매우 중요하다. 학생들의 개인차를 고려하여 학습의 난이도를 조정해야 하고, 학생들의 생활을 고려하여 흥미와 동기를 유발할 수 있는 학습 소재를 포함하도록 해야 한다. 이러한 학생들의 흥미와 관심, 발달 특성, 개인차를 고려하여 개개인에게 적합한 교수-학습 활동을 제공하는 것을 교육과정 차별화 또는 개별화(curriculum differentiation)라고 한다. 이때의 차별이란 인종차별과 같은 불평등한 대우로서의 차별(discrimination)이 아니라, 학생의 차이를 구별하여 적합한 교육을 제공한다는 의미의 차별이다(한국교육과정학회, 2017: 143). 우리나라에서는 7차 교육과정 시기에 도입된 '수준별 교육과정'을 교육과정 차별화의 시도로 평가한다. 이처럼 학습자들의 발달과 심리를 고려하는 것도 사회과 교육과정을 구성할 때 중요한 고려사항이라고 할 수 있다.

2. 사회과 교육과정의 조직 원리

교육과정을 조직하는 데는 어떤 내용 요소를 포함할 것인가를 결정하는 범위(scope)의 문제, 즉 수평적 조직의 문제와 이들 내용 요소를 어떤 순서로 배열할 것인가를 결정하는 계열(sequence)의 문제, 즉 수직적 조직의 문제가 있다. 사회과 교육과정의 조직에 있어서 이러한 문제를 어떻게 풀어가야 할 것인지에 대한 여러 가지 접근법이 사용되어 왔다. 이 절에서는 환경확대법의 원리, 나선형의 원리, 그리고 통합의 원리에 대해 살펴보고자 한다.

1) 환경확대법의 원리

가. 환경확대법의 의미

사회과의 범위와 계열을 조직하는 여러 방법 중 가장 널리 활용되고 있는 것은 스탠포드대학교 교수를 지낸 폴 해나(Paul Hanna)의 **환경확대법**(Expanding Environments)의 원리이다. 해나 교수가 초등 사회과를 위해 제안한 이 원리는, 교육과정을 구성하는 내용이 학습자의 발달 수준, 사회적 경험의 정도, 사회적 기능 등을 고려하여 저학년에서는 자기 자신을 중심으로 가까운 곳, 손쉽게 경험할 수 있는 곳에서부터 시작하여 고학년으로 올라갈수록 확장되는 사회적 환경을 다룬다는 원리이다. 예컨대 지리 영역의 내용을 조직할 경우 생활 주변, 자기가 살고 있는 고장, 지역사회를 거쳐 한반도와 세계 지리를 차례로 다루게 된다. 정치 영역의 내용도 교실, 학교에서의 정치 과정을 통한 의사결정, 고장과 지역사회의 정치 상황 등을 거쳐 국내 정치와 국제 정치로 무대를 확장해 간다.

이러한 환경확대법은 1930년대 이후 사회과 교육과정에서 내용을 학년별로 배열하는 데 큰 영향을 미쳤다. 환경확대법의 다른 이름으로는 지평확대법(Widening Horizons), 공동체확대법(Expanding Communities), 흥미확대법(Expanding Interests) 등이 있으며, 기본적으로 개인이 속한 좁은 공동체에서 출발하여 점차 넓은 공동체로 확장해 나가는 방식을 의미한다. 즉, 가족 → 주변 이웃 → 고장 → 지역사회 → 국가 → 지구촌과 같이 점차 범위를 넓혀가며 학습 내용을 구성하는 것이다.

미국사회과교육학회(NCSS)는 이러한 환경확대법의 원리가 현대의 사회과에도 계속 유효한지 검증하기 위하여 1983년 교육과정 소위원회(Task Force on Scope and Sequence)를 조직하여 연구한 결과, 〈표 3-1〉에 나타난 유형의 환경확대법 원리가 광범위하게 활용되고 있으며 교육과정 및 교과서 개발에 가장 강력한 영향을 미치고 있다는 것을 확인했다(Maxim, 2006: 24-25).

〈표 3-1〉 환경확대법을 적용한 사회과의 범위와 계열

학년	내용
K	사회 환경에서의 자기 인식
1	일차적 사회집단에서의 개인: 학교와 가족생활
2	가까운 사회집단에서의 욕구 충족: 이웃
3	타인과 지구 공간 공유하기: 공동체
4	다양한 환경에서의 인류생활: 지역
5	미주 대륙: 미국과 인접국들
6	사람과 문화: 동반구
7	많은 국가들의 변화하는 세계: 글로벌 관점
8	강력하고 자유로운 국가 건설: 미국

우리나라의 경우, 2022 개정 사회과 교육과정의 초등 영역 조직을 살펴보면, 학생들의 생활 경험과 공간을 고려하여 환경확대법을 탄력적으로 적용한 것을 확인할 수 있다. 즉, 3, 4학년군에서는 학습 대상 공간의 범위를 '우리가 살아가는 곳-우리 지역-여러 지역'으로 구성하고, 5, 6학년군의 우리나라-세계를 대상으로 한 학습으로 연결되도록 하였다. 이는 기존 교육과정에서 3학년 '고장'(시, 군, 구)에서 4학년 '지역'(시, 도) 단위로, 행정구역에 기반하여 학습 대상 공간의 범위를 기계적으로 확장해 가는 방식에서 탈피한 것이다. 즉, 자신의 장소 경험에서 시작하여 실질적인 생활이 이루어지는 공간적 범위, 우리 지역, 여러 지역 사례, 우리나라, 세계로 내용의 범위가 확장되는 탄력적 환경확대법의 원리를 따르고 있다(은지용 외, 2021: 23).

나. 비판적 평가

환경확대법은 오랫동안 사회과 교육과정 구성의 기본 원리로 자리 잡아 왔지만, 동시에 다양한 비판에 직면해 왔다. 대표적인 비판은 환경확대법이 사회와 아동의 복잡한 특성을 지나치게 단순화하고 도식화한다는 것이다. 실제로 사회 현상은 단순히 공간적인 범위만으로 설명될 수 없을 만큼 복잡하고 다양한 요소들이 상호작용하는 결과물이다. 특히, 정보화 시대에는 시간, 심리, 경험 등 다양한 차원에서의 거리가 물리적인 거리보다 더 중요하게 작용할 수 있다. 따라서 현대 사회에서 사회과 교

육과정을 구성할 때에는 환경확대법을 고정된 틀로 활용하기보다는, 시대의 변화에 맞춰 유연하고 융통성 있게 적용되어야 할 필요가 있다.

2) 나선형 교육과정의 원리

가. 나선형 교육과정의 의미

어떤 개념을 한 번 가르치고 끝내기보다는, 학습자의 수준에 맞춰 반복적으로 다루면서 개념에 대한 심층적인 이해를 도모하고 추상적 사고력을 발달시킬 수 있다. 이때, 단일 학문 영역에 국한되지 않고 관련된 여러 학문 영역을 연결하여 학습하면 종합적인 사고 능력을 키울 수 있다. 이와 같이 여러 학문 영역에서 관련된 개념들을 선택하여 유치원부터 상급학교까지 반복적이고 심층적으로 학습할 수 있도록 구성한 것을 나선형 학제적 개념 교육과정(spiral interdisciplinary conceptual curriculum)이라고 한다(Banks, 1999).

학문중심 교육과정의 대표적 학자인 브루너(Bruner, 1960)도 나선형 교육과정을 활용하여 각 교과의 핵심적인 아이디어에 해당하는 '지식의 구조'를 가르쳐야 한다고 주장했다. 브루너는 "어떤 교과든지 지적으로 올바른 형식으로 표현하면 어떤 발달 단계에 있는 어떤 아동에게도 효과적으로 가르칠 수 있다"(Bruner, 1960: 33)고 가정하면서, 각 교과의 중요한 원리와 가치를 아동의 발달 단계에 맞춰 반복적으로 심화시켜 가르칠 것을 제안했다. 예를 들어, '인간 비극의 의미와 그것에 대한 연민(compassion)'이라는 개념을 가르칠 때, 어린 학생들에게는 부담스럽지 않은 수준의 아동 문학 작품을 활용하고, 학년이 올라갈수록 점차 복잡하고 심오한 비극 문학 작품을 다루는 방식으로 교육과정을 구성할 수 있다는 것이다.

사회과에서 **나선형 교육과정**을 구성하기 위해서는 교과 내용을 이루는 정치학, 경제학, 사회학, 인류학, 역사학, 지리학 등 다양한 학문 분야에서 사회과 교육에 적합한 핵심 개념을 선별해야 한다. 이러한 개념 선정 과정에서는 〈표 3-2〉와 같은 기준을 활용할 수 있다.

〈표 3-2〉 **개념 선택의 기준**

개념 선택 기준
• 타당성: 선택되는 개념은 해당 사회과학 학문 분야의 내용을 가장 잘 대표하고 있어야 한다.
• 중요성: 오늘날 제기되고 있는 중요한 사회 현상과 문제를 설명할 수 있어야 한다.
• 적합성: 학습자의 필요, 흥미, 성숙도에 부합해야 한다.
• 내구성: 오랫동안 중요성을 유지할 수 있어야 한다.
• 균형성: 사회과 교육과정의 범위와 계열에 맞아야 한다.

이러한 기준에 따라 개념을 선택하면, 개념이나 원리를 반복하여 발달 단계가 높아짐에 따라 질적으로 심화되고 양적으로 범위가 넓어지는 입체적인 나선형 조직으로 교육과정을 구성하게 된다. 요컨대, 나선형 교육과정의 원리는 [그림 3-1]에 나타난 바와 같이, 다루는 내용은 동일하지만 학습자의 발달 단계에 맞추어 내용을 폭넓고 깊이 있게 가르칠 수 있다고 가정한다.

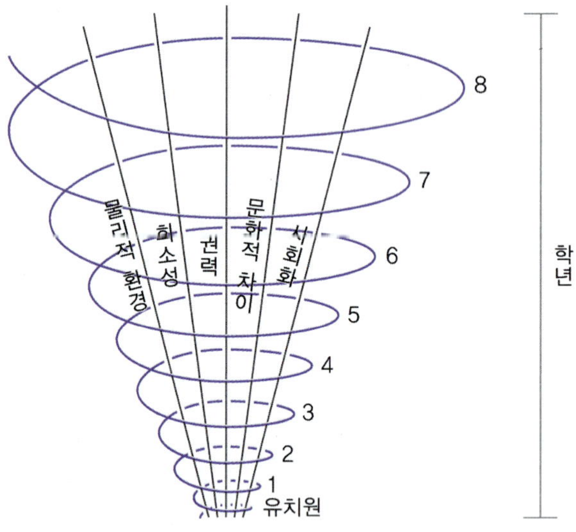

[그림 3-1] **나선형 학제적 개념 교육과정**

출처: Banks(1999): 56

나. 비판적 평가

나선형 교육과정은 학습 내용의 계열성을 확보하고, 학습자의 발달 단계에 맞춰 학습 내용을 조직하여 유의미한 학습을 가능하게 한다. 또한, 깊이 있는 탐구를 유도하고 학문의 구조를 이해하는 데 크게 기여한다. 그러나 학문 분야별로 내용을 나누는 분과 중심의 조직 방식을 기본으로 하기 때문에 통합적인 사고를 저해할 수 있다는 한계를 지닌다. 즉, 학교 교육과 실생활 간의 연관성이 부족하고, 학습 내용이 각 교과의 개념에 집중하는 구획화 현상이 나타나 학습 내용이 단편화될 수 있다.

또한, 같은 개념을 가지고 학년이 올라갈수록 교육 내용을 더욱 심화하도록 구성하는 것이 현실적으로 쉽지 않으며, 그 결과 중복 및 반복으로 비쳐질 가능성도 높다. 또한, 나선형 교육과정을 운영하는 데 있어서 학년 수준에 관계없이 가르쳐야 할 기본 개념 또는 원리를 결정하는 것과 이를 학습자의 발달 단계에 맞춰 학교급 또는 학년별로 조직하는 일이 쉽지 않다.

3) 통합의 원리

가. 통합교육과정의 의미

통합의 원리는 사회과의 다양한 영역에 해당하는 지리, 역사, 정치, 경제, 법, 사회문화, 윤리 등의 내용을 통합적으로 재조직하여 교육과정을 구성하는 것을 말한다. 일반적으로 초등 단계에서 이와 같은 통합의 성격이 비교적 강하게 나타나고, 학교급이 올라갈수록 통합의 정도는 점차 약화되는 편이다. 사회과 교육과정을 **통합의 원리**에 따라 구성해야 하는 근거는 다음과 같다. 첫째, 사회과 교육은 사회과학이 아니다. 사회과는 개별 사회과학을 가르치는 것이 목적이 아니라, 시민으로서 필요한 내용을 가르치는 과목이다. 따라서 사회생활에 관한 문제를 종합적으로 고찰하는 통합적 접근이 필요하다. 둘째, 학생의 실생활은 통합되어 있으며, 현대 사회의 문제는 복합적이다. 따라서 분과적 지식에 의존해서는 일상생활의 문제나 현대 사회의 이슈를 해결하기 어렵다. 셋째, 정의적 영역, 집단 기능 및 고차사고력을 육성하기 위해서는 분과 교육으로는 힘들다. 넷째, 통합형 교육과정은 교과목의 수를 축소해야 한다는 교육개혁적인 요구와도 부합한다.

나. 통합의 유형

사회과 교육과정에서의 통합은 크게 세 가지 유형으로 나눌 수 있다. 첫째, 학문적 형태는 역사, 지리, 정치 등 다양한 학문 분야의 내용을 결합하여 사회과 내용을 구성하는 방식이다. 둘째, 교육적 형태는 학습자들이 배우게 되는 내용에 대한 기준이나 초점을 정하고, 그에 따라 교육이 가능한 형태로 내용을 결합하는 방식을 말한다(Drake, 1993; Jacobs, 1989). 셋째, 종합적 형태는 학문적 형태와 교육적 형태를 종합한 것이다.

① 학문적 형태의 통합

학문적 형태의 통합에는 통합의 강도나 정도에 따라 크게 다학문적 통합, 학제적(간학문적) 통합, 초학문적 통합이 있다(Drake & Burns, 2004; Drake, 1998). 일반적으로 통합의 강도나 정도는 다학문적 통합 → 학제적 통합 → 초학문적 통합으로 갈수록 높아진다고 볼 수 있다. 각각의 통합 유형에 대한 설명은 〈표 3-3〉과 같다.

〈표 3-3〉 학문적 형태의 통합

학문적 형태	
다학문적 통합 (multidisciplinary approach)	• 하나의 주제에 대하여 다양한 학문이 독립성을 유지하면서 각각의 전문 지식을 결합. 예를 들어, '자동차'라는 주제에 관해서 환경오염, 도로 발달, 보험, 가족 형태, 쇼핑, 디자인 등 다양한 학문적 관점에서 각각의 전문적 지식을 활용하는 것 • 결합의 정도가 가장 낮음. 개별 학문의 전문 지식 자체를 학습하는 데 그칠 우려가 있음
학제적 통합 (interdisciplinary approach)	• 두 개 이상의 학문 분야에 공통으로 들어있는 지식, 관점, 사고력 등을 추출하여 구성. 예를 들어, '근대화'라는 주제는 정치적 · 경제적 발달, 도시 공간의 변화, 전근대와의 단절과 계승 등 사회과 관련 학문 분야에 모두 연관되어 있는 내용으로, 이러한 주제를 학습하도록 함 • 학문 간 연계성을 고려함으로써 개별성보다는 통합을 강조함
초학문적 통합 (transdisciplinary approach)	• 탈분과적 통합이라고도 함. 각 학문의 독립된 영역을 초월하여 학생들의 질문이나 관심사를 중심으로 관련 내용을 체계화하여 결합. 즉 교육과정 계획은 특정 학문으로부터 시작하기보다는 실생활과 연결된 문제나 맥락으로부터 시작함. 개별 학문에서 강조하는 지식은 특정 주제를 학습하기 위한 수단으로서 기능함 • 간학문적 기능과 학문적 기능을 실생활의 맥락 속에서 응용하는 것에 중점을 둠. 초등학교 저학년에서 실시하기 용이함. 프로젝트 학습(project-based learning)이 가장 대표적인 형태로, 학생들의 관심사를 탐구 주제로 선정하고 이를 프로젝트로 수행하여 결과를 공유하는 방식으로 실행 • 결합의 정도가 가장 높은 형태. 내용의 깊이가 낮아질 우려 있음

② 교육적 형태의 통합

교육적 형태의 통합에는 통합의 강도나 정도에 따라 크게 개념(또는 주제) 중심 통합과 이슈(또는 문제) 중심 통합이 있다. 일반적으로 통합의 강도나 정도는 개념 중심 통합에서 이슈 중심 통합으로 갈수록 높아진다고 볼 수 있다. 각각의 통합 유형에 대한 설명은 〈표 3-4〉와 같다.

〈표 3-4〉 **교육적 형태의 통합**

교육적 형태	
개념(또는 주제) 중심 (concept-centered) 통합	• 아동의 흥미와 사회적 요구를 고려하여 중심이 되는 개념이나 주제를 정하고, 이를 중심으로 전체 학습 내용 통합 • 대주제-하위주제로 나누거나 개별적으로 하나의 주제를 정하여 통합할 수 있음
이슈(또는 문제) 중심 (issue-centered) 통합	• 다양한 관련 지식과 자료를 활용하여 사회적 쟁점이나 문제를 해결하도록 내용 구성 • 중요성, 유의미성, 탐구성, 자료의 풍부성, 관점의 다양성 등의 기준에 유의하여 이슈 선정

② 종합적 형태의 통합

학문적 형태의 통합과 교육적 형태의 통합을 종합한 스트랜드 중심의 통합이 있다. 스트랜드(strand)는 사회과교육의 영역에 있는 개념, 주제, 문제, 이슈, 일반화, 법칙, 가치 등을 모두 종합하여 사회과에서 가르쳐야 한다고 생각되는 것들을 정리해 놓은 핵심적인 요소이자 준거이다(Ohio Department of Education, 1993: 20, Massachusetts Department of Education, 1996: 9-15). 이러한 준거를 스트랜드 또는 주제 스트랜드(thematic strand)라고 하며, 우리 실정에 응용할 때는 '대주제' 또는 그냥 '스트랜드'라고 부르는 것이 자연스럽다. 이러한 스트랜드를 중심으로 통합하는 형태에 대한 구체적인 설명은 〈표 3-5〉와 같다.

〈표 3-5〉 **종합적 형태의 통합**

종합적인 형태	
스트랜드 중심 통합	• 시민성 함양에 기여하는 교과들을 엮는 준거이자 사회과교육의 핵심 요소인 스트랜드(strand)를 추출하고, 이와 관련한 다양한 개념, 주제, 쟁점, 사고방식 등을 결합 • 스트랜드를 학년별, 학교급별로 배치함으로써 수평적 통합과 수직적 통합 방식을 결합

미국사회과교육학회(NCSS)는 1994년에 다음의 열 가지 사회과 스트랜드를 발표했다.[2] (1) 문화, (2) 시간, 지속성과 변화, (3) 인간, 장소와 환경, (4) 개인 발달과 정체성, (5) 개인, 집단 및 제도, (6) 권력, 권위 및 통치, (7) 생산, 분배 및 소비, (8) 과학, 기술 및 사회, (9) 전 지구적 연계성, (10) 시민적 이상과 참여 등으로, 이는 미국 초·중등학교 사회과 교육과정 구성의 기준이 되고 있다. (8) 과학, 기술 및 사회, (9) 전 지구적 연계성, (10) 시민적 이상과 참여는 단일 분과 학문과 연계된 내용이 아니다. 또한 '역사' 대신에 '시간, 지속성과 변화'라는 주제를 선정한 것이나 '경제' 대신에 '생산, 분배 및 소비'라는 주제를 제시한 것은 사회과 교육과정이 전통적인 분과 학문에 기반을 두는 것이 아니라 통합적으로 조직되어야 함을 나타내주고 있다(모경환, 박형준, 2021: 64).

NCSS에서 제안한 '문화' 스트랜드를 가지고 사회과 교육과정을 구성한다고 할 때, 먼저 각 스트랜드에 대한 설명과 기대하는 성취수준이 제시된다. 그리고 이러한 내용에 기초하여 학교급 별로 그 성취 수준에 도달하는 데 필요한 다양한 하위 개념, 주제, 탐구 방법 등을 학습자의 발달 수준을 고려하여 학습 내용으로 구성된다. 다른 스트랜드도 이와 같은 방식으로 학년과 학교급을 넘나들며 거대한 네트워크처럼 조직된다.

다. 비판적 평가

사회과 교육과정을 통합의 원리에 따라 구성하는 것은 사회 현상을 다각적으로 이해하도록 하는 데 기여할 수 있다는 장점이 있다. 그러나 통합으로 인해 각 학문 영역의 고유한 정체성과 교과 간 경계가 불분명해지고, 다양한 배경 학문과 교과 영역들 간에 주도권 다툼이 벌어질 수 있다는 문제점도 있다.

이에 따라 통합이 아니라 분과를 지향하는 움직임도 많이 있다. 사회과 교육과정을 각 학문 영역에 따라 분과적으로 구성하면 각 영역을 보다 논리적이고 체계적으로 구성할 수 있으며, 명확한 메시지를 전달할 수 있다는 것이다. 실제로, 통합 사회

2) 미국사회과교육학회는 1994년 사회과 교육과정 표준을 발표하고, 핵심 내용으로서 10가지 스트랜드를 포함시켰다. 그 이후 세계화 및 교육 환경의 변화에 발맞추어 2010년 개정된 사회과 표준(NCSS, 2010)을 다시 발표하였다. 하지만, 2010년의 개정된 표준에서도 10가지 스트랜드의 내용은 동일하게 유지되었다.

과로 운영되는 미국의 경우에도 지역마다 차이가 있지만, 초등 수준에서는 지리, 역사, 일반사회의 내용을 통합하여 구성하고, 중등 수준에서는 역사와 지리 중심으로 일반사회를 통합하거나, 정치와 법 중심의 공민(Civics) 과목을 따로 두고 있다. 일반사회 영역에 해당하는 정치나 경제는 11학년이나 12학년에 집중적으로 학습하도록 구성함으로써 각 영역의 정체성이 구현되는 방향으로 사회과 교육과정이 구성되어 있다(강대현, 2004; California State Board of Education, 2005).

우리나라의 경우도 마찬가지로, 형식적으로는 통합 사회과를 표방하지만, 실질적으로는 분과적인 경향이 강하다. 특히 중등 사회과 교육과정은 역사, 지리, 일반사회 영역이 분과형으로 혼합되어 있는 것이 특징이다. 이러한 방식의 통합은 학문적 형태의 통합이나 교육적 형태의 통합 또는 스트랜드 중심의 통합, 그 어디에도 해당하지 않는다(강대현, 2004). 지난 2015 개정 교육과정에서 공통과목으로 개설된 통합사회, 통합과학은 융합형 인재 양성을 위하여 고등학교 단계에서 통합성을 강화하려는 노력을 담고 있다. 실제 사회과 교육과정은 완전한 통합이나 완전한 분과 형태로 구성될 수는 없으므로, 그 둘 사이의 어느 지점에서 균형점을 찾으려는 노력이 필요하다.

연구보고

사회과는 시민성 교육을 목적으로 인문학과 사회과학의 내용과 탐구 방법을 주요 내용으로 하는 통합 교과이다. 이러한 사회과의 내용을 구성하는 제반 사회과학과 인문학의 내용을 초 · 중등 교육과정에 적합하게 통합적으로 조직하는 것이 사회과 탄생 이후 지속되는 과제이다. 모경환 · 박형준(2021)은 2015 개정 교육과정에서 신설된 '통합사회' 과목의 교과적 의의와 통합의 원리를 고찰하고, 일반사회 전공 고등학교 교사를 대상으로 통합사회의 운영 실태를 파악하였다.

고등학교 사회과 교육과정에서 통합이 시도된 것은 제6차 교육과정부터로, 고등학교 공통 필수 과목으로 '공통 사회'가 신설되었다. 이 과목은 민주시민의 양성이라는 교과 목표를 구현하는 중핵 과목으로, 지리와 일반사회의 지식 및 탐구력과 의사결정력 등의 기능 습득을 바탕으로 사회 문제 해결 능력을 함양하는 것을 목표로 한다. 공통 사회는 통합 교육과정을 지향하였으나, '사회' 영역 네 단원과 '지리' 영역 네 단원의 분과형 조직 형태를 가지고 있어 지리와 일반사회의 형식적 부분 통합의 형태라는 한계를 지닌다.

이에 비해 2015 개정 교육과정에서 신설된 고등학교 사회과 공통과목인 '통합사회'는 다양한 인문 · 사회 현상에 대한 통합적인 접근과 이해가 가능하도록 시간적, 공간적, 사회적, 윤리적 관점이 통합될 수 있는 대주제(빅 아이디어)를 추출하고, 역사, 지리, 일반사회, 윤리 영역의 내용적 연결을 통해 통합적 지도가 가능하도록 개발되었다.
통합사회 교육과정의 설계는 개발 초기 브레인스토밍 단계의 다학문적 접근에서 나중에 간학문적 접근으로 전환되었다. 역사, 지리, 일반사회, 윤리 교과 영역들에서 각각 몇 개의 학습 요소를 추출하고, 각 영역에 공통적으로 해당하는지 정련화하는 작업을 통해 핵심 개념(빅 아이디어)을 선정하였다. 또한 각 주제를 상세화하는 과정에서 학습의 초점을 잡아주는 핵심 질문을 제시하였다.
일반사회 전공 교사들을 대상으로 운영 실태를 조사한 결과, 통합사회의 교과적 의의에 대한 교사들의 이해가 부족하다는 것이 파악되었다. 이를 통해 교사들의 교육과정 리터러시를 향상하는 것이 과제로 도출되었다. 또한, 통합사회의 핵심 개념 중 분과적 성격이 상대적으로 강해 가르치기 어렵다고 인식하는 내용들은 개선이 필요함을 발견하였다. 그리고 교사 양성 기관에서 통합사회 전문성 육성을 위한 교과과정 개편이 시급하며, 통합사회 교수 전문성을 향상시키기 위해 교사 직무 연수를 개선하는 것이 필요함을 확인하였다.

자료: 모경환, 박형준(2021). 고등학교 '통합사회' 운영 실태와 2022 개정 교육과정의 개발 방향. 「시민교육연구」, 53(4): 55-93.

3. 사회과 교육과정의 조직 형태

사회과 교육과정의 조직 형태는 교육과정 구성 이론에 따라 크게 보면 교과중심 사회과 교육과정, 경험중심 사회과 교육과정, 학문중심 사회과 교육과정으로 나누어 볼 수 있다. 그리고 최근 교육과정 개정을 이미 완료했거나 진행 중인 국가들에서 주목하고 있는 역량중심 교육과정이 있다. 이들을 아래에서 간략히 살펴보도록 하자.

1) 교과중심 사회과 교육과정

가. 특징

교과중심 사회과 교육과정에서는 교과 내용을 중시한다. 왜냐하면, 교과 내용은 사회가 전통적으로 강조해 온 문화유산으로서의 지식이며, 이는 곧 인간의 능력을 훈련하는 수단이 되기 때문이다. 다시 말해서, 교과 내용을 통해 인간이 갖추어야 할 지식을 습득하고 올바른 정신과 마음을 형성할 수 있다고 본 것이다. 이를 위해 주로 다루는 내용은 문화유산의 가치, 역사적 사실과 해석, 지리적 정보와 그 활용, 정부 기구와 법, 제도 등이다. 그러한 내용들을 반복하고 연습하며 때로는 암기 하면서 학습하는 과정에서 학습자의 능력이 향상된다고 본다.

한편, 교육과정의 조직 형태를 사회과의 전통과 연관 지어 본다면, 교과중심 사회과 교육과정은 시민성 전달(citizenship transmission)의 전통과 관련성이 높다고 할 수 있다. 시민성 전달의 전통에서는 사회과 교육 내용으로 국가와 사회에 관한 지식과 가치를 강조한다. 지식 영역에서는 대체로 국가의 역사, 지리, 문화, 정부, 법, 제도 등에 관한 것을 다루고, 가치 영역에서는 바람직한 공동체적 가치와 이상, 국가적 신념 등을 다룬다. 또한, 대체로 교사의 설명, 훈화, 암기 등의 학습 방법이 많이 활용되는데, 이것은 교과중심 사회과 교육과정에도 많이 나타나는 특징들이다.

나. 장점과 단점

교과중심 사회과 교육과정의 장점은 다음과 같다. 첫째, 사회과 교육에 있어서 객관적으로 가치 있다고 판단되는 내용들을 체계적으로 조직해 놓았기 때문에 학습계획을 세우기가 쉽고 일정한 진도를 계획적으로 유지할 수 있다. 둘째, 중앙에서 통제하기가 쉽고, 조직과 편제가 간단하여 전국적으로 표준화하여 실시할 수 있으며, 최소한의 기준을 설정하여 목표달성 여부를 측정하는 것도 가능하다. 셋째, 학습자의 지적 성장에 효과적이다. 특히 인류의 문화유산이라고 할 수 있는 지식을 교육하는데 유용하다.

교과중심 사회과 교육과정의 단점은 다음과 같다. 첫째, 학습자의 심리적인 흥미나 요구를 소홀히 하기 쉽다. 둘째, 학습자의 일상생활 문제를 경시하기 쉽다. 셋째, 지적 능력 이외에 정서적인 면이나 바람직한 태도 또는 창의력이나 사고력과 같은 높은 차원의 지적 능력을 계발하기가 쉽지 않다.

2) 경험중심 사회과 교육과정

가. 특징

경험중심 사회과 교육과정은 교과가 아닌 경험을 통해서 아동이 성장한다고 본다. 여기서 말하는 경험은 단지 '무언가를 해 보았다'는 체험의 차원이 아니라, '이것의 의미가 무엇인가', '이로 인해 어떤 변화가 나타날 것인가' 등과 같은 지적인 탐구 활동을 포함하는 개념이다. 듀이(Dewey)에 의하면 의미 있는 경험을 하기 위해서는 경험과 사고가 결합되어 있어야 한다. 이러한 의미 있는 경험이 반복되면서 아동의 개인적 능력은 물론 사회적 기능도 발달한다는 것이다.

이러한 주장은 학교가 학생의 일상생활과의 관련성이 높지 않은 지식의 체계를 교육하는 것에 대한 반성에서 나온 것이다. 20세기 초의 진보주의 교육운동과 함께 시작한 이러한 움직임은 학교 현장에서 아동을 학습의 주체로 인정하고 그들의 지적, 심리적 상태를 보다 존중하는 변화를 가져왔다는 점에서 사회과 교육과정 구성에 매우 중요한 시사점을 제공하고 있다.

경험중심 사회과 교육과정에서는 학습이 아동의 욕구와 필요에서 출발해야 하며, 아동의 생활경험 그 자체를 다루어야 한다고 주장한다. 이에 따라 사회과 학습의 장에서 교육 내용이 결정되며, 개념과 지식은 경험을 공유하기 위한 도구로서 기능하게 된다. 아동이 사회과 학습을 통해 다양한 경험을 접하고 그것이 반성적으로 축적되는 과정에서 아동의 발달이 이루어진다고 본다.

나. 장점과 단점

경험중심 사회과 교육과정의 장점은 다음과 같다. 첫째, 아동의 생활 세계와 경험을 존중할 수 있다. 둘째, 사회과에 대한 학습동기를 높이고 학습에 적극적으로 참여하도록 한다. 셋째, 학습이 실제생활과 밀접하게 연결되어 학생들에게 사회과와 관련한 다양한 경험을 제공하여 전인교육의 한 방법이 될 수 있다.

경험중심 사회과 교육과정의 단점은 다음과 같다. 첫째, 교사의 철저한 수업 준비, 학생들의 적극적인 참여 태도, 풍부한 학습 자료 등 수업에 요구되는 많은 사항들이 현실적으로 뒷받침되기 어렵다. 둘째, 사회생활에 필요한 문화유산의 학습 및 다양한 형태의 경쟁에서 요구되는 능력 습득을 소홀히 하기 때문에 보편화되기 어렵다. 셋째, 교과 지식의 체계적 습득을 소홀히 함으로써 학생들의 기초 학력 저하가 발생할 수 있다.

3) 학문중심 사회과 교육과정

가. 특징

학문중심 사회과 교육과정의 발달에 결정적인 영향을 미친 것은 1960년에 브루너(Jerome S. Bruner)에 의해 출판된 『교육의 과정』(*The Process of Education*)이라는 세미나 보고서이다. 1957년 소련의 스푸트닉 발사 후 미국 교육의 새로운 방향을 모색한 이 보고서는 교육과정이 그 교과를 구성하고 있는 학문의 구조를 중심으로 구성되어야 한다고 주장했다. 이러한 주장은 곧 교육 내용의 조직 원리 및 교수·학습 방법의 변화로 이어졌다.

즉, 교육과정의 내용을 사실, 개념, 법칙 등 지식의 구조에 따라 조직해야 한다는 교육과정의 구조화가 강조되었고, 교수·학습 방법에 있어서는 학습자가 학습 과정에서 스스로 원리를 발견하고 응용하도록 해야 한다는 발견학습(discovery learning) 또는 탐구학습(inquiry learning) 등이 강조되었다. 교육과정의 구조화와 학습자의 주도적 학습은 1970년대에 전 세계적으로 영향을 주었고, 우리나라에서도 오늘날까지 사회과 교육과정 구성의 중요한 하나의 원리가 되고 있다.

교육과정의 구조화는 교과의 내용을 그 교과를 구성하고 있는 사실, 개념, 법칙, 이론 등으로 조직하려는 것이다. 교과의 내용이 이처럼 체계적으로 조직되어 있는 것을 '지식의 구조'라고 한다. 이는 어떠한 지식을 그 자체로 단편적으로 학습하는 것이 아니라, 일반적인 원리 또는 다른 지식과의 관계를 바탕으로 이해하고 학습하는 것을 의미한다.

학문중심 사회과 교육과정은 기본적으로 개별 사회과학의 학문적 구조를 그 내용으로 한다. 이러한 개별 학문의 구조는 곧 '사회과학의 개념 및 일반화'와 '과학적 탐구 방법'을 통해 표현될 수 있다. 여기서 학문의 구조를 강조하는 것은 전이성(轉移性)을 높이기 위함이다. 즉, 교과중심 사회과 교육과정처럼 특정한 사회적 사실과 지식을 통해 인간의 마음을 도야하고 훈련하는 것이 아니라, 학문 속에 들어있는 어떤 원리나 법칙을 발견하여 그것을 다른 현상에 적용함으로써 사회 현상을 설명하고 예측하고자 하는 것이다. 교과중심 사회과 교육과정이 관련 사회과학의 학문적 '내용'으로부터 많은 도움을 받고 있다면, 학문중심 사회과 교육과정은 그 학문의 체계적 '구조'에 의해 크게 영향을 받는다고 할 수 있다.

나. 장점과 단점

학문중심 사회과 교육과정의 장점은 다음과 같다. 첫째, 사회과를 구성하고 있는 사실, 개념, 법칙 등의 기본적인 내용을 구조적으로 파악하기 때문에 사회과의 전체적인 내용을 이해하기 쉽다. 둘째, 사회과에 대한 구조적인 학습은 단편적인 지식 중심의 학습보다 기억이 오래 가고, 전이 가치(transfer value)가 높다. 셋째, 고등지식과 초보적인 지식 사이의 간격을 좁힐 수 있다. 어려운 개념이나 이론도 학습자의 발달 단계에 따라 교육할 수 있다. 넷째, 추상적 사고력과 지적 수준을 높이는 데 적합하다.

학문중심 사회과 교육과정의 단점은 다음과 같다. 첫째, 교육 내용으로 선택해야 할 사회과의 사실, 개념, 법칙 등에 대해 사회과학자와 교육자의 의견이 일치되지 않아 결정하기 어려울 수 있다. 둘째, 교사들의 수업 준비가 충분하지 않을 경우 이론과 현실 사이에 괴리가 나타나기 쉽다. 셋째, 학생들이 왕성한 의욕을 가지고 수업에 적극적으로 참여하지 못하거나 학습 자료가 풍부하게 구비되어 있지 않으면 발견학습이나 탐구학습의 효과가 나타나기 어렵다. 넷째, 학문의 구조 또는 지식의 본질만을 지나치게 강조하여 가치교육이나 인성교육과 같은 정의적 영역에 소홀할 수 있다.

4) 역량중심 사회과 교육과정

가. 특징

역량중심 사회과 교육과정은 미래 사회에서 학생들이 갖추어야 할 필수 소양과 역량을 교육과정 설계의 중심에 두고, 사회과교육을 통해 이러한 역량 발달을 추구하는 접근 방식이다. '역량'이라는 개념은 원래 직업 교육이나 직무 수행 분야에서 관심을 가졌다. 그러다가 1997년 OECD에서 DeSeCo(Definition and Selection of Key Competencies)라 불리는 프로젝트를 통해 개인의 성공적인 삶과 균형 잡힌 사회 발전을 위해 필요한 핵심 역량(key competencies)을 제시하였다(OECD, 2005). 이후 전 세계의 많은 국가들이 역량을 중심으로 각국의 교육과정을 재편하거나 개정하였고, 이는 사회과 교육과정의 개정에도 영향을 미쳤다. 물론 각 국가의 교육과정 문서에서 제시하는 역량의 의미나 유형들은 조금씩 차이가 있지만, 모두 학습자가 사회 공동체 구성원으로서 살아가는 데 필요한 능력과 자질을 교육과정 설계 및 실행의 핵심에 둔다는 점에서 공통점을 갖는다.

다만, 역량중심 교육과정이라고 해서 기존의 교과 또는 지식을 버리고 역량만을 가르치자는 의미로 받아들이는 것은 위험하며, 바람직한 방향도 아니다. 오히려 사회과의 다양한 내용이나 지식들은 학생들이 사회적 삶에서 필요로 하는 역량들을 기르기 위한 수단으로 충분히 활용된다고 보아야 한다. 즉, 역량중심 접근이란 교육과정의 초점이 필수적으로 길러야 하는 역량들에 맞춰져 있으면서, 이러한 역량을 강화하는 방향으로 기존의 교육 내용과 방법들을 재구성해야 한다는 것을 의미한다(소경희, 2017: 167). 이러한 의미에서 역량중심 사회과 교육과정은 역량을 강화하기 위한 교육과정, 즉, 역량 강화 사회과 교육과정으로 받아들이는 것이 바람직하다.

나. 장점과 단점

역량중심 사회과 교육과정의 장점은 다음과 같다. 첫째, 오늘날 급변하는 사회 환경과 지식이 폭발적으로 증가하는 상황 속에서 교육과정을 역량 중심으로 재편하게 되면, 보다 유연하고 통합적인 방식으로 사회과 내용을 재구성할 수 있다. 둘째, 역량중심 사회과 교육과정은 역량 함양을 위한 학생의 적극적인 참여와 탐구를 강조하고 있기 때문에 전통적인 교과중심 교육과정에 비해 학생 중심 교육 환경과 기회들을 제공할 여지가 늘어난다.

역량중심 사회과 교육과정의 단점은 다음과 같다. 첫째, 교육과정 개발자들 간의

'역량' 개념에 대한 합의와 이론적 토대가 부족할 경우, 교육과정 설계 단계에서부터 혼란이 가중될 수 있다. 둘째, 기존의 사회과에서 논의해 오던 '기능(skills)' 영역과 '역량' 개념 간의 구분이 모호하고, 아직까지 사회과에서 기능과 역량 간 관계가 명확하게 정립되지 않았다(모경환 외, 2016: 17-20). 셋째, 사회 교과 역량들을 어떻게 사회과학적 개념, 교수-학습 방법, 평가 방법 등과 연결시킬지에 대한 고민이 필요하며, 이로 인해 역량중심 교육과정을 구체적인 수업으로 구현하는 교사의 부담이 커질 수 있다.

지금까지 사회과 교육과정의 유형을 살펴보았다. 사회과가 학교의 교과목으로 출발하던 초창기에는 교과중심 교육과정이 주를 이루었다. 전통적으로 가르쳐오던 역사, 지리를 중심으로 공민 영역이 추가되는 형태였다. 당시는 대규모 이주민에 대한 미국 시민화가 주요 과제였고, 교과중심 사회과는 이를 충실히 수행하였다. 듀이의 영향으로 1930년대 경험중심 교육과정 이론이 대두되면서, 학생들이 일상생활에서 겪는 교육적 경험을 교육내용으로 삼아야 한다는 주장이 강하게 제기되었다. 이에 따라 생활 중심, 문제 중심의 사회과 교육과정이 시도되었으며, 우리나라의 제1차 및 제2차 교육과정이 이에 해당한다.

1960년대에 들어서 학문중심 교육과정이 대두되면서, 각종 사회문제의 해결이 사회과의 핵심과제로 떠올랐다. 브루너의 영향으로 사회과학 중심의 교육과정이 대세를 이루었으며, 우리나라에서는 제3차 교육과정 개정기부터 이를 반영하기 시작했다. 1970년대 이후부터 학문중심 교육과정은 우리나라 교육과정 개정에 지속적으로 영향을 미쳤다. 2000년대 초반부터 우리나라 교육에서도 역량 개념에 주목하기 시작하였고, 교육과정 개정 작업에서도 역량을 반영하려는 움직임이 나타났다. 이로 인해 2009 개정 교육과정 시기부터 서서히 역량의 중요성이 강조되기 시작하였으며, 2015 개정 교육과정에서는 본격적으로 국가 교육과정 문서에 역량이 반영되었다. 2015 개정 교육과정 총론에서는 자기관리 역량, 지식정보처리 역량, 창의적 사고 역량, 심미적 감성 역량, 의사소통 역량, 공동체 역량 등의 여섯 가지 핵심 역량을 제시하였으며, 사회과 각론에서는 교과 역량으로 창의적 사고력, 비판적 사고력, 문제해결력 및 의사결정력, 의사소통 및 협업능력, 정보활용능력을 제시하였다.

4. 사회과 교육과정과 교과서

사회과 수업에서 가장 많이 활용되는 교수-학습 자료는 단연 교과서이다. 사회과 수업이 교과서에 의존적인 이유에는 여러 가지가 있을 수 있지만, 그중에서도 교과서가 교육과정을 가장 잘 구현하는 매개체로 기능하기 때문일 것이다. 즉, 사회과 교육과정은 교과서를 매개로 하여 교사와 학생의 수업으로 실현된다. 또한 교과서의 내용은 국가 교육과정 또는 표준 교육과정의 내용 범주를 크게 벗어나지 않으며, 교육과정을 충실하게 반영하고 있다. 이처럼 교과서는 사회과 교육과정을 구현하는 대표적 수단이며 특히 우리나라는 국가 교육과정의 개정과 함께 새로운 교과서의 발행 및 편찬도 이루어지므로, 교육과정과 함께 교과서에 대한 이해가 필요하다.

1) 교과서의 의미와 사용

우리나라는 「헌법」 제31조 6항에서 "학교교육 및 평생교육을 포함한 교육제도와 그 운영, 교육재정 및 교원의 지위에 관한 기본적인 사항은 법률로 정한다."라고 규정하여 교육제도 법률주의를 채택하고 있다. 이에 따라, 교육과정의 개정 및 운영뿐만 아니라, 교과서의 발행과 사용에 대해서도 법률로 규정하고 있다.

이에 따라 「교과용도서에 관한 규정」[3] 제2조 1항과 2항을 보면 우리나라에서 규정하고 있는 교과서의 의미를 알 수 있다. 1항에서 "'교과용도서'라 함은 교과서 및 지도서를 말한다."라고 하여 우선 교과용도서의 범위를 교과서와 지도서로 한정하였고, 2항에서 "'교과서'라 함은 학교에서 학생들의 교육을 위하여 사용되는 학생용의 서책, 지능정보화기술을 활용한 학습지원 소프트웨어(디지털 교과서) 및 그 밖에 음반·영상 등의 전자저작물 등을 말한다."라고 규정하고 있다. 즉 우리가 일반적으로 교과서라고 했을 때 떠오르는 서책 형태의 자료뿐만 아니라, 온라인 상에서 배포되는 영상이나 저작물 등도 절차에 따라 학생들의 교육을 위해 제작되었을 경우 교과

3) 대통령령 제33829호, 2023. 10. 24., 일부개정

서의 범주에 포함시킬 수 있다.

하지만, 일반 서점에서 진열되어 있거나 시중에 유통되는 모든 서적들이 교과서로 사용될 수 있는 것은 아니다. 학교에서 사용할 수 있는 교과서에 대해서도 법령으로 규정하고 있다. 「초 · 중등교육법」[4] 제29조 1항을 보면 "학교에서는 국가가 저작권을 가지고 있거나 교육부장관이 검정하거나 인정한 교과용도서를 사용하여야 한다."라고 나와 있다. 여기서 국가가 저작권을 가진 교과용도서를 국정, 교육부장관이 검정하거나 인정한 교과용도서를 각각 검정 및 인정 도서로 분류한다. 즉, 우리나라 학교에서는 국정, 검정, 인정 도서에 한해 사용할 수 있다(한국교육과정학회, 2017: 64). 뿐만 아니라 국정, 검정, 인정 도서의 선정 순서도 규정하고 있다. 예를 들어 중학교 사회 교과서에서 국정과 검정 도서가 모두 존재할 경우는 둘 중 하나를 선택해야 하며, 만약 국정이나 검정 도서가 아예 없거나 이를 대체하거나 보충이 필요한 경우에 인정 도서를 사용할 수 있다. 즉, 일반 서점에서 유통되는 아무리 좋은 사회과학 서적이라고 해도 학교장이나 교사가 교과서로 임의 선정하여 사용할 수 없다.

다음에서 이와 같은 국정, 검정, 인정 교과서 발행 체제의 특징에 대해 더 구체적으로 살펴보도록 하자. 추가로 미국, 영국 등에서 널리 활용되고 있으며, 최근 우리나라에서도 도입 논의가 추진 중인 교과서 자유발행 제도에 대해서도 살펴볼 것이다.

2) 교과서 발행 제도 및 특징

국정 교과서는 교육부가 저작권을 가지는 교과용 도서로서, 국가가 도서 개발의 전 과정을 직접 관장하는 교과서이다. 국정 교과서는 편찬 → 심의 → 발행의 과정을 거쳐 개발되는데, 과거 우리나라의 주요 교과의 교과서는 대부분 국정제로 발행되었다(김재춘, 2016: 277). 국정 교과서를 사용하게 되면 모든 교사와 학생들이 동일한 내용으로 수업을 진행하게 되므로, 교육의 질이 균등해지고 최소한의 교육적 질을 보장할 수 있다는 장점이 있다. 또한 국가의 주도하에 엄격한 심사 과정을 거치므로 교

4) 법률 제19740호, 2023. 10. 24, 일부개정

육과정의 자의적 해석을 방지하고 이념적 통일성을 기할 수 있다는 장점도 있다. 하지만 반대로 생각하면, 다양한 주체들의 교과서 개발 참여 기회를 제한하고, 교육과정의 다양한 해석과 관점 채택을 가로막으며, 제작자들의 자율성 및 창의성이 보장되기 어려운 단점을 갖는다(이림, 2018: 49).

이에 반해 검정 교과서는 민간 출판사가 제작하고 국가에서 마련한 기준에 따라 그 적합성 여부를 평가받는다. 이때 교과서의 적합성 여부를 결정하는 것을 검정 심사라고 하는데, 보통 교육부가 심사를 위탁한 기관[5]에서 심의가 이루어진다. 즉 검정 교과서는 검정 기준 발표 → 민간 제작 → 검정 심사 → 발행의 과정을 거쳐 개발된다(김재춘, 2016: 277). 검정 교과서 제도는 국정 교과서에 비해 다양한 도서 제작 주체들의 참여를 보장할 수 있고, 수요자 입장에서도 다양한 교과서 선택권을 보장받을 수 있다는 장점이 있다. 하지만 검정 교과서는 민간 출판사가 제작한다 하더라도 검정 심사 과정에 국가의 영향력이 크게 작용하여 사실상 국정 교과서와 비슷한 획일성이 나타날 수 있으며(김명정, 2012: 217), 검정 기준을 맞추기 위해 다양하고 창의적인 교재 개발보다는 국가 교육과정 내용을 충실히 반영하는 것에만 급급할 가능성이 크다.

인정 교과서는 검정 교과서에 비해 상대적으로 더 느슨한 심사 기준을 갖는다. 인정 교과서도 검정 교과서와 마찬가지로 민간 출판사가 제작하지만, 국가의 인정 심사 기준만 통과하면 학교에서 바로 선택 및 사용할 수 있는 교과서이다. 즉, 인정 교과서는 민간 제작 → 발행 → 인정 심사의 과정을 거쳐 개발되며, 국가는 교과서 제작이 아닌 사용에만 개입한다고 볼 수 있다(김재춘, 2016: 278). 하지만 「교과용도서에 관한 규정」 제2조 6항을 보면, "'인정 도서'라 함은 국정도서 · 검정도서가 없는 경우 또는 이를 사용하기 곤란하거나 보충할 필요가 있는 경우에 사용하기 위하여 교육부장관의 인정을 받은 교과용도서를 말한다."고 되어 있어 기본적으로 국정 및 검정 교과서를 보완하기 위한 성격이 강한 것을 알 수 있다. 인정 교과서는 국정 및 검정에 비해 국가로부터의 간섭에서 자유롭고, 교육의 자주성을 확보하는 데 더 유리하다. 그러나 인정 도서의 심사 기준을 너무 간소화하거나 지속적으로 보완하지 않을 경우,

5) 대표적인 기관으로 한국교육과정평가원과 한국과학창의재단 등이 있다.

교과서의 질 관리에 문제가 생길 수 있다.

자유발행 교과서는 일반 도서의 출판 원칙을 그대로 따라 개발되는 교과서이며, 국가가 교과서 발행에 일체 관여하지 않는다. 달리 말하면, 국가가 교과서의 제작부터 출판까지 모두 민간과 시장 원리에 맡기는 형태라고 볼 수 있다. 자유발행 교과서의 가장 큰 장점은 무엇보다도 교육 환경의 변화 및 학생의 요구에 가장 빠르게 대응하여 다양한 자료들을 담아낼 수 있다는 점이다. 이는 교육 활동의 다양화와 자율성 확대로 이어질 수 있다. 하지만, 학교 현장에서 자유발행 교과서가 널리 사용되면 무엇보다도 국가 전체의 교육 수준을 일정하게 유지하기 어려운 단점이 생긴다. 또한 출판 및 판매가 시장 원리에 따라 이루어지기 때문에 학생과 학부모들의 비용 부담이 클 수 있으며, 수익성이 없는 교과의 경우에는 아예 교과서 자체가 발행되지 않는 부작용이 생길 수 있다(한국교육과정학회, 2017: 465).

지금까지 교과서 발행 제도에 대해 알아보았다. 그렇다면 어떤 제도가 더 좋은 것일까? 이에 대해서는 어느 하나로 대답하기 어렵다. 교육 여건과 국가의 상황에 따라 국정 교과서가 더 필요할 수 있고, 검정 또는 인정 교과서가 더 바람직할 수 있다. 예를 들어, 특수한 전문적 지식을 요구하는 교과 또는 수요가 적은 교과의 교과서를 제작하는 것에 대해 민간 제작자들은 소극적일 수 있으며, 이 경우 학생들의 학습권 보장을 위해 국가가 국정 교과서를 발행하는 것이 더 좋을 수 있다. 또한 전문가들 사이에서도 동일한 교과의 교과서 발행을 두고 의견 대립이나 교과서 발행 제도의 장단점들에 대한 논쟁이 벌어질 수 있다. 이와 관련하여 사회과에서 나타났던 대표적인 예가 2015년의 역사교과서 국정화 논쟁이다. 따라서 무조건적으로 검정이나 인정 교과서가 더 좋다거나 국정 교과서는 폐기해야 한다는 식의 주장은 지양해야 한다.

다만, 최근 우리나라의 교과서 발행 추세를 보면 점차 국정에서 검정 및 인정 도서를 늘리는 방향으로 나아가고 있다. 2007 개정 교육과정 시기에 우리나라의 교과용 도서는 국정 39%, 검정 16%, 인정 45%의 비율을 차지하고 있었는데, 2009 개정 교육과정 시기에는 국정 19.8%, 검정 8.5%, 인정 71.7%의 비율로 변했으며, 2015 개정 교육과정 시기에는 국정 13.2%, 검정 11.1%, 인정 75.6%가 되었다(교육부, 2018). 2022 개정 교육과정에 따른 사회과 도서들의 국정, 검정, 인정 구분을 살펴보면 다음 〈표 3-6〉과 같이 정리할 수 있다.

〈표 3-6〉 2022 개정 교육과정 시기 사회과 교과서의 국 · 검 · 인정 구분

구분	교과(군)	국정	검정	인정	자유발행
초등학교	사회/도덕	• 도덕 3, 4 • 도덕 5, 6 (총 4책)	• 사회 3–1, 3–2, 4–1, 4–2, 5–1, 5–2, 6–1, 6–2 • 사회과 부도 5~6 (총 9책)	–	–
중학교	사회 (역사 포함) /도덕		• 사회 ①, ② • 사회과 부도 • 역사 ①, ② • 역사 부도 • 도덕 ①, ② (총 8책)	–	–
고등학교	사회 (역사/도덕 포함)	–	• 한국사1, 한국사2 • 통합사회1, 통합사회2 • 사회와 문화 • 세계시민과 지리 • 지리 부도 • 세계사 • 역사 부도 • 현대사회와 윤리 (총 10책)	• 정치 • 법과 사회 • 경제 • 국제 관계의 이해 • 한국지리 탐구 • 도시의 미래 탐구 • 동아시아 역사 기행 • 윤리와 사상 • 인문학과 윤리 • 사회문제 탐구 • 금융과 경제생활 • 여행지리 • 기후변화와 지속가능한 세계 • 역사로 탐구하는 현대 세계 • 윤리문제 탐구 (총 15책)	–

출처: 교육부고시 제2022-33호

5. 사회과 교육과정과 교사의 역할

교사의 주요 교육활동은 교육과정의 실행으로 나타난다. 즉, 교육과정을 학교 현장에서 실행하는 주체는 교사이다. 여기에서는 사회과 교사가 교육과정과 관련하여 수행하는 다양한 역할을 살펴보고, 효과적인 교육과정의 실행을 위해서 교사가 갖추어야 할 능력은 무엇인지 살펴보겠다.

수업을 통해 나타나는 교사의 교육 활동을 설명하기 위해 다양한 비유가 사용되어 왔다. 교육과정 문헌에 등장하는 정원사(gardener), 항해사(navigator), 조력자(facilitator), 안내자(guide), 관리자(gatekeeper) 등의 표현이 그것이다. 이러한 용어들은 각각 독특한 관점에서 교사의 활동을 표현하고 있으며 동시에 교사에게 바라는 모습을 담고 있다.

교사의 역할은 교육과정을 실행하는 과정에서 발현되며, 교육과정을 활용하는 방식에 따라 달라진다. 사회과 교사는 수업을 하는 과정에서 교육과정을 어떻게 활용하고 있을까? 현실의 교육활동에서 교사가 교육과정과 어떤 관계를 형성하느냐에 따라 크게 교육과정 전달자(teacher-as-curriculum conduit), 교육과정 조정자(teacher-as-mediators of curriculum), 교육과정 이론가(teacher-as-curriculum theorizers)라는 세 가지 형태로 분류할 수 있다(Ross, 1994).

1) 교육과정 전달자로서 사회과 교사

전통적으로 '교육과정'이라는 용어는 실제 수업에서 이루어지는 활동이라기보다는 공식적 교육과정 문서나 학생을 위한 학습 프로그램이라는 뜻으로 많이 사용되었다. '사회과 교육과정'이라는 용어 또한 일반적으로는 초 · 중등학교에서 학생들이 배워야 하는 사회, 역사, 지리와 같은 과목의 내용을 의미한다. 국가는 사회과교육에서 달성해야 할 교육의 목표를 규정하고, 이러한 목표를 달성하기 위해 학생이 배워야 하는 내용과 교육 활동을 교육과정에 표현한다.

20세기에 진행된 대부분의 교육 개혁에서는 하향식 접근 방법(top-down approach)을 채택해 왔다. 우선 국가는 교육과정 전문가로 하여금 교육과정을 제정하게 하고, 이것을 일선 학교에 배포한다. 교사는 이러한 교육과정에 제시된 교과 내용과 교수·학습 방법을 효과적으로 실천하는 **교육과정 전달자**로서의 역할을 수행한다. 결국 학생은 국가가 제정한 교육과정을 그대로 학습하게 된다.

이러한 교육과정 운영방식은 교사가 교육과정에 영향을 미칠 수 있는 영향력을 최소화한 것으로, 이른바 '**교사 배제 교육과정**'(teacher-proof curricula)이라고도 한다(Connelly & Ben-Peretz, 1997). 교육과정을 개발하는 과정부터 수업을 통해 학생에게 전달하는 과정에 대한 교사의 영향력은 거의 배제된다. 우선 교사는 교육과정의 개발 단계에 참여하지 못하기 때문에 현장 교사의 의사는 거의 반영되지 않는다. 또한 교사는 교육과정에 담겨진 개발자의 의도와 가치관을 토대로 제작된 교과서를 이용하여 학생에게 교과서의 내용을 그대로 전달한다. 교사는 공식적 교육과정에 동조하여 지지하는 역할을 할 뿐, 교육과정 문서 및 교과서에 담긴 다양한 가치와 내용을 수정하거나 비판할 수 없다. [그림 3-2]에 나타난 바와 같이 교사의 역할은 교육이 이루어지는 과정에서 가장 최소화된 모습으로 축소된다.

[그림 3-2] **교사 배제 교육과정과 교사의 역할**

'교사 배제 교육과정'에서 사회과 교사가 수행하는 역할은 국가 교육과정에 제시된 내용을 수업을 통해 효율적으로 전달하는 것이다. 즉, 사회과 교사는 학생에게 국가 교육과정을 전달해주는 수도관(conduit)의 역할을 담당한다. 특히, 사회과 교사가 국가 교육과정을 학생에게 효과적으로 전달하기 위해서는 교육과정에 제시된 분과 학문 영역의 내용을 체계적으로 이해하고, 교과 내용에 적합한 교수·학습 방법을 이용하여 수업을 실시할 수 있어야 한다. 결국, 사회과 교사는 교육과정에서 제시한 목적과 교과 내용을 있는 그대로 학생에게 효과적으로 전달하기 위해 수업에서 교수·학습 방법을 선택하는 의사결정만 한다.

2) 교육과정 조정자로서 사회과 교사

수업에서 교사의 의사결정에 대한 연구 결과에 따르면, 일반적인 통념과 달리 교사는 공식적 교육과정에서 제시한 목적을 실행하기 위한 수업 방법을 선택하는 것 이상의 활동을 한다. 이러한 활동을 통해 교실에서 교사가 실행하는 교육과정은 국가가 제시한 공식적 교육과정과 다른 모습을 띠게 된다. 즉, 교사는 교육과정을 단순히 학생에게 알려주는 전달자가 아닌, **교육과정 조정자**(mediator)로서의 역할을 수행한다.

교사는 국가에서 제시한 교육과정과 이를 토대로 구성된 교과서를 사용하되, 학생에게 있는 그대로 전달하는 것이 아니라 자신의 가치관에 따라 수업 목표를 설정하고, 교수·학습 내용과 방법을 결정하여 교육과정을 새롭게 재조직한다. 따라서 교사에 의해 실행된 교육과정(enacted curriculum)은 [그림 3-3]에 나타난 바와 같이 공식적 교육과정과는 사뭇 다른 모습으로 다양하게 전개된다.

[그림 3-3] **교육과정 조정자로서 교사의 역할**

이와 같이 교사는 교육과정을 수동적인 입장에서 수용하는 것이 아니라, 능동적으로 재조직하는 활동을 하게 되는데, 이러한 역할을 수행하는 사회과 교사를 능동적 실행가(active implementor)라고 부른다. 공식적 교육과정에서 제시한 내용과 사회과 교사가 수업 시간 동안 실시한 실행된 교육과정(enacted curriculum)이 다르게 나타난다는 점에서 사회과 교사를 교육과정 조정자(mediator of curriculum)라고 부를 수 있다.

교육과정 조정자로서 사회과 교사의 능동적인 역할에 더욱 관심을 가지게 된 계기는 1970년대에 나타난 신사회과운동(New Social Studies Movement)의 영향이었다. 당시 신사회과운동의 전개로 분과 학문에서 도출한 핵심 개념과 학습 방법을 이용한 교육과정이 조직되었다. 하지만 대다수의 교사들이 이러한 학문중심 교육과정을 효과적으로 실행하기 위해 개발된 수업 자료와 교수학습 방식을 활용하지 않아, 학문중심 교육과정의 도입은 결과적으로 실패하였다(Ross, 1994: 38). 이처럼 교육과정의 실행은 교사의 역할에 달려있다고 해도 과언이 아니다.

3) 교육과정 이론가로서 사회과 교사

교육과정 전달자의 개념은 교사가 수업을 통해 실행한 교육과정을 충분히 설명할 수 없다. 교사는 공식적 교육과정을 그대로 전달하는 것이 아니라, 자신의 철학에 입각하여 교육과정을 실행하기 때문이다. 이러한 역할에 주목한 것이 능동적 실행가의 개념이다. 그러나 이러한 관점에서 교사는 주어진 교육과정을 이해하고 재구조화하는 활동에 머무를 뿐이다. 교육과정을 직접 개발한다거나 교육과정에 담긴 의미를 변화시키고자 하는 교사의 적극적인 역할은 간과되고 있다.

기존의 교사 역할에 대한 관점에 존재하는 한계점을 극복하기 위해서는 **교육과정 이론가**로서 교사(teacher-as-curriculum theorizer)의 개념에 주목할 필요가 있다. 이 관점에서 교사는 공식적 교육과정을 활용하는 사용자(user)의 역할을 넘어, 교육과정을 제정 및 개정하는 과정에 적극적으로 참여하고 교사 스스로 새롭게 재구조화하는 개발자(developer)로서의 역할을 수행한다. 교육과정에 대한 교사의 탐구는 단순한 이해와 효과적인 실행의 수준을 넘어서, 교육과정에 담긴 잠재적 요소를 발견하고 교과서의 변화와 혁신을 추구하는 것이다. 또한, [그림 3-4]에 나타난 바와 같이, 교육과정 이론가로서의 교사는 교육과정의 제·개정과 실행의 전 과정에 대안을 제시하고 교육과정과 관련한 의사결정에 참여하는 등 적극적인 역할을 담당한다. 이는 교육과정을 실행하는 교사의 역할 모형 중에서 가장 능동적이며 바람직한 형태의 교사 역할이라고 할 수 있다.

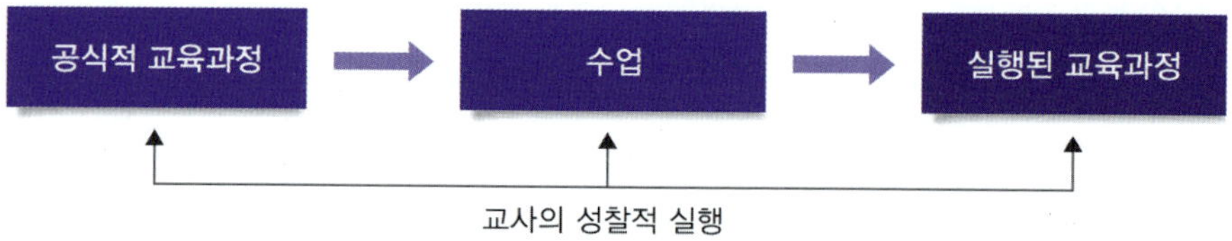

[그림 3-4] **교육과정 이론가로서 교사의 역할**

교육과정 이론가로서의 사회과 교사가 되기 위해서는 **성찰적 실행**(reflective practice)의 관점에서 수업을 재인식할 필요가 있다. 성찰적 실행은 교사가 자신이 가르치는 교과 관련 지식을 아는 것뿐 아니라, 자신의 수업 활동에 대해 스스로 관찰하고 반성하는 것을 의미한다. 교사가 성찰을 하지 않고 반복적으로 수업을 하는 방식으로는 전문성을 신장시킬 수 없다.

사회과 교사는 수업 목표, 지식의 성격, 교수·학습 활동, 학생에 대한 인식 등 수업에 영향을 미치는 수많은 요소에 대해 성찰할 수 있어야 한다. 이를 통해 자신이 교육 일상에서 당연하게 받아들였던 것을 새롭게 파악할 수 있고, 더 나아가 탐구의 대상으로 삼을 수 있다. 사회과 교사가 스스로 자신의 교육활동에 대해 비판적인 사고를 수행할 수 있는 능력을 갖출 때, 전문성을 신장시킬 수 있다. 또한 성찰적 실행을 통해 교육활동을 이해하고, 나아가 교육 이론을 개발하는 핵심적인 역할을 수행할 수 있다.

주요개념

교육과정, 환경확대법, 나선형 교육과정, 통합, 교과중심 교육과정, 학문중심 교육과정, 경험중심 교육과정, 역량중심 교육과정, 교과서 발행 제도, 교육과정 전달자, 교육과정 조정자, 교육과정 이론가, 성찰적 실행

Chapter 03

사회과의 교육과정
연습문제

01. 사회과 교육과정 구성의 철학적, 사회적, 심리적 기초를 비교 · 설명하시오.

02. 사회과의 범위와 계열을 정하는 데 있어서 유의해야 할 사항들을 제시하시오.

03. 사회과에서 하나의 예를 들어 나선형 학제적 개념 교육과정을 구성하시오.

04. 우리나라 사회과에서 통합교육과정을 구성하기 위한 과제를 제시하시오.

05. 교과중심 교육과정에는 어떤 형태들이 있는지 제시하시오.

06. 경험중심 사회과 교육과정의 특징을 제시하시오.

07. 우리나라 사회과 교과서 발행의 국정, 검정, 인정 제도의 차이점을 설명하시오.

08. 교육과정 실행과 교사의 관계 유형을 구분하고, 각 유형별로 교사의 역할을 제시하시오.

참고문헌

강대현(2004). 시민사회, 한국시민사회 그리고 시민교육. 「한국민주시민교육학회보」, 9: 57-76.

교육부(2018). 교과용도서 다양화 및 자유발행제 추진 계획(안). 교육부 배포자료.

교육부(2022). 초·중등학교 교과용도서 구분 고시문(교육부고시 제2022-35호). 교육부.

김명정(2012). 사회과 교과서 발행 제도의 개선 방안. 「사회과교육」, 51(4): 211-225.

김재춘(2016). 「교육과정」 제2판. 경기: 교육과학사.

모경환, 강대현, 은지용(2016). 2015 개정 사회과 교육과정의 변화와 쟁점. 「시민교육연구」, 48(1): 1-30.

모경환, 박형준(2021). 고등학교 '통합사회' 운영 실태와 2022 개정 교육과정의 개발 방향. 「시민교육연구」, 53(4): 55-93.

소경희(2017). 「교육과정의 이해」. 경기: 교육과학사.

신종호 외(2015). 「교육심리학」. 교육과학사

은지용 외(2021). 2022 개정 사회과 교육과정 시안(최종안) 개발 연구. 교육부.

이림(2018). 자율화의 관점에서 현행 인정교과서 제도에 대한 비판적 고찰. 「교육문화연구」, 24(6): 45-64.

차경수, 이미나, 최충옥(1995). 「교육사회학의 이해」. 서울: 양서원.

한국교육과정학회(2017). 「교육과정학 용어 대사전」. 서울: 학지사.

Banks, J. A.(1999). *Teaching strategies for the social studies*(5th edition). New York: Longman.

Bobbitt, F.(1918). *The Curriculum*. Boston: Houghton Mifflin.

Bruner, J.S.(1960). *The process of education*. Cambridge, Mass.: Harvard University Press.

California State Board of Education(2005). *History-social science framework*. California Department of Education.

Connelly, F.M., & Ben-Peretz, M.(1997). Teachers, research, and curriculum development. In D. J. Flinders & S. J. Thornton (Ed.), *The curriculum studies reader*, 178-197. New York: Routledge.

Drake, S. M.(1998). *Creating integrated curriculum: Proven ways to increase student learning*. Corwin Press, Inc.

Drake, S.M. & Burns, R.(2004). *Meeting standards through integrated curriculum*. Alexandria, VA: Association for Supervision and Curriculum Development.

Drake, S.M.(1993). *Planning integrated curriculum: The call to adventure*. Alexandria, VA: Association for Supervision and Curriculum Development.

Jacobs, H.H.(Ed.)(1989). *Interdisciplinary curriculum: Design and implementation*. Alexandria, VA:

Association for Supervision and Curriculum Development.

Massachusetts Department of Education(1996). *Social studies: Uncovering social studies* (DRAFT). Malden, MA: Department of Education, The Commonwealth of Massachusetts.

Maxim, G.W.(2006). *Dynamic Social Studies for Constructivist Classrooms*. Pearson.

National Council for the Social Studies (NCSS) (1994). *Curriculum standards for social studies*. Washington, D.C.: National Council for the Social Studies.

National Council for the Social Studies (NCSS) (2010). *National Curriculum standards for social studies : A framework for teaching, learning, and assessment*. USA, Maryland: National Council for the Social Studies.

OECD(2005). The definition and selection of key competencies: Executive Summary. OECD. Retrieved from https://www.deseco.ch/bfs/deseco/en/index/02.html

Ohio Department of Education (1993). Model competency-based social studies program. Printed from Internet.

Ross, E.W.(1994). Teachers as Curriculum Theorizers. In E. Wayne Ross (Ed.), *Reflective Practice in Social Studies*, National Council for the Social Studies, Bulletin No.88: 51-58

Schug, M.C. & Cross, B.(1998). The dark side of curriculum integration in social studies. *The Social Studies, 89(2)*: 54-57.

Tanner, D & Tanner, L. N.(1980). *Curriculum Development*. New York: Macmillan.

Walker, D.(1990). *Fundamentals of Curriculum*. Fort Worth, TX: Harcourt Brace.

Chapter 04

사회과의 수업 설계

이 장에서는 효과적인 사회과 수업을 위해 필요한 수업 설계의 절차와 방법에 대해 살펴보려고 한다. 효과적인 사회과 수업을 위해서는 가르치고자 하는 학습 내용에 대한 체계적인 이해와 함께 학습자의 발달 단계를 고려한 수업 설계가 필요하다. 또한, 효과적인 수업 설계를 위해서 교사들은 체계적으로 조직된 수업의 경험, 즉 수업모형을 참고하는 것도 중요하다. 수업모형에 관한 자세한 내용은 5장에서 다루기로 하고, 여기서는 수업 설계의 의미와 요소, 그리고 구체적인 수업지도안을 살펴보며 학습자의 발달 단계에 대한 이론도 알아보고자 한다.

1. 수업 설계의 기초

1) 수업 설계의 의미

교실에서 실제 수업을 진행하기 위해서 중요한 것이 수업 설계이다. 교육과정을 바탕으로 실제 수업을 진행하려면 적절한 수업 설계가 필요하다. 여기에서는 수업 설계의 의미와 기본 원리에 관하여 알아보려고 한다.

수업이란 일정한 목적을 가지고 학습자의 내적 · 외적 환경을 조정하는 활동이므로, 체계적인 계획의 수립이 중요하다. 좋은 수업을 위해 교사가 수업 목표, 학습 자료와 수업 방법, 평가 절차 등을 고려하여 학습 활동을 학습의 원리와 이론에 따라 체계적으로 조직해야 하며, 이러한 과정을 수업 설계(instructional design)라고 한다. 효과적인 사회과 수업을 설계하기 위해서는 학습 목표, 관련 내용, 학습 자료, 학습 방법, 평가 절차 등이 상세하게 서술되어야 하며, 학습 시간 등도 고려해야 한다.

2) 수업 설계의 요소

수업 설계는 수업을 진행하는 교사의 교육관과 학습자의 특성에 따라 다양한 요소들을 고려할 수 있다. 그러나 어떠한 형태의 수업 설계도 제목, 수업 대상, 필요한 시간, 목적과 목표, 학습 방법, 학습 자료, 평가 등의 기본 요소를 포함해야 한다.

가. 제목 및 수업 대상과 시간

① 제목: 너무 길지 않게 주제나 문제 중심으로 내용을 서술하는 제목을 쓴다.
② 대상 학년: 수업 대상 학년을 표시한다.
③ 필요한 시간: 학습 활동에 필요하다고 생각되는 시간을 표시한다.
④ 단원의 설정 이유와 개관: 단원 설정의 정당성과 이유를 제시하고, 단원의 내용을 개략적으로 서술한다.

나. 목적과 목표

① 목적: 넓은 의미에서의 단원의 목적을 이념적, 사회적, 발달론적 기초와 관련하여 몇 가지 제시한다.
② 구체적 수업 목표: 행동으로 표현되는 구체적 수업 목표를 몇 가지 제시한다.

다. 수업 전략과 방법, 학습 활동

수업 전략, 방법, 학습자의 학습 활동 등을 자세하게 제시한다. 고차사고력 함양과 학생 중심의 학습 방법 및 활동 등을 강조하는 전략을 서술한다.

라. 학습 자료의 제시

수업에 사용되는 학습 자료를 모두 제시한다. 교과서, 참고서, 녹음기, 전자 기자재, 그림, 모둠 칠판, 현장학습 준비물, 초청 연사, 모형과 실물 등 모든 것을 서술한다.

마. 평가 절차

평가의 방법과 절차를 제시한다. 각 평가는 목적이나 목표와 관련되어야 하며, 평가 내용, 평가 시기, 평가의 유형, 만점 및 반영 비율, 영역 등이 명시되어 있어야 한다.

3) 수업 설계와 수업 자료

효과적인 수업을 위해 적절한 수업 자료를 선정하는 것이 중요하다. 즉, 교사는 목표에 적합하고 학습자의 수준에 맞는 적절한 난이도의 잘 조직된 수업 자료를 선정하거나 개발해야 한다. 특히 교과서는 전통적으로 가장 많이 사용되고 신뢰도가 높은 수업 자료이다.

교과서는 전문가들이 적합한 주제와 학습 활동을 오랫동안 연구하여 만든 수업 자료로, 수업 설계의 바탕이 된다고 할 수 있다. 제3장에서 논의한 바와 같이, 교과서의 제작 · 발행 방식에는 정부가 직접 교과서 편찬과 발행을 담당하는 **국정** 교과서 제도, 정부가 일정한 기준을 제시하고 그 기준에 합격하면 출판사가 교과서를 제작하게 하는 **검인정** 교과서 제도, 출판사들이 자유롭게 교과서를 제작하고 학교가 자율적으로 채택하는 **자유발행** 제도 등이 있다. 자유발행제도에서도 교육과정이나 내용의 기준은 학회 등 자율적인 전문조직을 통해 제정되며, 출판사들은 이 기준을 존중하여 교과서를 제작한다.

우리나라 사회과 교과서는 현재 현재 초등에서는 검정 제도, 중등에서는 검인정 제도를 시행하고 있다. 외국의 경우, 일본에서는 검인정제도를, 미국과 유럽 등에서는 자유발행 제도를 채택하고 있다. 국정이나 검인정제도는 표준화라는 점에서 장점이 있지만, 동시에 교과서 내용이 획일화되는 단점이 있다. 반면, 자유발행 제도는 여러 출판사들의 자유경쟁을 유도하면서 다양하고 질 높은 교과서가 나타날 수 있는 장점이 있다. 그러나 지나친 상업화로 인한 문제점과 함께 출판 부수에 따라 출판사의 이익이 결정되는 구조로 인해, 판매 부수가 적은 군소 교과목 교과서의 경우 출판사가 제작을 꺼려 교과서의 질적 저하를 초래할 가능성도 있다.

교과서의 형태도 나라마다 다르다. 한국과 일본 등은 교과서를 학생들이 반드시 알아야 할 최소한의 필수 지식과 학습 활동이 집약된 것으로 보고, 가장 기본적인 내용만을 교과서에 수록하고 있다. 따라서 교과서의 내용은 간결하고 부피가 크지 않다. 그러나 이러한 정책은 학생들에게 교과서의 내용을 자세하게 서술해 놓은 학습 참고서를 필요하게 하여 결과적으로 참고서의 중요성이 매우 커지게 된다. 이는 경제적 비용의 문제와 함께, 교과서가 질적으로 부실한 경우에는 수업에 바람직하지 못한 영향을 미치는 문제를 발생시킬 수 있다.

영국이나 미국 등 서구의 여러 나라에서는 대부분 교과서를 하나의 학습 자료로 보기 때문에 내용이 다양하고 풍부하게 서술되어 있으며, 그 부피가 매우 두꺼운 것이 특징이다. 수업에서는 이러한 교과서와 함께 다시 여러 종류의 학습 자료가 풍부하게 사용된다. 우리나라에서는 교과서의 질을 높이는 문제, 참고서를 질적으로 개선하는 문제, 학습 자료를 풍부하게 개발하고 사용하는 문제, 탐구 형식의 학생활동 중심 수업 형태를 장려하는 문제 등이 앞으로의 중요한 과제로 제기되고 있다.

2. 수업 설계와 수업지도안

1) 수업지도안의 의미

실제 수업을 진행하기 위해 교사는 수업 설계를 토대로 구체적인 수업지도안을 작성해야 한다. 수업지도안 또는 수업계획안(lesson plan)이란, 구체적인 수업을 대상으로 하여 수업의 목표, 진행 방법, 구체적인 내용, 학습 자료, 평가 방법 등을 계획하여 미리 서술한 것으로, 수업을 위한 일종의 시나리오라고 할 수 있다. 교사는 수업지도안을 작성함으로써 수업을 미리 계획하고, 어떤 방법으로 수업을 진행할지, 그리고 무슨 문제가 발생할 수 있을지 예상하며, 이에 대한 대책을 세울 수 있다. 따라서 수업지도안은 효과적인 수업을 위해 매우 중요한 의미를 가진다.

수업지도안은 수업의 종류, 목표, 성격, 교사의 전문적 판단 등에 따라 여러 형태로 다르게 작성될 수 있다. 그러나 기본적으로 제목, 목표, 학습 방법, 학습 자료, 시간별로 제시된 학습 활동, 그리고 평가 방법 등이 수업지도안에 나타나 있어야 수업이 어떤 형태로 진행될지 구체적으로 예상할 수 있다. 아래 수업 설계 모형들은 오늘날 미국에서 가장 일반화되어 있는 교수 절차를 나타내며, 이 모형들에 따라 수업지도안을 작성한다.

2) 대표적인 수업 설계 모형

가. 헌터의 7단계 이론실천모형(Hunter, 1984): TAP(theory and practice) Model

1. 주의집중을 위한 도입
2. 수업 목표 설명
3. 수업 진행
4. 바람직한 학생 반응 모형
5. 이해 여부 검토 및 피드백
6. 교사가 지도하는 연습문제 제시
7. 혼자서 하는 연습문제 제시

나. 가네와 브릭스의 7단계 모형(R.M. Gagne and L. Briggs, 1979)

1. 주의집중
2. 목표 설명
3. 선수학습 회상
4. 수업 진행
5. 학생의 바람직한 반응 유발
6. 피드백 제시
7. 평가

다. 미국 지리학회의 모형(National Geographic Society, 1988)

1. 제목
2. 목적과 목표
3. 동기 유발을 위한 도입
4. 수업전략 및 방법, 학습 활동
5. 학습 자료
6. 다음 학습과의 관련성

3. 수업 설계와 교사

1) 효과적인 수업의 5요소

효과적인 수업을 위한 필수적인 요소는 다양하지만, 다음의 다섯 가지는 많은 연구와 실천을 통해 검증된 요소이다(Borich, 2011).

가. 수업의 명료성

교사가 수업 내용을 얼마나 명확하게 전달하고 진행하는지는 효과적인 수업을 위해 핵심적인 요소이다. 수업 내용에 대한 교사의 인지적 명료성과 수업 방법을 사용하는 교사의 언어적 명료성은 학생의 학업 성취도에 많은 영향을 미친다.

나. 수업 방법의 다양성

교사가 수업에서 발휘하는 방법의 다양성과 융통성은 수업의 효과에 중요한 요소이다. 이를 위해 교사는 적절한 질문 기법과 질문 유형을 사용하는 것이 필요하다. 또한, 다양한 학습 자료와 교수 매체, 물리적 공간의 변화를 활용하는 것이 효과적이다.

다. 순수 수업 활동에 대한 전념도

교사가 수업 시간 중 교과를 가르치는 데 얼마나 시간을 할애하는지를 말한다. 교사가 수업 시간에 교과 내용을 가르치는 일 외에 다른 일에 시간을 쓰는 것은 수업의 효과를 저하시킬 수 있다. 총 수업 시간에서 실제 수업에 사용되는 시간은 학업 성취도와 높은 상관관계를 보인다.

라. 학생의 적극적인 참여

학생들이 능동적으로 수업에 참여하는 시간, 즉 학습 참여도는 학업 성취와 직접적인 관련이 있다. 학생들이 심리적, 행동적으로 수업에서 이탈해 있으면 수업의 효과를 높이기 어렵기 때문에, 효과적인 교사는 학생들의 적극적인 수업 참여를 독려해야 한다.

마. 학생의 학습 성공률

효과적인 수업의 결정적 지표는 결국 학생의 학습 성공률이다. 학습 성공률은 학생이 수업 내용을 얼마나 잘 파악하고 수업 목표를 얼마나 달성했는지를 나타낸다. 앞서 언급한 교사의 순수 수업 활동 전념도와 학생의 적극적인 수업 참여도는 학습 성공률과 직결된다.

2) 수업 설계와 교사의 능력

교사는 교육과정 및 수업에 대한 의사결정자(curricular and instructional decision-maker)이다. 교수-학습이 맥락 속에서 구현되는 수업 활동을 이끌어가는 주체로서, 교사는 수시로 내용과 방법에 대한 결정을 내린다. 수업을 위한 효과적인 의사결정을 위해 교사는 교육의 목표와 내용, 수업 방법, 그리고 자신이 가르치는 학생에 대한 이해가 선행되어야 한다(Borich, 2011).

가. 교육목표와 수업 목표에 대한 이해

교사는 자신의 담당하는 교과의 목표를 이해하고, 교과가 추구하는 가치를 상기하며, 구체적인 수업 목표를 명확하게 이해함으로써 학생들에게 이를 명료하게 제시하여 수업의 효과를 높일 수 있다.

나. 학습 내용에 대한 이해

교사가 가르쳐야 할 학습 내용에 대한 전문성을 갖추는 것은 효과적인 수업의 필수 요건이다. 교육과정과 수업 자료에 대한 이해를 바탕으로 내용의 구조, 위계, 중요도에 대한 식견을 가져야 효과적인 수업 설계를 할 수 있다.

다. 교수 방법에 대한 이해

교사는 목표와 내용에 대한 이해를 바탕으로 적절한 교수 방법을 적용할 수 있어야 한다. 수업 설계 과정에서 수업 운영의 속도(내용 전달 속도), 전달 방법(설명 대 토의), 학급 배열(소집단, 전체 학급, 개별 학습), 학급 운영 방법(손 들기, 큰 소리로 발표하기) 등에 대한 합리적인 의사결정을 해야 한다.

라. 학습자에 대한 이해

수업 설계에서 자신이 가르치는 학생들의 특성을 이해하는 것이 무엇보다도 중요하다. 즉, 학생의 학습 능력, 의욕, 자아개념, 가정환경 등에 대한 이해를 토대로 적절한 수업 목표, 방법, 수업 자료 등에 대한 의사결정을 할 수 있다. 아래에서 학습자에 대한 이해를 좀 더 상세히 다루도록 하겠다.

4. 수업 설계와 학습자

효과적인 수업 설계를 위해서는 학습자에 대한 이해가 필요하다. 학습자를 이해한다는 것은 학습자 개인이 심리적 측면에서 어느 정도의 발달 단계에 있는지를 이해하고, 이에 맞는 수업 설계를 할 수 있어야 함을 의미한다. 또한, 학습자가 속해 있는 사회집단의 특징을 이해하고, 그 차이에 따른 수업 설계를 할 수 있어야 한다.

1) 학습자의 발달 단계

학습자의 발달 단계를 살펴보는 것은 주로 교육심리학의 영역에 속하지만, 사회과 학습에서도 매우 중요하다. 효과적인 사회과 수업을 설계하기 위해서는 학습자에 대한 이해, 특히 학습자의 발달 단계에 대한 이해가 기초가 되기 때문이다.

가. 피아제의 인지발달이론

스위스의 심리학자 장 피아제(Jean Piaget)는 아동들의 수학과 과학 학습을 관찰하여, 지적 발달이 감각운동기, 전조작기, 구체적 조작기, 형식적 조작기 등의 단계를 거쳐서 이루어진다는 것을 밝혀냈다. 피아제는 인지발달이론을 설명하기 위하여 스키마(schema), 동화(assimilation), 조절(accommodation), 평형(equilibration) 등의 개념을 사용하였다. 스키마는 인지 구조의 단위로, 체계화된 사고의 형태를 의미하며, 피아제는 인지발달을 이러한 스키마의 변화와 발달 과정으로 보았다. 이 과정은 동화와 조절을 통해 일어난다. 즉, 동화란 새로운 정보가 기존 스키마를 변화시키지 않고 수용되는 것을 말하며, 반대로 조절이란 새로운 정보에 적응하기 위해 기존 도식(스키마)을 변화시키는 것을 의미한다.

만약 기존 스키마와 일치하지 않는 경험을 하게 되면 불안 상태 혹은 불균형이 발생하며, 아동은 동화와 조절 과정을 통해 이 불안을 해소한다. 이를 통해 새로운 정보나 상황에 적응할 수 있게 되며, 평형 상태가 회복된다는 것이 피아제의 이론이다. 피아제의 이러한 주장은 전 세계적으로 경험적 검증을 통해 인정받았으며, 인간의 지적 발달을 가장 잘 설명한 이론으로 평가받고 있다. 이러한 이론은 학습에 큰 영향을 미쳤으며, 오늘날 교육과정 구성, 학습 자료 준비, 교육 방법 실시의 중요한 기준이 되고 있다.

나. 브루너의 인지발달이론

피아제의 발달 단계이론을 응용하여 브루너(Bruner, 1973)는 약간 다른 용어를 사용해 아동의 지적 발달 단계를 설명하였다. 그는 아동들의 학습 형태는 행동모형(enactive mode), 영상모형(iconic mode), 상징모형(symbolic mode)의 세 가지로 나뉘며, 이들은 각각 행동모형에서 영상모형으로, 다시 상징모형으로 발달해 간다고 주장했다. 행동모형은 직접적인 경험이나 행동을 통해서 이해하는 것을 의미하며, 영상모형은 그림이나 텔레비전과 같은 시각적 매체를 통해 이해하는 것을 말한다. 상징모형은 글자나 상징적인 표식을 통해 학습을 하는 것을 의미한다.

수업 상황에 비유하자면, 아동들은 3 · 1운동을 역할극을 통해 학습할 수 있으며(행동모형), 영화를 통해서(영상모형), 혹은 책이나 보고서를 통해서(상징모형) 학습할 수 있다는 것이다. 이는 인간의 지적 능력이 구체적인 것의 이해에서 추상적인 것의 이해로 발달해 간다는 것을 의미한다. 따라서 발달 단계에 맞는 적절한 자료와 방법이 제공될 때, 기대하는 학습 효과를 얻을 수 있을 것이다.

다. 콜버그의 도덕성 발달이론

하버드대학교의 도덕심리학자 콜버그(Kohlberg, 1976)는 피아제의 발달 단계이론을 더욱 세밀하게 분류하여, 아동들의 도덕성이 다음의 단계를 거쳐 발달한다고 주장하였다: ① 벌과 복종의 단계, ② 욕구 충족 수단으로서의 도덕성, ③ 대인관계의 조화를 위한 도덕성, ④ 법과 질서의 유지를 위한 도덕성, ⑤ 사회계약 정신으로서의 도덕성, ⑥ 보편적 도덕원리에 대한 확신으로서의 도덕성. 콜버그는 피아제와 마찬가지로 도덕성이 처음에는 구체적이고 권위주의적인 단계에서 시작하여, 점차 추상적이고 보편적인 원리에 의한 단계로 발달해 간다고 주장하였다. 콜버그의 이러한 주장은 1970년대에 학교의 도덕교육에 큰 영향을 미쳐, 세계 여러 나라들이 그의 이론을 바탕으로 도덕교육 교과서와 수업 방법을 수정하기도 하였다. 비록 그가 제시한 6단계가 현실적으로 맞지 않는다는 비판도 있지만, 대체적인 발달 경향에 대해서는 많은 학자들이 동의하고 있다.

2) 학습자의 집단적 차이

지금까지 우리는 수업 설계를 위한 우선적 고려사항으로 개인의 인지적 발달과 학습을, 발달 단계 이론을 중심으로 간략히 살펴보았다. 그러나 수업을 설계할 때는 학습자의 개인적 발달뿐만 아니라 집단 간의 차이도 중요한 요소로 고려해야 한다. 학습자들의 다양한 배경과 경험은 수업의 효과에 큰 영향을 미칠 수 있기 때문이다. 특히, 사회과 수업에서 반드시 고려해야 할 세 가지 주요 집단적 차이는 문화적 차이, 사회적 계층에 따른 차이, 그리고 성과 젠더에 따른 차이이다. 이러한 집단적 차이를 고려함으로써, 보다 포괄적이고 효과적인 수업 설계가 가능해지며, 모든 학생이 자신의 배경과 경험에 맞게 학습할 수 있는 기회를 제공할 수 있다.

가. 문화적 차이

학생들의 문화적 차이가 학습에 영향을 미친다는 점은 널리 인정되고 있다. 특히 급격한 사회 변화로 인해 농촌과 도시, 전통과 현대 사이의 격차가 심화되면서, 세계화와 개방화로 인해 다양한 문화가 공존하는 사회가 되어감에 따라 이러한 문화적 차이가 학습에 미치는 영향은 더욱 커지고 있다.

특히 우리나라의 경우, 결혼이주여성, 외국인 근로자, 북한이탈주민 등 다문화 가정이 증가하면서 학급 내 문화적 다양성은 더욱 풍부해졌다. 2023년 기준으로 국내 체류 외국인 수가 250만 명(전체 인구의 4.89%)을 넘어서면서, 문화적 배경이 다른 학생들과의 상호 작용은 이제 교실에서 흔히 볼 수 있는 풍경이 되었다. 이러한 상황에서 학생들의 다양한 문화적 배경을 존중하고, 이를 교육 과정에 반영하는 '문화 감응 교수(culturally responsive teaching)'의 중요성이 더욱 강조되고 있다.

미국과 같이 다양한 민족이 공존하는 국가에서는 이미 오래전부터 문화적 차이가 학습에 미치는 영향에 대한 연구가 활발하게 진행되어 왔다. 이러한 연구 결과들은 문화적 배경이 학생들의 학습 동기, 참여도, 그리고 학업 성취도에 큰 영향을 미친다는 것을 보여주고 있다. 예를 들어, 자신의 문화적 배경이 존중받는다고 느끼는 학생들은 학교생활에 더 잘 적응하고, 학업 성취도 역시 높은 경향이 있다. 우리나라 교육 현장에서도 이러한 연구 결과들을 바탕으로 학생들의 문화적 다양성을 존중하고, 이를 교육과정과 수업에 반영하기 위한 노력이 필요하다.

나. 계층에 따른 차이

직업, 수입, 교육 수준 등에 따라 구분되는 사회계층은 각기 다른 문화적 특성을 가지며, 이러한 문화적 차이는 개인의 성장과 발달, 특히 학업 성취에 상당한 영향을 미친다. 다수의 연구 결과는 사회계층 간의 문화적 차이가 학습 동기, 학습 태도, 그리고 학업 성취도에 유의미한 차이를 가져온다는 사실을 밝혀냈다. 특히 중산층의 경우, 미래지향적인 시간 관념, 적극적인 사회 참여, 높은 교육 가치관 등을 중심으로 형성된 독특한 문화적 특성을 보이며, 이러한 문화적 자산은 자녀의 교육에 긍정적인 영향을 미치는 것으로 나타났다.

이러한 사회계층 간의 문화적 차이는 국가 간에도 유사하게 나타나는 경향이 있다. 그러나 각 사회의 역사적, 문화적, 사회경제적 특성에 따라 그 양상은 다르게 나타날 수 있다. 예를 들어, 우리나라의 경우, 교육을 통한 계층 이동에 대한 강한 열망이 사회 전반에 퍼져 있어, 사회계층과 관계없이 대부분의 부모가 자녀의 교육에 높은 관심을 가지고 있다. 이는 다른 나라에서는 쉽게 찾아보기 힘든 독특한 현상이다.

사회계층이 학습과 발달에 미치는 영향에 대한 연구는 여전히 많은 부분이 밝혀지지 않은 상태이다. 그러나 기존 연구들은 사회계층 간의 문화적 차이, 교육 자원 접근성의 차이 등 다양한 요인들이 학생들의 학업 성취도와 진로 선택에 유의미한 영향을 미친다는 사실을 시사하고 있다. 따라서 사회과 수업에서 단순히 지식 전달을 넘어, 학생들의 다양한 사회경제적 배경을 고려하여 학습 내용과 방법을 설계하는 것은 중요한 과제라고 할 수 있다.

다. 성에 따른 차이

남녀 성별에 따른 학습 차이는 오랫동안 논쟁의 대상이 되어 왔으며, 최근에는 더욱 심층적인 연구가 진행되고 있다. 지능과 같은 생물학적 요인보다는 사회문화적 요인이 남녀 간 학습 차이에 더 큰 영향을 미친다는 것이 일반적인 견해이다. 즉, 가정, 학교, 사회 등 다양한 환경에서 학습하는 동안 내면화된 성 역할 고정관념, 성별에 대한 사회적 기대, 그리고 교육 과정에서의 성 편향 등이 복합적으로 작용하여 남녀 간의 학습 흥미, 성취도, 진로 선택 등에 차이를 가져온다는 것이다.

특히 학교 교육의 경우, 여성에게 제한된 역할을 기대하는 사회적 분위기, 남성 중심적인 시각으로 서술된 교과서 내용, 그리고 사회 현상에 대한 성별 고정관념 등이 학생들의 성별 인식에 영향을 미친다고 알려져 있다. 이러한 성별 차이는 모든 상황에서 일관되게 나타나는 것은 아니며, 개인의 성격, 가정 환경, 학교 교육 등 다양한 변인에 따라 달라질 수 있다. 따라서 사회과 수업에서는 이러한 성별 사회화에 대한 종합적 관점을 바탕으로 수업을 설계하는 것이 중요한 과제이다.

5. 수업지도안의 사례

교수–학습 과정안

계	연구부장	교 감	교 장

- 일　　시: 2024년 ○월 ○일 (목) 제 ○교시
- 장　　소: 3학년 2반 교실
- 대상학생: 제 3학년 2반 24명
- 지도교사: ________________(인)

○○중학교

Ⅰ. 교재 및 단원명

1. 교재 : 중학교 사회 ① (○○출판사)
2. 단원명 : XII. 사회 변동과 사회문제
   2. 현대 사회와 사회 변동
      3) 한국 사회 변동의 특징

Ⅱ. 단원 설정의 이유

이 단원에서는 사회 변동의 의미를 이해하고, 현대 한국 사회의 변동 양상을 파악한다. 특히 다양한 자료와 사례를 바탕으로 산업화, 정보화, 세계화 등의 현대 사회 변동 추세를 파악하고, 이를 바탕으로 한국 사회의 변동 과정을 고찰한다. 한국 사회의 변동 과정에서 나타난 남북 분단 및 저출산 · 고령화, 그리고 다문화적 변화 등도 함께 탐구하며 이 과정에서 나타난 여러 가지 갈등과 문제를 극복하기 위한 대응 방안을 제시한다. 학생들은 이러한 내용을 배움으로써 현대 한국 사회의 변동 과정에 능동적으로 대응하는 자세와 합리적으로 대처하는 능력과 태도를 기른다.

Ⅲ. 학습 목표

1. 지식 · 이해면

- 산업화, 정보화, 세계화와 같은 현대 사회 변동의 추세를 이해한다.
- 저출산, 고령화 사회의 문제점을 나열할 수 있다.
- 정보사회의 문제점을 설명할 수 있다.

2. 기능면

- 현대 한국 사회 변동의 특징을 자료를 통해 분석할 수 있다.
- 현대 한국 사회 변동의 부정적 측면과 긍정적 측면을 비교할 수 있다.
- 저출산 · 고령화 및 다문화적 변화에 따른 대응 방안을 제시할 수 있다.

3. 가치 · 태도면

- 현대의 사회 변동 추세에 적극적으로 대응하는 자세를 갖는다.
- 현대 한국 사회가 당면한 과제를 인식하고, 이를 극복하고자 하는 태도를 함양한다.
- 다문화 사회의 문제점을 파악하고 다양성을 존중하는 태도를 갖는다.

Ⅳ. 교육과정의 계열성

선수학습 → **본 단원 학습** → **후속학습**

선수학습
〈초등학교 사회 4-2〉
Ⅱ. 사회 변화와 문화다양성

본 단원 학습
〈중학교 사회 ①〉
XII. 사회 변동과 사회문제
2. 한국 사회 변동의 최근 경향

후속학습
〈고등학교 사회·문화〉
Ⅵ. 현대의 사회 변동
2. 세계화와 정보화
3. 저출산·고령화 및 다문화

Ⅴ. 단원의 구성

대단원	중단원명	소단원	주요 학습 내용	학습 활동	차시
XII. 사회 변동과 사회문제	1. 현대 사회와 사회 변동	1. 사회는 왜 변동할까?	• 사회 변동의 의미 • 사회 변동의 요인	• 협동학습 • 브레인스토밍 토론학습	1/9
		2. 현대 사회의 변동 모습은?	• 현대 사회 변동의 특징 • 산업화, 정보화, 세계화	• 탐구학습 • 토의·토론 학습	2/9
		3. 한국 사회 변동의 특징은?	• 한국 사회 변동 양상 • 한국 사회 변동의 과제	• 협동학습 • NIE	3/9
	2. 남북 분단 과정과 통일의 필요성	1. 남북 분단은 왜 일어났을까?	• 분단의 과정 • 분단의 현실	• 문제해결학습	4~5/9
		2. 우리 민족의 과제, 통일	• 통일의 필요성 • 분단 극복을 위한 노력	• 협동학습 • 토의·토론 학습	6/9
	3. 한국 사회 변동의 최근 경향	1. 저출산·고령화, 우리 사회의 새로운 변화	• 저출산·고령화의 문제점 • 저출산·고령화 대응 방안	• 탐구학습 • 브레인스토밍 토론학습	7/9
		2. 다문화 사회로의 변화	• 다문화 사회의 영향 • 다문화 사회의 대응	• 협동학습 • 역할놀이	8~9/9

Ⅵ. 차시별 교수-학습 계획

소단원	차시	주요 학습 주제	학습 내용	배당 시간
(1) 사회는 왜 변동할까?	1/3	• 사회 변동의 의미 • 사회 변동의 요인	〈의미〉 – 사회를 구성하는 부분들이 시간 흐름에 따라 부분적 또는 전체적으로 변화하는 현상 〈요인〉 – 과학기술의 발전, 가치관, 제도 변화, 시민운동, 문화 전파	1시간
(2) 현대 사회의 변동 모습은?	2/3	• 현대 사회 변동의 특징 • 현대 사회 변동의 측면	〈특징〉 – 산업화, 정보화, 세계화 〈측면〉 – 정치적 측면, 경제적 측면, 문화적 측면	1시간
(3) 한국 사회 변동의 특징은?	3/3	• 한국 사회 변동의 특징 • 한국 사회 변동의 당면 과제	〈변동 특징〉 – 정보화, 세계화, 저출산 · 고령화, 다문화 〈당면 과제〉 – 정보 격차, 인종 문제, 세대 간 갈등, 인권 문제 등	1시간

Ⅶ. 학생의 특성 및 교수-학습 방법

1. 학생들의 특성

남녀공학인 학교 주변의 아파트 단지는 중산층이 밀집해 거주하는 지역이다. 대부분의 학생들은 〈사회〉 과목에 대한 흥미가 낮은 편이다. 사회 성적이 90점 이상인 학생들이 약 20%에 달하지만, 사회 교과를 쉽고 친근한 과목이라고 생각하는 학생들은 드물다. 즉, 학생들이 시험 성적에서 거둔 성취에 비해 사회 과목에 대한 흥미도는 낮은 편이다. 이는 사회 수업에 배운 내용을 자신의 실생활과 잘 연결하지 못하기 때문으로 보인다. 또한, 학생들 간의 학업 성취도 편차가 큰 편이다.

2. 대상 학급의 특성

3학년 2반은 3학년 전체 8개 학급 중에서 중위권 정도의 성적을 나타내고 있다. 그러나 수업 참여도 및 수업 분위기는 상위권에 속하는 학급이다. 짝 활동이나 모둠별 활동에서 소외되는 학생이 거의 없으며, 매 시간 수업에 집중하는 태도를 보여준다. 수업 시간 중에는 적극적으로 질문하고 대답하며, 수업이 끝난 후에도 상당수의 학생들이 보충 질문을 하기 위해 교사를 찾아온다. 대부분의 학생들이 과제를 성실하게 수행하고 있다.

3. 교수-학습 방법

• 협동학습

협동학습이란 학생들이 모둠을 이루어 서로 협력하며 공동의 과제를 함께 공부하는 학습 방법이다. 협동학습은 집단 내 개별 학생의 성과가 다른 학생들에게도 도움이 되어, 서로 의지하는 관계를 형성하는 긍정적 상호작용의 원리를 바탕으로 한다. 특히 본 수업에서는 협동학습 중에서 Jigsaw 모형을 채택하여, 서로의 도움 없이는 완전한 학습이 이루어질 수 없도록 구성하였다.

Jigsaw 모형

- 학생들은 각 4명씩 원 모둠을 구성하고, 모둠 내 구성원들은 각각 전문가 집단으로 나뉘어 전문가 집단별로 주어진 주제를 학습하며, 그 후 다시 원 모둠으로 돌아와 각자 학습했던 내용을 구성원들과 공유하며 학습하게 된다.
- 이를 위하여 특별히 고안된 학습 자료, 의사소통훈련, 소집단 리더, 소집단, 전문가 집단이 필요하다.
- 보상 방법은 개별 보상을 하지 않고, Jigsaw II 모형에서처럼 집단 보상을 시행한다. 이는 집단 목표의식을 갖게 하고 모든 구성원이 집단 성공에 기여할 수 있도록 하기 위함이다.

4. 지도상의 유의점

- 수업에서 활용하는 신문 자료는 중학생의 어휘 및 독해 수준에 맞도록 내용을 재구성하거나 편집한다.
- 다양한 논조의 신문 기사들을 선정하여 학생들에게 편향된 정보를 제공하지 않도록 주의한다.
- 협동학습에서 모집단(원 모둠)과 전문가 집단으로의 이동 시 지나치게 소란스럽

지 않도록 지도한다.

- 협동학습에서 모집단 구성은 학생들의 수준과 관심사를 고려하여 적절하게 편성한다.
- 집단 내에서 상호작용이 활발하게 이루어지도록 지도하며, 주어진 시간 내에 협동학습이 완료될 수 있도록 유의한다.
- 현대 한국 사회의 변동 양상을 균형 잡힌 시각에서 바라볼 수 있도록 지도한다.

Ⅷ. 본시 교수-학습 지도안

<table>
<tr><th colspan="2">지도 일시</th><td colspan="2">2024년 9월 5일 목요일 3교시</td><th>대상</th><td>3학년 2반 24명</td><th>차시</th><td>1</td></tr>
<tr><th colspan="2">단원명</th><td colspan="6">대단원 : XⅡ. 사회 변동과 사회문제
중단원 : 1. 현대 사회와 사회 변동
소단원 : 3. 한국 사회 변동의 특징</td></tr>
<tr><th colspan="2">학습 목표</th><td colspan="6">• 한국 사회 변동의 경향을 종합적으로 이해한다.
• 한국 사회 변동의 특징을 구체적인 자료를 활용하여 설명할 수 있다.
• 한국 사회 변동 과정에서 나타난 문제를 적극적으로 해결하려는 태도를 갖는다.</td></tr>
<tr><th rowspan="2">단계</th><th rowspan="2">과정</th><th colspan="3">교수–학습 활동</th><th colspan="2" rowspan="2">학습 자료 및 유의점</th><th rowspan="2">시간</th></tr>
<tr><th>학생</th><th colspan="2">교사</th></tr>
<tr><td>도입</td><td>전시 학습 확인 및 학습 목표 제시</td><td>• 인사한다.
– 안녕하세요.
• 전시학습 상기
– 과학기술의 발전이나 가치관, 제도의 변화, 또는 문화전파 등이요.
• 동기유발: 조사 결과 자료 읽기
– ‘한국의 사회 동향 2018’ 조사 결과에요.
– 고령화 문제요.</td><td colspan="2">• 인사한다.
– 여러분, 안녕하세요?
• 전시학습 확인
– 지난 시간에 배운 내용을 잠깐 정리해 봅시다. 사회 변동의 요인은 무엇이 있었나요?
– 네, 학습한 내용을 잘 파악하고 있군요. 이번 시간에도 적극적으로 참여하여 재미있게 수업을 해봅시다.
• 동기유발: 조사 결과 자료 제시
– 오늘 우리가 배울 내용에 대해 다음 조사 결과를 보면서 유추해 볼까요?
– 무엇에 관한 조사 내용인가요?
– 여기서 우리나라가 시급하게 대응하거나 해결해야 할 사회 현안으로 무엇이 있나요?</td><td colspan="2">• ‘한국의 사회 동향 2018’ 조사 결과 자료
• 학습 목표를 미리 칠판에 판서한다.</td><td>5/5분</td></tr>
</table>

전개		• 학습 목표를 읽는다.	– 네, 맞습니다. 저출산 · 고령화 문제는 우리나라가 시급히 해결해야 할 문제입니다. – 오늘은 이러한 현대 한국 사회의 변동 경향 및 특징을 알아보고 대응 방안에 대해 공부할 거예요. 그럼 다 함께 오늘 수업의 학습 목표를 읽어볼까요? • 판서된 학습 목표를 제시한다. – 큰 소리로 다함께 학습 목표를 읽어봅시다.		
	협동 학습의 도입	• '한국 사회 변화 연구소' 활동에 대한 설명을 듣는다. – 네, 할 수 있어요. – 재미있을 것 같아요. • 각자 맡을 부서를 정하고, 이동한다.	• 신문을 활용한 협동학습(전문가 집단 학습)에 대해 설명한다. – 오늘은 우리가 '한국 사회 변화 연구소'의 연구원이 되어 보는 활동을 할 거예요. 연구소에는 총 4개의 부서가 존재하는데, 각자가 부서의 전문 연구원이 되어 신문 기사를 분석하고, 한국 사회 변동의 특징을 파악하는 연구를 수행할 거예요. 잘 할 수 있겠죠? – 이제 지금의 모둠에서 각자 맡을 부서를 정하고, 각 부서별로 나뉘어서 공부하게 될 겁니다. 각 부서명의 이름을 보면서 여러분이 맡고 싶은 주제를 선택하고 이동하세요.	• 모둠별 인원 수에 따라 전문가 집단 배정 인원을 조정한다.	5/10분
	협동 학습 ① 전문가 집단 학습	• 전문가 토의 시 유의할 점을 모둠원들끼리 상의하여 정한다. – 적어도 1회 이상 발언을 해야 돼. – 다른 사람의 의견을 경청해야 돼. • 모둠원들이 세운 규칙에 의해 전문가 집단 활동을 진행한다.	• 전문가 토의 시 유의점을 숙지하도록 한다. – 전문가 토의 시 모둠원 규칙에 의해 모둠 활동이 진행되어야 합니다. – 모둠원끼리 상의하여 규칙을 세워보도록 하세요. • 전문가 집단별로 학습하는 것을 순회하면서 돕는다. (전 차시에 과제를 부여하여 개별 선행학습이 이루어진 상태를 전제한다.)	• 모둠원 규칙에 의한 모둠 활동 유의점 제시 • NIE활동지 – 주제별 신문 기사 자료 • 전문가 활동지	12/22분

		• 전문가 집단별로 신문읽기 자료를 읽고 토의를 하며 학습지를 완성한다.	– 선생님이 나누어준 신문 기사를 읽고 각 부서별 연구원끼리 의논한 후에 학습지를 작성해 보세요. 질문이 있으면 손을 들고 말하세요 – 시간은 10분을 주도록 할게요. – 자, 이제 각자 한사람씩 '한국 사회 현대 변동의 경향'을 연구하는 연구원이 되었다고 생각하고 적극적으로 신문자료를 분석해 봅시다. **전문가 집단 1** 〈'정보화 사회의 두 얼굴' 연구 부서〉 – 정보화 사회의 특징, 정보화 사회의 장점 및 단점, 정보화 사회의 문제점 해결 방안 **전문가 집단 2** 〈'세계화의 명암' 연구 부서〉 – 세계화의 형성 과정, 특징, 장점 및 단점, 세계화의 문제점 해결 방안 **전문가 집단 3** 〈'저출산 · 고령화 시대'연구 부서〉 – 저출산 · 고령화 사회 진입과정, 특징, 저출산 · 고령화 사회 문제 해결 방안 제시 **전문가 집단 4** 〈'다문화 사회의 도래'연구 부서〉 – 다문화 사회로 진입과정, 다문화 사회의 특징, 다문화 사회의 문제점, 해결 방안 제시		
	협동 학습 ② 모집단 학습	• 모집단으로 이동한다. • 전문가 집단에서 학습한 내용을 모집단의 동료들에게 전달한다. – 우리 '세계화' 연구팀 부서에서는 세계화의 특징과 문제점은 ~ 라고	• 모집단으로 이동시킨다. – 자, 이제 10분이 지났습니다. 각 부서의 연구원들은 원래의 모둠으로 이동하도록 합니다. • 전문가 집단에서 학습한 내용을 다른 모둠원들에게 알려주도록 한다. – 이제 원래 모둠으로 돌아왔으니, 각 부서별 연구원들끼리 습득한 내용을 다른 부서	• 전문가 활동지 • 타이머	10/32분

		생각해. 그리고 이를 해결하기 위해서는 세계 각국이 조금 더 긴밀하게 협력하기 위한 기구를 만들 필요가 있어.	의 연구원들에게 이야기해 주세요. 학습지에 적힌 것을 참고하여 잘 설명하여 주세요. – 한 사람당 2분 동안 설명을 해주세요. 타이머 소리가 울리면 다른 연구원이 설명하도록 합니다. 시간상 여유가 있다면 질문을 받아 대화하듯이 진행하도록 합니다.		
	협동 학습 ③ 결과물 제작 및 발표	• 모둠별로 '○○ 사회 문제 해결 미니북'을 완성한다. • 모둠별로 발표한다.	• 모둠별로 '○○사회 문제 해결 미니북'을 완성하도록 한다. – 모둠의 다른 연구원 친구들의 문제 해결 방안을 잘 들었나요? – 전문 연구원 친구가 설명해 준 내용을 미니북에 채워 넣도록 합시다. – 미니북에 들어갈 내용은 각 사회문제가 해결되고 난 후 예상되는 이야기들을 자유롭게 작성해 보는 거예요. • 모둠별로 발표하게 한다. – 각 모둠별로 나와서 발표해 봅시다.	• '○○사회 문제 해결 미니북' • 발표 시 다른 사람의 의견을 경청하도록 유의시킨다.	10/42분
정리	형성 평가와 과제 제시	• 형성평가 문제를 푼다. • 과제를 확인한다. • 수업을 마친다.	• PPT로 형성평가를 제시하고 함께 푼다. – 그럼 오늘 우리가 배운 내용을 형성평가를 통해 확인하도록 할게요. • 과제를 제시한다. – 여러분이 오늘 배운 내용을 정리하도록 하기 위해 학습지를 나눠드리겠어요. 이 내용을 채워서 다음 시간에 제출해주세요. • 수업 마무리 및 차시 예고 – 오늘 수업은 이것으로 마치겠습니다. 다음 시간에는 남북 분단의 과정에 대해서 배우도록 할게요. 그럼 다음 시간에 만나요.	• PPT 형성평가 자료 • 총정리 학습지	3/45분

Ⅸ. 평가 계획

1. 평가 내용

- 수행평가(과제물, 필기, 수업 참여도 등 수업 과정 중 변화 및 성취를 누적적으로 평가)
- 교사 평가, 동료 평가, 자기 평가

2. 평가 기준

- 교사 평가

학생의 수업 활동 과정 평가하기

평가 요소		배점	4점	3점	2점	1점
타인 존중 및 참여도	전문가 토의에서 상대방의 의견을 경청하며 적극적으로 자신의 의견을 제시하는 정도		상대방의 의견을 구체적으로 평가하고 경청하며 자신의 의견을 적극적·논리적으로 제시하였다.	상대방의 의견을 구체적으로 평가하고 경청하였으나 의견을 논리적으로 제시하지 못했다.	상대방의 의견을 구체적으로 평가하지 못했으며 경청했지만 자신의 의견을 적극적·논리적으로 제시하지 못했다.	상대방 의견을 경청하지 않았으며 적극적으로 자신의 의견을 제시하지 않았다.
창의적 사고력	미니북을 창의적으로 만드는 정도		미니북 이야기를 재미있고 창의적으로 만들었다.	미니북을 정성스럽게 작성하였으나 창의성은 반 정도 발휘하였다.	미니북을 만들었으나 새로움이 발견되지 않게 만들었다.	미니북 이야기가 창의적이지 않아 효과가 부각되지 못했다.
문제 해결력	사회 변동의 장점과 단점을 비교분석하여 부정적인 측면에 대한 대안을 제시		사회 변동의 긍정적 측면과 부정적 측면을 파악해 바람직한 문제 해결 방향을 제시하였다.	사회 변동의 긍정적 측면과 부정적 측면을 파악했으나 바람직한 문제 해결 방향을 제시하지 못했다.	사회 변동의 긍정적 측면과 부정적 측면을 파악하지 못하고 바람직한 문제 해결 방향을 제시하지 못했다.	사회 변동의 긍정적 측면과 부정적 측면을 파악하지 못하고 활동에 전혀 참여하지 않았다.
의사 소통 능력	자신의 생각을 모둠이나 청중 앞에서 적절하게 전달하는 정도		자신의 생각을 모둠 앞에서 체계적으로 설득력 있게 잘 전달하였다.	자신의 생각을 모둠 앞에서 열심히 전달하였으나 설득력이 부족하였다.	자신의 생각을 모둠 앞에서 잘 전달하지 못했다.	자신의 생각을 모둠 앞에서 제대로 전달하지 못하고 무관심했다.

협업 능력	전문가 활동을 적절하게 수행하는 정도		미니북 만들기 활동에 참여하여 다양한 의견을 제시하였다.	미니북 만들기 활동에 참여하여 몇 개 의견을 제시하였다.	미니북 만들기 활동에 소극적으로 참여하여 자신의 의견을 제시하지 못한 채 친구의 의견을 듣기만 했다.	미니북 만들기 활동에 무관심하여 의견을 제시하지 못하고 딴짓을 했다.
평가 점수 합계						
피드백을 위한 교사 관찰 평가 내용						
특징 관찰 기록						

- 동료평가

(5. 매우 그렇다 4. 대체로 그렇다 3. 그렇다 2. 별로 그렇지 않다 1. 전혀 그렇지 않다)

평가 영역	항목	점 수
협동정도	우리 모둠 친구들은 모둠원 역할을 잘 수행했는가?	
	전문가 토의에서 자신이 배워온 내용을 잘 설명했는가?	
아이디어 제시정도	신문자료 분석에 적극적으로 참여했는가?	
	미니북 만들기에 다양한 의견을 제시했는가?	
문제해결력 및 비판적 사고력	사회문제의 긍정·부정적인 측면을 분석하여 문제 해결 방안을 제시했는가?	
모둠 토의 활동	모둠 내 토의 과정에 적극적으로 참여하였는가?	
	모둠원의 의견을 적극적으로 경청하고 이를 학습지에 정리하였는가?	

- 자기 평가

수업 과정에서 새롭게 알게 된 점 및 느낀 점	
새로 알게 된 점	
느낀 점	

X. 교수-학습 자료

<table>
<tr><th>자료명</th><th colspan="2">내용</th><th>기대되는 효과</th></tr>
<tr><td>조사 결과</td><td colspan="2">통계청이 작성한 “한국의 사회 동향 2018” 조사 결과 자료</td><td>흥미 유발</td></tr>
<tr><td rowspan="4">신문 자료</td><td>다문화사회</td><td>①‘함께하는 다문화! 희망찬 대한민국!’ ‘2016 다문화 평화 축제’ 개최
[세계일보, 2016-09-10]
② “야, 쟤 ‘○○’이래” …탈북자 · 이주민 40% ‘차별 설움’
[세계일보, 2017-07-12]</td><td rowspan="4">비판적 사고력
정보활용능력
의사소통능력
자기주도적 학습</td></tr>
<tr><td>정보화 사회</td><td>① 정보화 사회의 명암, 스마트 정보격차
[M이코노미뉴스, 2017-01-27]
② 인제군 정보화 마을 수상 잇따라
[뉴시스, 2017-06-21]</td></tr>
<tr><td>세계화</td><td>① 불평등 심화로 거세지는 反세계화 열풍…한국도 예외 아니다
[헤럴드경제, 2016-08-28]
② 세계화, 영웅인가 악당인가
[중앙선데이, 2017-06-11]</td></tr>
<tr><td>저출산 · 고령화 사회</td><td>① 저출산 고령화 늪에 빠진 노령 한국
[세계일보, 2017-04-15]
② 고령화 · 저출산…농림수산 · 보건복지 산업엔 긍정 효과 기대
[연합뉴스, 2017-06-11]</td></tr>
<tr><td rowspan="3">학습지</td><td colspan="2">전문가 활동지- 주제별</td><td rowspan="3">학습 내용 정리</td></tr>
<tr><td colspan="2">NIE 학습지</td></tr>
<tr><td colspan="2">총정리 학습지</td></tr>
<tr><td>미니북</td><td colspan="2">‘○○사회 문제 해결 미니북’</td><td>창의적 사고, 문제해결력, 메타 인지</td></tr>
<tr><td>PPT</td><td colspan="2">형성평가</td><td>문제해결력, 적용력</td></tr>
</table>

전문가 활동지

〈한국 사회 변화 연구소〉	
부서 1 '정보화' 연구 팀	**부서 2 '세계화' 연구 팀**
1. 현대사회의 정보화, 즉 정보사회의 형성 과정은?	1. 현대사회의 전지구적 변화, 즉 세계화의 형성 과정은?
2. 정보사회의 특징은 무엇인가?	2. 세계화의 특징은 무엇인가?
3. 정보사회의 문제점은 무엇인가?	3. 세계화의 문제점은 무엇인가?
4. 이러한 정보사회의 문제점을 해결하는 방안은 무엇인가?	4. 이러한 세계화의 문제점을 해결하는 방안은 무엇인가?
부서 3 '저출산 · 고령화' 연구 팀	**부서 4 '다문화' 연구 팀**
1. 저출산 · 고령화 사회로의 진입 과정은?	1. 우리 사회의 다문화적 변화 과정은?
2. 저출산 · 고령화 사회의 특징은 무엇인가?	2. 다인종 · 다민족(다문화) 사회의 특징은 무엇인가?
3. 저출산 · 고령화 사회의 문제점은 무엇인가?	3. 다문화사회의 문제점은 무엇인가?
4. 이러한 저출산 · 고령화 사회의 문제점을 해결하는 방안은 무엇인가?	4. 이러한 다문화사회의 문제점을 해결하는 방안은 무엇인가?

전문가 집단 4 활동지 예시 자료

학습 자료 다문화사회를 다양하게 보도한 기사를 살펴볼까요?

신문 A	신문 B
함께하는 다문화! 희망찬 대한민국! '2016 다문화 OO 축제' 개최	"야, 쟤 XX이래"…탈북자 · 이주민 40% '차별 설움'
한국다문화OO연합은 10일 오전 서울 여의도 문화의 마당에서 '2016 다문화 평화 축제'를 개최했다. '함께하는 다문화! 희망찬 대한민국!'이라는 주제로 열린 이번 행사는 다문화에 대한 인식 개선과 다문화 가정의 선도적 활동을 알리기 위해 마련됐다. …(중략)… 유ㅁㅁ 한국다문화○○연합 회장은 "대한민국에서 국민으로서 국방의 의무를 다하는 다문화가정의 자녀들과 전문분야에서 두각을 나타내는 자녀들이 많이 늘어나고 있다"며 "이제 다문화가정은 한국 사회를 풍요롭게 만드는 하나의 든든한 축"이라고 말했다. 이어 "글로벌 시대에 다문화인과 다문화가정은 국제적 소통과 교류의 중요한 역할을 수행하게 될 것"이라며 "특히 출산율 저하로 인한 인구 절벽이 우려되는 한국 사회는 보다 폭넓게 문화적 다양성을 인정하고 가치를 존중하며, 누구라도 더불어 살아갈 수 있는 공생 · 공영 · 공의를 기반으로 다문화 사회 공동체 의식의 토대를 만들어가야 한다"고 강조했다. '◇◇일보' 2016-09-10	다문화 대안학교인 서울△△고에 다니는 C모양은 3년여 전 중학교 때 겪은 일을 아직도 잊지 못한다. 학교 도서관에서 이어폰을 끼고 책을 보는데, 친구 2명이 "야, 쟤 '짱깨'래. 그런데 중국사람이 왜 우리나라에 와서 살아. 그러잖아도 부족한 도서관 자리인데"라고 수군대는 소리를 들었다. C양은 "너무 슬프고 화가 났지만 한국말을 잘 못해 못 들은 척해야 했다"고 당시 심정을 털어놨다. 외국 출신 한국인 171만 명, 다문화학생 10만 명, 북한이탈주민 3만 명 시대다. 그러나 이들을 바라보는 시선은 여전히 따갑다. 다문화 · 이주민과 북한이탈주민 10명 중 4명가량은 차별을 받은 적이 있는 것으로 조사됐다. '◇◇일보' 2017-07-14

1. 〈다문화사회의 모습!〉 신문 기사를 본 후 기사 내용이 무엇인지 핵심을 간략히 적어봅시다.

신문 A의 내용		신문 B의 내용	

2. 〈다문화사회의 모습!〉 신문 기사를 본 후 다문화사회의 장점과 단점을 적어봅시다.

장점		단점	

3. 〈다문화사회의 모습!〉 신문 기사를 본 후 다문화사회에서 발생할 수 있는 문제와 이에 대한 해결 방안을 적어봅시다.

다문화사회에서 발생할 수 있는 문제	
다문화사회 문제 해결 방안	

미니북 만들기

- **미니북 만들기 순서**
  ① 각 그림별 제목을 적습니다.
  ② 각 그림을 오려서 미니북에 붙입니다.
  ③ 각 사회문제가 해결됐을 때 우리 사회가 어떻게 될지 이야기를 만들어 봅니다.

________	________	________	________
			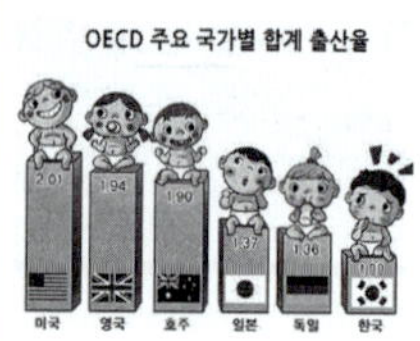
• 문제점: • 문제 해결 후 사회 모습 이야기	• 문제점: • 문제 해결 후 사회 모습 이야기	• 문제점: • 문제 해결 후 사회 모습 이야기	• 문제점: • 문제 해결 후 사회 모습 이야기

연구보고

쉐리 키쓰(Sherry Keith)는 미국 교과서의 내용에 큰 영향을 미치는 요인으로 교과서 출판업계의 경영 관행, 주와 교육구의 교과서 채택 기준, 그리고 교과서 내용을 모니터하는 각종 단체들을 거론하였다. 그녀의 연구에 따르면 교과서 저자나 교사의 관심사, 학생들의 특징 및 관심 등은 중요한 요인에 속하지 않았다.

교과서 시장은 규모가 크고 안정적인 수요와 이윤이 보장되기 때문에 대기업들이 진출해 있다. 특히 규모가 큰 시장의 교육적 선호와 이에 부합하려는 출판사의 경제적 선호가 상호 작용하면서 교과서의 내용이 결정된다. 출판업계의 일차적 관심은 가능한 많은 교과서를 판매하는 것이므로 내용 집필 단계에서 논쟁적인 내용 요소들은 배제하려는 경향이 강하다.

미국의 50개 주 중에서 개별 교육구별로 교과서를 채택하는 주는 28개이고, 주단위로 교과서를 채택하는 주는 22개이다. 그러나 개별 교육구(school district)는 단위가 작은 시장이므로 출판사에 큰 영향을 미치지 못하며, 학생 수가 많은 주는 전국 교과서 시장에 영향을 미칠 수 있으므로 교과서 회사는 규모가 큰 주의 교육과정 문서를 참고하여 집필 방향을 결정한다. 각종 단체들은 교과서 내용을 모니터하고 자신들이 지지하거나 반대하는 내용을 교과서에 반영하거나 배제하기 위한 압력을 행사한다.

Keith는 내용 선정에 직접적인 결정권을 지닌 주(州)나 교육구가 보다 책임 있는 자세를 가져야 한다고 주장한다. 교과서 내용 결정 요인에 대한 관심은 궁극적으로 교육의 질에 대한 관심이므로 주나 교육구는 충분한 검토 시간, 탁월한 전문성을 갖추기 위한 노력을 기울여야 한다는 것이다.

* 우리나라 교과서 제도는 어떤 방향으로 나아가야 하는지 토론해 봅시다.

자료: Keith, Sherry(1991). The determinants of textbook content. In Altbach, Philip G., Gail P. Kelly, Hugh G. Petrie, & Lois Weis. (Eds.), *Textbooks in American society* (43-60). Albany, NY: State University of New York Press.

주요개념

수업 설계, 수업 자료, 수업지도안, 교과서, 수업 설계 모형, 인지발달이론, 도덕성 발달이론, 피아제, 브루너, 콜버그

Chapter 04

사회과의 수업 설계
연습문제

01. 수업 설계 시 고려해야 하는 기본 요소들을 열거하시오.

02. 교과서 제작 · 발행 제도인 국정, 검인정, 자유발행제의 차이점을 비교하시오.

03. 가네와 브릭스의 수업 설계 모형을 설명하시오.

04. 효과적인 수업의 요소를 나열하시오.

05. 효과적인 수업 설계를 위한 교사의 능력을 설명하시오.

06. 학습자의 집단적 차이를 고려해야 하는 이유를 제시하시오.

07. 피아제의 인지발달이론, 브루너의 인지발달이론, 콜버그의 도덕성 발달이론을 비교하시오.

08. 중학교 사회 교과서의 단원 하나를 선택하여 구체적인 수업지도안을 작성해 보시오.

참고문헌

Borich, G. D.(2011). *Effective Teaching Methods: Research-Based Practice*(7th edition). Pearson. 박승배 외(역). 효과적인 교수법(7판). 아카데미프레스.

Bruner, J. S.(1973). *Beyond the information given*. New York: Norton.

Gagne, R. M. & Briggs, L.(1979). *Principles of instructional design*. New York: Holt, Rinehart, and Winston.

Hunter, M.(1984). Knowing, teaching and supervising. In P. Hosford (Ed.), *Using what we know about teaching*. Alexandria, VA: Association for Supervision and Curriculum Development.

Keith, S.(1991). The determinants of textbook content. In P.G. Altbach, G.P. Kelly, H.G. Petrie, & L. Weis(Ed.) *Textbooks in American society*. Albany: State University of New York Press. pp. 43-60.

Kohlberg, L.(1976). The cognitive-developmental approach to moral education. In P.H. Martorella(Ed.), *Social studies strategies: Theory into practice*. New York: Harper & Row.

National Geographic Society(1988). *Teaching geography: A model for action*. Washington, D.C.: National Geographic Society.

사회과의 수업모형과 교수기법

Chapter
05

1. 수업모형의 의미와 유형
2. 사회과의 다양한 수업모형
3. 사회과의 다양한 교수기법

효과적인 교수-학습을 위해 교사는 다양한 수업 모형을 활용한다. 교사들은 체계적으로 조직된 수업 모형을 참고하여 수업의 목적과 대상에 맞게 수업을 설계하고 실행한다. 효과적인 사회과 수업을 위해서는 수업모형(instructional model)뿐만 아니라 다양한 교수 기법(teaching technique)을 활용하는 것도 중요하다. 수업 모형이 기본적인 틀을 제공한다면, 교수 기법은 그 틀 안에서 학습을 촉진하기 위해 교사와 학생이 상호작용하는 구체적인 전략이나 접근 방식이다. 이 장에서는 사회과의 다양한 수업 모형과 교수 기법에 대해 살펴보겠다.

1. 수업모형의 의미와 유형

1) 수업모형의 의미

수업은 교사가 학생들을 지도하기 위해 가르치는 교수-학습 과정이라고 할 수 있다. 교사는 자신의 전문적인 판단에 따라 수업을 진행하지만, 전문가들이 연구를 통해 개발한 일정한 틀을 참고하여 자신의 수업을 보다 체계적으로 설계할 수 있다. 이처럼 수업을 진행하는 데 기준이 되는 이러한 틀을 수업모형(instructional model)이라고 한다. 수업모형은 주로 교육학적 또는 심리학적 이론을 바탕으로 하여 수업의 목표, 수업 자료, 진행 방법, 평가 방법 등을 제시하며, 수업을 효율적으로 실행하는 것을 목표로 한다.

수많은 수업을 일정한 기준으로 분류하는 것은 매우 어려운 일이다. 이는 수업이 일종의 창작 행위이며, 교사마다 다양한 형태로 수업을 진행하기 때문이다. 이러한 이유로 수업모형을 따로 다루기보다는 구체적인 내용이나 방법과 관련하여 언급하는 경우가 많다. 그러나 수업모형에 대한 전반적인 고찰은 교사들이 수업의 방향과 방법을 이해하는 데 큰 도움을 줄 수 있다. 따라서 여기에서 소개하는 수업모형은 엄격한 과학적 인과관계에 의해 성립된 모형이라기보다는 수업을 진행하는 하나의 틀로 이해하는 것이 바람직하다.

2) 수업모형의 분류

가. Joyce, Weil & Calhoun의 수업모형 분류

조이스, 와일, 캘훈은 수업을 목표와 특징에 따라 다음과 같은 방법으로 분류하고 있다(Joyce, Weil & Calhoun, 2009: 24-35). 이러한 분류법은 수업이 가지고 있는 특징을 쉽게 이해하고, 최근 강조되고 있는 수업의 원리를 파악하는 데 도움을 준다. 이들의 수업모형 분류는 사회과교육에 많은 시사점을 주지만, 사회과 수업을 직접적인 대상으로 하고 있지는 않다. 또한 이들이 분류한 수업모형 중 일부는 사회과교육에서 직접 활용하기에는 그 의미와 내용이 명확하지 않은 측면도 있다.

① **정보처리모형**: 개념학습, 탐구학습, 선행조직자모형 등
② **사회적 모형**: 집단학습, 법리모형, 역할놀이, 사회과학 탐구모형 등
③ **개인적 모형**: 비지시적 교수모형, 인지강화모형 등
④ **행동주의 모형**: 완전학습, 지시적 교수모형, 모의학습 등

나. 귀납적 모형과 연역적 모형

오늘날 수업의 가장 중요한 요소 중 하나는 학생이 스스로 학습하는지, 아니면 교사의 설명에 따라 학습하는지에 관한 것이다. 그것은 곧 내용 중심이냐, 사고 과정 중심이냐의 문제로 이어지며, 결국 귀납적 수업과 연역적 수업의 문제로 귀결된다. 귀납적 수업은 구체적인 관찰을 통해 일반적인 원리를 발견하려는 수업이며, 연역적 수업은 일반적인 명제를 바탕으로 구체적인 사실을 학습하려는 수업이다. 이러한 기준에 따라 수업모형을 분류할 때의 장점은 학생과 교사의 역할을 쉽게 이해할 수 있다는 점이다. 아래 표는 사회과에서 주로 사용되는 귀납적 모형과 연역적 모형의 특징을 나타낸다(Mahood et al., 1991: 82-115).

〈표 5-1〉 **귀납적 모형과 연역적 모형의 특징 비교**

연역적 모형	귀납적 모형
• 강한 내용 지향성 • 높은 수준의 구조화 • 단위 시간당 효율성 높음 • 부수적 학습 기회가 적음	• 사고 기능과 정의적 목표 강조 • 비구조화 • 단위 시간당 효율성 낮음 • 부수적 학습 기회가 많음

① **귀납적 모형**: 개념형성모형, 개념획득모형, 탐구학습 등

② **연역적 모형**: 선행조직자모형, 지시적 교수, 완전학습 등

③ **기타 모형**: 집단탐구모형, 문제해결모형, 모의학습, 역할놀이 등

2. 사회과의 다양한 수업모형

사회과의 수업 내용이 지식을 중심으로 하는 인지적(認知的) 내용이냐, 아니면 태도나 가치관, 정서 등 정의적(情意的) 내용이냐, 또는 이들을 모두 합한 종합적(綜合的)인 것이냐에 따라 인지적 수업모형, 정의적 수업모형, 종합모형 등으로 나눌 수 있다. 이러한 구분은 매우 중요한 의미를 지닌다. 이는 지식을 학습할 때와 가치관이나 태도 등 정의적인 내용을 학습할 때의 학습 방법이 매우 다르기 때문이다.

지금까지 우리나라에서는 인지적 내용을 지나치게 강조하여 정의적 수업을 소홀히 해 온 것이 사실이다. 이러한 문제에 대한 반성으로 최근 정의적 학습에 대한 논의가 활발히 이루어지고 있으며, 교육 현장에서의 실천이 요구되고 있다. 특히 최근에 큰 관심을 끌고 있는 의사결정 모형, 논쟁문제 수업모형, 협동학습 모형 등은 사회과학적 탐구수업과 정의적 가치탐구 수업을 종합적으로 구성하고 있다. 따라서 인지적 모형과 정의적 모형의 구분은 의사결정 모형이나 논쟁문제 수업을 올바르게 이해하기 위해 필수적이라고 할 수 있다. 이러한 필요성에 따라, 사회과에서 최근 중요하게 사용되는 수업모형을 보다 구체적으로 살펴보도록 하자.

① **인지적 수업모형**: 개념학습, 탐구학습, 일반화학습 등
② **정의적 수업모형**: 가치명료화 모형, 가치추론 모형, 가치분석 모형 등
③ **종합모형**: 의사결정 모형, 논쟁문제 수업모형, 협동학습 모형 등

1) 인지적 수업모형

인지적 수업모형은 사실 학습, 개념학습, 일반화 학습, 탐구 학습 등이 포함된다. 이들은 일종의 정보처리 모형이라고 할 수 있다. 개념학습과 일반화 학습 등 인지적 수업모형에 대해서는 제6장 '사실, 개념, 일반화의 학습'에서 자세히 다루므로, 여기서는 개략적으로만 언급하고자 한다.

가. 개념학습 모형

개념이란 학습자가 관찰한 것을 일정한 기준에 따라 비슷한 것끼리 묶어 이름을 붙인 추상적인 언어 표현이다. 개념은 그 개념을 구성하는 특징인 속성(attribute)이나 원형(prototype)을 추출하여 구성되며, 이러한 속성이나 원형에 해당하는 예(example)가 있어야 의미를 가질 수 있다. 또한 이러한 인간의 인지 작용은 사회적 상황과 역사적·문화적 차이의 영향을 많이 받는다. 즉, 개념의 속성(또는 원형)과 예, 사회적 상황은 개념학습의 중요한 요소이다. 개념학습에 관한 자세한 내용은 제6장에서 다루기로 한다.

나. 탐구학습 모형

브루너의 『교육의 과정』(*The Process of Education*)이 출판되면서 학문중심 교육과정이 전파된 이후, 탐구학습 모형은 수업모형의 대명사처럼 유행하게 되었다. 탐구학습은 사회과학탐구(social science inquiry), 사회탐구(social inquiry), 과학적 방법(scientific method) 등 다양한 명칭으로 불린다. 원래 과학적 방법이나 사회과학적 방법은 자연현상이나 사회현상에서 경험적 자료를 사용해 보편적인 법칙을 발견하기 위한 연구방법을 의미하지만, 사회과교육에서는 이러한 의미 이외에 자기 주장을 경험적 자료

로 증명하거나, 특정 사회문제에 대한 문제 해결을 위한 학습 방법으로도 이해할 수 있다.

탐구학습 모형의 절차는 다음과 같다. 제기된 문제를 해결할 수 있는 가설을 설정하고, 관련 자료를 수집 및 분석한다. 가설 설정은 경험적으로 분석 가능한 형태로 서술되어야 하며, 자료 수집과 분석은 엄격한 절차에 따라 진행되어야 한다. 주로 수량적 분석을 사용하지만, 면접, 참여 관찰 등 질적인 분석도 최근에는 많이 활용하고 있다. 자료를 수집할 때는 1차적 자료와 2차적 자료의 구분, 자료의 신뢰성과 타당성을 고려하여 정확하고 신중해야 한다. 자료 분석이 끝나면 가설 검증 결과에 따라 결론을 내린다. 탐구 학습의 수업모형 단계는 문제 제기 - 가설 설정 - 자료 수집 - 자료 분석 - 결론의 5단계로 요약할 수 있으며, 이를 좀 더 구체적으로 서술하면 다음과 같다.

① 문제 제기
② 가설 설정
③ 용어의 정의 및 개념화
④ 자료 수집
⑤ 자료 분석
⑥ 가설 검증 및 일반화, 이론 도출
⑦ 새로운 탐구의 시작

〈표 5-2〉 **탐구학습 모형(예: 우리나라의 출산율이 낮은 이유에 대한 탐구)**

문제 제기	• 우리나라 출산율은 세계 최하위권, 이로 인해 생산가능인구 감소와 경제성장률 저하가 예상된다. 이를 해결하기 위해서는 먼저 그 원인을 파악해야 한다.
가설 설정	• 우리나라의 출산율이 낮은 이유는 자녀 양육에 대한 부담 때문이다. • 우리나라의 출산율이 낮은 이유는 여성의 경제활동 참가율 증가 때문이다. • …
용어 정의	• 합계출산율이란 가임 여성 1명이 평생 낳을 것으로 예상되는 평균 출생아 수를 나타낸 지표이다. • 양육부담이란… • 경제활동 참가율이란…

자료 수집	• 지난 20년간 출산율 변화 • 지난 20년간 여성의 경제활동 참가율 변화 • 출산율 저하에 대한 여론조사 결과
자료 분석	• 지난 20년간 출산율은 지속적으로 하락하고 있다. • 지난 20년간 여성의 경제활동 참가율은 꾸준히 증가하고 있다.
가설 검증 및 일반화	• 가설1을 기각한다. 왜냐하면… • …하므로 가설2를 채택한다.
새로운 탐구의 시작	• 직종에 따른 여성 경제활동 참가율, 연령대별 여성 경제활동 참가율과 출산율의 관계에 대한 추가 탐구를 시작한다.

2) 정의적 수업모형

정의적 수업은 태도와 가치를 학습하는 수업이다. 지금까지 우리나라에서는 인지적 수업에 치중하여 이 부분의 학습이 제대로 이루어지지 못한 것이 사실이다. 바람직한 시민의 자질 형성이나 인격 형성을 위해서는 가치와 태도의 학습이 필수적이므로, 정의적 수업에 대한 관심과 요구가 증가하고 있다. 정의적 수업모형에 대해서는 제9장 가치 교육에 관한 장에서 자세히 다룰 예정이므로, 여기서는 간략하게 수업 모형만을 소개한다. 강의, 가치명료화, 가치추론, 가치분석 등의 모형이 있으며, 강의는 가치교육에 있어 주입과 교화의 위험성과 함께 비효과적이라는 비판을 받는다.

가치명료화 모형(value clarification approach)은 특정 가치를 주입하려는 것이 아니라, 학생들이 가지고 있는 가치를 명확히 하여 자신이 선택한 가치를 소중히 여기게 하고, 그 가치에 일관되게 행동하는 것을 중요시하는 가치교육의 한 방법이다(Rath et al., 1978). 가치명료화 모형은 최초의 체계적인 가치교육 수업모형으로, 개인의 자유와 가치관을 존중하는 미국적 풍토에도 맞아 1970년대 미국의 교육 현장에서 교사들의 관심을 받은 대표적인 가치교육 수업모형이었다. 그러나 1990년대에 들어와서 개인의 자유를 지나치게 중시하고 교사의 역할을 지나치게 소극적으로 설정한다는 비판이 제기되었으며, 이에 따라 최근에는 가치추론 모형이나 가치분석 모형이 함께 사용되고 있다. 이에 관한 자세한 내용은 제9장에서 다루기로 한다.

3) 종합모형

종합모형으로 구분되는 의사결정 모형이나 논쟁문제 수업모형은 최근에 강조되는 수업모형으로, 사실상 인지적 내용과 가치 관련 내용을 모두 학습한 후 제기된 문제에 대하여 결정을 내리는 모형이다. 이러한 특성 때문에 이들 수업모형을 인지적 또는 정의적 수업모형의 어느 하나로 분류하기보다는, 종합모형으로 분류하는 것이 타당하다.

가. 의사결정 모형

의사결정 능력의 함양은 오늘날 가장 중요한 사회과교육의 목표로 떠오르고 있다. 우리가 살고 있는 사회는 급속하게 변하고 있으며, 이 과정에서 개인은 무수한 의사결정 상황에 직면하게 된다. 개인적 차원에서 진학, 취직, 결혼 등 인생의 중요 문제 중 어느 것 하나 의사결정이 아닌 것이 없으며, 민주주의 사회에서는 정책 선택 및 정책 결정에 국민이 직접 참여하기 때문에, 의사결정 능력의 함양은 개인적으로뿐만 아니라 사회적으로도 중요한 과제로 요구되고 있다.

기존 사회과 수업의 의사결정 모형들은 모두 사회과학적 탐구 과정과 가치탐구 과정을 포함하고 있다. 의사결정을 하기 위해서는 사실을 인식하기 위한 지식이나 정보가 필요하기 때문에, 이 부분에 있어 사회과학 탐구가 요구된다. 또한 의사결정에는 반드시 선택해야 할 가치가 개입되므로, 이 문제를 해결하기 위해 가치탐구의 과정이 필요하다. 의사결정은 결국 이러한 두 가지 상이한 성격의 과정을 거쳐 최종적으로 이루어진다고 할 수 있다.

뱅크스(Banks), 울레버와 스코트(Woolever & Scott) 등의 모형을 참고하여 의사결정을 위한 수업모형의 단계를 요약해 보면 다음과 같다. [그림 5-1]은 이 과정을 도식화한 것이다.

① 문제 제기

② 지식과 가치문제의 확인

③ 사회탐구에 의한 지식 획득

④ 가치탐구에 의한 가치분석

⑤ 대안 탐색과 결과 예측

⑥ 선택 및 결론

⑦ 행동

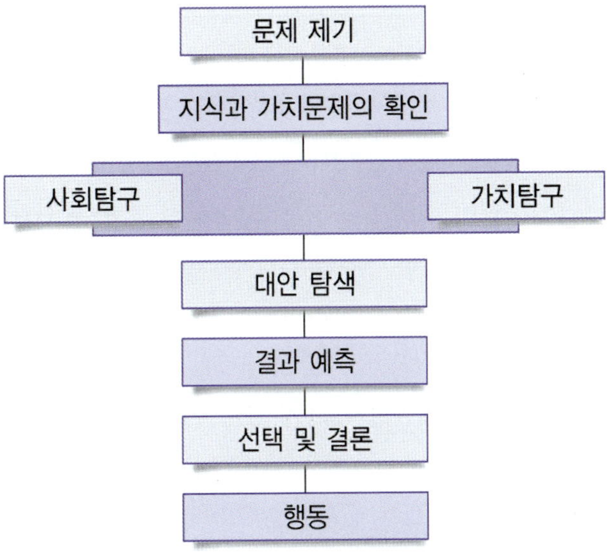

[그림 5-1] **의사결정 모형**

〈표 5-3〉 **교수-학습 지도안 예시**

성취기준	[9사(일사)12-02] 오늘날의 주요한 사회문제를 조사하고, 이러한 사회문제가 우리 생활에 미치는 영향에 대해 토의한다. [9사(지리)12-03] 더 나은 지역을 만들어 가는 사람들의 노력을 국내외 사례를 통해 살펴보고, 자신이 사는 지역의 문제를 해결하기 위한 방안을 모색하고 이를 실천한다.
주제	세계화로 인해 다국적 기업이 확대되면서 나타나는 지역 불평등의 원인을 탐구하고 대안을 모색한다.
교과 역량	□ 창의적 사고력 ■ 비판적 사고력 ■ 문제해결력 및 의사결정력 ■ 의사소통 및 협업 능력 ■ 정보 활용 능력

단계	교수–학습 활동
문제 제기	• 세계화로 인한 다국적 기업의 진출 현황 살펴보기 • 다국적 기업 진출로 일자리를 얻은 지역의 변화 살펴보기 • 지역 불평등 현상 살펴보기 • 다국적 기업 철수 후 지역의 변화 살펴보기
지식과 가치문제의 확인	• 지식의 문제 : 다국적 기업의 공간적 분업 체계는 지역 간 불평등을 심화시키는가? • 가치의 문제 : 세계화 현상으로 인한 지역 간 불평등을 완화해야 하나?
사회탐구에 의한 지식 획득	• 문제 제기 : 다국적 기업과 지역 간 불평등 • 가설 설정 : 다국적 기업의 공간적 분업 체계는 지역 간 불평등을 심화시킨다. • 용어의 정의 및 개념화 • 자료 수집 : 문헌 연구를 통해 다국적 기업 진출 이전과 이후, 지역 간 불평등 격차 조사 • 자료 분석 : 각종 통계자료와 관련 문헌 조사 결과를 분석 • 가설검증
가치탐구에 의한 가치분석	• 문제의 제기 • 가치문제 및 가치 갈등의 확인 지역 간 불평등은 완화되어야 한다. ⬇ 필요에 따른 부의 분배 vs. 지역 간 불평등은 보편적이고 자연스러운 현상이다. ⬇ 능력에 따른 부의 분배
대안 탐색과 결과 예측	• 대안 탐색 ① 지역의 빈곤과 불평등 문제를 완화하는 노력 : 국제사회의 노력 알아보기, 민간의 노력, 시민단체 ② 개인의 노력 : 공정무역 제품 사용하기, 비정부기구를 통해 불평등 감시하기 • 대안의 검토와 결과 예측 ① 세계화, 다국적 기업 거부 ➜ 국제사회에서 고립 ② 국제(비정부)기구에 의한 구호 ➜ 스스로 경제성장의 기회 상실 ③ 소비자로서 공정무역 실천 ➜ 저개발국 생산자 이익 증가
선택 및 결론	모둠별 대안 선택 및 결론
행동	선택한 결론에 따른 행동(실천) • 국제(비정부)기구 가입 및 활동 알아보기 • 공정무역제품 직접 소비, 실천하기 등
정리 및 발표	• 활동 정리 및 발표 • 보고서 작성 • 모둠 상호평가 및 자기성찰 평가

나. 논쟁문제 수업모형

논쟁문제 수업모형(controversial issues teaching model)은 사회적으로 찬반 의견이 나뉘고, 여러 대안 중 하나를 선택해야 하는 논쟁적인 공공문제(controversial public issues)에서 특정 입장을 합리적으로 선택하고, 그 선택을 옹호할 수 있는 능력을 기르는 교수 방법 중 하나이다. 논쟁문제에는 사실과 관련된 인지적 내용과 가치 선택과 관련된 정의적 내용이 모두 포함되어 있기 때문에, 논쟁문제 수업모형은 종합모형이라고 볼 수 있다. 논쟁문제 수업에서 이루어지는 선택도 일종의 의사결정이라고 할 수 있다. 그러나 논쟁문제 수업은 의사결정 중에서도 특히 사회문제, 찬반이 대립되는 문제, 지속적으로 논의되어 온 심각한 문제에 대해 다룬다. 이에 관한 자세한 내용은 제10장에서 다루기로 한다.

다. 협동학습 모형

학습 결과에 대한 보상이나 경쟁, 학생 수의 조직 면에서 수업모형을 분류해 보면, ① 개인 경쟁이 있는 개별학습, ② 경쟁이 없는 개별학습, ③ 집단적으로 보상을 제공하여 서로 협동하게 하는 협동학습 등 세 가지로 나눌 수 있다. 학업성적과 태도 및 가치관 형성에 있어서 협동학습 모형은 전통적인 개별학습 모형이나 경쟁학습 모형보다 더 효과적이라는 것이 밝혀지면서, 최근에 사회과에서 큰 관심을 불러일으켰다. 협동학습은 의사결정 학습처럼 명백하게 사회탐구와 가치분석의 과정을 거치지는 않지만, 지식 습득 같은 인지적 목표와 협동심, 관용성 함양 같은 정의적 목표를 종합적으로 달성할 수 있는 수업이라는 측면에서 종합모형으로 분류할 수 있다. 협동학습의 유형은 집단 구성 및 보상 체계 등에 따라 매우 다양하게 발전되어 왔다.

① 학생 집단 성취 모형(STAD)

협동 학습의 가장 간단한 유형 중 하나는 슬라빈(Slavin)의 학생 집단 학습 모형(Student Team Learning: STL)(Slavin, 1978)이다. 이 모형은 4~5명으로 구성된 소집단에 하나의 학습 과제를 부여하여, 그들이 각자 역할을 나누어 학습한 후 결과를 종합하여 학급에 보고하도록 한다. 보고 결과에 따라 집단 전체에 보상을 줄 수 있다. 각 학생은 형성 평가를 치르며, 이를 통해 각자는 자신의 책임을 다하게 되고, 자신의 점수를 과거와 비교하여 성공의 기회를 경험하게 된다. 또한 집단적 경쟁과 보상의 기회도 제공된다. 슬라빈의 STL 중에서 학업 성취를 중심으로 한 학생 집단 성취 모형(Student Team Achievement Division: STAD)은 소집단 구성원들이 서로의 학습에 대해 책임을 지고, 학습 목표를 함께 달성함으로써 소집단 보상을 강조하는 것이 특징이다. 이 모형은 절차가 비교적 간단하며, 학업 성취도 측면에서 전통적인 학습 방식보다 우수하다는 국내 연구 결과가 보고되었다(정문성, 1994).

② 직소모형

1970년대 텍사스주 오스틴 시의 인종 통합 학교들에서 인종 갈등이 심화되었다. 당시 오스틴의 교육감이었던 엘리엇 아론슨(Elliot Aronson)은 이러한 문제를 해결하고자 다양한 인종과 민족의 아동들이 상호 의존하는 교실을 만들기 위한 수업 기법을 개발했는데, 이것이 바로 직소 모형이다. 직소(Jigsaw)의 사전적 의미는 "퍼즐 맞추기"로, 이 모형은 퍼즐 맞추기처럼 모둠의 모든 구성원이 자신이 맡은 부분을 학습한 후 서로 힘을 합쳐야만 결과물을 완성할 수 있도록 설계되었다. 예를 들어, 우리나라의 인구 지도를 만든다고 할 때, 학생들을 6인 1조로 구성하고, 각 조에서 수도권, 강원 지역, 충청 지역, 호남 지역, 영남 지역, 제주도 지역을 담당할 전문가를 한 명씩 정한다. 이후, 각 조의 동일 지역 전문가들이 따로 모여 맡은 지역의 내용을 함께 학습하고, 원래의 모둠으로 돌아온다. 원래의 모둠에서 각자가 전문가 집단에서 학습한 내용을 공유한 후, 최종적으로 우리나라의 인구 지도를 완성하는 방식이다.

이후에 슬라빈(Slavin, 1986)은 아론슨과 그의 동료들(Aronson et al., 1978)이 만든 "Jigsaw I"을 새롭게 발전시켰는데, 이것이 "Jigsaw II" 모형이다. 특히 Jigsaw I에서는 활동 이후 평가가 개별적으로 이루어져, 모둠 내 협동과 의사소통의 동기가 감소할 수 있다는 점을 보완하기 위해 Jigsaw I 모형에 모둠 보상 구조를 포함시켜 개발한 것이 Jigsaw II 모형의 특징이다. 이와 같이 직소 모형들은 개인 간의 과열 경쟁이 비인간화 현상으로 비판받고 있는 우리 교육 현장에서, 협동적인 태도의 발전과 학업 성취를 위해 연구할 가치가 있다. 이들 수업 모형의 단계를 요약하면 다음과 같다(Martorella, 1991: 120-122).

- 성별, 학업성적, 가정 배경 등이 서로 다른 이질적인 4명이 한 팀이 되도록 학급을 소집단으로 나눈다.
- 하나의 주제를 정하고, 그 주제를 4개의 소주제로 다시 구분한다. 한 집단의 4명에게 각각 그 소주제들을 분배해 준다. 예컨대, 청소년문제라는 주제를 다시 개념, 실태, 이론, 대책 등으로 나누어 한 집단의 4명에게 하나씩 분배한다.
- 같은 소주제를 맡은 학생들끼리 모여 공동으로 그 소주제를 연구한다. 예컨대, 청소년문제의 '개념'을 맡은 학생들은 서로 모여 집단을 구성하고 개념에 대해 집중적으로 연구한다. 이것을 '전문가 집단'이라고 한다.
- 소주제 연구가 끝나면, 전문가 집단을 떠나 원래 소속되었던 모집단으로 돌아가 모집단 내의 다른 구성원들에게 연구한 내용을 전달한다.
- 팀의 구성원들은 이 학습을 기초로 하여 자신이 맡은 소주제뿐만 아니라 청소년문제 전체에 대해서 형성평가를 치른다. 이 평가에서는 출발점의 성적을 기준으로 하여 향상 점수를 계산하여 성취감을 고취한다.
- 평가 결과에 따라서 집단 보상이 주어진다.

〈표 5-4〉 **직소II 교수-학습 지도안 예시**

성취기준	[9사(일사)02-01] 일상생활에서 접하는 문화의 사례를 탐색하고, 이를 바탕으로 문화의 의미와 특징을 도출한다.
주제	문화의 속성(공유성, 학습성, 축적성, 변동성)과 관련된 다양한 예를 찾아보고, 이를 바탕으로 문화의 의미를 파악할 수 있다.
교과 역량	□창의적 사고력 □비판적 사고력 ■문제해결력 및 의사결정력 ■의사소통 및 협업 능력 ■정보 활용 능력

<table>
<tr><td>모둠구성</td><td colspan="3">4인 구성(이끔이, 점검이, 칭찬이, 기록이)</td></tr>
<tr><td>단계</td><td>구체적 절차</td><td>교수-학습 활동</td><td>시간
자료 및 유의점</td></tr>
<tr><td>도입</td><td>전시학습 확인 /
학습 목표 제시 /
동기 유발</td><td>• 전시 학습 확인 : 문화의 의미 확인
• 학습 목표 제시
• 동기 유발 : 모둠활동, 전문가 모둠활동, 모둠 보상 등에 대한 설명과 이해</td><td>학생들이 생각한 내용을 발표하도록 한다.</td></tr>
<tr><td rowspan="4">전개</td><td>1단계
원모둠 활동 I</td><td>• 본시 학습의 전체적인 흐름 안내
– 문화의 속성(공유성, 학습성, 축적성, 변동성) 개념적 이해
– 문화의 속성을 알아보기 위한 소재 선정(예: 김치)</td><td>파워포인트 학습 자료 활용</td></tr>
<tr><td>2단계
전문가 모둠활동</td><td>• 문화의 속성별로 전문가집단 구성
<table>
<tr><td>공유성</td><td>학습성</td><td>축적성</td><td>변동성</td></tr>
<tr><td>이끔이</td><td>점검이</td><td>칭찬이</td><td>기록이</td></tr>
</table>
– 전문가집단이 모여 각 과제에 대한 논의 및 정보검색(관련 기사 검색하기)
– 각 주제에 해당하는 학습지 기록</td><td>모둠별 협동학습지, 교사는 전문가집단을 순회하면서 점검 및 지도한다.</td></tr>
<tr><td>3단계
원모둠활동 II</td><td>• 원모둠으로 돌아와 전문가집단의 내용 교수
– 질의응답
– 단원 전체 학습지 완성</td><td>모둠원 간 적절한 상호작용이 이루어지도록 안내</td></tr>
<tr><td>4단계
개별 평가 및 보상</td><td>OX퀴즈를 통해 개별 평가 시행
– 개인 보상 : 지난 평균 점수와 OX 퀴즈 점수를 비교하여 향상 점수를 비교하여 개인 보상
– 모둠 보상 : 모둠별로 구성원 점수를 합산하여 향상 점수를 산출하여 모둠 보상</td><td>개인 및 모둠 보상</td></tr>
<tr><td>정리</td><td>학습 내용 정리</td><td>학습 내용 정리
차시 예고 : 문화를 바라보는 태도</td><td></td></tr>
</table>

3. 사회과의 다양한 교수기법

교수기법은 수업 모형과 긴밀하게 연결되어 있다. 수업 모형이 수업이 진행되는 기본적인 틀이라면, 교수 기법은 그 틀 안에서 교사와 학생 간의 상호작용이 구체적으로 어떻게 이루어지는지, 또는 수업이 어떤 방식으로 진행되는지를 나타내는 방법이라고 할 수 있다. 이처럼 교수 기법은 수업 모형보다 더 구체적이며, 다양한 수업 모형에 적용할 수 있는 유연한 도구라고 할 수 있다. 예를 들어, '질문'이나 '토의'와 같은 방법은 특정 수업 모형에 국한되지 않고, 여러 수업 모형에서 교사가 사용할 수 있는 다양한 교수 기법 중 하나로 볼 수 있다.

교수 기법은 교사의 교수 스타일이나 수업 상황에 따라 다양하게 활용될 수 있다. 하지만 이 글에서는 현재 사회과교육에서 특히 주목받고 있으며, 일반적으로 사용되고 있는 교수 기법들에 중점을 두어 설명하려고 한다. 이러한 교수 기법들은 교사들이 수업을 더 효과적으로 운영하고, 학생들의 학습을 촉진하기 위해 사용할 수 있는 실질적인 방법들로, 다양한 수업 상황에서 적용될 수 있다.

1) 강의법

강의법은 교사가 수업 내용을 잘 조직하고 체계적으로 구조화하여 언어로 학생들에게 전달하는 방법이다. 이 방법은 학생들의 능동적인 활동보다는 교사가 주도적으로 수업을 진행하기 때문에 상호작용이 부족하다는 비판을 받는다. 그러나 많은 학생을 대상으로 효과적으로 수업을 진행할 수 있다는 점에서, 오늘날에도 전 세계적으로 가장 많이 사용되며 역사적으로도 가장 오랫동안 활용되어 온 교수 기법이라고 할 수 있다. 현재 교육 현장에서 강의법의 사용을 줄이려는 경향이 있지만, 강의법의 장점을 살려 활용해야 할 상황도 여전히 많다. 아래에는 강의법의 장단점과 주의 사항이 제시되어 있다(Mahood et al., 1991: 194-199; Cashin, 1985).

가. 강의의 장점

① 중요한 많은 정보를 다수의 학생에게 체계적으로 전달하는 데 매우 효과적이다.
② 훌륭한 강의는 학생들의 주의를 집중시키고 커다란 감명을 줄 수 있다.
③ 복잡한 문제를 소개하는 서론의 성격으로 사용할 때 강의는 효과적인 수단이 될 수 있다.
④ 학급관리가 용이하다.
⑤ 수업 자료에 없는 내용을 강의로 보충할 수 있다.
⑥ 강의는 학생들이 기대하는 정보를 제공함으로써 학생들에게 안정감을 줄 수 있다.

나. 강의의 단점

① 학생이 수동적인 위치에 머물게 된다.
② 학생들의 주의집중을 유지하기가 쉽지 않다. 대개 20분이 주의집중 유지 가능 시간으로 알려져 있지만, 이 정도의 시간만으로는 부족하다.
③ 좋은 강의를 준비하는 데 시간이 많이 걸린다.
④ 강의로 들은 정보와 지식은 망각하기 쉽다.
⑤ 상당수의 학생들은 강의에 흥미가 없다.
⑥ 강의는 정보의 획득과 같은 저차원의 사고력에 적합하고, 분석, 종합, 비판, 창조, 의사결정과 같은 고차사고력의 향상에는 적합하지 않다.
⑦ 좋은 강의는 언어적 표현, 조직과 구성력, 자신감 등 몇 가지 조건과 능력을 가진 사람이 할 수 있는데, 이러한 능력을 갖추기가 어렵다.

다. 좋은 강의를 위한 지침

① 청중의 흥미와 배경 등 특징을 잘 알고 있어라.
② 제목을 너무 광범하게 잡지 말고 초점을 맞추어라.
③ 개요를 만들어서 조직화하고, 칠판, 프로젝터 등을 통하여 청중이 알게 하라.
④ 예를 들어라.
⑤ 적절한 시청각 자료를 사용하여 설명하라.

⑥ 설교 시간이 아닌 한, 논쟁에서 균형을 취하라.
⑦ 말은 천천히, 명백하게, 큰 소리로 하라.
⑧ 질문과 코멘트를 위해 잠시 중단하면서 하라.
⑨ 간결하고 동기를 높이는 서론으로 시작하라.
⑩ 중요한 것은 강조하고 시시한 것은 최소로 줄여라.
⑪ 적절한 유머를 사용하라.
⑫ 읽지 말고, 이야기를 하라.
⑬ 강의 내용과 관련한 전문가를 연사로 초청하라.
⑭ 학생을 발표자로 활용하라.
⑮ 정기적으로 학생들에게 강의 평가를 요청하고, 그 결과에 귀를 기울여라.
⑯ 항상 자신의 강의를 스스로 평가하는 것을 게을리하지 말라.

2) 질문법

수업의 목표를 효과적으로 달성하는 데 있어서 교사의 질문이 중요한 역할을 한다. 적절한 질문법의 사용은 학생의 내적 동기를 자극하고, 학생의 참여를 유도한다. 교사와 학생들이 질문을 어떻게 하느냐에 따라서 수업의 분위기가 크게 달라질 수 있다. 전문가들이 제안하는 효과적인 질문의 유형은 다음과 같다(Borich, 1996: 344; Martorella, 2001, 161. 재인용).

〈효과적인 질문〉

- 학생들의 관심을 집중시키는 질문
- 학생들이 이미 알고 있는 내용을 확인하는 질문
- 학습 주제를 떠올리게 하는 질문
- 수업 운영에 도움이 되는 질문
- 학생들의 사고를 발전시키는 질문
- 주위를 환기시키는 질문
- 학생들의 감정을 이끌어내는 질문

한편, 수업에서 교사가 피해야 할 질문도 있다. 모호한 질문, '예/아니오'로만 답하게 하는 질문, 편향된 질문 등은 학생의 사고를 제한하고 억누르며, 답하기 어렵게 만들어 학생들을 좌절시키고 혼란스럽게 할 수 있으므로 피해야 한다. 바람직한 질문과 피해야 할 질문의 예는 다음과 같다(Borich, 1996: 344; Martorella, 2001: 161에서 재인용).

〈바람직한 질문〉

- 왜 그 의견에 동의하니?
- 석유가 고갈되면 어떤 일이 발생할까?
- 만일 일터에서 최저임금을 부당하게 받지 못했다면 어떻게 할까?
- 일회용품 사용이 어떻게 환경에 나쁜 영향을 미칠까?

〈피해야 할 질문〉

- 세계대전 중에 어떤 일이 일어났을까?
- ○○○이 한국의 초대 대통령이니?
- 허난설헌은 어떻게 그녀의 삶을 살았을까?
- 원래 추석은 어떤 명절이었을까?

효과적인 수업을 위해 질문이 전략적으로 사용될 수 있다. 특히 개념을 학습할 때, 적절한 질문 전략을 통해 관련 내용을 나열하고 분류하고 명명함으로써 범주화(categorization) 학습이 이루어질 수도 있다(Borich, 1996, 344; Martorella, 2001: 161에서 재인용).

〈표 5-5〉 **'인권' 개념의 질문 전략 예시**

<table>
<tr><th>구분</th><th>설명</th><th>질문 예시</th><th colspan="3">응답 예시</th></tr>
<tr><td>시작 질문
(opening question)</td><td>주제에 대한 학생의 선행 지식 확인</td><td>'인권'이라는 단어를 들었을 때 떠오르는 생각은 무엇입니까?</td><td colspan="3" rowspan="2">신분제 폐지 / 차별폐지 / 현대사회 / 자유권 / 헌법 / 여성의 인권 / 청소년 인권 / 투표할 수 있는 권리 / 인권침해 / 국가인권위원회 / 인간의 존엄성 / 성평등</td></tr>
<tr><td>나열 질문
(listing question)</td><td>학생들을 자료에 집중하게 함</td><td>'인권'이라는 단어를 들었을 때 떠오르는 생각을 나열해 봅시다.</td></tr>
<tr><td>분류 질문
(grouping question)</td><td>주제에 대해 학생들이 학습한 내용 확인</td><td>'인권'에 대해 떠오르는 생각들을 분류해 봅시다. 왜 그렇게 분류했나요?</td><td>인간의 존엄성 / 차별폐지 / 신분제 폐지 / 성평등</td><td>헌법 / 자유권 / 투표할 수 있는 권리</td><td>여성의 인권, 청소년 인권, 국가인권위원회, 인권침해</td></tr>
<tr><td>명명 질문
(labeling question)</td><td>분류한 내용을 범주화하여 이름 붙이기</td><td>각각의 분류에 대해 한두 단어로 이름을 붙여봅시다.</td><td>인간의 존엄성, 차별폐지, 신분제 폐지, 성평등
⬇
인권이 지향하는 가치</td><td>헌법, 자유권, 투표할 수 있는 권리
⬇
인권과 헌법 (기본권)</td><td>여성의 인권, 청소년 인권, 국가인권위원회, 인권침해
⬇
인권의 종류, 기관</td></tr>
</table>

효과적인 질문을 위해 중요한 것은 질문에 대한 학생의 답변과 이에 대한 교사의 반응이다. 교사의 질문과 학생의 응답이 교수-학습을 위한 적절한 의사소통이 되기 위해서는, 학생에게 질문에 대해 생각하고 응답할 충분한 시간(wait time)을 반드시 주어야 한다. 또한, 학생의 답변에 대해 교사는 비판 없이 피드백을 제공하고, 다른 학생들도 비난 없이 경청하도록 하여 학생들의 지속적인 참여를 유도해야 한다.

3) 토의·토론법

토의·토론법은 여러 사람이 공동으로 관심을 갖는 문제에 대해 서로 의견을 말하고 들으며 문제 해결을 모색하는 수업 방식이다. '토론'은 '토의'와 거의 같은 의미로 사용되지만, '토의'는 의견을 나누는 데 중점을 두는 반면, '토론'은 대립되는 의견을 교환하는 데 중점을 둔다.

토의 학습은 여러 가지 형태로 나눌 수 있다. 개방성의 정도에 따라 열린 수업과 닫힌 수업, 수업의 목표에 따라 지도적 토의와 반성적 토의, 운영 방법에 따라 문답식, 심포지엄식, 포럼식 토의, 교사와 학생의 역할에 따라 복습식, 소크라테스식, 세미나식 토의, 논쟁적 요소의 강약에 따라 찬반토론과 대립토론 등 다양한 유형이 있다. 이들 모두를 여기서 다 설명할 수는 없고, 또 서로 유사한 점도 있기 때문에 현실적으로 사용 가능하며 우리 주위에서 많이 활용되는 몇 가지를 중심으로 설명하려고 한다.

가. 문답식 토의와 패널식 토의

문답식 토의는 가장 기초적이고 간단한 형태의 토의 수업이다. 이 방식은 높은 사고력이나 가치 문제의 대안을 모색하기보다는 사실과 관련된 기초적인 지식을 다루는 데 적합하다. 교사가 학생들에게 질문을 하면, 학생들이 앉아서 대답하거나 손을 들어 교사의 지명을 받아 답변하는 형태로 이루어진다. 우리나라 초·중등학교 교실에서 자주 사용되는 방식으로, 손쉽게 사용할 수 있다는 장점이 있는 반면, 창의적이고 깊이 있는 토론을 유도하기 어려운 단점이 있다. 또한 학생들의 호응이나 적극적인 참여가 부족할 경우 문제가 될 수 있다.

반면, 패널식 토의(panel discussion)와 과제 보고형 토의는 학생 수가 많아 개별적인 의견을 모두 발표하기 어려운 다인수 학급에 적합하다. 학습할 문제나 과제를 먼저 제기한 후, 서로 다른 의견을 가진 몇 명의 학생이 패널, 즉 토의자로 나와 의견을 발표하고, 그 후에 토의자들끼리 또는 토의자와 일반 청중이 함께 의견을 교환하는 형태의 토의 학습이다. 한 사람이 주제를 발표한 후, 패널들이 각자의 의견을 개진하며 토론을 진행할 수도 있다. 학습 과제를 개인에게 주지 않고, 4~5명의 소집단에 할당하여 학습한 후, 학급에서 발표하고 토론하는 형태도 고려할 수 있다.

패널식 토의는 학생들이 주도적으로 토론을 이끄는 방식으로, 교사의 역할이 가장 적고 학생들의 역할이 가장 큰 학습 형태라고 할 수 있다. 이 방식은 학생들이 능동적으로 자유롭게 주장을 펼칠 수 있는 장점이 있지만, 학습과 토의의 초점이 흐려지기 쉬운 단점도 있다. 또한 모든 문제를 이러한 방식으로 다루기는 어렵고, 주로 찬반이 나뉘는 논쟁 문제에 적합하다. 따라서 제한적으로 사용해야 하며, 학생들의 수준이 높고 준비와 경험이 충분할 때 잘 진행될 수 있다.

나. 대집단 토의와 소집단 토의

토의에 참여하는 구성원의 규모에 따라 대집단 토의와 소집단 토의로 나눌 수 있다. 대집단 토의(large group discussion)는 다음과 같이 구분된다(Mahood et al., 1991: 216-218).

① **포럼**(forum): 많은 참여자를 대상으로 강의, 논쟁, 토론 등을 통합적으로 진행하는 토론 형태이다.
② **논쟁**(debate): 포럼에서 찬성과 반대를 중심으로 발표하는 방식이다.
③ **버즈집단**(buzz group): 포럼에서 대집단을 여러 소집단으로 나누어 소주제를 연구하게 하고, 전체 앞에서 발표하는 방법이다. 대집단의 장점과 소집단의 장점을 모두 살릴 수 있는 특징이 있다.

소집단 토의 또한 운영 방식에 따라 다음과 같이 구분될 수 있다.

① **원탁 토의**(roundtable discussion): 4명에서 7명이 원탁에 모여 앉아 자유롭게 토의를 진행하는 방식이다. 원탁 토의는 대표적인 소집단 토의이지만, 대규모의 청중들이 참여해 이들의 토의를 관찰하는 경우에도 좋은 효과를 거둘 수 있다.
② **심포지엄**(symposium): 큰 주제를 몇 개의 소주제로 나누고, 미리 준비된 발표자들이 발표하는 소집단 토의 방법이다. 원탁 토의가 비형식적이라면, 심포지엄은 이를 보다 형식화한 방식이라고 할 수 있다. 심포지엄에 많은 청중이 참여하면 대집단을 대상으로 한 포럼이 된다.

다. 효과적인 토의 · 토론을 위한 유의사항

토의나 토론을 효과적으로 진행하기 위해 유의해야 할 사항과 교사가 토의 및 토론을 지도할 때 주의해야 할 점은 다음과 같다(Mahood et al., 1991: 217-218).

① 타당성 있는 근거를 제시하라.
② 제시한 근거의 한계를 인정하라.
③ 다른 사람이 제시한 자료를 확인하거나 검증하는 정보를 제시하라.
④ 한 번에 하나의 주제에 대해서만 집중하라.
⑤ 자기에게 던져진 질문의 뜻을 명확하게 이해하라.
⑥ 모든 논의를 비판적으로 분석하라.
⑦ 사실과 의견을 구분하라.
⑧ 언어적 표현(의미)의 차이와 실질적인 내용의 차이를 구분하라.
⑨ 남의 의견에 경청하라.
⑩ 잘못이 인정되면 의견을 바꾸는 데 인색하지 말라.
⑪ 비판의 가운데서도 집단의 조화를 증진하도록 노력하라.
⑫ 타인의 공헌을 인정하라.
⑬ 전체의 문제해결에 도움이 되는 경우를 제외하고는 개인행동을 하지 말라.

4) 역할극

역할극(role play)은 학생들에게 다른 사람의 역할을 경험하게 함으로써 학습 효과를 높이려는 학습 방법의 하나이며, 저학년에서는 '역할놀이'라고도 한다. 전문가들은 이 방법이 인지적인 내용보다는 정의적인 내용, 특히 가치와 태도 학습에 효과적이라고 평가하고 있다. 말로 전달받은 사실은 쉽게 잊히지만, 비슷한 체험을 하게 되면 그 기억이 오랫동안 남는다는 것은 우리의 경험을 통해 알 수 있다. 역할극은 샤프텔과 샤프텔(Shaftel & Shaftel, 1982)에 의해 고안된 수업 방법으로, 교실 수업을 통해 인간의 존엄성, 정의감, 평화 등의 민주적 개념을 학습자들에게 내면화하고 실천하도록 하기 위한 방법을 찾다가 역할극을 발견하고 이를 기초로 수업 기법을 개발한 것이다.

역할극은 학생들이 흥미를 가지고 적극적으로 참여할 수 있도록 해주며, 강의나 독서로는 느끼지 못했던 것을 체험할 수 있게 한다. 예를 들어, 운전사와 교통경찰관, 보행인은 서로 갈등을 느낄 때가 많다. 운전할 때는 교통경찰관이나 보행인이 방해된다고 생각하기 쉽지만, 보행인이 되면 자동차가 무법천지로 운행한다고 느끼는 경우가 흔하다. 이러한 세 가지 역할을 교대로 경험해 보면, 그 갈등이 편견에서 비롯될 수 있음을 인식하게 될 것이다. 그러나 이 학습 방법은 학생들이 사전에 철저히 준비하지 않고 단순한 흥밋거리로만 생각할 경우, 사고력 향상 등 수업의 진정한 목표를 달성하기 어렵다. 역할극 수업의 효과는 다음과 같다(Shaftel & Shaftel, 1982).

① 자기중심적 사고에서 벗어나게 한다.
② 자발적 문제해결력을 높인다.
③ 집단의식을 함양한다.
④ 언어 능력과 가치관 형성을 돕는다.

역할극을 효과적으로 진행하기 위해서는 사전에 충분하고 철저한 준비가 필요하며, 학생들의 진지한 태도가 필수적이다. 교사는 먼저 역할극의 방향을 명확하게 제시해야 하고, 시나리오는 치밀하게 준비되어야 하며, 각 학생은 자신이 맡은 역할을 성공적으로 수행할 수 있도록 준비해야 한다. 수업이 끝난 후에는 충분한 평가를 통해 각자가 경험한 내용을 다른 사람들과 공유하여 공감대를 형성해야 수업의 효과가 나타날 수 있다. 역할극 수업의 단계는 다음과 같다.

〈역할극 수업 단계〉
① 문제 제기와 기본 방향 설정
② 시나리오 검토와 충분한 이해
③ 참여자 선정 및 역할 배당
④ 실제 역할 수행
⑤ 평가

역할극의 대표적인 유형 중 하나가 모의법정(mock trial)이다. 모의법정은 학생들이 실제 재판과 유사한 상황에서 재판 과정을 연기해 보는 교수 · 학습 방법이다. 이 방법은 학생들이 직접 재판 절차를 체험하고, 실제 법률 용어를 사용하여 재판 과정을 진행한다는 점에서 사회과 법교육의 효과적인 수업 방법으로 인식되고 있다. 이는 학생들의 비판적이고 분석적인 사고력 증진과 동료 학생들과의 상호작용을 촉진시킬 수 있는 방법이기 때문이다. 모의법정 수업의 단계는 '역할 결정 - 내용 검토 - 재판 단계 - 배심원 평의 - 평결 발표 및 판결'로 이루어진다. 이때 학생들이 검사, 변호인, 피고인, 증인, 배심원, 법정 경위 등의 역할을 골고루 담당하도록 배역을 정하는 것이 바람직하다.

〈표 5-6〉 **모의법정 교수-학습 지도안 예시**

〈사건〉 아이가 실수로 결제한 인터넷 쇼핑! 환불할 수 없나요?
A씨는 평소에 관심 있던 책가방을 자신의 노트북으로 인터넷 쇼핑몰에서 검색하던 중, 꼭 사고 싶은 상품을 발견하고 결제를 진행하려 했다. 그러나 결제 금액이 너무 비싼 것을 확인하고 구매를 포기하려던 순간, 전화벨이 울려 잠시 자리를 비우게 되었다. 그 사이 A씨의 4살 된 딸아이가 결제 탭을 눌러 결제가 완료되었다. 이 사실을 모르고 있던 A씨는 다음 날 상품이 배송된 것을 보고 깜짝 놀라 환불을 요청했지만, 쇼핑몰 측은 상품에 하자가 없으므로 환불 책임이 없다고 주장한다. • A씨는 환불을 요청하고, 쇼핑몰 측은 환불이 불가하다고 주장하는 상황에서 모의법정을 구성해 보자. • 연극, 역할극 등의 방법과 연계하여 시나리오를 작성할 수도 있다. • 배역 : 변호인, 증인, 배심원, 집행관, 사무원, 리포터, 판사

과정	내용
역할 결정	판사, A씨, 쇼핑몰 책임자, 증인, 각각의 변호인단을 구성하고 다른 학생들은 배심원의 역할을 맡는다.
내용 검토	인터넷 쇼핑 매매 계약에 관련된 법적 내용을 찾아보고 주장의 근거가 될 만한 사항들을 정리한다.
재판 단계	변호인단이 각각 주장을 펼쳐서 배심원들을 설득한다.
배심원 평의	4~5명의 배심원 모둠을 여러 개 구성하여 각각의 변호인단이 주장한 내용이 타당한지를 검토한다.
평결 발표 및 판결	각 모둠별로 평결 결과를 발표하고, 다른 모두의 평결과 비교해본다.

성취기준	[12법사01-02] 채권 관계와 관련된 기본적인 내용인 계약, 불법행위 등과 사적 자치를 이해하고, 이를 일상생활의 사례에 적용한다.
주제	재산 관계와 관련된 법률 사례를 바탕으로 모의법정 운영하기
교과 역량	□창의적 사고력 □비판적 사고력 ■문제해결력 및 의사결정력 ■의사소통 및 협업 능력 ■정보 활용 능력

단계		학생	교사	비고
학습목표		• 재판에 등장하는 각 인물의 역할을 이해한다. • 사실과 법적 내용에 근거하여 판결을 내릴 수 있다. • 권리능력, 의사능력, 행위능력의 의미를 이해하고 이를 법적인 문제 상황에 적용할 수 있다.		
도입	문제인식	재판의 문제 상황을 인식한다.	재판의 문제 상황을 제시한다.	
전개	법률용어 연습	판사, 변호사, 원고, 피고, 증인 등의 용어를 학습지에 정리한다.	모의법정에 필요한 법률용어를 정리하도록 안내한다.	개별학습 모둠학습
	역할결정	판사, A씨, 쇼핑몰 책임자, 증인, 각각의 변호인단을 구성한다. 다른 학생들은 배심원의 역할을 맡되, 4~5명의 배심원 모둠을 여러 개 구성한다.	역할이 고르게 정해지도록 안내한다.	
	내용 검토	인터넷 쇼핑 매매 계약에 관련된 법적 내용을 찾아보고 피고와 원고, 각 주장의 근거가 될 만한 사항들을 정리한다.	법적 행위에서 나타나는 권리능력, 의사능력, 행위능력에 대한 의미를 알 수 있도록 학습지 내용을 안내한다.	개별학습 모둠학습
	재판 단계	변호인단이 각각 주장을 펼쳐서 배심원들을 설득한다.	필요한 경우 대략의 시나리오를 제시할 수 있다.	재판활동
	배심원 평의	4~5명의 배심원 모둠을 여러 개 구성하여 각각의 변호인단이 주장한 내용이 타당한지를 검토한다.	배심원 모둠의 평결 내용을 기록하게 한다.	개별학습 모둠학습
정리	평결 발표 및 판결	각 모둠별로 평결 결과를 발표하고, 다른 모둠의 평결과 비교해본다. 법적 행위에서 나타나는 권리에 대해 정리하고 학습지에 기록한다.	발표 후 평가한다. 학습 목표를 재확인하고 재판 과정을 평가하여 피드백한다.	모둠별 발표 개별학습 모둠학습

5) 모의학습

모의학습(simulation)은 실제 상황을 모의적으로 재현하여 학생들이 문제를 해결해 보는 일종의 게임 형태의 수업이다. 이 방법의 목적은 학생들이 가상의 상황에서 다양한 문제를 탐색하고 해결하는 경험을 통해 학습하는 것이다. 모의학습과 역할극의 공통점은 학생들이 특정 역할을 맡아 그 상황을 체험한다는 점이다. 그러나 역할극과 달리 모의학습은 게임의 규칙만 존재할 뿐, 정해진 대본이 없으며, 학생들 스스로

가 의사결정을 내리고 그 결과에 대한 책임을 지게 된다. 이러한 게임적 특성으로 인해 모의학습을 시뮬레이션 게임 수업 또는 **게임 수업**이라고도 부른다.

이 수업의 장점은 학생들이 흥미를 가지고 적극적으로 참여할 수 있으며, 실제의 복잡한 문제를 간접적으로 체험하여 해결 방법을 모색할 수 있다는 점이다. 학생들은 이를 통해 현실에서 직면할 수 있는 다양한 문제들을 미리 연습할 수 있다. 그러나 모의학습이 아무리 정교하게 설계되더라도, 그것은 어디까지나 단순화된 모의적 상황에 불과하다는 한계를 충분히 인식해야 한다. 현실 세계의 복잡성과 다양성을 완전히 재현하기 어렵기 때문이다. 모의학습을 효과적으로 진행하기 위해서는 몇 가지 유의사항을 고려해야 한다(Martorella, 1991: 226).

가. 모의학습 진행상의 유의사항

① 모의학습에서 다룰 문제나 상황을 명확하게 제시하라.
② 모의학습의 목적을 명확하고 구체적으로 서술하라.
③ 역할을 담당할 사람을 명확하게 정하라.
④ 각 역할이 무엇인지 명확하게 설명하라.
⑤ 참여자들이 따라야 할 규칙이나 제한사항을 명확하게 서술하라.
⑥ 의사결정 과정을 명확하게 정하라.
⑦ 모의학습을 먼저 실험적으로 실시해 보아라.
⑧ 실험 후 발견된 결점을 완전히 보완한 뒤 다시 실시하라.

나. 모의학습의 예

여행에서의 합리적 선택을 위한 시뮬레이션 수업모형을 소개하고자 한다. 이 수업은 자원의 희소성과 비용-편익 분석을 통한 합리적 선택, 그리고 위치에 따른 기후 특성 등이 제시된 토의 수업이다. 학생들을 모둠으로 구성한 후, 선택한 여행지에 따라 필요한 여행 물품을 구입해보고, 활동이 정리되면 모둠별로 선택한 여행 물품을 서로 비교하고 토론하게 한다. 구체적인 교수-학습 절차는 다음과 같다.

〈표 5-7〉 **시뮬레이션 교수-학습 지도안 예시**

성취기준	[9사(일사)08-01] 경제생활에서 합리적 선택의 필요성에 대해 검토하고, 비용과 편익을 고려한 합리적 선택 방안을 탐색한다.		
주제	시뮬레이션 여행 학습을 통해, 희소성으로 인한 합리적 선택의 필요성을 이해한다.		
교과 역량	□창의적 사고력 □비판적 사고력 ■문제해결력 및 의사결정력 ■의사소통 및 협업 능력 ■정보 활용 능력		
모둠구성	4인으로 모둠을 구성한다.		
단계	**구체적 절차**	**교수-학습 활동**	**자료 및 유의점**
도입	시뮬레이션 상황 확인/ 학습 목표 제시 / 동기 유발	• 학습 목표 제시 • 시뮬레이션 상황 : 여러분에게 모둠 친구들과 함께 4박 5일 배낭여행의 기회가 주어졌습니다. 여행 장소는 셋 중 두 곳이며 각 추첨으로 결정합니다. 여러분은 교복 춘추복 차림으로 여행을 시작하게 되며 모둠 당 50만 원의 경비가 지급됩니다. 숙식은 현지에서 제공되므로 별도의 비용이 필요하지 않습니다. 출발 전, 단 한 곳의 상점에서 물건을 구매할 수 있습니다. 모둠원들과 민주적 토의 과정을 거쳐 구입할 물건을 선택해야 합니다.	공항 상점의 물건을 그림으로 제시
전개	1단계 여행지 선택 및 정보 검색	• 모둠별 1차 여행 장소 추첨(사하라 사막, 알래스카, 수마트라섬 중 한 곳 추첨) • 1차 여행 장소에 대한 정보 검색	파워포인트 자료 모둠별 정보검색을 위한 태블릿 pc
	2단계 모둠 토의	• 구입할 물건에 대한 모둠별 토의 • 구입할 물건 선택 및 이유 밝히기	모둠별 활동지 교사는 각 모둠을 순회하면서 민주적 토의 방법 안내
	3단계 여행지 교체	• 모둠별 2차 여행장소 추첨 및 2단계 반복 • 2차 여행장소에서 필요한 물건 선택하고 이유 밝히기	모둠원 간 적절한 상호작용이 이루어지도록 안내
	4단계 활동지 작성 및 발표	• 활동지 작성 • 모둠발표 및 모둠 상호평가 모둠발표를 통해 동일한 여행장소에서 필요한 물품 선택 비교하고 평가하기 • 평가 항목 : 경제적 개념 이해, 합리적 선택, 민주적 의사결정, 역할 수행 및 참여 태도	모둠 보상
정리	학습내용 정리	학습 내용 정리 차시 예고	

참고: 교육부(2016). 2015 개정 교육과정 교수-학습 자료(중학교 사회과).

카메라 대여  15만 원	휴대폰 대여  10만 원	생수  5병 1만 원	셀카봉  1만 원
우산  2개 2만 원	우의  5벌 2만 원	침낭  1개 3만 원	방한 패딩  1벌 5만 원
황사 마스크  1개 1만 원	겨울부츠  1켤레 5만 원	아쿠아슈즈  1켤레 5만 원	반팔, 반바지  1벌 3만 원
털모자, 목도리  1세트 3만 원	수영장비  1세트 3만 원	부채 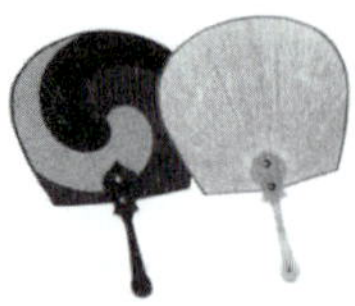 2개 1만 원	핫팩  10개 1만 원
챙이 넓은 모자  1개 2만 원	낚싯대 대여 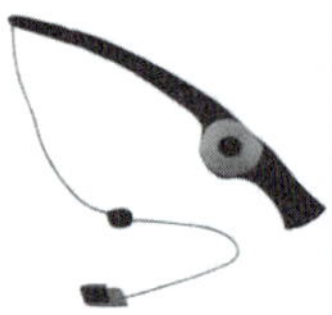 1대 2만 원	벌레 살충제 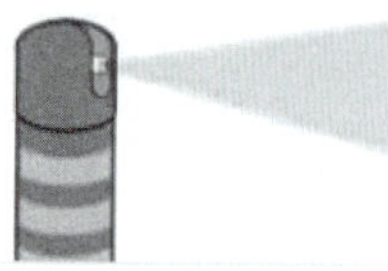 1개 2만 원	호신용 가스총  1개 5만 원
드라이기  2만 원	거울과 빗  1만 원	선크림(자외선 차단제)  4만 원	맥가이버 칼  3만 원

출처: 교육부(2016). 2015 개정 교육과정 교수-학습 자료(중학교 사회과)

6) 신문활용수업(NIE)

신문활용수업(NIE)은 '살아있는 교과서'로 불리는 신문을 주요 수업 자료 혹은 보조 자료로 활용하여 사회의 다양한 문제를 친숙하게 받아들이고, 이를 학습에 적용해 교육적 효과를 높이고자 하는 교수-학습 방법이다(모경환 외, 2012: 140). NIE는 신문을 교육 자료로 활용하기 때문에 넓은 의미에서는 미디어 교육의 일환으로 볼 수 있다. 신문을 활용한 교육은 시사 정보의 중요성을 강조할 뿐만 아니라, 신문을 통해 새로운 정보를 구성하고 창의적으로 활용할 수 있다는 점에서 정보화 사회에서 큰 의의를 가진다. 또한 NIE 수업을 통해 학생들은 사회적 이슈에 대한 관심을 갖게 되며, 교과서에 실리지 않은 최신 정보들을 접할 기회를 얻는다.

NIE 수업은 학생들의 독해 및 쓰기 능력 향상, 의사결정 능력 등 고차사고력의 향상에 기여할 것으로 기대된다. 또한 사회현상에 대한 이해와 사회적 이슈에 대한 관심을 높이고, 더 나아가 적극적인 사회 참여 태도를 기를 수 있을 것으로 예상된다. NIE는 학습자의 수준과 교사의 계획에 따라 다양하게 활용될 수 있으며, 일반적으로 신문을 수업 활동에 활용하는 방법은 다음과 같은 유형으로 나뉜다.

① 기사를 활용하는 방법
② 사진을 활용하는 방법
③ 시사 만화를 활용하는 방법
④ 광고를 활용하는 방법
⑤ 신문의 형식 자체를 활용하는 방법

〈표 5-8〉 신문활용수업 교수-학습 지도안 예시

<table>
<tr><td>성취기준</td><td colspan="2">[12경제04-03] 외환 시장에서 환율의 결정 원리를 이해하고, 환율 변동이 국가 경제와 개인의 경제생활에 미치는 영향을 탐구한다.</td></tr>
<tr><td>수업목표</td><td colspan="2">환율 변동이 개인의 상황에 따라 어떤 영향을 미치는지 파악하고 비교할 수 있다.</td></tr>
<tr><td>교과 역량</td><td colspan="2">□창의적 사고력 □비판적 사고력 ■문제해결력 및 의사결정력
■의사소통 및 협업 능력 ■정보 활용 능력</td></tr>
<tr><th>단계</th><th>교수-학습 활동</th><th>비고</th></tr>
<tr><td>도입</td><td>NIE수업에 대한 설명을 듣고 수업목표가 무엇인지 이해한다.
환율 변동에 대한 기사를 선택하여 읽는다.

"○○라면, 수출은 늘었는데 환율 낮아져 실적에 불리하게 작용"

올해 ○○식품은 환율이 낮아져 영업이익이 줄어들 것이라는 분석이 나왔다. 한 증권 연구원은 "○○식품의 지난해 4분기 매출액은 전년 동기 대비 1% 증가한 1531억 원, 영업이익은 1% 감소한 210억 원을 기록할 것"이라고 예상했다.
미국 현지 수요의 증가, 캐나다 유통 채널 확장 효과로 북미 수출 금액은 65% 증가했고, 방글라데시, 남아공, 태국, 뉴질랜드 등으로의 수출 금액이 크게 증가한 것으로 파악된다.
수출이 이와 같이 증가했음에도 불구하고 ○○식품의 이익에는 부정적일 것이라고 전망했다. 왜냐하면, 원화 강세로 환율이 낮아져 원맥, 팜유 등의 원재료 매입가는 하락할 것으로 기대되었지만, 수출대금을 달러로 결제할 경우 실제 이익이 줄어들 것으로 예상되기 때문이다. 〈뉴스OOO 2021.01.26〉</td><td>개별활동</td></tr>
<tr><td rowspan="4">전개</td><td>- 신문 기사의 내용을 요약해 보자.</td><td>개별활동</td></tr>
<tr><td>- 원-달러 환율이 하락할 경우, 수출 기업들의 영업이익이 타격을 받게 되는 이유는 무엇인지 생각해 보자.</td><td>개별활동</td></tr>
<tr><td>- 환율의 변화가 경제에 미치는 영향에 대해 다음과 같은 상황에서 어떤 일이 벌어질지 모둠별로 토의해보자.
〈환율 1$=1,000원 → 1$=1200원으로 상승〉
<table>
<tr><th>상황1)</th><th>상황2)</th><th>상황3)</th></tr>
<tr><td>A는 영화감독이 되는 것이 꿈이어서 미국 할리우드에서 공부하고 있다. 유학자금은 한국에 계신 부모님이 지원해 주신다.</td><td>B의 어머니는 영국에 본사를 둔 기업의 말레이시아 지사에서 일하신다. B의 가족은 어머님이 달러로 받으시는 월급으로 한국에서 생활해야 하기에 원화로 환전해야 한다.</td><td>C는 고등학교 졸업 후 꿈꾸던 남아메리카 지역 배낭여행을 준비하고 있다. 환전은 달러로 할 예정이다.</td></tr>
</table></td><td>모둠활동</td></tr>
<tr><td>- 토의가 끝나면 모둠별로 정리하여 발표해 보자.</td><td>모둠활동</td></tr>
<tr><td>정리</td><td>모둠 상호평가와 자기성찰 평가를 한다.
환율 변동 영향에 대한 활동지를 정리한다.</td><td>개별활동</td></tr>
</table>

연구보고

기존의 미디어 교육은 신문 활용 교육(NIE, Newspaper In Education)과 같이 수업에서 매체를 활용하거나, 인터넷 선플(착한 댓글) 달기와 같은 미디어 개선 활동에 그쳤었다. 그러나 최근에는 미디어 교육이 미디어를 올바르게 이해하고 재창조하는 '미디어 리터러시' 교육으로 확대되어, '미디어를 통한 교육(Education by media)'이 아닌 '미디어에 대한 교육(Education about media)'이 강조되고 있다. '미디어 리터러시'란 다양한 매체에서 제공하는 정보를 비판적이고 창의적으로 분석하고 평가할 수 있는 '미디어 해독력'뿐만 아니라, 미디어 생산자로서 효과적이고 책임감 있는 메시지를 제작할 수 있는 능력을 의미한다.

학습자는 미디어로부터 정보를 수용하고 지식을 구성할 때, 그 정보가 형성된 맥락이나 정보를 제공하는 미디어 자체에 대해 필수적으로 이해해야 한다. 또한, 미디어를 접할 때 자신이 원하는 정보를 반성적이고 비판적으로 선택하고 수용하는 능력이 필요하다. 우리 삶을 소재로 한 미디어 텍스트를 분석, 해독, 창조하는 과정에서 비판적 사고력, 창의적 사고력, 정보 활용 능력과 같은 사회과 역량을 함양할 수 있다는 점에서, 사회과 교육에서 미디어 리터러시 교육은 필수적이다.

출처: 이미나(2009). 미디어 리터러시로서의 미디어교육 수업사례 제안, 「시민교육연구」, 41(3): 139-181.

주요개념

수업모형, 귀납적 모형, 연역적 모형, 인지적 수업모형, 정의적 수업모형, 종합모형, 개념학습모형, 탐구학습모형, 의사결정모형, 논쟁문제 수업모형, 협동학습모형, 학생집단성취모형, 직소모형, 강의법, 질문법, 토의 · 토론법, 역할극, 모의법정, 모의학습, 신문활용수업(NIE), 미디어 리터러시

Chapter 05

사회과의 수업모형과 교수기법
연습문제

01. 인지적 수업모형의 구체적인 종류를 제시하시오.

02. 사회과수업모형에서 종합모형이 요구되는 이유를 설명하시오.

03. 직소모형의 실행 단계를 제시하시오.

04. 강의식 수업의 장점과 단점을 제시하시오.

05. 좋은 질문의 조건을 설명하시오.

06. 법교육에서 활용되는 모의법정의 특징을 열거하시오.

07. 모의학습 진행 시의 유의점에 대해 설명하시오.

08. 의사결정 수업모형에서 사회과학 탐구과정과 가치탐구과정의 두 과정이 필요한 이유를 설명하시오.

09. 수업에서 교사가 피해야 할 질문 유형에 대해 설명하고 그 이유를 밝히시오.

10. 사회과 수업에서 미디어 리터러시 교육이 왜 필요한지 설명하시오.

참고문헌

교육부(2016). 2015 개정 교육과정 교수-학습 자료(중학교 사회과).

모경환 외(2012). 「사회과 교직실무-역사·지리·사회 예비교사 지침서-」. 동문사.

이미나(2009), 미디어 리터러시로서의 미디어교육 수업사례 제안, 「시민교육연구」, 41(3): 139-181.

정문성(1994). 사회과 학업성취에 대한 협동학습의 효과 연구. 서울대학교 박사학위 논문.

Aronson, E., Blaney, N., Stephin, C., Sikes, J., &Snapp, M. (1978). *The jigsaw classroom.* Beverly Hills: Sage Publishing Company.

Banks et al.(1981). *Practical guide to program planning: A teaching models approach.* N.Y.: Teachers College Press.

Borich, G. D.(1986). *Effective Teaching Methods(3rd Ed.).* Englewood Cliffs, NJ: Prentice Hall.

Cashin, W.(1985). *Improving lectures.* Manhattan, KS: Center for Faculty Evaluation and Development, Kansas State University.

Graesser, A. C. & Person, N. K. (1994). Question Asking During Tutoring. American E*ducational Research Journal,* 31(1): 104-137.

Joyce, B., Weil, M. & Calhoun, E.(2009). *Models of Teaching,* (8th ed). Boston: Allyn & Bacon.

Mahood, W., Biemer, L. & Lowe, W. T.(1991). *Teaching social studies in middle and senior high school: Decisions! Decisions!.* New york : MacMillian.

Martorella, P. H.(2001). *Teaching social studies in middle and secondary schools.* New York: Macmillan.

Raths, L. E., Harmin, M. & Simon, S. B. (1978). *Values and teaching(2nd edition).* Columbus, OH: Merrill.

Shaftel, F. R. & Shaftel G. A.(1982). *Role playing in the curriculum.* N.J. : Prentice-Hall.

Slavin, R. E.(1978). Cooperative Learning & Cooperative School. *Educational Leadership, 45(3):* 7-13.

Woolever, R. & Scott, K.P. (1988). *Active learning in social studies.* Glenview, IL.: Scott, Foresman & Company.

Chapter

06

사회과의 지식 학습: 사실, 개념, 일반화

1. 사실의 학습
2. 개념의 학습
3. 개념학습의 모형
4. 일반화와 이론의 학습

사실, 개념, 일반화, 그리고 이론은 사회과학적 탐구의 산물로서, 사회과 교육에서 중요한 지식의 내용을 구성하고 있다. 이러한 요소들은 단순한 정보 전달을 넘어, 학생들이 세상을 이해하고 분석하는 데 필요한 도구로서 기능한다. 최근에는 학생들이 전이성이 높은 지식을 습득하고, 이를 다양한 상황에 적용할 수 있도록 사실적 지식뿐만 아니라 개념과 일반화 교육의 중요성이 더욱 강조되고 있다. 이는 학생들이 단순히 외워서 기억하는 것을 넘어서, 배운 내용을 바탕으로 새로운 문제를 해결할 수 있는 사고력을 키우는 데 중점을 둔 교육 접근법이다. 이 장에서는 사실, 개념, 일반화, 그리고 이론이 각각 어떤 성격을 지니고 있으며, 이를 효과적으로 가르치기 위한 교수-학습 방법에는 어떤 것들이 있는지에 대해 자세히 살펴보고자 한다.

1. 사실의 학습

1) 사실의 의미와 유용성

사실은 사회 현상을 이해하기 위한 가장 기초적인 지식 요소이다. 교육에서 사실을 강조하는 것이 암기를 조장한다고 비판받기도 하지만, 높은 사고력을 함양하기 위한 필수적인 정보 중에는 사실도 포함된다. 이제 사실의 중요성과 그 교수-학습 방법에 대해 살펴보자.

사실(fact)은 특정 사건, 대상, 사람들에 관한 정보로, 경험적 자료에 의해 증명된 서술을 의미한다(Banks, 1990: 86). 사실이 존재하기 위해서는 구체적인 사건이나 현상, 이를 인식하기 위한 증거나 자료, 그리고 이를 토대로 한 인간의 인식과 서술이 필요하다. 이를 교육적인 관점에서 보면 “현재까지 존재하는 가장 신뢰할 만한 증거를 바탕으로 증명된 구체적인 사건에 대한 서술”이라고 할 수 있다(Martorella, 1991: 150). 다음은 이러한 사실의 예이다.

> 서울은 한국의 수도이다.
> 1킬로미터는 1,000미터이다.
> 지구는 태양의 주위를 돈다.
> 조선의 네 번째 왕은 세종대왕이다.

사실 중에는 개념과 개념의 관계를 서술한 경우도 있다. 예를 들어, 법원이라는 개념과 청소년 범죄라는 개념, 그리고 금리라는 개념과 주가라는 개념 사이의 관계를 서술한 다음 문장들을 보자.

> 2005년, 법원에서는 약 8만 건의 청소년 범죄를 재판하였다.
> 미국의 금리 인상으로 아시아 국가들의 주가가 큰 폭으로 하락했다.

여기서 유의할 점은 개념과 개념 사이의 관계를 서술하는 '사실'이 경우에 따라 뒤에서 설명할 '일반화'에 해당하는 진술이 될 수도 있다는 것이다. 예를 들어, '통화량이 증가하면 장기적으로 물가는 상승한다.'라는 문장은 개념 간의 관계를 서술하는 사실임과 동시에 일반화에 해당한다.

현대사회가 매우 복잡하게 변화하고 있기 때문에, 우리가 필요한 의사결정을 내리기 위해서는 중요한 상황에 대한 정확한 사실적 정보가 필수적이다. 필요한 사실적 정보가 없거나 잘못된 정보를 가지고는 오늘날 지식 기반 사회에서 살아가기가 매우 어려울 것이다. 이 점에서 사실에 관한 정보는 매우 중요한 가치를 지니며, 우리는 이러한 정보를 많이 필요로 한다. 예를 들면, 특정 국가의 정세와 시장 상황에 대한 사실을 정확히 알아야 적절한 외교 정책을 세울 수 있을 것이다.

또 우리의 역사나 지리, 각종 사회통계에 대한 기본적인 지식은 국민의 기본적인 소양이나 교양 교육을 위해서도 필요하다. 우리나라의 인구와 역사상의 중요한 사건이나 인물에 관한 연대를 암기하는 것은 국민의 상식에 관한 문제이며, 그러한 기초 지식을 통해서 국민으로서 우리나라에 대한 이해를 발전시킬 수 있을 것이다.

이처럼 정확한 사실에 대해 풍부하게 아는 것은 국가 차원의 의사결정뿐만 아니라 개인의 교양 생활에 이르기까지 폭넓은 유용성을 가진다. 따라서 사실 자체를 가르치는 것뿐 아니라, 사실과 관련된 자료나 근거를 비판적으로 분석하고, 나아가 사실을 의사결정의 근거로 활용할 때 그 교육적 효과가 제대로 발휘될 수 있다. 사실에 대한 교수-학습을 통해 우리는 단순한 암기력이 아닌, 보다 높은 차원의 탐구력이나 의사결정력을 함양할 수 있다. 고차사고력의 함양도 사실에 관한 기초적인 지식이 없으면 불가능하다.

2) 사실의 성격

사실은 구체적으로 존재하거나 존재했던 것을 경험적 자료를 통해 사람이 인식한 것을 의미한다. 이는 자료를 통해 사람이 '인식'한 것이기 때문에, 자료가 달라지면 인식도 달라질 수 있다. 예를 들어, 역사적 사건에 대한 인식은 해당 사건에 대한 추가적인 사료가 발견되면 수정될 수 있다. 이 점에서 사실은 객관적으로 존재하는 '현상' 그 자체와는 다르다는 점을 유의해야 한다. 현상은 변하지 않지만, 그것을 인식하는 방식이 달라지면 사실도 달라진다. 이 점에서 보면, 사실은 그 자체로 현상이 아니며, 인간의 해석을 통해 구성된 것이다.

사실은 객관적으로 존재하는 현상과 일치할 수도 있고, 그렇지 않을 수도 있다. 우리는 지구가 태양 주위를 돈다는 것을 '현재까지 발견된 가장 신뢰할 만한 자료에 의해' 사실로 믿고 있다. 그러나 중세 사람들은 태양이 지구 주위를 돈다고 '당시까지 발견된 가장 신뢰할 만한 사료에 의해' 믿었을 것이다. 또한, 미래에 지구와 태양의 관계에 관한 새로운 증거가 나타난다면, 이 관계에 대한 사실로 또 다른 내용이 제시될 수도 있다. 이러한 문제를 생각해 보면 사실의 의미를 명확히 알 수 있으며, 또한 사실을 교육할 때는 학습자들에게 사실 자체를 암기시키기보다, 그것을 사실로 인식하게 하는 근거와 자료를 분석하도록 하는 것이 중요하다는 것을 알 수 있다.

3) 사실의 교수 방법

가. 사실의 교수-학습

사실을 가르치는 가장 기본적인 방법은 단순히 암기하도록 하는 것이 아니라, 관련된 개념 및 일반화 등의 맥락에서 사실을 이해하고 기억하도록 하는 것이다. 즉, 사실의 암기 자체가 목적이 아니라, 그 사실이 나타나고 활용되는 맥락을 이해시키는 것이다. 이렇게 사실을 맥락 속에서 이해하게 함으로써, 기억이 더 쉽게 이루어지고 그 기억이 오래 지속될 수 있으며, 나아가 살아 있는 지식으로서 필요할 때 응용하거나 활용할 수 있게 된다.

적절한 맥락에서 학습되지 않은 사실은 우리의 머릿속에서 고립되어 존재하기 때문에 '사장되는' 지식이 되고 만다. 반면, 적절한 맥락 속에서 습득된 사실은 이미 저장되어 있는 지식 체계와 결합하거나 새로운 지식 체계로 저장되어, 새로운 사실이 들어올 때마다 다시 수정되고 새롭게 구성되며, 지속적으로 활용될 수 있는 지식으로 남는다. 예를 들어, 지구가 태양 주위를 돈다는 사실을 알고 있지만, 태양이 동쪽에서 뜨고 서쪽에서 지는 이유를 모르는 경우, 이는 그 사실이 맥락 속에서 학습되지 않아 활용되지 않는 지식으로 저장되어 있기 때문이다.

사실을 가르치는 또 하나의 방법은 학습자들이 수업 도중에 기본적인 사실을 자주 활용하게 하는 것이다. 이렇게 함으로써 학습자들의 기억 속에 사실을 오래 지속시킬 수 있고, 사실을 사고력과 연결하여 활용할 수 있도록 해준다. 아무리 맥락 속에서 사실을 이해했더라도, 한 번 학습한 후 오랜 시간 사용하지 않으면 망각하는 것은 인간 두뇌의 자연스러운 현상이다. 이처럼 학습자가 맥락 속에서 이해한 사실들을 반복적으로 활용하고 응용하는 것은 교육적으로 중요한 의미를 가진다. 그러나 구체적으로 어떻게 사실을 수업 속에서 자주 활용하도록 할 것인가는 교육과정 및 교과서를 구성하고 집필하는 전문가와 현장 교사들이 끊임없이 연구하고 고민해야 할 과제이기도 하다.

나. 사실과 가치의 구분

사회과에서 사실을 가르칠 때 주의해야 할 점은 학생들이 사실과 가치의 차이를 명확히 인식하도록 지도하는 것이다. 사실과 달리, 가치에는 인간의 주관, 편견, 감정 등이 개입되어 있다. 따라서 겉보기에는 사실처럼 보이는 진술도 편견이나 주관이 개입된 가치의 진술일 수 있다. 예를 들어, 특정 국가의 입장에서 "A 장군은 전쟁 영웅이다"라는 진술은, 그 전쟁에서 패한 측의 입장에서는 "A 장군은 침략자다"라는 진술로 바뀔 수 있다.

따라서 학생들이 사실 진술(factual statement)과 가치 판단(value judgement)을 명확히 구분하는 능력을 기르는 것이 중요하다. 예를 들어, 한국의 수도인 서울에 대해 "서울은 한국의 수도이다"라는 문장은 사실 진술이지만, "서울은 아름다운 도시이다"라는 진술은 가치 판단에 속한다. 이는 선과 악, 아름다움과 추함에 대한 가치가 개입되어 있기 때문이다.

2. 개념의 학습

개념은 사회과의 학습에서 가장 많은 부분을 차지하는 지식 요소이며, 높은 차원의 사고력 학습을 위해 매우 중요하다. 특히 현대사회에서는 개념 학습의 중요성이 더욱 강조되고 있다. 이 절에서는 개념의 의미, 성격, 유형, 그리고 개념의 교수 · 학습 방법 등에 대해 살펴보도록 하겠다.

1) 개념의 의미와 유용성

가. 개념의 의미

우리는 이 세상의 온갖 사물들을 관찰한다. 그 수가 너무 많고, 특징들이 너무 복잡하여 개별 사물들의 특징을 일일이 외우는 것은 거의 불가능하다. 그러나 모양, 성격, 용도 등 어떤 기준을 정해 그것들을 분류하고, 분류된 집단마다 이름을 붙여 이해한다면, 개별적으로 접근할 때보다 훨씬 더 많은 것을 이해할 수 있을 것이다. 예를 들어, 학급 담임교사가 40명 학생의 성격을 하나씩 모두 외우기는 어렵다. 그러나 비슷한 성격을 가진 학생들끼리 묶어 '외향적' 학생과 '내성적' 학생으로 이해하면, 개별 학생으로 접근할 때보다 더 쉽게 이해할 수 있다. 이것이 바로 개념이며, 개념의 유용성이다.

개념은 우리가 경험한 것을 집단별로 묶은 범주라고 할 수 있다. 범주는 분류와 비슷한 의미를 지니지만, 범주는 특정 특징, 즉 속성을 기준으로 집단화한 것을 의미한다. 좀 더 쉽게 말하면, 개념은 우리가 관찰한 것을 특정 기준(속성)에 따라 비슷한 것끼리 분류하고, 거기에 이름을 붙인 추상적인 용어를 의미한다. 예를 들어, 주변에서 만나는 다양한 동물들을 관찰한 후, 그들을 특징에 따라 분류하고 각각 '개'와 '고양이'라는 이름을 붙인 것이 바로 개념이다. 요컨대, 개념이란 관찰 → 분류(범주화) → 이름 붙이기(명명)의 과정을 거쳐 단어나 구로 표현된 용어이다.

나. 개념의 유용성

개념은 추상적 사고를 가능하게 한다. 인간은 구체적인 관찰을 넘어 추상적인 세계를 상상할 때, 더 풍부하고 창조적인 사고를 할 수 있다. 개념은 바로 이러한 고차원의 추상적이고 독창적인 사고를 가능하게 한다. 또한, 개념은 개별적인 요소를 이해할 때보다 훨씬 더 넓은 범위의 이해를 가능하게 한다. 개념은 기본적으로 많은 대상들을 특정 기준에 따라 집단화하여 이해를 돕기 때문이다. '개념'이라는 안경을 끼고 세상을 볼 때, 우리는 주변 세계를 효율적으로 이해할 뿐만 아니라, 무한히 넓은 세계를 상상할 수 있다. 결과적으로, 암기와 이해라는 낮은 차원의 사고에서 가설 설정, 분류, 비판적 사고, 창조적 사고, 의사결정 등 고차원적 사고력의 학습이 개념 학습을 통해 가능해진다.

사실, 개념, 일반화, 이론 등은 모두 사회과의 중요한 학습 내용이지만, 사실은 너무 구체적이고 전이성이 상대적으로 낮다. 또한 자연과학과 달리 사회과학에서는 일반화나 이론의 수가 많지 않기 때문에, 사회과에서 가장 중요한 학습 내용은 곧 개념이라고 할 수 있다. 사회과에서 흔히 학습하게 되는 개념의 예는 다음과 같다.

정부	주권	권력	민주주의
가족	사회계급	사회통제	갈등
경제	생산성	희소성	교환
평화	정의	역할	사회화

2) 개념의 성격

개념을 학습하기 위해서는 먼저 개념의 여러 가지 성격을 이해하는 것이 필요하다. 개념의 추상성과 원형, 결정적 속성과 비결정적 속성, 예, 개념 형성에서의 개인적 경험과 문화적 영향, 오개념과 고정관념 등에 대해 살펴보자.

가. 개념의 추상성과 원형

개념 학습에서 주의해야 할 몇 가지 점이 있다. 개념은 추상적인 것이며, 구체적으로 존재하는 사물을 가리키는 것이 아니다. 예를 들어, '사람'이라는 개념은 '박 아무개'와 '이 아무개' 등 구체적인 사람을 가리키는 것이 아니라, 이러한 사람들을 총체적으로 가리키는 추상적인 용어라는 점에 유의해야 한다. 따라서 구체적인 '이 사람'과 '저 사람'이 사라져도 '사람'이라는 개념은 여전히 존재한다. 또한, 우리는 개념을 통해 세상의 만물을 관찰하고 분류하는데, 구체적인 사례들이 그 개념에 잘 들어맞는 경우도 있고, 덜 들어맞는 경우도 있을 것이다. 이때 기준이 되는 대표적인 전형(典型) 또는 최적의 예를 원형(prototype)이라고 한다.

나. 속성, 결정적 속성, 비결정적 속성

사물이나 사실을 집단별로 분류하는 기준이 되는 특징을 속성(attribute)이라고 한다. 예를 들어, 개는 털, 네 다리, 코 등의 특징에 의해 개로 분류된다. 이처럼 속성 중에서 다른 것과 구별되게 하는 가장 중요한 속성을 결정적 속성(critical attribute)이라고 하며, 속성이기는 하지만 덜 중요한 속성을 비결정적 속성(noncritical attribute)이라고 한다. 예를 들어, 난민을 구별하는 결정적 속성은 박해의 피해자, 국외 피난처 추구의 유무이며, 연령, 성별, 교육 수준, 사회경제적 지위 등은 비결정적 속성이 될 것이다. 또한, 계급을 구별하는 결정적 속성은 생산수단의 소유 여부이며, 비결정적 속성은 거주 지역, 취미 활동 등이 될 것이다.

다. '예'와 '예 아닌 것'

개념 학습에서 '예'(example)와 '예 아닌 것'(nonexample)을 구별하고 이해하는 것은 매우 중요하다. 이는 긍정적 예(positive example)와 부정적 예(negative example)라고도 한다(Banks, 1999: 82). 일반적으로 개념 학습에서는 긍정적 예를 제공하는 것이 부정적 예를 제공하는 것보다 더 효과적이라고 알려져 있다. 부정적 예는 예를 들어, '자유'라는 개념을 가르치기 위해 '방종'이라는 개념을 도입하여 구별하게 하거나, 법과 규율의 필요성을 가르치기 위해 무정부주의를 도입해 구분하게 하는 것을 들 수 있다. 학교 현장에서 개념 학습을 위해 부정적 예를 도입하는 것이 보편화되어 있지만, 부정적 예를 과도하게 도입하면 오히려 학습 효과가 반감될 수 있음을 주의해야 한다.

라. 개인적 경험과 문화적 특징

전문가들은 개념의 이해나 구성에 개인적 경험이나 문화적 특징이 많은 영향을 미친다고 보고 있다. 돈에 대한 개념은 부유한 사람과 빈곤한 사람들 사이에 다르게 이해될 수 있다. 또한, '가족'에 대한 한국인의 개념과 서양인의 개념은 서로 다를 것이다. 민주주의에 대한 개념 역시 각 사회의 상황에 따라 다르게 이해될 수 있다. 즉, 개인이 태어나고 자라온 환경이나 문화적 배경, 사회적 분위기가 개념의 이해나 구성 과정에 큰 영향을 미친다. 그럼에도 불구하고 개념을 형성할 때 결정적 속성이 존재하기 때문에, 개인적 경험 및 문화적 차이에 따른 인식의 차이가 개념 학습에서 논쟁거리가 될 수 있다.

마. 오개념과 상투개념

오개념과 상투개념도 개념의 속성과 관련하여 생각할 수 있다. 오개념

(misconception)은 개념의 속성을 잘못 이해한 경우를 말하며, 상투개념(stereotype)은 비결정적인 속성을 결정적인 속성으로 잘못 생각하여 개념을 형성한 경우를 의미한다. 상투개념은 흔히 '**고정관념**'이라고도 불린다. 예를 들어, "1인당 GDP가 20,000달러인 A국 국민은 2,000달러인 B국 국민보다 행복지수가 높을 것이다"라고 말한다면, 이는 '행복'이라는 개념의 결정적 속성을 'GDP'로 잘못 이해하여 오개념을 형성한 경우이다. 삶에 대한 주관적 만족도는 GDP 수준과 무관할 수 있음을 간과한 것이다.

또한 "흑인은 운동 능력이 뛰어나다"라고 말한다면, 이는 예외가 있음을 인식하지 못하고, 한정된 관찰 내용을 전체로 섣부르게 일반화하는 실수를 범하고 있다. 이는 올바른 개념을 형성하지 못하고 인종에 따른 상투개념 또는 고정관념을 형성한 경우이다. 이러한 오개념이나 상투개념에 주의하여 개념의 속성을 바르게 인식하고 개념을 정확하게 분류하는 것은 매우 중요하다.

3) 개념의 유형

개념은 여러 가지 형태로 존재하며, 이를 학습하는 것은 개념을 이해하는 데 매우 중요하다. 다음 몇 가지 유형을 검토해 보겠다.

가. 추싱직 개념과 구체직 개념

구체적인 대상과 직접 연결된 것이 구체적 개념이고, 실제 대상 없이 존재하는 것이 **추상적 개념**이다. 그러나 이는 정도의 차이일 뿐이다. 이미 언급한 것처럼, 개념은 추상적인 언어이기 때문에 구체적인 개념도 실물 그 자체는 아님을 주의해야 한다. **구체적 개념**은 이해하기 쉽지만, 추상적 개념은 추상적 사고를 할 수 있는 연령에 도달해야 학습이 가능하다. '개', '사람', '가족', '책상', '컴퓨터' 등은 구체적 개념이고, '국가', '주권', '사회 계급', '국제법', '평화', '혁명' 등은 추상적 개념이다. 학습 방법과 관련하여, 구체적 개념은 속성을 중심으로, 추상적 개념은 예시(examples)를 중심으로 학습하는 것이 이해를 돕는 데 효과적이라는 실험 결과가 있다(김혁진, 1993).

나. 상위개념, 동위개념, 하위개념

개념이 포괄하는 범위가 넓은 것은 상위개념, 그 정도가 동일한 것은 동위개념, 범위가 좁은 것은 하위개념이다. [그림 6-1]처럼 개념 지도(개념도)를 그려보면 이러한 위계 관계가 명확해진다. 그림에서 '비물질문화'는 '물질문화'와 **동위개념**이며, '문화'의 **하위개념**, 그리고 '제도문화'나 '관념문화'의 **상위개념**이 된다. '생물'은 '동물'보다 상위 개념이고, 반면에 '식물'은 '생물'보다 하위 개념이다. 다시 '초식동물'은 '동물'보다 하위 개념이다. 그러나 '초식동물'과 '육식동물'은 '동물'이라는 개념의 하위에 존재하는 동위개념(coordinate concept)이다.

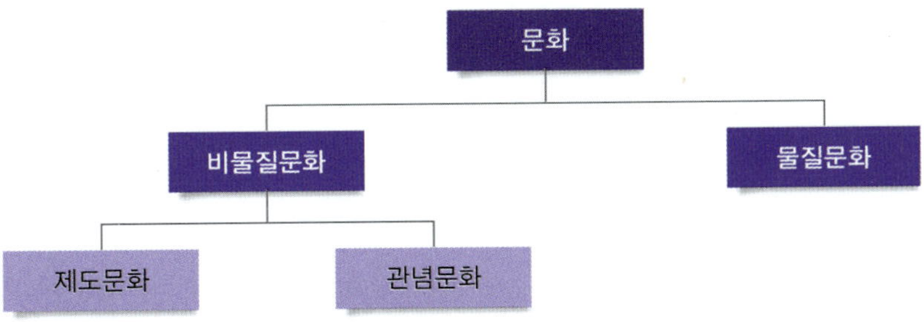

[그림 6-1] **개념도(concept map)의 예**

앞서 개념의 의미에서 설명했듯이, 개념은 대상—현상, 인물, 사건 등—을 분류하고 명명한 것이다. 따라서 개념 간의 위계적 관계는 우리를 둘러싸고 있는 현상, 인물, 사건 등이 어떻게 분류되고, 그렇게 분류된 범주들이 서로 어떤 관계를 맺고 있는지를 반영한다. 그러므로 개념 간의 관계를 명확하게 아는 것은 세계를 정확하고 명료하게 이해하는 것을 의미한다. 예를 들어, 누군가가 문화 개념을 물질문화와 관념문화로만 분류하고 있다면, 이 경우 비물질문화 중 제도문화가 누락되므로 '전체 포괄의 원칙'에 어긋나 문화 개념을 온전히 이해하지 못하고 있다고 볼 수 있다. 또 다른 예로, 문화의 하위 개념을 비물질문화, 물질문화, 관념문화로 인식하고 있다면, 비물질문화와 관념문화에 중복 분류되는 문화 요소들이 존재하므로 '배타성의 원칙'에 어긋난다.

'동물'이라는 상위개념과 '사람'이라는 하위개념은 그 속성이 명백하기 때문에 속성 중심으로 학습할 때 그 뜻이 분명해진다. 그러나 '혁명'과 '반란'과 같은 동위개념은 서로 공통적인 요소를 공유하고 있기 때문에, 속성보다는 예시를 중심으로 학습하는 것이 이해에 더 용이하다. 이러한 주장은 '경쟁'과 '갈등', '혁명'과 '반란' 등의 동위개념을 대상으로 한 실험 연구에서도 밝혀지고 있다(구정화, 1995).

다. 접합개념, 이접개념, 관계개념

개념을 구성하는 여러 속성들이 부가적으로(additive) 모여서 개념을 구성하는가, 아니면 이들 속성이 대안적으로 개념을 구성하는가에 따라 개념의 분류가 달라진다. 예를 들어, '사회계층'은 교육, 수입, 직업 등 여러 특징이 부가적으로 모여서 개념을 구성하는데, 이러한 개념을 **접합개념**(conjunctive concept) 또는 결합개념이라고 한다. 반면, '시민권'이라는 개념은 출생, 혈연, 귀화, 결혼 등 여러 가지 중 어느 하나에 의해 각각 독립적으로 또는 대안적으로 성립될 수 있다. 이처럼 개념을 구성하는 특징이 여러 대안을 가지고 있을 때, 이러한 개념을 **이접개념**(disjunctive concept) 또는 비결합개념이라고 한다. 접합개념은 두 개 이상의 속성이 동시에 존재하는 것을 의미하며, '그리고'라는 연결사로 표현된다. 반면, 이접개념은 두 개 이상의 속성 중 어느 하나만 적용되는 것을 의미하며, '또는'이라는 연결사로 표현된다. 접합개념은 여러 개의 조건을 모두 만족해야 개념이 성립하며, 이접개념은 여러 개의 조건 중 하나만 만족하면 성립하는 상황에 해당한다.

이에 비해, **관계개념**(relational concept)은 속성들 간의 관계로 정의된다. 물리학의 수치 법칙이 그 예이다. 예를 들어, '밀도'라는 개념은 질량을 부피로 나눈 값으로 정의되기 때문에, 이는 관계개념에 해당한다. 이 관계는 두 속성 간의 비율로 정의되며, 두 속성의 값을 알고 있다면, 다른 속성의 값을 계산할 수 있다는 특징을 가진다. 이러한 개념은 개별적인 속성보다는 속성들 간의 상호작용에 의해 의미가 결정된다. 브루너(Bruner)는 소득 수준과 부양가족 수 간의 관계로 정의되는 '소득세 구간'(income-tax bracket)을 관계개념의 예로 들었다(Hunt & Metcalf, 1963에서 재인용).

4) 개념의 교수 방법

학생들에게 개념을 가르치기 위해서는 기본적으로 개념의 형성 과정에 대한 이해가 필요하다. 일반적으로 개념 형성의 핵심적인 단계는 관찰 → 분류 → 이름 붙이기 등 세 단계로 볼 수 있다. 우선, 관찰한 사물이나 사회현상을 분류하기 위해서는 그 속성에 대한 이해가 필요하다. 분류의 기준이 되는 속성은 결정적 속성과 비결정적 속성으로 나눌 수 있다. 이러한 구분 기준에 따라 서로 비슷한 것들끼리 집단화되면, 거기에 이름을 붙여 마음속에 간직하게 되는 것이 바로 개념이다. 따라서 붙여진 이름과 그 이름에 해당하는 '그림'이 마음속에 형성되어야 한다.

이러한 그림이 곧 '예'가 된다. 예는 개념의 이해에서 필수적이다. 개념의 예에는 긍정적인 예와 부정적인 예가 있으며, 개념과 아무런 관계가 없는 것도 있을 수 있다. 예를 들어, 인구수와 넓이의 관계에서 인구 밀도라는 개념이 나오듯, 개념과 개념 사이에 존재하는 관계를 연구할 수도 있고, 개념의 구체성, 추상성, 개념 구성의 기준 등을 검토할 수 있다. 이러한 과정을 개념분석(conceptual analysis)이라고 하며, 이는 개념 학습에서 중요한 부분을 차지한다. 이러한 과정을 거칠 때 우리는 개념을 이해하게 되며, 이는 곧 개념 학습의 전략이나 방법과 직결된다.

이와 같은 개념 학습 과정을 중심으로 개념 학습에서 필요한 교수학습 단계를 정리하면 다음과 같다(Martorella, 1991: 143-144).

① 개념에 해당하는 예와 예가 아닌 것을 몇 가지 준비하여, 이들을 논리적 순서로 배열하여 제시하라. 이때 최소한 한두 가지는 반드시 개념의 원형에 가장 적합한 최적의 예(best example)를 포함하라.

② 적절한 단서, 방향 지시, 질문 등을 제시하여 학생들이 예와 예가 아닌 것 사이의 유사성과 차이, 개념의 결정적 속성에 주의를 기울이도록 하라.

③ 제시된 모든 예들을 최적의 예와 비교하라. 예들 간의 비교가 적절한지 피드백을 제공하라.

④ 만약 결정적 속성이 명확하지 않거나 모호하다면, 가정 적합하다고 생각되는 긍정적인 예들의 명백한 특징에 주의하면서 이들의 특징을 제시하도록 하라.

⑤ 만약 개념의 명백한 정의가 있다면, 적당한 학습 단계에서 정의를 제시하고 그

정의를 속성이나 예와 연결하라.

⑥ 학습하려고 하는 개념을 학생들이 이미 과거에 학습하여 가지고 있는 개념과 연관지어 토론하도록 하라.

⑦ 예 혹은 예가 아닌 것을 제시한 후, 학생들이 예인지 아닌지를 정확하게 분별할 수 있는지를 본다. 이를 통해 개념에 대한 기본적인 이해 여부를 평가한다.

⑧ 학생들에게 새로운 예를 제시하게 하거나, 개념을 새로운 상황에 적용해 보도록 한다. 이를 통해 개념에 대한 고차원적 이해 여부를 평가한다.

3. 개념학습의 모형

학생들에게 보다 체계적이고 조직적으로 개념을 가르치기 위해서는 단순한 교수 방법이나 수업 전략이 아닌, 개념 학습 모형이 필요하다. 현재 사회과에서 일반적으로 사용되고 있는 개념 학습 모형은 속성 모형, 원형 모형, 사회적 상황 모형 등으로 나눌 수 있다. 사회적 상황 모형은 상황 모형이라고도 한다. 이미 제5장에서 수업 모형에 관해 간략하게 서술하였으나, 여기서는 각 개념 학습 모형의 의미와 특징, 교수 단계, 장단점 등을 비교하면서 자세히 설명하고자 한다(Howard, 1987: 85-106).

1) 개념학습의 모형 ①: 속성모형

속성모형은 개념 학습 모형 중 가장 오래되고 전통적인 것이다. 개념을 속성 중심으로 보는 견해는 고대 그리스 시대까지 거슬러 올라갈 정도로 오래되었으며, 1970년대까지만 해도 심리학과 교육학의 가장 지배적인 견해였다. 비교적 간단하고 논리적이며, 많은 개념이 이 모형으로 설명될 수 있기 때문에 인기가 있었으나, 최근에는 복잡하고 매우 추상적인 개념들이 등장하면서 속성 모형에 대한 대안이 나오기 시작했다. 이제 속성 모형의 특징과, 왜 이 모형에 대한 대안이 등장하게 되었는지 살펴보자.

가. 의미와 특징

개념을 학생들에게 가르칠 때, 예나 사회적 상황보다도 개념이 가지고 있는 특징을 중심으로 가르치는 것을 속성 모형(attribute model)이라고 한다. 전통적 모형이라는 의미에서 고전 모형(classic model)이라고도 불린다. 이 모형은 개념 형성 과정에서 그 개념의 고유한 특징이 가장 중요한 요소라고 보고, 이 특징을 중심으로 개념을 이해하려고 하는 것이다.

따라서 이 모형을 사용하여 수업을 진행할 때는, 먼저 교사가 학생들에게 개념의 속성을 이해하도록 하고, 결정적 속성과 비결정적 속성을 검토하도록 한다. 그다음에 속성에 따라 예(example)와 예가 아닌 것(nonexample)을 구분하도록 한다. 이때 새로운 대상에 이러한 특징이 잘 적용되는지를 시험하는 과정이 필요한데, 이것이 바로 가설 검증(hypothesis testing) 단계이다.

이러한 단계를 거친 후에는 개념의 종류, 형태, 상호관계 등에 대한 개념 분석을 시도한다. 개념의 여러 가지 특징이 부가적(additive) 또는 결합적(conjunctive)으로 구성되는지, 아니면 분리적(disjunctive)으로 구성되는지를 검토한다. 예를 들어, 사회계층은 접합 개념(conjunctive concept)이며, 시민권이라는 개념은 비결합 개념 또는 이접 개념(disjunctive concept)이다. 한편, 정의나 평화는 관계 개념(relational concept)이다.

개념 분석의 다음 단계에서는 개념과 관련하여 제기될 수 있는 여러 가지 문제를 검토한다. 이는 민주주의 개념을 분석한 후 특정 국가의 현실과 관련된 문제를 제기하고 검토하는 것과 같다. 그리고 마지막 단계로 평가를 한다. 평가는 지금까지 제시했던 여러 가지 분석과 검토를 중심으로 실시한다. 이상의 교수-학습 단계는 〈표 6-1〉의 예시에 나타난 바와 같다.

나. 교수-학습 단계 요약

① 문제제기

② 속성 제시와 정의

③ 결정적 속성과 비결정적 속성 검토

④ '예'와 '예 아닌 것' 검토

⑤ 가설 검증

⑥ 개념의 형태, 종류, 관계 등 개념분석

⑦ 관련 문제 검토

⑧ 평가

〈표 6-1〉 **속성모형 수업의 단계('난민')**

수업 단계	활동
1단계: 〈문제제기〉	최근 국제사회의 난민 문제에 대한 기사를 검토하고 학생들에게 난민이 무엇인지 생각해 보도록 한다.
2단계: 〈속성제시와 정의〉	난민이란 박해의 피해자로서 타국에서 정착하려는 사람을 말한다.(밑줄은 속성임)
3단계: 〈결정적 속성과 비결정적 속성 제시〉	결정적 속성: 박해의 피해자, 국외 피난처 추구 비결정적 속성: 연령, 성별, 교육수준, 사회 경제적 지위
4단계: 〈'예'와' 예 아닌 것' 검토〉	'예' : 약 10만~20만 명의 과테말라인들이 정치적 박해를 피하여 멕시코 남부에 정착하였다. '예 아닌 것' : A국의 마약 사범 10여 명이 현재 B국에 잠입하여 거주하고 있다.
5단계: 〈가설검증〉	중동, 남미, 미얀마 등의 사례를 제시하여, 학생들로 하여금 난민의 '예'인지 여부를 검증하도록 한다.
6단계: 〈개념의 형태, 종류, 관계 등 개념분석〉	정치적 자유, 시민권 등 관련 개념과의 관계를 설명한다.
7단계: 〈관련문제검토〉	난민의 지위에 관한 국제협약을 조사하도록 한다.
8단계: 〈평가〉	3단계에서 비결정적 속성을 결정적 속성으로 오인하는 경우 [상투개념/고정관념(stereotype)]을 형성하게 됨을 확인한다.

다. 장단점

속성 모형의 주창자들은 이 모형이 논리적이며, 비교적 간단하고, 인간의 인지적 활동 과정에 부합한다고 주장한다. 또한 대부분의 일반적인 개념을 설명하는 데 적합하다고 말한다. 그러나 많은 개념이 명확한 특징을 가지지 않으며, 초등 저학년 학생들은 이러한 특징을 추상화하는 데 어려움을 겪는다. 추상적인 개념은 특징을 명확하게 지적하기 어렵고, 어떤 개념들은 공통적인 특징을 가지면서도 다른 특징을 동시에 가지고 있어 복잡하다. 이러한 경우 고전 모형으로는 개념을 가르치기가 어려워지기 때문에, 예를 적절하게 제시해야 한다. 이러한 필요에 따라 등장한 것이 바로 원형모형이다.

2) 개념학습의 모형 ②: 원형모형

원형모형 역시 역사가 상당히 길지만, 고전 모형에 대한 대안으로 사회과 교육에서 수업 모형으로서의 실험과 연구가 활발하게 이루어진 것은 1980년대 후반부터이다. 원형모형을 통해 고전 모형이 지닌 문제를 해결할 수 있을 것이라는 기대가 컸다.

가. 의미와 특징

원형모형 또는 전형 모형(prototype model)은 고전 모형, 즉 속성 모형이 제시하는 속성의 진술만으로는 개념이 불명확한 경우를 설명하기 위해 등장하였다. "원형(prototype)"은 기본적인 모형이라는 뜻으로, 자동차를 대량 생산할 때 가장 먼저 본을 뜬 기본 형틀로 이해할 수 있다. 여기서 주의할 점은 '새(bird)'의 원형이란 구체적으로 존재하는 실물로서의 새를 가리키는 것이 아니라, '새'라는 범주의 많은 예에서 '알을 낳고 날아다니며 부리가 있는' 생물체 중 가장 대표적이라고 생각되는 것을 추상화하여 만든 이상적인 새(idealized bird)를 의미한다. 이는 막스 베버가 말한 이념형(ideal type)과 유사하다. 이 원형을 기준으로 구체적으로 존재하는 대상들이 새인지 아닌지가 구분된다. 원형의 이러한 특성은 통계적으로 산술평균치(mean value) 또는 최빈치(modal value)로 표현될 수 있다고 학자들은 설명한다.

원형에는 두 가지 유형이 있다. 첫째, 위에서 언급한 '새'의 경우처럼 수많은 실제 예를 통해 학습자의 마음속에 재구성된 '이상적 원형(idealized prototype)'이 있다. 둘째, 실제 예들 중에서 가장 전형성(typicality)이 높은 것, 즉 최적의 예(best example)가 학습자의 마음속에 구성되는 '실제적 원형(actual prototype)'이 있다(Smith & Medin, 1981). 그렇다면 사람들은 원형에 의해 사물을 어떻게 이해하는가? 학자들은 다음과 같이 설명한다. 사람들은 예컨대, 고양이의 추상적인 원형을 머릿속에 기억하고 있다가, 개와 고양이가 나타났을 때 이들을 머릿속의 원형과 비교하여 그것이 개인지 고양이인지를 구분한다는 것이다. 또한, 행복에 대한 머릿속의 원형을 기준으로 어떤 사람이 행복한 사람인지 아닌지를 평가하는 경우도 마찬가지다.

나. 장단점

원형모형은 고전 모형이 해결하지 못한 문제를 해결하기 위해 등장한 것이기 때문에, 고전 모형으로 다루기 어려운 개념을 교수할 수 있는 장점이 있다. 원형모형은 대상의 특징을 나열하고 예를 통해 개념을 자연스럽게 이해하도록 하는 방식으로, 고전 모형이 취하고 있는 속성을 나열하여 정의를 내리고 결정적, 비결정적 속성을 골라내는 복잡한 과정(defining features process)을 생략할 수 있다. 따라서 학습자가 비교적 수월하게 개념을 이해할 수 있다.

또한, 원형모형은 개념의 속성이 모호하거나 발견하기 어려울 때 적절한 예를 제공함으로써 개념을 이해할 수 있게 하는 장점이 있다. 특히 비결합 개념이나 이접 개념, 또는 '혁명'과 '반역'처럼 공통적인 특징이 있어서 서로 비슷하면서도 다른 경우, 원형모형이 제시하는 예를 통해 쉽게 이해할 수 있게 된다.

그러나 수업에서 예만을 사용한다면, 하나의 범주에 속하는 예들이 왜 집단성을 가지는지 설명하기 어렵고, 추상화나 일반화가 어려운 단점이 있다. 즉, 예만을 사용해서는 하나의 개념에 속하는 대상들이 왜 비슷하게 보이는지에 대한 설명력이 부족할 수 있다.

다. 교수-학습 단계 요약

교수 단계에서 주의해야 할 점이 하나 있다. 원형모형에서는 속성보다 원형을 중심으로 수업을 진행하지만, 원형을 제시할 때는 사실상 예와 함께 속성도 검토하지 않을 수 없다. 원형모형의 효과를 연구한 결과, 교수 단계에서 원형 제시만 포함하고 속성 검토를 제외한 경우도 있었으나, 실제 교수-학습 상황에서 원형모형을 적용할 때는 원형을 '먼저' 제시한다는 것이지, 속성을 아예 제외해야 한다는 의미는 아니다. 아래의 교수-학습 단계에서는 원형모형의 취지를 살리면서도 수업의 효과를 높이기 위해 속성도 검토하는 단계를 포함했다. 따라서 이 과정은 융통성 있게 활용될 수 있을 것이다.

① 문제 제기
② 원형 또는 예 제시
③ 예가 아닌 것 제시
④ 속성 검토
⑤ 개념 분석
⑥ 문제 검토
⑦ 평가

〈표 6-2〉 **원형모형 수업의 단계(사회이동 단원의 '구조적 이동')**

수업 단계	활동
1단계: 〈문제제기〉	1997년 외환위기 이후의 우리나라 계층 이동에 대해 생각해 보도록 한다.
2단계: 〈원형 또는 예 제시〉	구조적 이동의 대표적 사례인 신분제 폐지를 제시한다. 신분제 폐지는 사회적 구조가 변화하며 사회계층이 이동하는 대표적인 예다.
3단계: 〈예가 아닌 것 제시〉	빈곤한 가정에서 자란 A는 꿈을 이루기 위해 노력하여 대기업 CEO가 되었다. (구조적 이동과 대비되는 개인적 이동의 예시임)
4단계: 〈속성 검토〉	구조적 이동의 속성이나 기준이 무엇인지 생각하도록 한다. (사회 계층 구조의 변화에 따라 나타나는 지위의 변화)
5단계: 〈개념 분석〉	개인적 이동, 세대 내 이동, 세대 간 이동 등 관련 개념 간 관계를 설명한다. 구조적 이동의 다른 사례와 모호한 사례를 제시하고, 구조적 이동에 분류될 수 있는지를 설명하도록 한다.
6단계: 〈문제 검토〉	외환위기, 과학기술의 발달 등 구조적 이동 관련 문제를 검토한다.
7단계: 〈평가〉	5단계에서 구조적 이동의 예가 아닌 것을 구조적 이동의 예로 오인하는 경우, 오개념을 형성하게 됨을 확인한다.

3) 개념학습의 모형 ③: 상황모형

상황모형은 고전모형이나 원형모형만큼 일반화되어 있지는 않지만, 사회적 상황을 중요시하는 독특한 성격 때문에 사회과의 개념학습에서 최근에 관심을 끌고 있다.

가. 의미와 특징

상황 모형(social context model)은 사회·문화적 환경에서 학생이 직접 겪은 경험이나 기대, 행동 등을 중심으로 개념을 가르치는 개념 학습의 한 방법이다. 이 모형을 주장하는 학자들은 학습자가 어떤 대상이나 상황을 진공 상태에서 인식하거나 이해하는 것이 결코 아니며, 반드시 역사적 전통과 사회·문화적 영향 아래에서 이루어진다는 점을 중요시한다. 문화권에 따라 인지적 활동이 다르게 나타난다는 것은 많은 학자들이 인정하는 바이다. 특히 사회과에서는 정치, 경제, 문화에 관한 많은 개념이 취급되는데, 이러한 개념들은 그 사회의 특정한 역사적, 문화적 전통과 현실에 대한 이해 없이는 파악하기 어렵다.

예를 들어, 미국 사회의 인종 문제와 성차별 문제, 한국에서의 민주주의와 개방화, 중동 지역의 테러리즘 등은 모두 그 사회의 독특한 상황과 특징을 고려하지 않으면 올바르게 이해하기 어려울 것이다. 한국 사회에서 '보리밥'이라는 개념을 생각해 보자. 오늘날 한국의 소득 수준이 올라가면서, 고급 음식점에서 보리밥과 된장찌개가 건강과 별미를 위해 인기 있는 메뉴가 되었다. 그러나 경제적으로 어려운 시절을 살았던 기성세대에게는 보리밥이 가난의 상징이며, 꽁보리밥 도시락을 학교에 가져가 부끄러워하며 먹어야 했던 아픈 기억이 있다. 이러한 기억을 가진 기성세대가 만약 오늘날의 비교적 풍요로운 세대에게 자신의 기억에 맞는 보리밥의 개념을 가르친다면, 오늘날의 풍요로운 세대가 가난했던 시절의 보리밥 개념을 과연 이해할 수 있을 것인가? 이러한 문제를 고려하는 데 상황 모형은 유용한 방법이 된다.

나. 장단점

상황모형은 이처럼 사회과의 정치, 경제, 사회·문화와 관련된 여러 개념을 역사적 맥락과 사회·문화적 상황에서 구체적으로 이해하는 데 도움이 된다. 그러나 개념의 추상화와 일반화에는 한계가 있다는 단점이 있다. 또한, 수업 방법 측면에서 상황 모형이 고전 모형이나 원형모형이 사용하는 속성 검토나 예 검토와는 완전히 다른 방법을 사용하는지에 대한 의문이 남는다. 또한, 고전 모형이나 원형모형으로는 사회적 상황을 가르칠 수 없는지에 대한 문제도 제기된다. 즉, 상황 모형이 고전 모형이나 원형 모형과 함께 독자적인 모형으로서의 독창성과 독립성을 갖는지에 대한 논의는 여전히 진행 중이다.

다. 교수-학습 단계 요약

① 문제 제기
② 상황 및 경험의 진술
③ 예와 예 아닌 것의 검토
④ 속성 검토
⑤ 개념 분석
⑥ 문제 분석
⑦ 평가

〈표 6-3〉 **상황모형 수업의 단계('사회변동')**

수업 단계	활동
1단계: 〈문제제기〉	코로나 19 감염병으로 인해 사회 여러 영역에서 재난에 대응하는 사회제도가 생기고, 생활 방식이 변화하고 있다는 뉴스를 검토한다.
2단계: 〈상황 및 경험의 진술〉	코로나 19 감염병 전과 후 사회제도와 생활양식이 변화함을 느꼈던 경험을 제시하고 공유한다. (예) 재난지원금 제도, 질병관리청 신설, 코로나19 방역수칙 등
3단계: 〈예와 예 아닌 것의 검토〉	사회 변동의 예와 예가 아닌 것을 제시하고, 사회 변동에 분류되거나 분류되지 않는 이유를 설명한다. (예) 몇 해 전 갑작스런 더위로 냉방기 수요가 일시적으로 증가한 것은 사회변동으로 볼 수 없다. 사회제도나 가치 체계 등이 시간의 흐름에 따라 변화하는 것으로 볼 수 없기 때문이다.
4단계: 〈속성 검토〉	사회 변동의 중요한 속성인 과학기술 등의 물질적 요소와 제도나 가치관 등의 비물질적 요소의 변화 등을 검토한다.
5단계: 〈개념 분석〉	상황, 경험, 속성에 근거하여 사회 변동의 개념을 정의하고, 사회 변동과 관련된 개념의 관계를 설명한다. (사회를 구성하는 정치, 경제, 사회 제도나 가치관 등이 부분적으로나 전체적으로 변화하는 현상).
6단계: 〈문제 분석〉	현대 사회에서 사회 변동의 특징을 조사하도록 한다. (모든 사회에서 발생, 속도와 규모의 차이, 코로나19와 같은 특정 사건의 영향)
7단계: 〈평가〉	3단계에서 사회 변동의 예가 아닌 것을 사회 변동의 예로 오인하는 경우, 오개념을 형성하게 됨을 확인한다.

연구보고 1

미국에서는 일찍이 개념 학습 모형의 중요성을 인식하고 이에 대한 연구가 수행되었다. Yoho(1986)는 캘리포니아 주의 한 중학교에서 사회과 수업을 수강하는 6개 학급의 학생들을 대상으로 총 4가지 개념 학습 전략의 효과성을 검증하였다. 학습 대상이 되는 개념들은 '민주주의'와 관련된 것이었다. 첫 번째 전략은 결정적 속성을 제시하고 강조한 후, '예'인 것만을 제시하여 가르치는 방식이었고, 두 번째 전략은 원형을 제시하고 강조한 후, '예'인 것만을 제시하여 가르치는 방식이었다. 세 번째 전략은 결정적 속성을 제시하고 강조한 후, '예'인 것과 '예가 아닌 것' 모두를 제시하여 가르치는 방식이었으며, 네 번째 전략은 원형을 제시하고 강조한 후, '예'인 것과 '예가 아닌 것' 모두를 제시하여 가르치는 방식이었다. 말하자면, 속성 모형과 원형 모형을 조금씩 변형시켜 적용하여 가장 효과적인 개념 학습 전략을 찾고자 한 것이다. 또한, 통제 집단으로서 전통적인 수업 방식을 적용한 집단을 두어, 교과서를 읽으며 개념을 습득하게 하였다. 연구 결과, 원형을 제시하고 강조하며 '예'인 것만을 검토해 나가는 두 번째 전략이 학생들의 개념–사례 짝짓기 평가에서 가장 효과적인 것으로 검증되었다. 연구자는 중학교 수준에서는 명확한 하나의 원형을 제시한 후, 새로운 사례들을 이와 대조하고 검토하면서 개념을 형성해 나가는 학습 방법이 가장 효과적이었다고 밝혔다.

한편, 우리나라 고등학교 1학년 학생들을 대상으로 한 연구에서 허인숙(2002)은 학생들이 지닌 사전 지식의 양적 · 질적 수준을 파악하여, 개개인의 능력 수준에 맞는 적절한 피드백을 제공하기 위한 방법으로 개념도의 효과를 연구하였다. 사회과 수업에서 개념도를 활용한 결과, 학습 후 오개념이 수정되는 경우, 학습 후에도 오개념이 수정되지 않는 경우, 그리고 학습 후 새로운 오개념이 생겨나는 경우를 모두 발견할 수 있었다. 교사가 수업에 앞서 학생들에게 개념도를 작성해 보게 하는 것은, 개념 학습을 위한 구체적인 수업 전략을 세우는 데 도움이 되며, 사후 개념도와 비교해 봄으로써 수업의 목표가 달성되었는지를 평가하는 자료로 활용될 수 있다.

초등학교의 경우, 배원자(1994)는 초등학교 고학년 사회과 수업에서 원형 모형과 속성 모형의 효과를 비교하는 연구를 실시하였다. 6학년 학생 177명을 대상으로 "바다와 해협"이라는 개념을 각각 원형 모형과 속성 모형으로 수업한 후, 학습 효과와 파지 효과를 측정하였다. 연구 결과, 실험 수업 직후에 실시한 사후 검사에서는 두 모형 간에 차이가 발견되지 않았으나, 일주일 후에 실시한 파지 검사에서는 원형 모형이 속성 모형보다 효과적임을 발견하였다.

* 학습자의 연령과 학습 내용, 그리고 학습 직후의 성취도와 일정한 시간이 경과한 후의 파지 효과 등에 대한 후속 연구가 이루어져, 개념 학습에 대한 연구가 지속적으로 축적되기를 기대해 본다.

자료: Yoho, R. F.(1986). Effectiveness of Four Concept Teaching Strategies on Social Studies Concept Acquisition and Retention. *Theory and Research in Social Education*, 14(3): 211-223.
허인숙(2002). 사회과교육에서 사전지식을 고려한 학습과 개념도의 활용. 『시민교육연구』, 34(2): 235-254.
배원자(1994). 국민학교 사회과 개념학습에 있어서의 전형모형과 고전모형의 학습효과. 『교육학연구』, 32(5): 275-287.

4) 종합적 논의

가. 개념학습 모형들 간의 관계

위에서 설명한 개념학습 모형들은 결코 완벽하지 않으며, 교사들이 기존 모형을 기준으로 더욱 변형하고 발전시켜 창의적인 수업을 하는 것이 바람직하다. 세 가지 모형 중 어느 특정 모형이 다른 모형에 비해 더 우수하다고 단정할 수는 없다. 1980년대까지는 고전 모형이 우세했지만, 1980년대 후반 이후에는 특정한 개념에 대해 원형모형과 상황모형이 더 적합하다는 연구가 많이 나오고 있다. 심지어 원형모형과 속성 모형 간의 관계가 대립적이지 않고 상호보완적이라는 주장도 제기되고 있다. 개념의 형성과 발달에 대한 최근 이론에 따르면, 원형이나 속성 이론 중 하나만으로는 모든 범주를 설명할 수 없으며, 개념에 따라 속성과 예, 그리고 속성 간의 인과관계에 대한 이론 등이 개념학습 모형에 필요하다고 인정되고 있다(Eysenck & Keane, 1995; Siegler, 1993).

또한, 개념은 상황에 따라 다양한 양식으로 나타나기 때문에, 학습자에게 특정 형태의 개념학습 모형을 강요하기보다는 개념의 성격, 종류, 형태, 그리고 개인차와 사회적 환경의 차이에 따라 다르게 학습할 수 있도록 해야 한다는 주장도 제기되고 있다. 이러한 논의를 종합해 볼 때, 하나의 개념학습 모형만을 절대적으로 사용하는 것보다는 개념의 종류, 개인차, 사회적 환경 등을 고려하여 수업 상황에 맞는 가장 적합한 학습 방법을 찾아야 한다고 결론지을 수 있을 것이다.

나. 개념학습의 중요성

지금까지 우리는 개념학습 모형에 대해 검토하였다. 개념학습의 핵심은 속성과 예를 검토하는 데 있지만, 이러한 과정의 근본 의미는 추상적으로 이해된 개념을 구체적으로 존재하는 현실과 비교하여 그 차이를 분석하면서 개념을 이해하는 데 있다. 예를 들어, 민주주의의 속성과 예를 학습한다고 가정해 보자. 이때 우리나라의 구체적으로 존재하는 민주주의를 추상적으로 학습한 민주주의의 속성이나 예와 비교하여, 어떤 점이 부합하고 어떤 점이 미흡한지를 학습해야 한다. 또한, 미흡한 점이 있다면 그것을 어떻게 추상적으로 학습한 기준에 맞추어 개선할 것인가도 당연히 학습하게 된다.

따라서 이러한 개념학습은 개념과 현실, 이론과 실천 사이에 존재하는 괴리를 해소하여 갈등을 해결하는 사고 과정을 형성하는 것이라고 할 수 있다. 철저한 개념학습의 과정은 사고와 행동이 일관된 통합된 인격을 형성하는 데 도움이 되며, 이는 곧 우리 학교 교육의 고질적인 병폐인 주입식 암기 교육의 문제를 해결하는 한 방법이기도 하다.

4. 일반화와 이론의 학습

사실과 개념에 이어 일반화와 이론은 사회과의 중요한 내용을 구성한다. 일반화와 이론은 사실과 정보들 간의 관계를 조직적이고 체계적으로 이해할 수 있는 수단을 제공한다. 여기서는 이들의 성격과 학습 방법에 대해 살펴보려고 한다.

1) 일반화의 교수 방법

가. 일반화의 의미와 유용성

일반화는 개념과 함께 중요한 사회과의 학습 내용이다. 일반화(generalization)는 개념과 개념 간의 관계를 경험적 자료를 통해 증명한 보편적인 서술이다. 예를 들어, '대도시일수록 범죄율이 높다.'는 서술은 대도시와 범죄의 관계를 여러 도시의 자료를 분석하여 증명한 것이다. 이는 개별적인 수많은 사건을 관찰하여 법칙과 같은 보편성을 지닌 서술로 만든 것이다. 일반화는 매우 높은 수준의 보편성을 지니는 추상적인 것일 수도 있고, 범위가 좁아 쉽게 이해할 수 있는 구체적인 것일 수도 있다. 예컨대, "풍부한 수분과 길고 온난한 재배기는 샌프란시스코 베이 지역이나 이리(Erie)호 남부 지역에 포도가 자랄 수 있는 좋은 여건을 제공해준다"는 진술은 낮은 수준의 일반화이며, "사람들의 환경과의 상호작용은 그들의 욕구를 충족시키는 방식에 영향을 미친다"는 진술은 비교적 높은 수준의 일반화이다(Banks, 1990). "환경은 인간의 삶에 중요한 영향을 준다."라는 일반화는 보편성이 매우 높은 고차원의 일반화이고, "장마철의 비는 강이 많은 낙동강 유역에 벼농사의 발달을 가져왔다."라는 일반화는 낮은 차원의 일반화이다. 자연과학과는 달리 사회과학에서는 일반화가 많지 않지만, 앞으로의 연구 결과에 따라 더 많아질 것으로 기대된다.

다음은 사회과 수업에서 흔히 볼 수 있는 일반화의 예들이다.

- 모든 개인과 사회는 무한한 욕망과 유한한 자원 간의 갈등에 직면한다.
- 모든 사회와 제도에서 개인의 행동을 규율하기 위해 법과 규제가 만들어진다.
- 사회의 모든 구성원은 각기 다른 역할을 수행한다.

일반화에 대한 이해는 구체적인 사례의 결과를 미리 예견할 수 있게 해주기 때문에, 일반화의 가치는 단순한 사실보다 훨씬 높다. 또한, 하나의 일반화는 수많은 사례를 설명할 수 있어 학습자의 사고의 차원을 높여 준다. 일반화가 가진 보편성의 정도에 따라 차이가 있기는 하지만, 일반적으로 하나의 일반화를 이해함으로써 학습자들은 과거, 현재, 미래의 비슷한 경우를 예상하거나 이해할 수 있게 된다. 예를 들어, "환경은 인간의 삶에 중요한 영향을 준다."라는 일반화를 이해하고 있다면, 두 지역의 환경 조건이 크게 다른 것을 보고 해당 지역 주민들이 서로 다른 삶의 양식을 가질 것이라고 추측할 수 있다. 또한, '왜 A지역과 B지역의 문화는 이렇게 다를까?'라는 질문에 대해 두 지역의 환경적 차이를 들어 설명할 수 있다.

일반화는 사실, 개념, 추리 등과 밀접한 관계를 가지고 있다. 사실의 관찰을 기초로 보편성 있는 서술을 만들어 내는 일반화는 개념으로 먼저 표현되어야 한다. 이러한 개념과 개념 사이의 관계는 [그림 6-2]에 나타난 바와 같이 추리에 의해 일반화로 표현된다.

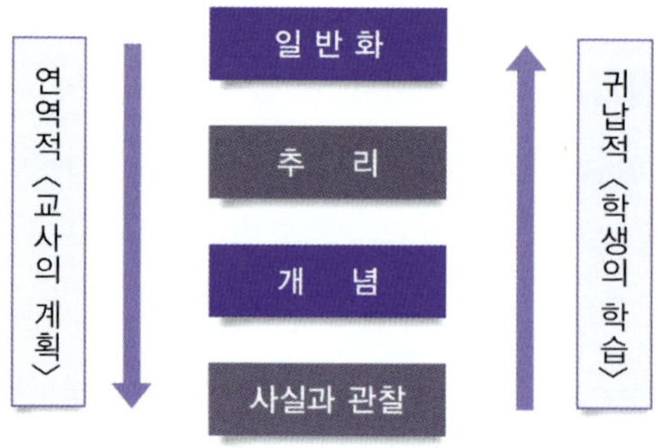

[그림 6-2] **사실, 개념, 추리, 일반화의 관계**

나. 일반화의 교수-학습 방법

일반화 교수-학습의 핵심은 구체적인 사실과 일반화 간의 관계를 경험적으로 증명하는 것이다. 교사들은 학생들에게 먼저 일반화를 제시하고, 이에 해당하는 구체적인 사례의 자료를 수집하여 그들 사이의 관계를 분석하는 과정을 거치게 할 수 있다. 또는 먼저 구체적인 사례의 자료를 학생들에게 수집하게 한 후, 자료 사이의 관계를 분석하여 일반화를 도출하도록 할 수 있다. 학생들의 능동적인 학습 활동이 중요시되므로, 귀납적인 방법으로 일반화를 도출하게 하는 것이 더 바람직하다.

일반화 학습에 사용할 수 있는 교수 기법 중 하나가 **자료인출도표**이다. 자료인출도표(DRC: Data Retrieval Chart)는 일반화를 교수하기 위해 구체적인 사례의 자료들을 기록한 표이다. 이 도표는 1969년에 미국의 사회과 교육학자 힐다 타바(Hilda Taba)가 미국 교육부에 제출한 "Teaching strategies and cognitive functioning in elementary school children"이라는 논문에서 처음 제안되었으며, 오늘날까지 사회과에서 널리 사용되고 있다. 도표는 간단하고 알기 쉬우며, 초등학교부터 고등학교에 이르기까지 널리 사용될 수 있고, 일반화를 이해하고 분석하는 데 매우 효과적이기 때문에 많이 활용된다.

예를 들어, 〈표 6-4〉에서 보는 것처럼 교사는 먼저 '한 국가의 교육 투자 정도는 그 국가의 경제적 능력에 크게 달려 있다'는 일반화를 학습 목표로 정하고 문제를 제기한다. 이 일반화와 관련된 개념들을 학습한다. 예를 들어, 교육 투자와 그 형태(국민총생산 중 교육비 비율, 대학생 수, 중등학생 수, 초등학생 수, 학급당 학생 수 등), 경제적 능력과 관련된 개념(1인당 국민총생산액 등)이 먼저 학습해야 할 개념들이다. 이 개념들을 세로와 가로의 칸으로 구성된 도표로 만든다. 이 도표는 교사가 미리 만들어도 되며, 학생들과 함께 만들어도 된다. 그런 다음, 관련된 자료를 학생들이 찾아 해당 칸을 채우도록 한다. 학급을 소집단으로 나누어 한 모둠이 한 줄씩 채우도록 할 수 있어 협력 학습에도 유용하다. 이 과정이 끝나면 학생들은 개념들 사이의 관계에 대해 토론하고, 일반화를 발견하여 결론을 도출한다.

〈표 6-4〉 **교육투자와 경제적 능력의 관계에 관한 자료인출 도표**

관련된 개념	한국	일본	미국	영국	인도	태국	에티오피아
GNP중 교육비 비율							
대학생 취학률							
중등학생 취학률							
초등학생 취학률							
학급당 학생 수 초등학교 중등학교 대학교							
1인당 GNP							

학생들은 자료를 구해서 이 도표를 채워보자.

다. 일반화의 교수단계 요약

① 문제 제기 ② 관련 개념 분석
③ 자료인출도표 구성 ④ 자료 수집
⑤ 개념 간의 관계 분석 ⑥ 일반화 도출 및 결론

2) 이론의 교수-학습

가. 이론의 의미와 유용성

이론은 사회과에서 많이 다루지는 않지만, 학문적 추상화의 수준이 높기 때문에 학습할 가치가 크다. 일반화는 변수나 개념들 간의 관계를 논리적으로 나타내며, 이 관계가 경험적으로 증명될 때 성립한다. 이와 같은 상위 수준의 일반화들이 체계화되면 이론(theory)이 된다.

이론에는 일반화와 마찬가지로 비교적 낮은 차원의 부분적 이론(partial theory)이 있으며, 보편성을 가지고 광범위하게 적용되는 거대이론(grand theory)이 있다. 대부분의 이론은 부분적 이론이며, 아인슈타인의 상대성 이론, 다윈의 진화론 등은 거대이론에 속한다. 사회과에서 많이 다루는 이론은 거대이론이라기보다는, 엄격한 경험적 증명이 가능한 부분적 이론이다.

사회학에서 유명한 뒤르켐(Émile Durkheim)의 자살 이론은 이러한 사회과학 이론의 대표적인 사례이다. 뒤르켐은 스페인의 낮은 자살률을 다음과 같이 경험적으로 증명하였다(Banks, 1999: 92-93).

① 어떤 사회집단에서도 자살률은 개인주의의 정도에 따라 직접적으로 변한다.
② 개인주의의 정도는 프로테스탄트의 비율에 따라 변한다.
③ 따라서 자살률은 프로테스탄트의 비율에 따라 변한다.
④ 스페인에서 프로테스탄트의 비율은 낮다.
⑤ 따라서 스페인의 자살률은 낮다.

머튼(R. Merton)의 자살이론도 이와 유사하게 종교에 따른 자살률의 차이를 다음과 같이 경험적으로 증명하고 있다.

① 사회적 연대감은 긴장과 불안에 시달리는 집단 구성원들에게 정신적 지지를 제공한다.
② 자살률은 사람들이 가지고 있는 방출되지 않는 긴장과 불안의 영향을 받는다.
③ 가톨릭 신자들은 프로테스탄트 신자들보다 더 높은 사회적 연대감을 가지고 있다.
④ 따라서, 가톨릭 신자들의 자살률은 프로테스탄트 신자들의 자살률보다 낮다.

이처럼 이론은 과학적 연구의 목표일 뿐만 아니라, 변수와 개념 간의 관계를 경험적 증명을 통해 명확하게 밝히고, 전체적으로 논리적 일관성을 갖추고 있다. 따라서 하나의 이론은 수많은 경험적 현상을 설명할 수 있는 포괄성을 지닌다. 이러한 포괄성은 앞서 살펴본 사실이나 개념에서는 찾아보기 어려운 것이다. 나아가 이론은 우리에게 사회 현상을 설명할 수 있는 시각을 제공하며, 앞으로 나타날 새로운 사회 현상을 예측할 수 있는 힘을 주기도 한다. 예를 들어, 뒤르켐과 머튼의 자살 이론을 통해 우리는 한 사회의 자살 문제의 향방을 예측하거나 그 원인을 찾아 설명할 수 있다. 오늘날 이론의 가치가 높이 평가되는 것은 바로 이러한 유용성 때문이다.

나. 이론의 교수-학습 방법

이론은 관찰 가능한 사실, 관련된 개념, 이들 사이의 일반화, 그리고 전체적인 종합으로 구성되어 있다. 따라서 이론을 학습하기 위해서는 이러한 요소들을 종합적으로 학습하는 방법이 적절하다. 먼저, 사실과 관련해서는 자료의 신뢰성, 사실과 가치의 구분 등에 대해 사실을 학습하는 방법에 따라 학습한다. 다음으로, 개념에 대해서는 개념을 학습하는 방법에 따라 학습한다. 마지막으로, 일반화에 대해서는 일반화를 학습하는 방법에 따라 학습하는 것이 바람직하다. 이러한 학습이 끝나면 이들 사이의 관계를 종합함으로써 이론 학습이 이루어진다. 이때 이론의 성격, 이론과 관련된 현실적인 문제 등도 함께 학습하게 된다. 뒤르켐의 자살 이론에 관한 학습 과정을 표로 제시하면 다음과 같다(Banks, 1999: 94).

〈표 6-5〉 **뒤르켐의 자살 이론에 대한 학습 과정**

사실	1965년, 인구 10만 명당 자살률이 스페인에서는 7.6명, 미국에서는 16.3명이다.
개념	자살률, 개인주의
일반화	어느 사회집단이든지 자살률은 개인주의의 정도에 따라서 변한다.
이론	뒤르켐의 자살 이론

연구보고 2

차조일(1999)은 우리나라 사회과 교육에서 개념 학습에 대한 연구가 이론적으로 정체 상태에 놓여 있다는 점을 지적하며, 원형 모형과 속성 모형의 구조적 측면만을 다루어서는 안 된다고 주장하였다. 특히, 개념 수업 모형들이 이론적 배경으로 삼고 있는 인지심리학의 왕성한 발전을 토대로 여러 모형들의 상호보완적 측면, 개념 발달, 개념 활용, 그리고 학습자의 인지적 발달 정도를 종합적으로 고려할 수 있는 연구들이 이루어져야 한다는 점을 강조하였다.

그는 기존의 개념 학습이 주로 원형 모형과 속성 모형의 비교와 범주화에 치우쳐 있으며, 이를 극복하기 위한 개념 학습 모형을 제시하였다. 그가 제시한 모형에서는 학습자의 인지 발달 상태를 고려하여, 개념의 구조가 예 → 원형 → 결정적 속성 → 이론의 단계로 발달한다는 점을 지적하고, 개념이 범주화의 역할뿐만 아니라 추론과 문제 해결 등의 고차원적 사고 작용을 자극할 수 있음을 강조하였다.

이경한(2001)은 지리 교과의 개념 학습에 관한 연구 경향을 분석하고, 개념 학습 모형의 효과 검증, 학습자의 특성에 적합한 개념 학습 방법을 찾는 연구, 개념의 특성에 따른 개념 학습 방법을 찾는 연구로 나누었다. 그러나 지리 교육에서의 개념 학습은 학생들의 개념에 대한 인지 발달 단계가 주로 다루어지고 있는 반면, 성별, 연령, 사회 계층적 요인 등의 변인에 대한 연구와 지리 지식의 추상성에 대한 연구는 미흡하다고 주장하였다. 이러한 문제의식 하에 그는 속성 모형과 원형 모형을 활용하여 초등학교와 중등학교에서 실험 수업을 실시하였다. 사전-사후 평가 비교 결과, 중학교에서는 구체적 지리 개념을 속성 모형으로, 초등학교와 고등학교에서는 추상적 지리 개념을 원형 모형으로 가르치는 것이 효과적임을 발견하였다.

자료: 이경한(2001). 지리교육에서의 개념학습의 연구경향과 개념분류 논의. 『초등사회과교육논총』, 3: 91-104.
차조일(1999). 사회과 개념수업모형의 이론적 문제점과 해결방안 -개념수업을 위한 일반모형의 개발을 중심으로. 『시민교육연구』, 29: 227-249.

주요개념

사실, 개념, 속성, 예, 동위개념, 접합개념, 이접개념, 관계개념, 속성모형, 원형모형, 상황모형, 일반화, 자료인출도표, 이론

Chapter 06

사회과의 지식 학습: 사실, 개념 일반화
연습문제

01. 사실의 학습에서 유의해야 할 점을 제시하시오.

02. 개념의 특징과 유형을 서술하시오.

03. 어떤 단어의 어의를 아는 것과 개념으로써 학습한다는 것 사이에는 어떤 차이가 있는가?

04. 본문에서 예로 든 아래 개념들에 대해서 결정적 속성, 비결정적 속성, 예와 예가 아닌 것을 제시하시오.

정부	주권	권력	민주주의
가족	사회계급	사회통제	갈등
경제	생산성	희소성	교환
평화	정의	역할	사회화

05. 개념학습의 세 가지 모형을 비교하시오.

06. 일반화를 학습하기 위한 수업의 절차를 예를 들어 설명하시오.

07. 세계 각국의 경제적 수준과 자살률에 관한 자료인출도표를 작성하여 일반화를 도출하시오.

08. 이론의 특징과 교수 방법을 예를 들어 서술하시오.

09. 개념학습 모형을 적절하게 실시하기 위한 우리나라 교육 현장의 과제를 제시하시오.

참고문헌

Banks, J. A.(1990). *Teaching strategies for the social studies(4th edition).* New York: Longman.

Banks, J. A.(1999). *Teaching strategies for the social studies(5th edition).* New York: Longman.

Eysenck, M.W. & Keane, M.T.(1995). *Cognitive psychology: A student's Handbook.* Lawrence Erlbaum.

Howard, R. W.(1987). *Concepts and schemata.* London: Cassell.

Martorella, P. H.(1991). *Teaching social studies in middle and secondary schools.* New York: Macmillan.

Siegler(1993). *Children's thinking*(2nd edition). 박영신 역(1995). 「아동사고의 발달」. 서울: 미리내.

Smith, E.E. & Medin, D.L.(1981). *Categories and concepts.* Harvard University Press.

Taba, H. (1962). *Curriculum development: theory and practice.* New York: Harcourt, Brace.

Yoho, R. F.(1986). Effectiveness of Four Concept Teaching Strategies on Social Studies Concept Acquisition and Retention. *Theory and Research in Social Education*, 14(3): 211-223.

구정화(1995). "사회과 동위개념의 효과적인 학습방법 연구", 서울대학교 교육학 박사학위 논문.

김혁진(1993). "사회과 개념의 추상화 정도에 따른 효과적인 개념학습방법에 관한 연구", 서울대학교 교육학 석사학위 논문.

배원자(1994). "초등학교 사회과 개념학습에 있어서의 전형모형과 고전모형의 학습효과", 『교육학연구』, 32(5): 275-287.

이경한(2001). 지리교육에서의 개념학습의 연구경향과 개념분류 논의. 『초등사회과교육논총』, 3: 91-104.

차조일(1999). "사회과 개념수업모형의 이론적 문제점과 해결방안-개념수업을 위한 일반모형의 개발을 중심으로", 『시민교육연구』, 29: 227-249.

허인숙(2002). "사회과 교육에서 사전지식을 고려한 학습과 개념도의 활용", 『시민교육연구』, 34(2): 235-254.

Chapter 07

사회과의 기능 학습

최근 사회과 교육에서 기능(skills)에 대한 관심이 점차 높아지고 있다. 현대 사회에서 민주 시민으로서 사회 문제 해결에 적극적으로 참여하기 위해서는 다양한 기능을 갖추는 것이 필수적이다. 단순히 지식의 축적만으로는 사회 문제를 효과적으로 해결하기 어려우며, 실제 상황에서 적용할 수 있는 다양한 기능들이 요구된다. 이 장에서는 사회과 학습을 통해 길러야 할 주요 기능들을 살펴보고, 이러한 기능들을 효과적으로 학습하고 적용할 수 있는 방법에 대해 논의하고자 한다.

1. 기능의 개념과 종류

1) 기능의 개념

지식이 내용으로서 '무엇'(what)에 해당하는 것이라면 기능은 방법으로서 '어떻게'(how to)에 해당하는 것이다. 기능(skill)은 어떤 목표를 효율적으로 달성하기 위해 자신의 지식이나 경험을 활용하는 능력이다. 단순한 정보나 지식만으로는 문제를 해결할 수 없다. 예를 들어, 서울에서 부산까지 가는 기차나 비행기 편의 시간과 노선을 아는 것만으로는 충분하지 않다. 서울역이나 김포공항으로 가는 버스를 타기 위해 버스 시간표를 읽고, 비행기를 예약하는 방법을 알아야 하며, 이 과정에서 발생할 수 있는 문제를 해결할 능력이 필요하다.

즉, 부산을 방문하는 목표와 과제를 해결하기 위해 자신이 가진 지식과 경험을 활용하여 실제로 부산까지 가는 데 필요한 여러 가지 일을 해내는 것이 기능이다. 지도를 해독하는 능력, 시간표를 해석하는 능력, 방송을 듣고 정보를 획득하는 능력, 자신의 문제를 효과적으로 해결하기 위한 의사소통 능력 등 여러 가지 기능이 필요하다.

이와 같이 기능은 실제 사회 생활에서 마주치는 문제들을 해결해 나가는 데 매우 중요한 능력이다. 특히 학교 교육에서 지식과 행동, 지식과 문제 해결이 분리되어 교육의 효율성이 비판받고 있는 상황에서 기능 교육에 더 많은 관심을 가져야 하며, 이를 통해 지식의 실제적 활용도를 높여야 한다. 경제 지식이 풍부하지만 가계 경제를 적절히 운용하지 못하거나 정치 수업을 듣고도 정치 뉴스를 이해하지 못하는 경우, 이는 지식은 많이 쌓여 있지만 실질적으로 활용하거나 적용하는 능력, 즉 기능이 부족하다고 할 수 있다. 기능은 지식이나 사고력과 완전히 별개로 존재하는 것은 아니며, 이들과 밀접한 관련이 있다. 요컨대 기능은 지식을 활용하거나 창출하는 능력이라고 할 수 있다.

2) 사회과의 다양한 기능

사회과에서 가르쳐야 하는 기능은 수없이 많다. 앞서 언급한 것처럼, 기차 시간표를 읽는 단순한 작업에서부터 소득신고서를 작성하는 복잡한 작업까지 다양하다. 그러나 이러한 활동들은 매우 구체적이며, 몇 번만 반복해도 쉽게 익힐 수 있다.

더 어려운 것은 추상적인 문제를 해결하기 위한 기능이다. 사람들은 신문을 읽고 사실과 가치를 구분하며, 행간에 숨겨진 의미를 이해하고, 여러 가지 대안 중에서 하나를 선택하여 결정을 내려야 한다. 이러한 작업들은 눈에 보이는 구체적인 문제를 해결하는 것보다 훨씬 더 어렵다. 왜냐하면 보이지 않는 머릿속의 생각들을 다루어야 하기 때문이다. 추상적인 문제를 해결하는 기능은 그렇게 간단하지 않다. 그러나 우리가 살아가는 사회가 점점 더 복잡해지면서, 고차원적인 사고력을 요구하는 문제가 증가하고 있으며, 이를 해결할 수 있는 기능에 대한 필요성이 점점 더 커지고 있다.

다음 절에서는 이러한 다양한 사회과의 기능이 어떻게 분류될 수 있는지, 그리고 최근의 사회과교육 학자들이 주로 어떤 부분을 중요하게 다루고 있는지를 검토해 보겠다.

가. 뱅크스의 분류(Banks, 1999)

① 사고 기능
② 공간적 기능
③ 시간적 기능

④ 집단 기능

⑤ 쓰기 기능

나. 마후드 등의 분류(Mahood et al., 1991)

① 듣기와 말하기

② 읽기

③ 쓰기와 생각하기

④ 지도, 시간, 도표, 그림 등에 관한 특수 기능

다. NCSS의 분류(NCSS, 1994)

① 정보 획득 기능

㉠ 읽기 기능

㉡ 학습 기능

㉢ 참고문헌 및 정보 탐색 기능

㉣ 전자장비 활용 기능

② 정보 조직 및 활용 기능

㉠ 사고 기능

㉡ 의사결정 기능

㉢ 메타인지 기능

③ 인간관계 및 사회 참여 기능

㉠ 개인적 기능

㉡ 집단 기능

㉢ 사회적 및 정치적 참여 기능

라. 다이네슨 등의 분류(Dynneson et al., 2003)

① 기초(simple) 기능

㉠ 색깔, 숫자, 문자의 인지

㉡ 연관시키기

㉢ 정신운동(psychomotor) 기능

② 기본(basic) 기능

㉠ 읽기

㉡ 쓰기

㉢ 관찰하기

㉣ 듣기

㉤ 말하기

㉥ 사회성

㉦ 학습습관

③ 복합(complex) 기능

㉠ 문제해결

㉡ 의사결정

마. 마토렐라 등의 분류(Martorella et al., 2009)

① 사회적 기능

㉠ 갈등해결 기능

㉡ 협상 기능

② 연구 및 분석 기능

㉠ 자료의 해석과 비교

㉡ 논쟁의 분석

㉢ 그림 자료에서 정보 추출하기

③ 시간 기능

㉠ 시간 개념들의 다양성과 상대성

㉡ 사건을 시계열적으로 기록하기

④ 공간 기능

㉠ 공간적 관점의 중요성 인지

㉡ 지도의 제작과 활용

㉢ 사회과 수업 전반에서 지도와 지구의를 적극 활용하기

3) 사회과 기능 분류에 관한 종합적 검토

이상과 같은 여러 분류를 살펴보면, 가장 기본적인 수준의 기능부터 고차원적인 사고 기능까지 다양한 기능이 분포하고 있음을 알 수 있다. 전통적으로 기능이라고 하면 주로 쓰기, 읽기, 셈하기와 같은 것을 학습하는 것으로 여겨졌다. 그러나 이러한 경향은 1980년대 이후 크게 변하였다. 이러한 변화는 특히 다이네슨(Dynneson)과 마토렐라(Martorella)의 최근 저작에서 확실히 확인할 수 있다. 즉, 현대사회에서 디지털 기반의 정보통신기술이 급속히 발달함에 따라 단순히 많은 지식을 아는 것보다 지식을 획득하고 구성할 수 있는 능력이 더욱 중요해지고 있다.

마후드(Mahood)와 그의 동료들은 읽기와 쓰기, 말하기와 듣기 등 일상생활에서 실제로 필요한 기본적인 기능과 함께 사고하는 능력을 매우 중요하게 여기고 있으며, 마토렐라 또한 연구 기능과 사고력, 그리고 시간과 공간에 관한 기능을 강조하고 있다. 요컨대, 최근에는 학생들의 자율적인 학습을 중시하는 발견학습과 탐구학습, 토의학습 등이 강조되고 있으며, 복잡하고 다양한 사회 문제를 분석하는 능력을 길러야 하는 필요성이 대두되었다.

결론적으로, 정보화 시대의 사회과에서는 연구 기능을 중시하고 있으며, 여기에 역사와 지리에서 요구되는 시간과 공간 등의 기능도 함께 강조되고 있다. 또한, 최근 교실 내에서 사회적 관계 형성에 어려움을 겪는 학생들이 늘고 있다는 점에서 사회적 기능의 함양도 중요한 과제로 떠오르고 있다. 이러한 경향을 바탕으로, 이 책에서는 우리나라 사회과에서 중요하며 교육 현장에서 교육과 실천이 시급하게 요청되고 있다고 생각되는 사회과 기능들을 다음과 같이 분류하여 다음 절에서 살펴보고자 한다.

가. 연구 기능

① 읽기 및 쓰기 기능

② 자료 활용 기능

나. 시 · 공간 기능

① 연대기적 기능

② 공간적 기능

다. 사회적 기능

① 갈등해결기능

② 사회참여기능

2. 연구 기능

사회 · 문화 현상을 연구하기 위해서는 주제를 선정하고, 주제와 관련된 의문을 가설로 설정하며, 자료를 수집하고 분석한 후, 결과를 해석하는 일련의 과정을 거쳐야 한다. 이를 위해 글을 읽고 쓸 줄 아는 기본적인 능력과 자료를 조사하고 분석하여 활용할 수 있는 자료 활용 능력이 필요하다. 이러한 과정은 단순한 암기나 이해를 넘어 문제를 해결할 수 있는 사고 능력이 뒷받침되어야 한다. 따라서 연구 기능은 읽기와 쓰기와 같은 기본 기능, 자료 활용 기능, 그리고 사고 기능으로 구성된다고 할 수 있다. 사고력과 관련된 다양한 기능은 고차원적 사고력을 논할 때 언급할 예정이므로, 여기서는 읽기와 쓰기 기능 및 자료 활용 기능에 한정하여 논의하고자 한다.

1) 읽기 및 쓰기 기능

읽기와 쓰기는 사회 현상의 이해 및 연구에 있어 반드시 습득해야 할 가장 기본적이면서도 중요한 기능이다. 여기에서는 효과적인 읽기와 쓰기를 위해 읽기와 쓰기의 학습 방법 등을 살펴보고자 한다. 최근에는 특히 고차사고력과 관련하여 읽기와 쓰기의 중요성이 더욱 강조되고 있다는 점에 주목할 필요가 있다.

가. 읽기의 중요성

과거에는 글을 읽을 수 없는, 즉 읽기 능력이 없는 문맹 문제가 심각했지만, 최근 우리나라의 문자 해득률은 거의 100%에 달하고 있다. 그럼에도 불구하고 여전히 읽기가 중요시되는 이유는 독해 과정을 거치기 때문이다. 독해(reading comprehension)란 책을 읽으며 접하는 새로운 경험을 이미 가지고 있는 경험과 연결하는 것이라고 할 수 있다(Mahood et al., 1991: 227-228). 사람은 결코 백지 상태에서 책을 읽지 않으며, 이미 어떤 '그림'을 마음속에 가지고 있다. 책을 읽을 때, 책으로부터 얻는 경험이 이미 마음속에 있는 그림과 합해져 새로운 그림을 만들게 되는데, 이러한 과정을 독해라고 부를 수 있다.

여기서 이미 마음속에 있는 경험은 배경지식이라고 할 수 있다. 읽기 및 독해 능력의 발전에 지식이 매우 중요한 이유는 바로 이 때문이다. 배경지식이 있는 경우에는 읽은 내용을 쉽게 이해할 수 있지만, 그렇지 못할 때는 이해가 매우 어려워진다. 대학 1학년 때 매우 어려웠던 전공 서적이 학년이 올라감에 따라 쉽게 이해되는 것은 그동안 배경지식이 쌓인 결과로 볼 수 있다.

이처럼 읽기란 단순히 주어진 문건을 독해하는 것에 한정되지 않고, 기존의 인식과 새로운 경험을 통합하여 보다 정교하고 확장된 이해에 도달하는 것을 의미한다.

나. 사회과에서의 읽기 지도

사회과에서 효과적인 읽기 교수-학습이 이루어지기 위해서는 일정한 단계에 따라 지도할 필요가 있다. 여기서는 읽기의 사전지도 단계와 본지도 단계로 나누어 살펴보겠다.

① 읽기의 사전지도

읽기를 통해 고차적 사고력을 기르기 위해서는 먼저 읽기의 사전지도가 이루어져야 한다(Mahood et al., 1991: 237-242). 읽기의 사전지도가 가지는 의미는 다음과 같다. 일반적으로 많은 학생들이 맹목적으로, 또는 아무 방향도 없이 시간을 보내기 위해 독서를 한다. 그러나 사회과에서의 읽기는 이와 달리 뚜렷한 목적과 방향을 가지고 있다. 단순히 시간을 보내는 것이 아니라, 독서를 통해 사회과와 관련된 무엇인가를 이해하는 것이 사회과 독서의 목적이기 때문이다.

따라서 독서를 시작하기 전에 교사가 독서할 내용이 대체로 무엇인지, 어떤 목적과 방향을 가지고 독서할 것인지를 안내하는 읽기의 사전지도(prereading guide)를 제공하는 것이 바람직하다. 읽기의 사전지도에는 크게 예상 반응 지도법과 구조화된 개요 파악법의 두 가지가 있다.

a) 예상반응 지도법

읽기의 사전지도는 학생들에게 정답을 요구하는 것이 아니라 방향을 제시하고, 학생들이 흥미를 가지고 독서할 수 있도록 하는 데 목적이 있다. 이러한 목적을 위해, 독서를 시작하기 전에 학생들의 과거 지식과 경험을 바탕으로 예상 반응을 이끌어내는 것이 예상반응 지도법(anticipation/response guide)이다. 예를 들어, 최근 우리나라에서는 3D 직종에 대한 국내 노동자들의 기피 현상으로 인해 생산에 차질이 생기자, 필리핀, 베트남 등 동남아 국가에서 많은 외국인 노동자가 입국하여 생산 현장에서 일하게 되었다. 이러한 외국인 노동자의 규모는 계속 증가할 것으로 예상된다. 그러나 이 문제에 대해서는 찬반 입장이 대립하며, 시민권, 복지, 산업재해 보상 등에 관한 문제도 많다. 따라서 이 문제에 대한 글을 읽고 토의 학습을 한다고 가정할 때, 읽기 과제를 내주기 전에 예상반응 지도법에 따라 다음과 같은 읽기의 사전지도를 할 수 있다.

〈표 7-1〉 노동력 수입에 관한 예상반응 지도법의 예

〈안내〉 다음의 서술을 읽고, 당신의 의견과 일치하면 ①란에 ○표를, 일치하지 않으면 X표를 하세요. 학급 친구들과 비교하기 위해, 당신의 짝이 한 것을 ②란에 표시하세요. 과거에 당신이 책, 인터넷, 텔레비전 등에서 본 것 또는 당신의 의견을 바탕으로 작성하세요.

①	②	
( )	( )	1. 한국에 와서 일하고 싶은 동남아인은 누구든지 올 수 있도록 해야 한다.
( )	( )	2. 수입된 동남아인 노동력은 한국의 경제발전에 크게 기여했다.
( )	( )	3. 수입된 노동력은 한국인들의 일자리를 빼앗아 실업을 증가시킨다.
( )	( )	4. 동남아뿐만 아니라 이라크, 시리아 등 서아시아 국가에서도 노동력을 수입해야 한다.
( )	( )	5. 우리는 아직 샴페인을 터트릴 때가 아니다. 우리 한국인이 모든 일을 다 해야 한다.

이와 같이 교사는 읽기 자료를 직접 다루기 전에, 먼저 학생들에게 다루는 주제(위에서는 노동력 수입)에 대해 개괄적인 느낌을 말할 기회를 제공한다. 학생들은 맞고 틀림에 대한 부담 없이 자신의 경험을 바탕으로 자유롭게 이야기한다. 학생들에게 사전지도용 질문에 대한 답변을 기록하게 하고, 정해진 단원의 학습이 끝났을 때 처음의 답변을 바꾸고 싶은지 비교해 보게 하는 것은 매우 효과적인 지도 방법이다.

b) 구조화된 개요파악법

구조화된 개요파악법(structured overview)은 읽으려는 글의 내용을 구조화하여 학생들에게 설명한 후, 글을 읽게 하면 글의 내용에 대한 이해가 훨씬 더 쉽고 깊이진다는 가정에서 실시되는 사전지도 방법이다. 내용의 구조화는 개념지도(conceptual map)로 만들 수 있으며, 그림이나 위계 조직표 등을 사용하여 이해하기 쉽게 만드는 것이 좋다.

예컨대, 앞의 노동력 수입 문제에 관한 글에서는 다음과 같은 내용 개요를 학생들에게 미리 제시할 수 있다.

- 외국의 노동자들이 한국에 오는 목적
- 한국에서 입국을 허가하는 이유
- 출신 국가
- 한국에서의 정착 지역

- 출입국 시기
- 정치적, 경제적, 사회적 영향 등

② 읽기의 3수준 지도

읽기의 사전지도가 끝나면 '읽기의 3수준 지도'라고 하는 중요한 단계로 들어간다. 교과서나 기타 읽기 자료들은 그 내용이 반드시 학생들의 사고력 지도를 위해서 조직적으로 쓰여 있다고 보기 어렵다. 때로는 사실과 의견이 뒤섞여 있고, 때로는 단순한 서술에 그쳐 고차사고력을 학습하기가 쉽지 않은 경우도 흔히 있다. 따라서 교사들은 이들 자료를 가지고 고차사고력을 학습할 수 있도록 지도를 하는 것이 중요하다. '읽기의 3수준 지도'(3 level guides during reading)는 바로 이러한 문제점을 보완하기 위해 읽기를 다음의 세 수준으로 나누어 지도하는 방법이다.

- 직접적으로 사실에 관한 정보를 학습하는 수준
- 더 많은 의미를 얻기 위해 자료를 해석하는 수준
- 학생들이 직접 겪은 비슷한 경험을 자료와 관련지어 의미를 서술하는 수준

이러한 세 가지 수준은 인지적 능력과 관련하여 중요한 점을 시사한다. 이는 블룸이 제시한 인지적 능력의 단계인 지식, 이해, 적용, 분석, 종합, 평가 등과 매우 유사하다. 읽기의 제1수준에서는 사실에 관한 정보를 그대로 학습하는 것이므로 높은 수준의 사고력을 필요로 하지 않는다. 암기와 자료의 정확성을 검토하는 것이 핵심이다. 제2수준에서는 독창적인 사고가 요구되지 않지만, 자료를 읽고 자신의 언어로 재구성하여 표현하는, 즉 이해가 요점이 된다. 제3수준은 적용, 분석, 종합, 평가 등 창조적이고 비판적인 고차사고력을 발휘하는 단계이다.

이를 다른 말로 표현하면, 제1수준은 자료의 명시적인 내용을 그대로 이해하는 것이고, 제2수준은 자료에 대한 나름의 해석을 시도하는 단계이다. 제3수준은 자신의 경험을 적용하는 단계이다. 1980년대 우리 사회에서 언론의 자유가 많이 제한되었을 때, '신문의 행간을 읽으라'는 말이 유행했다. 행간을 읽으면 행을 읽을 때는 드러나지 않는 의미를 발견할 수 있다는 것이다. 이와 비슷하게, 제1수준은 행(行)을 읽는 것(reading the lines), 제2수준은 행간을 읽는 것(reading between the lines), 제3수준은

행을 초월하여 읽는 것(reading beyond the lines)이라고 말할 수 있다. 마후드 등은 〈표 7-2〉에서 예시를 제시하고 있다(Mahood et al., 1991: 243).

〈표 7-2〉 **읽기의 3수준 지도의 예**

〈제1부〉 아래에는 세 개의 문장과 하나의 단락이 있다. 그것들을 모두 읽고, 문장이 단락과 표현적으로 정확하게 일치하거나, 표현을 바꾸었더라도 정보가 일치한다고 생각되면 번호 앞에 체크하십시오. 또한, 그러한 주장에 대한 근거를 제시하십시오. 제1부가 끝나면 제2부로 진행하십시오.	
________	1. 1834년, 어느 중소 공업 도시에 있는 1,000여 명의 여성 근로자들은 임금 삭감에 항의하여 파업에 들어갔다.
________	2. 공장 여성협회는 파업에 반대했다.
________	3. 파업에 참가한 여성들은 공장이 소유한 기숙사에서 나가야 했다.
1834년, 어느 중소 공업 도시에서 1,000여 명의 여성들은 15%의 임금 삭감에 항의하여 공장을 뛰쳐나왔다. 당시 해당 지역의 지방신문은 다음과 같이 보도했다. "한 지도자가 나무 그루터기에 올라가서 불을 지르고, '금전적 귀족주의'의 불공정성에 대해 성토하며, 그들은 설사 죽는 한이 있더라도 그들의 길을 가기로 했다고 연설했다." 그러나 파업은 중단되었고, 많은 여성들이 집으로 돌아갔다. 그리고 현장에 남은 2,500명의 여성들은 1836년에 공장 여성 협회를 조직하고 계속해서 싸웠다. 그들은 다음과 같이 선언했다. "우리의 아버지들은 탐욕스러운 자들에게 피로써 항쟁했는데, 그들의 딸인 우리들은 우리를 기다리고 있는 멍에를 절대로 매지 않을 것이다." 그들이 파업에 들어갔을 때, 공장에서 소유한 기숙사에서 쫓겨났고, 굶주림에 지쳐 결국 패배하고 말았다. 그러나 그 투쟁은 다른 여성 섬유 근로자들을 자극하였고, 이들의 파업은 나중에 성공하였다.	
〈제2부〉 다음 네 개의 문장을 읽고, 그것들이 위에서 읽은 단락과 어떤 관계를 가지고 있는지 생각해 보라. 저자가 그의 글에서 의미하고 있는 것과 일치한다고 생각되는 것 앞에 체크하라. 이를 "행간을 읽는다."고 말한다.	
________	1. 파업을 일으킨 여성들은 여성의 권리를 지지했다.
________	2. "금전적 귀족주의자" 중에는 문제가 된 공장의 소유주도 포함된다.
________	3. 여성들은 그들의 파업에서 성공하지 못했다.
________	4. 공장 여성 협회는 노동조합의 전신이었다.
〈제3부〉 다음 세 개의 문장을 읽고, 위의 단락과 관련된 당신의 경험을 떠올려 보라. 위의 단락 내용 중에서 당신의 경험과 유사하다고 생각되는 것 앞에 체크하라. 또한, 당신의 주장에 대한 근거를 제시하라.	
________	1. 처음에 성공하지 못하면 다시 시도하라.
________	2. 세계를 변화시키는 것은 일반 서민들이다.
________	3. 정의는 결국 승리한다.

연구보고

조국남(2003)은 '사회과 전략적 읽기 교수법'을 개발하여 이를 실시하고, 사회과 학업 성취도에 미친 영향을 연구하였다. 그는 마후드 등(Mahood et al., 1991)의 3수준 지도법을 발전시켜 사전 지도 → 읽기 중 전략 지도 → 사후 지도의 3단계 수업 절차를 개발하고, 2003년 3월 초부터 8주 동안 서울 소재 인문계 고등학교 2학년 학생들을 대상으로 실험 수업을 진행하였다. 통제 집단에서는 한 명의 학생이 대표로 낭독하고, 교사가 주도적으로 문제를 해결해 나가는 방식의 수업이 진행되었다.
이와 같은 연구 설계에 따라 '전략적 읽기 교수법'의 효과를 검증한 결과, 실험 집단의 경제 단원 학업 성취도가 더 높게 나타났으며, 통계적으로 유의미한 차이를 보였다. 그의 연구는 사회과 교육 연구자들이 사회과 목표로서의 기능, 특히 읽기 기능에 대한 관심을 기울여야 할 필요성을 제기하였다. 또한, 그의 연구는 고등학교 2학년을 대상으로 하였으나, 앞으로 연구 대상을 확대하여 학령 차이에 따른 효과를 검증하고, 그에 따른 읽기 전략의 효과에 대한 이론적 심화가 필요함을 보여주었다.

출처: 조국남(2003). 사회과 '전략적 읽기 교수방법'의 개발과 효과성 검정. 서울대학교 박사학위논문.

다. 쓰기의 중요성

높은 수준의 사고력이 강조되면서 창의적이고 논리적으로 자기 의사를 표현하는 글쓰기에 대한 관심이 최근 사회과에서도 높아지고 있다. 특히 선다형 문제에 대해 단편적인 지식과 암기, 요행을 조장한다는 비판이 거세지면서 서술형, 논술형 평가의 비중이 높아졌고, 이에 따라 사회과에서도 글쓰기 지도의 필요성이 대두되었다. 원래 글쓰기는 사회과의 중요한 교육 목표 중 하나이지만, 학급당 학생 수가 많고 학교 평가 및 입학시험이 지식 암기 위주로 출제되어 왔기 때문에, 그동안 사회과에서의 글쓰기 지도는 충분히 이루어지지 못했다. 그 결과, 학생들의 글쓰기 수준이 매우 초보적인 단계에 머물러 있다고 해도 과언이 아니다. 이에 따라 논리적이거나 창의적으로 근거를 제시하며 글을 쓰는 능력을 함양하는 것이 최근 사회과 교육에서 중요한 과제로 제기되고 있다.

최근 사회적으로 요구되는 글쓰기는 단순히 문법에 맞는 문장을 나열하는 것이 아니라, 고차사고력을 필요로 한다. 과거에는 단어와 구두점의 정확한 사용, 매끄러운 표현력, 제목과 주제 등 표현적인 부분이 강조되었다면, 최근의 글쓰기는 사실과 가치, 가설과 가정, 주장과 근거를 구분하는 능력, 독창성, 종합력 등 고차 사고력이 강조되고 있다.

라. 사고력에 따른 글쓰기의 분류

사회과의 글쓰기는 글을 쓰는 데 필요한 사고력의 단계에 따라 다음과 같이 분류할 수 있으며, 블룸이 분류한 인지적 능력의 형태와 매우 유사하다(Banks, 1999: 151-155).

① 요 약

요약이란 남의 글을 읽거나 어떤 현상을 관찰한 후, 저자가 의미한 것이나 관찰한 내용을 가장 유사하게 줄여서 서술하는 것을 말한다. 이때 객관적으로 정확하게 서술하는 것이 매우 중요하다. 주제, 명제, 제목, 주제문, 결론 등을 충분히 이해해야 하며, 너무 길면 원문에 가까워지고, 너무 짧으면 의미가 전달되지 않기 때문에 목적과 상황에 따라 요약문의 길이가 적절해야 한다. 요약은 원본을 중심으로 하기 때문에 이해가 중요하며, 자신의 창의적인 의견을 너무 많이 포함시키면 원뜻에서 벗어나기 쉽다. 그러나 요약은 원문을 그대로 베끼는 것이 아니라, 자신의 언어로 표현해야 한다. 결국 여러 사람의 요약은 표현은 다를지라도 주제의 내용은 비슷해야 하며, 이러한 점에서 여러 사람이 요약한 것을 서로 비교하면서 학습하는 것이 필요하다.

② 종 합

종합이란 어떤 주제에 대해 여러 가지 정보를 수집하고, 그것들을 특정한 논리에 따라 정리하여 보고서를 작성하는 것을 말한다. 흔히 학교에서 학생들에게 내주는 연구 과제의 보고서나 학기 말 페이퍼가 여기에 해당된다. 예를 들어, 청소년 문제에 관한 보고서를 쓴다고 가정할 때, 청소년 문제의 개념, 실태, 이론, 대책 등으로 나누어 자료를 수집하고, 이를 바탕으로 보고서를 작성하는 것이다.

③ 분석과 비판

분석은 어떤 기준에 따라 부분과 요소가 갖는 의미를 살펴보는 것이다. 예를 들어, 가정과 결론을 구분하거나, 부분과 부분 사이의 인과관계를 찾아내는 것이 모두 분석에 해당한다. 비판은 사실과 가치를 구분하거나, 원형과 실제 존재하는 것 사이의 차이, 주장과 근거의 관계 등을 찾아내는 것이다. 요약과 종합에서는 자기 자신의 창의적인 활동이 큰 부분을 차지하지 않지만, 분석과 비판에서는 글쓴이의 창의적 사고가 중요한 역할을 하게 된다. 이와 관련된 몇 가지 예를 들어보겠다.

- 역사 교과서나 사회 교과서에서 4 · 19 혁명에 관한 서술은 1960년대 이후 여러 차례 수정되었다. 이들을 비교하면서 저자들이 4 · 19 혁명에 대해서 가지고 있었던 가정이 무엇인지 제시하라.
- 한국 경제의 급속한 성장 요인에 관한 주장들을 비판적으로 분석한 후, 당신 자신의 의견도 제시해 보라.

④ 창조적인 문제해결

창조적인 글은 주어진 문제 상황에 대한 자신의 해결책을 독창적으로 서술하는 것을 말한다. 그러나 이러한 주장은 근거에 기초한 설득력을 가져야 하며, 개인적인 백일몽이나 환상에 의한 것이어서는 안 된다. 창조적인 글을 쓰기 위해서는 보유한 지식의 응용, 종합, 분석 등이 그 기초가 되어야 한다.

⑤ 반성적 저널

반성적 저널은 학습 과정에서 일어난 경험과 생각을 정리하여 서술하는 일지이다. 저널은 자신의 개인적인 경험과 생각을 글로 서술한다는 점에서 일기와 비슷하다. 그러나 일기가 단순히 일상적인 이야기나 활동에 국한되는 반면, 저널은 특정 주제에 대해 지속적으로 탐구하는 학습 활동이라는 점에서 차이가 있다. 이러한 저널 쓰기 활동은 학생들로 하여금 학습 내용과 학습 과정에 대한 자신의 생각과 느낌을 서술하게 하여, 자신이 이미 알고 있는 것, 새롭게 학습한 것, 학습 과정에서 발생하는 문제의 원인과 해결 방안에 대해 생각해 볼 수 있는 계기를 마련해 준다(Yinger & Clark, 1981). 따라서 반성적 저널 쓰기 활동은 교사의 교육적 의도에 따라 학습 내용의 복습 및 활용을 통한 학습 촉진, 자신의 학습 과정에 대한 분석을 통한 메타인지 촉진, 비판적 사고 함양, 문제 해결 능력의 경험, 학습에 대한 평가 등을 위해 다양하게 활용될 수 있다(Moon, 1999).

반성적 저널의 형식은 구조화된 형식과 비구조화된 형식으로 구분된다. 비구조화된 형식은 내용이 매우 다양하게 전개될 수 있다는 장점이 있지만, 학생들 간 성찰 수준에 큰 차이가 나타날 수 있다. 특히 글쓰기를 어려워하거나 경험이 적은 학생들에게 비구조화된 형식은 오히려 성찰적 사고를 어렵게 만들 수 있다. 따라서 자율성을 저해하지 않는 범위 내에서 간단한 질문을 제공하는 식의 구조화된 형태로 학습자들이 성찰할 수 있도록 안내할 필요가 있다.

연구보고

김하영 · 김경은(2013)은 사회과 인권 수업에서 반성적 저널 쓰기 활동이 학생들의 학업 성취도와 학업적 자기효능감에 미치는 영향을 연구하였다. 연구자들은 서울시에 소재한 고등학교 1학년 학생들을 대상으로, 성찰 일지 쓰기를 수행한 집단과 그렇지 않은 집단으로 나누어 6주 동안 수업을 실시하였다. 실험 집단에서는 매 차시 수업 마무리 단계에서 5~10분 동안 성찰 일지를 작성하게 하였다. 통제 집단에서는 성찰 일지 작성을 제외하고는 실험 집단과 동일한 방식으로 수업을 진행하였다.

이와 같은 연구 설계에 따라 성찰 일지 쓰기의 효과를 파악하기 위해 t-검증을 실시한 결과, 실험 집단과 통제 집단 사이에 학업 성취도에서 유의미한 차이가 발견되었다. 성찰 일지 쓰기를 실시한 실험 집단의 학업 성취도 점수가 통제 집단의 학업 성취도 점수보다 통계적으로 유의미하게 더 높게 나타났다. 학업적 자기효능감에서도 성찰 일지 쓰기를 실시한 실험 집단이 통제 집단보다 더 높게 나타났으며, 이는 통계적으로 유의미한 것으로 확인되었다.

이 연구는 인권 수업에서 반성적 저널 쓰기가 학업적 자기효능감 및 학업 성취도 증진에 미치는 효과를 검증한 것으로, 반성적 저널 쓰기 활동이 사회과 수업에서 다양하게 활용될 수 있음을 시사한다.

출처: 김하영·김경은(2013). 사회과 인권수업에서의 성찰일지쓰기의 효과 분석: 학업성취도와 학업적 자기효능감을 중심으로. 「시민교육연구」, 45(3): 81-102.

마. 사회과에서의 쓰기 지도

이상에서 사회과 쓰기 지도의 중요성과 방법에 대해 살펴보았다. 최근 들어 쓰기 지도는 과거의 단순한 윤문 지도를 넘어서 고차사고력 함양을 위한 체계적 지도 방법으로 진화하고 있음을 알 수 있다. 이러한 최근 경향을 참고할 때, 사회과에서 학생들의 글쓰기를 지도하는 과정은 대개 〈표 7-3〉에 나타난 바와 같이 다음 3단계로 나누어 볼 수 있다.

〈표 7-3〉 글쓰기 지도 과정의 3단계

제1단계: 사전 지도	
① 자유롭게 쓰기, 표현적인 글쓰기 ③ 토론 ⑤ 시청각 자료 활용	② 소집단 구성원들의 문제 제기와 질문 ④ 역할놀이 및 모의학습
제2단계: 초고 만들기	
① 글쓰는 목적을 분명하게 정하기 ② 누구를 대상으로 글을 쓰는지 분명하게 하기	
제3단계: 사후 지도	
① 자기 자신에 의한 평가 ③ 집필자들이 소집단을 구성하여 협의회를 가짐 ⑤ 편집	② 동료 친구들에 의한 평가 ④ 수정 및 다시 쓰기 ⑥ 출판

2) 자료 활용 기능

정보와 지식이 폭증하고 있는 지식 기반 사회에서는 읽기와 쓰기 같은 기본 기능만으로는 부족하며, 꼭 필요한 자료를 찾아 골라 활용할 수 있는 자료 활용 능력이 필수적이다. 자료 활용 능력이란 주어진 문제를 해결하기 위해 필요한 자료에 효과적으로 접근하고, 이를 분석하여 이용할 수 있는 능력을 말하며, 이를 위해서는 자료의 수집과 해석 능력이 요구된다(Martorella et al., 2009: 190).

가. 사회과 자료의 종류와 유의사항

사회문화 현상을 연구하기 위해서는 먼저 연구 주제에 적합한 자료가 필요하다. 자료는 작성한 원천에 따라 1차 자료와 2차 자료로 구분된다. 1차 자료(primary sources)는 일기, 정부 문서, 각종 현장 기록, 소설 등과 같이 어떤 연구 대상에 관해 가공되지 않은 직접적인 기록들이다. 이에 비해 2차 자료(secondary sources)는 1차 자료를 바탕으로 만들어진 저작물이다. 그러나 같은 자료라도 목적에 따라 1차 자료가 될 수도 있고, 2차 자료가 될 수 있으므로 주의가 필요하다. 예를 들어, 일기는 집필자를 직접 연구하고자 할 때는 1차 자료가 되지만, 일기를 통해 그 시대상을 연구하고자 할 때는 2차 자료가 될 수 있다. 따라서 사회과 교사는 학생들이 자료를 수집하는 과정에서 수집 목적에 따라 자료의 신뢰성, 타당성 등을 충분히 검토할 수 있도록 지도해야 한다.

또한 사회과에서 활용되는 자료에는 여러 가지 종류가 있다. 가장 흔한 것으로는 막대그래프, 선그래프, 원그래프가 있으며, 통계를 나타내는 표, 지도, 연표, 만화, 그림, 사진 등 다양한 자료가 있다. 이러한 자료들은 구체적인 내용을 시각적으로 표현하기 때문에 읽고, 보고, 해석하기가 쉽고 흥미를 끌 수 있다. 또한, 특수한 목적에 따라 자료를 편성하거나 편집한 것이기 때문에 자료를 사용하여 자신의 주장을 뒷받침하기 용이하다는 장점이 있다.

그러나 이러한 자료의 특성은 단점이 될 수도 있다. 정보가 왜곡되어 제시되거나 해석될 수 있으며, 한정된 측면만 강조함으로써 편파적으로 자료가 사용될 수 있다. 또한 자료를 작성한 주체에 따라 해석이 달라질 수 있다. 흔히 정부에서 발표하는 자료와 민간단체에서 발표하는 자료가 서로 다른 것도 이러한 이유 때문이다. 사회과에서는 학생들이 자료를 제대로 이해하고, 객관적으로 평가할 수 있는 능력을 키워야 한다.

나. 자료의 수집

자료를 수집하는 과정은 연구 결과에 직접적인 영향을 미친다. 어떤 자료를 어떻게 수집하느냐에 따라 연구 내용과 결과가 달라질 수 있기 때문이다. 자료를 수집하기 위해서는 다음과 같은 단계로 나누어 활동할 수 있다(유소영, 2004: 265-266). 첫 번째 단계는 수집할 자료를 확인하는 단계이다. 이를 위해 먼저 연구 주제의 성격이나 범위를 파악해야 한다. 연구해야 할 주제를 의문문으로 변환하여 주제의 초점이나 범위를 확인함으로써, 수집해야 할 자료의 내용과 범위를 결정한다. 두 번째 단계는 자료 탐색을 위한 전략을 수립하는 단계이다. 필요한 자료를 구할 수 있는 정보원의 목록을 작성한다. 이러한 정보원에는 사람, 도서나 신문 같은 문헌 정보, 텔레비전이나 비디오 같은 영상 정보, 인터넷과 같은 전자 통신 정보 등이 있다. 또한, 효율적이고 효과적인 자료 수집을 위해 정보원의 우선순위를 결정한다. 세 번째 단계는 자료를 수집하고 평가하는 단계이다. 이전 단계에서 작성한 정보원을 통해 필요한 자료에 접근하여, 대의파악법(skimming)과 정보발견법(scanning)[1]과 같은 읽기 기술을 이용하여 자료를 수집한다. 마지막 단계는 수집한 자료를 평가하는 단계이다. 이 단계는 정확하고 신뢰성 있는 자료 수집을 위해 중요한 과정으로, 다음과 같은 사항을 고려하여 평가할 수 있다(김용철 외, 2003: 188-187).

- 저자가 풍부한 경험이 있고 권위나 신뢰성이 있는가?
- 새로운 정보가 담겨있는가?
- 정보가 객관성이 있고 과학적 근거가 있는가?
- 삽화, 사진, 도표 등은 선명하고 이해하는 데 도움을 주며, 출처는 정확한가?
- 통계는 정확하고 조사 연도와 근거가 밝혀져 있는가?
- 번역서는 원문의 내용을 잘 전달하며, 원저자와 연대 등이 잘 밝혀져 있는가?

다. 자료의 해석

자료를 수집한 다음에는 그 속에 숨겨진 의미를 해석하여 필요한 정보를 추출할 수 있어야 한다. 특히 사회과에서는 다른 교과와 달리 표, 도표, 그림 등으로 표시된 자료들이 많이 사용된다. 따라서 표나 도표 등의 다양한 자료를 읽고 해석할 수 있는 능력은 사회과의 필수적인 기능 중 하나이다. 표나 도표 등의 자료를 해석할 때에는 사고력의 정도에 따라 흔히 3단계 또는 3수준으로 나누어 학습한다. 예를 들어, 표를 해석하는 경우를 생각해 보자(Mahood et al., 1991: 291-292).

제1단계는 표에 나와 있는 정보나 사실을 그대로 받아들이는 수준이다. 이것은 표의 외부를 읽는 것(reading the outside of the graphs)을 의미하며, 가장 낮은 차원의 표 읽기이다. 제2단계는 표에 있는 정보의 의미를 자신이 재구성해 보는 단계이다. 이를 흔히 표의 내부를 읽는 것(reading the inside of the graphs)이라고 한다. 표의 자료가 전달하는 내용을 자신의 용어로 바꾸어 표현해 보는 것이다. 그러나 이는 어디까지

1) 대의파악법(skimming)은 구체적인 정보를 획득하기보다는 글의 전체적인 의미와 성격을 대강 파악하는 데 목적이 있는 읽기 기법이다. 책의 서문이나 결론 부분, 주요 주장점, 단락의 명제 등을 중심으로 읽는다. 이에 비해 정보발견법(scanning)은 필요한 구체적인 정보를 찾기 위해 책을 빠르게 훑어보는 것이다. 책의 제목, 특수한 단어, 독특한 표현 등을 빠르게 파악하는 것이 핵심이다. 대의파악법과 정보발견법에서는 모두 속도가 중요시된다.

나 표의 자료를 근거로 한 것이며, 표를 벗어나 창작을 하는 것은 아니다. 제3단계는 표에 나타난 현상이 왜 일어나는지, 앞으로의 대책은 무엇인지, 자신의 경험과 어떻게 관련되는지를 생각해 보는 단계로, 가장 높은 수준의 사고력이 발휘되는 단계이다. 이를 표를 초월하여 읽는 것(reading above and beyond the graphs)이라고 한다.

라. 자료 해석의 실제

위에서 살펴본 자료 해석의 과정을 사회과와 관련된 일상적인 소재에 적용해 볼 수 있다. 실제 생활 속에서 자료 해석 기능을 다음과 같이 활용할 수 있다.

① 예시 1

〈표 7-4〉는 미국의 성별, 인종별, 연도별 자살률에 대한 정보를 서술형으로 표현했을 때보다 훨씬 이해하기 쉽게 제시하고 있다. 표로 나타내는 또 하나의 장점은 많은 정보를 보다 효율적으로 전달할 수 있다는 점이다(Mahood et al., 1991: 299-300).

〈표 7-4〉 **인구 10만 명당 인종별, 성별, 연령별 자살률: 미국, 1970~1979**

연령	남자								여자							
	백인				흑인				백인				흑인			
	1970	1975	1976	1979	1970	1975	1976	1979	1970	1975	1976	1979	1970	1975	1976	1979
전체연령*	18.0	20.1	20.2	20.0	8.0	10.0	10.8	11.6	7.1	7.4	6.9	6.6	2.6	2.7	2.8	2.8
5~14세	.5	.6	.7	.6	.1	.1	.3	.3	.1	.2	.2	.3	.2	.1	.2	.1
15~24세	13.9	19.6	20.8	21.0	10.5	12.9	13.4	13.4	4.2	4.9	5.0	5.1	3.8	3.3	2.7	3.4
25~34세	19.9	24.4	25.8	26.2	19.2	24.3	24.4	24.4	9.0	8.9	8.5	8.0	5.7	5.6	5.6	5.7
35~44세	23.3	24.5	22.5	22.5	12.6	16.0	16.9	16.9	13.0	12.6	10.9	10.1	3.7	3.9	4.6	4.1
45~54세	29.5	29.7	24.7	23.9	13.8	12.1	13.8	13.0	13.5	13.8	12.1	11.7	3.7	4.0	4.2	2.9
55~64세	35.0	32.1	29.3	26.6	10.6	10.8	10.2	12.9	12.3	11.7	10.3	10.2	2.0	3.5	3.2	4.0
65세 이상	41.1	39.4	40.8	39.2	6.7	11.3	11.7	12.9	8.5	8.5	7.9	7.3	2.6	2.3	2.3	2.5

자료: U.S. National Center for Health Statistics, *Vital Statistics of the United States*, annual, cited in Mahood et al.(1991: 299).

〈표 7-4〉를 활용하여 다음과 같은 질문을 던지며 수업 활동을 전개할 수 있다.

〈제1단계 질문〉

1. 위의 자료는 무엇에 대한 것인가?
2. 표에 제시된 집단은 무엇인가?
3. 숫자는 무엇을 말하고 있는가?
4. 이 자료는 어디에서 나온 것인가?

〈제2단계 질문〉

1. 남자와 여자 중 어느 집단의 자살률이 더 높은가?
2. 흑인과 백인 중 어느 집단의 자살률이 더 높은가?
3. 연령, 성별, 인종별로 보았을 때 어느 집단의 자살률이 가장 높은가?

〈제3단계 질문〉

1. 남자 집단에서는 왜 10대에 자살률이 증가하다가 30대에는 감소하는 추세를 보이는가?
2. 왜 여성의 자살률은 남성에 비해 낮은가?
3. 왜 남성의 자살률은 65세 이후에 갑자기 상승하는가?
4. 아는 사람 중에 자살한 사람이 있는가? 그 사람의 연령, 성별, 인종은 무엇인가? 왜 그 사람은 자살했는가? 당신이 그 사람의 자살을 막기 위해 할 수 있었던 일은 없었는가? 그것은 무엇인가?

② 예시 2

다음 만화는 미국의 외교정책을 풍자한 것이다. 이 만화를 잘 보고 다음과 같은 3수준의 질문에 대해서 토론을 실시할 수 있다. 한 집단이 3명으로 구성된 소집단을 형성하여 토론하게 한다(Mahood et al., 1991: 315).

[그림 7-1] 미국의 외교정책을 풍자한 정치 만화

〈제1수준 질문〉

1. 주인공은 누구를 나타내고 있는가?
2. 주인공이 운반하고 있는 것은 무엇인가?
3. 코끼리는 무엇을 하고 있는가?
4. 코끼리는 무엇을 나타내고 있는가? 그 이유는 무엇인가?
5. 독수리는 무엇을 나타내는가?
6. 이 만화의 배경은 무엇인가?

〈제2수준 질문〉

1. 커다란 몽둥이는 무엇을 대표하는가?
2. 모로코는 어디에 있는가? 사람들과 코끼리는 무엇을 하고 있는가? 왜 그렇게 생각하는가?
3. 만화가가 전달하려고 하는 메시지는 무엇인가? 그가 생각하는 문제의 핵심은 무엇인가?

〈제3수준 질문〉

1. 당시 사람들은 이 만화에 대해서 어떻게 반응했다고 생각하는가? 왜 그렇게 생각하는가?
2. 만약 오늘날 미국 대통령이 이 만화에 나오는 것과 같은 큰 몽둥이를 들고 나왔

다면, 미국인들의 반응은 어떻겠는가?
3. 만약 미국 대통령이 그렇게 한다면, 당신은 놀라겠는가? 아니면 아무렇지도 않겠는가? 왜?
4. 당신은 만화가의 메시지에 동의하는가? 하지 않는가? 왜?

3. 시 · 공간 기능

인간의 삶은 시 · 공간과 밀접하게 관련되어 있으며, 사회 현상에 대한 보다 정확하고 완전한 이해를 위해서는 시간과 공간에 대한 이해가 필수적이다. 이번 장에서는 시간적, 공간적 기능의 중요성과 이를 함양하기 위한 방법으로 연표와 지도 학습에 대해 논의하고자 한다.

1) 시간 기능

사회적 사건이나 현상에 대한 이해는 그것이 "언제 일어났는가?"라는 시간에 대한 이해로부터 시작된다. 만약 어떤 사건이나 사실이 일어난 순서를 혼동하거나 상호관계를 이해하지 못한다면, 사회적 현상을 제대로 파악하기 어렵다. 그러므로 시간은 인간과 공간과 함께 사회 현상의 기본 요소이며, 사회적 사건 또는 사실의 전후 관계와 상호관계에 대한 이해가 이루어질 때 사회 현상에 대한 이해는 보다 완전해질 수 있다.

시간 기능의 대표적인 연대기적 기능은 시간의 흐름 속에서 어떤 사실이나 사건의 위치를 파악하는 능력이다. 즉, 어떤 사실이나 사건들을 연대기적 순서에 배열하고, 사건 사이에 존재하는 시간적 거리를 파악하며, 동시대에 발생한 다른 지역의 사건을 비교하여 인식하는 능력이다. 이러한 연대기적 기능을 함양하는 데 있어 연표는 효과적인 교수 · 학습 도구이다.

‘연표’는 역사적 사실과 사건을 연대기적 순서에 따라 체계적으로 배열한 표로, 가로, 세로, 원반, 반원 등 다양한 형태를 가질 수 있다. 또한 일(日)에서 세기(世紀)까지 다양한 시간 단위를 포함할 수 있으며, 주제나 내용에 있어서도 제약이 없다. 예를 들어, 오늘 내가 무슨 일을 했는지를 순서대로 나열할 수도 있고, 대한민국 헌법 개정 과정을 순서대로 정리할 수도 있다.

연표가 가진 장점을 활용하여 사회과 수업에서는 다음과 같이 활용할 수 있다(최상훈 외, 2007: 149-154). 첫째, 연표는 학생들에게 시간의 흐름에 따라 연속적으로 발생한 일련의 사건들에 대한 요약된 정보를 제공한다. 따라서 학습의 도입 단계에서 학습해야 할 중요한 내용에 대한 개괄적인 흐름을 보여주거나, 학습의 정리 단계에서 학습한 내용을 정리하고 확인하는 데 사용할 수 있다. 둘째, 연표는 사건의 연대적 위치를 파악하게 하여 사건의 흐름을 계통적으로 이해할 수 있게 한다. 특정 사건이 언제, 얼마 동안 일어났으며 전후 사건들과 어떤 관련이 있는지를 보여줌으로써 역사적 사실들 간의 종적 관련성을 파악하는 데 도움을 준다. 또한 같은 시기에 서로 다른 지역에서 일어난 사건을 비교하거나 연관 지어 이해할 수 있게 해준다. 따라서 연표를 활용하여 학생들이 연표에 기록된 사건 간의 수평적 연관성, 수직적 인과관계를 파악할 수 있는 탐구 수업이 가능하다. 예를 들어 ‘국제사회의 냉전 체제 완화에 따른 남북 관계의 변화’에 대해 수업할 때, 학생들이 7 · 4 남북 공동 성명이 언제 일어났는지, 전후 사실로는 어떤 것이 있는지를 연표를 통해 확인하게 한다. 그런 다음, 닉슨 대통령의 중국 방문과 같은 당시의 전체적인 시대상을 고려하여 사건의 의의를 다면적으로 탐구하게 한다.

사회과에서의 연표 활용 학습은 학생들로 하여금 직접 연표를 제작하게 할 수도 있다. 예를 들어, 우리나라의 인권 성장 과정을 수업할 때, 학생들에게 연표의 전체적인 틀만 제공하고 연표에 들어갈 구체적인 사건은 직접 채우게 하는 것이다. 여기서 중요한 것은 4 · 19 혁명, 전태일 분신 사건, 6월 민주 항쟁, 호주제 위헌 결정 등 우리나라에서 발생한 수많은 인권 관련 사건 중 어떤 사건을 연표에 포함시키고, 어떤 사건은 제외할 것인가이다. 연표 제작을 통해 학생들은 스스로 우리나라의 인권 보장 역사에 대해 조사하고, 그에 대한 자신의 견해를 표현할 수 있다. 또한 학생들이 제작한 연표들을 서로 비교해 봄으로써 다양한 시각이 있음을 파악할 수 있다.

2) 공간 기능

'집은 어디에 구할까?', '휴가는 어디로 갈까?', '직장은 어디에서 구할까?'와 같은 일상적인 질문을 통해 알 수 있듯이, 사람은 누구나 일정한 공간 속에서 살아간다. 인간에게 있어 공간은 삶의 무대이자 맥락이며 도구이다(마경묵, 2010). 따라서 인간의 삶을 이해하고 연구하는 데 있어 공간에 대한 이해는 시간에 대한 이해와 더불어 중요하다.

사물이나 현상을 공간상에 적절하게 위치시키고 바라볼 수 있는 능력인 공간적 기능을 함양하기 위해서는 공간을 시각적인 자료로 구체화하여 인식하는 일이 우선되어야 한다. 이를 위해 활용할 수 있는 것이 바로 지도이다. 지도는 지표면의 위아래에 존재하는 공간 형상들을 평면에 표현한 것으로, 비율에 따라 지구 전체 또는 일부를 나타낸다.

지도는 공간에 대한 다양한 정보를 전달해 주는 매개체로, 지리적 · 경제적 · 정치적 · 역사적 자료를 제공해 준다. 또한 위치, 분포, 관계, 변화 등을 보여줌으로써 지표 현상이나 사실 간의 관계를 발견할 수 있는 분석 도구가 된다. 따라서 지도는 인간 생활의 터전이 되는 지표 현상을 나타내는 정보원이자 자료이며, 공간적 기능을 함양하는 데 있어 중요한 교수 · 학습 도구가 된다(황홍섭, 2003: 128).

사회과에서 공간적 기능 함양을 위한 지도 활용 학습은 다음을 고려하여 이루어져야 한다. 첫째, 모든 지도는 지표 현상을 정확하게 나타낼 수 없으며 사실을 왜곡할 수 있다는 것을 가르쳐야 한다. 즉, 지도의 활용과 더불어 지도의 왜곡 가능성에 대한 민감성을 키워 주어야 한다. 둘째, 사용 목적에 맞는 지도를 선택하여 활용할 수 있는 능력을 길러주어야 한다. 한 가지 유형의 지도가 특정 질문에 대한 대답을 제공해 줄지라도, 다른 질문에는 적절하지 않을 수 있다는 사실을 인식하고 사용 목적에 적합한 지도를 선택할 수 있어야 한다. 셋째, 지도는 공간적 기능을 학습하는 데 있어 최선의 도구이지만 만능의 도구는 아니라는 점을 인식해야 한다. 따라서 지구의, 사진, 동영상, 다큐멘터리 등의 다른 시청각 자료를 통해 지도의 한계점을 보완해야 한다. 지구의(globe)는 왜곡 없이 지구를 일정한 축척으로 묘사해 주는 교구로, 지도를 이용하기 전에 실제 모습의 지구를 이해하는 데 사용될 수 있다. 또한 지표 공간에 대한 방대한 자료를 기반으로 학습자가 관련 자료를 분석할 수 있는 웹기반 GIS를 활용할 수도 있다.

4. 사회적 기능

민주주의 사회에서 개인과 집단의 관계가 중요시되면서, 개인과 사회의 문제 해결을 위해 적극적으로 참여하는 기능에 대한 관심이 커지고 있다. 그러나 시민들이 능동적으로 사회에 참여하는 과정에서 갈등이 중요한 문제로 작용하기 때문에, 갈등을 효율적으로 다루고 합리적으로 해결할 수 있는 능력 또한 시민으로서 반드시 필요한 자질이다. 이 절에서는 사회 구성원으로서 갖추어야 할 핵심 기능인 사회참여 기능과 갈등해결 기능에 관해 살펴보고자 한다.

1) 사회참여 기능

가. 사회참여 기능의 개념과 중요성

민주주의 사회는 주권자인 시민 개개인이 사회 문제 해결에 효과적으로 참여할 것을 요구한다. 이때 필요한 사회적 기능을 민주적 참여 기능(democratic participation skill)이라고 한다. 사회 구성원으로서의 참여를 강조하는 뜻에서 사회참여 기능 또는 참여 기능(participation skill)이라고도 하며, 투표와 같이 정치적인 문제와 관련될 때는 정치적 기능(political skill)이라고 지칭되기도 한다. 또한 이러한 사회참여 기능은 개인과 집단의 관계를 원활하게 하여 집단이 합리적으로 목적을 달성할 수 있도록 하는 기능을 의미하므로, 집단에 관한 기능 또는 집단 기능(group skill)으로도 볼 수 있다.

사람은 누구나 크고 작은 집단 속에서 타인과 더불어 살아간다. 집단 생활에서는 필연적으로 개인의 의견과 이해관계가 충돌하기 마련이다. 집단 구성원들의 행복을 위해 집단이 중대한 결정을 해야 할 때도 있으며, 때로는 집단의 결정에 의해 구성원들의 이익이 희생될 수밖에 없는 경우도 있다. 이처럼 많은 사람들의 이익이 걸려 있는 상황에서는 한 사람이 독선적으로 자신의 이익만을 따져서 결정할 수 없다. 나머지 사람들이 수동적인 자세로 방관하는 것도 바람직하지 않다. 여러 사람이 서로 의견을 나누어 합리적으로 결정하는 것이 바람직하다. 이러한 이유로 사회참여의 중요성은 더욱 강조된다.

사회참여는 지식과 관련이 있지만, 지식을 많이 가졌다고 해서 사회참여가 활발해지는 것은 아니다. 어떤 사람이 집단의 번영을 위해 탁월한 의견을 가지고 있더라도, 그 의견이 곧바로 채택되어 집단의 번영에 공헌한다는 보장은 없다. 왜냐하면 이해관계가 다른 사람들이 자신의 이익을 위해 그 의견이 채택되지 못하도록 반대할 수도 있기 때문이다. 이러한 경우 자신의 의견이 훌륭함을 구성원들에게 설득하고, 지지를 얻는 지도력을 발휘해야 한다. 또한, 다른 사람이 자신의 입장과 반대되는 주장을 할 경우에도 그 의견이 더 타당하다면 존중하고 수용해야 한다. 이러한 다양한 활동이 모두 사회참여 기능에 속한다. 이렇게 볼 때, 우리는 민주주의 사회에서 사회참여가 가지는 중요성을 충분히 이해할 수 있다. 지식 위주의 교육 환경에서는 이러한 사회참여 기능을 효과적으로 학습하기 어려웠으나, 이 문제는 민주사회의 발전을 위해 중요한 사회과 교육의 과제가 되고 있다.

나. 사회참여 기능의 종류와 학습 방법

사회참여 기능의 핵심은 개인과 사회가 원활한 관계를 유지하면서 사회가 직면한 문제를 효과적으로 해결해 나가는 데 있다. 이 과정에서 공동체 구성원은 누구도 책임을 미루지 말고, 자신에게 맡겨진 의무를 다하여 지도력을 발휘해야 하며, 지도자가 있을 때는 그 지도자를 존중하고 따라야 한다. 한편, 집단은 개인의 의견을 충분히 수렴하여 문제를 해결해야 한다. 이 과정에서는 한 사람이 영향력을 발휘해 결정하거나 특정 목적을 위해 강제적으로 결정하는 비민주적인 방식이 아닌, 민주적인 과정과 절차를 통해 해결해야 한다.

사회 문제 해결을 위해 필요한 사회참여 기능의 구체적인 형태나 내용 및 교수-

학습 방법에 대해서는 최근 학자들 사이에 상당한 공통점이 있지만, 약간씩 다른 관점에서 제시되기도 한다. 본츠와 레밍(Vontz & Leming, 2004: 92)은 기존의 사회참여 기능에 대한 다양한 의견을 종합하여 다음과 같이 정리하였다.

〈표 7-5〉 **사회참여 기능의 종류와 교수-학습 방법**

주요 사회 참여 기능	주요 학습 방법
• 공공 문제에 대해 숙고하기 • 공공 정책 결정을 실행하기 • 공공 정책 결정에 영향력 행사하기 • 공공 및 사적 이익을 위해 상호작용하기 • 공공 문제와 사건을 감시하기 • 공적 생활을 개선하기 위해 활동하기	• 사례연구 방법 • 공동체 문제 해결 • 이슈와 핵심 개념을 연결하기 • 공공 쟁점 토의 • 모의재판 • 세미나식 토의 • 모의청문회 • 대법원 및 헌법재판소 판례 탐구

사회참여 기능, 집단 기능, 또는 정치적 기능으로 불리는 위와 같은 여러 기능들은 민주주의 사회에서 개인과 사회의 발전, 또는 집단이 당면한 문제를 해결하기 위해 매우 중요하다. 이러한 사회참여 기능은 민주사회의 발전을 위한 시민의 자질로서 필수적으로 요구된다. 기능 학습에는 다양한 교수-학습 방법을 활용할 수 있다. 자신의 의견을 효과적으로 발표하고, 다른 사람들과 협력하여 의사결정에 참여하는 것은 사회과의 일반적인 수업, 특히 토의·토론 학습이나 듣기, 쓰기, 읽기 등의 과정에서 지도할 수 있다. 반면, 구성원의 지지를 얻고 영향력을 행사하는 것은 의사결정 과정 체험이 학습에 효과적이다. 따라서 학급자치회나 의사결정 수업 모형 등에서 실습 기회를 제공하는 것이 필요하다.

다. 사회참여 기능 학습을 위한 학습 풍토 개선 방안

사회참여 기능 학습을 위해서는 기존의 지식 중심 학습 풍토에서 벗어나야 한다. 사회참여 기능 학습을 적극 도모하기 위해 다음과 같은 방안을 고려해 볼 수 있다.

• 사회과의 각종 수업 모형에서 말하기, 읽기, 쓰기 등을 통하여 자신의 의사를 명

확하게 표현하도록 한다.

- 중심적인 의제의 확인, 의견과 근거, 주장과 결론의 관계 등을 인식하는 데 필요한 인지적 능력은 고차사고력 학습 시간에 학습하도록 한다.
- 의사결정 학습 모형에서는 의사결정 과정, 민주적인 의사결정 과정, 자기 자신의 책임, 결론 내리기 등을 학습한다.
- 역할놀이와 모의학습을 통해 의사결정 과정을 학습한다.
- 각종 토의학습에서는 항상 사회참여 기능의 학습을 염두에 둔다.
- 학급 회의나 구체적인 문제해결을 위한 과제연구에서 사회참여 기능을 실제로 실천해 보도록 한다.

2) 갈등해결 기능

가. 갈등의 사회적 기능과 갈등해결

사회생활을 하는 인간의 삶은 상호 의존적일 수밖에 없으며, 이러한 삶에서 갈등은 피할 수 없다. 특히 사회가 다원화되면서 이해관계가 더욱 복잡해지고, 이에 따라 갈등이 발생할 가능성도 더욱 커지게 되었다. 이러한 갈등은 당사자 간의 원활한 의사소통을 방해하고, 상대방에 대한 부정적 감정을 유발한다. 따라서 갈등을 해결하지 않으면 사회 통합과 발전이 저해될 수밖에 없다(장동운, 1997: 58). 그러나 갈등이 항상 부정적인 것만은 아니다. 갈등을 통해 내재된 문제를 정확히 파악할 수 있으며, 문제 해결책을 모색하는 과정에서 혁신적인 사고와 창의적 행동이 촉발되어 변화와 발전의 계기가 되기도 한다. 또한 갈등 해결을 위한 집단 내 협력과 응집성이 증가하기도 한다(최해진, 2004: 65).

특히 학교 현장에서의 갈등 해결은 학생들의 인지적, 정의적, 행동적 발달에 도움을 주고, 학교와 교실 환경 개선에 긍정적인 영향을 미친다(Jones, 2004: 234-237; 이지혜, 2014: 25 재인용). 갈등을 해결하는 과정은 학생들로 하여금 문제 해결 능력을 길러주며, 자신의 감정을 확인하고, 분노를 조절할 줄 알게 해준다. 또한 협상 과정에서 다른 사람의 입장을 수용하고 존중할 줄 알며, 그 결과에 대해 책임 있는 행동을 유도하는 등 긍정적인 사회 관계 형성에도 도움을 준다. 학생들 간의 원만한 갈등 해결은 최근 문제가 되고 있는 집단 따돌림과 학교폭력과 관련된 문제 해결에 기여하며, 서로 존중하는 긍정적인 교실 학습 환경 조성에도 기여한다. 이처럼 갈등은 그 자체로 사회 통합과 평화를 위협하는 부정적인 면만 있는 것이 아니라, 어떻게 관리하느냐에 따라 그 결과가 달라질 수 있다. 따라서 갈등을 해결할 수 있는 능력은 다른 사람들과 효과적으로 상호작용할 수 있는 사회적 능력을 함양하는 데 있어 중요한 과제이며, 민주시민의 자질을 기르는 사회과 교육에서 반드시 다루어야 할 기능이다.

나. 갈등해결 기능의 종류

갈등해결 기능의 핵심은 학생들이 일상생활 속에서 경험하는 다양한 갈등을 효과적으로 다루고 해결해 나가는 것이다. 갈등을 해결하기 위해서는 문제가 되는 갈등을 이해하는 것에서부터 해결 방법을 모색하고 실행하는 데 이르기까지 일련의 과정을 거쳐야 한다. 이러한 갈등 해결 과정에서 필요한 능력이 바로 갈등 해결 기능의 구체적인 형태와 내용이 된다.

그러나 갈등을 해결하는 구체적인 과정은 학자들마다 조금씩 다르며, 이에 따라 갈등 해결 기능의 종류와 내용 또한 다양하게 제시되고 있다. 이지혜(2014: 33-34)는 여러 학자들이 각각의 연구에서 제시하고 있는 갈등 해결 기능의 종류와 내용을 종합하여 다음과 같이 재구성하였다.

〈표 7-6〉 갈등해결 기능의 종류와 내용

종류	내용
갈등인식기능	• 갈등을 자연스럽게 받아들이기 • 갈등의 건설적 해결 가능성 인식하기 • 갈등문제 정의하기
의사소통기능	• 상대방 입장 듣고 정리하기 • 나의 입장 설명하기 • 다른 사람의 입장 수용하기

종류	내용
쟁점규명기능	• 갈등의 성격 분석하기 • 자신과 다른 사람의 행동, 감정의 동기나 원인 탐색하기 • 관련된 이해관계, 정보의 타당성 검증하기
대안모색기능	• 다양한 해결방안 제시하기 • 적용 가능한 해결방안 비교하여 평가하기 • 상대방과 합의할 수 있는 합리적인 해결방안 선택하기
실행 · 평가기능	• 실천 계획 세우기 • 선택한 해결방안 실행하기 • 기대했던 결과와 실제 결과의 일치도 점검하기

출처: 이지혜(2014). 또래조정의 사회과 시민교육 효과 연구. 서울대학교 박사학위논문. 33-34를 재구성.

이상에서 살펴본 바와 같이 갈등해결 기능은 갈등 문제를 인식하고, 정보의 타당성을 검증하며, 해결책을 평가하는 지적 측면뿐만 아니라 의사소통을 하고 해결 방안을 제시하는 기능적 측면, 상대방을 이해하고 존중하는 정의적 측면이 포함된 종합적인 기능임을 알 수 있다. 갈등해결 기능을 함양하는 데 실질적으로 도움이 되는 교수 · 학습 방법으로는 협상 수업 모형과 또래중재 프로그램이 있다.

다. 갈등해결 기능 훈련 프로그램

① 협상을 통한 갈등해결

협상(negotiation)은 다수의 이해관계 당사자들이 다양한 대안들 중에서 서로 만족할 수 있는 합의점을 찾아가는 과정이다. 제3자의 개입 없이 당사자들이 직접 갈등을 해결한다는 점에서 가장 기본적이고 효율적인 갈등 해결 방법이라 할 수 있다.

쉐러(Scherer, 1992; Martorella et al, 2009: 189 재인용)는 다음과 같은 협상을 위한 기본 기능을 제시하였다.

- 각자의 요구, 관심, 목표가 다름을 인식한다.
- 협상할 수 있는 문제와 협상할 수 없는 문제를 구분한다.
- 당신이 상대방의 요구를 정확하게 이해했는지, 반대로 상대방이 당신의 요구를 정확하게 이해했는지 확인한다.

- 감정적, 인신공격적인 말 대신 상대방의 요구나 의견을 중립적으로 드러낸다.
- 화, 분노와 같은 부정적인 감정이 협상 과정에 어떤 영향을 미치는지 이해하고, 비폭력적 방법으로 자신의 생각을 표현한다.
- 모두에게 이익이 되는 균형 있고 공평한 대안을 찾는다.

② 조정을 통한 갈등해결

조정(mediation)이란 제3자의 도움으로 진행되는 협상이라고 볼 수 있다. 조정은 갈등 당사자들 간의 적대적 관계로 인해 의사소통이 단절되거나, 스스로 문제를 해결할 수 없을 때 중립적인 제3자가 개입하여 원만한 갈등 해결을 도와주는 것이다(정주진, 2010: 133). 최근 학교 내 평화교육 및 갈등 해결 교육 프로그램으로 또래조정(peer mediation)이 도입되어 실시되고 있다. 또래조정은 학생들 사이에서 일어나는 갈등을 훈련받은 '또래' 학생이 조정자가 되어 대화를 통해 갈등을 해결하도록 돕는 과정이다.

또래조정은 다음과 같은 원칙에 의해 이루어져야 한다(교육부, 2014: 10-11).

- 갈등 당사자들은 조정에 자발적으로 참여해야 하며, 언제든지 또는 어떤 이유에서든지 조정을 중단할 수 있다. (자발성의 원칙)
- 갈등 당사자들은 힘을 합쳐 문제를 해결해야 하며, 가장 공정하면서도 건설적인 합의를 이루도록 노력해야 한다. (협력의 원칙)
- 갈등 당사자들은 모든 결정 권한을 가진다. 조정의 전 과정에서 갈등 당사자들은 자신들의 의견을 관철시킬 수 있고, 어떠한 강요도 받지 않는다. (통제의 원칙)
- 열린 분위기에서 정직하게 소통하기 위해, 조정 과정에서 다뤄진 내용에 대해 비밀 보장이 담보되어야 한다. (비밀보장의 원칙)
- 조정자는 양 갈등 당사자를 공평하게 대해야 한다. 따라서 갈등 당사자들이 조정자가 공평하지 않다고 느낄 경우, 문제를 제기할 수 있다. (중립성의 원칙)

이와 같은 또래조정은 일반적으로 〈표 7-7〉과 같은 단계를 거쳐 이루어진다(교육부, 2014: 19-32).

〈표 7-7〉 **또래조정 절차**

제1단계: 조정신청	
① 갈등당사자의 자발적인 조정 신청	② 교사, 학부모, 친구 등의 신청 권유와 갈등당사자의 동의
제2단계: 분류 및 조정자 배정	
① 또래조정가능여부 판별	② 조정자 배정: 희망 배정/임의 배정, 단일/공동 조정
제3단계: 갈등확인 및 동의 확보	
① 또래조정 실시에 대한 동의 확보	② 갈등에 관한 사실관계 파악
제4단계: 조정 준비 ①	
① 조정 계획(시간, 장소) 수립	② 갈등 당사자 초대
제5단계: 본 조정	
① 소개와 대화 규칙 만들기 ③ 문제 찾기 ⑤ 합의	② 이야기하기 및 듣기 ④ 갈등해결책 탐색 ⑥ 평가

출처: 교육부(2014). 또래조정 운영 매뉴얼(교사용). 19-32 내용을 재구성.

또래조정을 통해 합의에 도달한 경우, 합의한 내용이 실제로 이행되는지를 확인하고, 미이행 시 최대한 이행할 수 있도록 독려해야 한다. 만약 합의에 도달하지 못했거나 조정을 통해 합의에 도달하지 않기로 결정했다면, 그것 역시 당사자들의 권리 표현이므로 존중해야 한다.

주요개념

기능, 연구기능, 읽기기능, 쓰기기능, 자료 활용 기능, 연대기적 기능, 공간적 기능, 사회적 기능, 사회참여기능, 갈등해결기능, 예상반응지도법, 구조화된 개요파악법, 읽기의 3수준 지도, 시간기능, 공간기능, 협상, 조정

Chapter 07

사회과의 기능 학습
연습문제

01. 기능의 개념과 사회과에서 강조하는 주요 기능을 제시하시오.

02. 사회과의 목표와 기능의 관계를 서술하시오.

03. 특정한 주제를 설정한 후 읽기의 예상반응 지도법, 구조화된 개요파악법, 읽기의 3수준 지도법 등에 따라서 구체적으로 지도할 내용을 작성하시오.

04. 읽기의 3수준 지도는 어떤 경우에 가장 지도하기가 적합한지 예를 들어 설명하시오.

05. 자료 수집 단계에서 유의해야 할 점을 사회과 자료의 종류와 관련하여 논의하시오.

06. 표나 도표, 만화 등에 관한 3수준 지도를 예를 들어 설명하시오.

07. 사회과에서 시간적, 공간적 기능이 중요한 이유를 서술하시오.

08. 연표를 활용한 연대기적 기능의 학습 방법을 제시하시오.

09. 지도를 활용한 공간적 기능의 학습에서 유의사항을 설명하시오.

10. 최근 사회과에서 강조되고 있는 사회적 기능은 무엇이며 그 이유는 무엇인지 서술하시오.

11. 사회참여 기능의 종류와 학습 방법을 설명하시오.

12. 갈등해결 기능의 종류와 학습 방법을 설명하시오.

참고문헌

교육부(2014). 「또래조정 운영 매뉴얼(교사용)」. 교육부.

김용철 외(2003). 「정보와 도서관 교과교육학-초등학교·중학교·고등학교 공통」. 대구: 태일사.

김하영, 김경은(2013). 사회과 인권수업에서의 성찰일지쓰기의 효과 분석: 학업성취도와 학업적 자기효능감을 중심으로. 「시민교육연구」, 45(3): 81-102.

마경묵(2010). 지리과 교실수업 평가에서의 공간적 사고의 평가도구 개발. 고려대학교 박사학위논문.

유소영(2004). 정보이용 능력 기준과 정보처리 학습모형에 관한 연구. 「한국도서관정보학회지」, 35(4): 251-269.

이지혜(2014). 또래조정의 사회과 시민교육 효과 연구. 서울대학교 박사학위논문.

장동운(1997). 「갈등관리」. 서울: 무역경영사.

정주진(2010). 「갈등해결과 한국사회」. 서울: 아르케.

조국남(2003). 사회과 '전략적 읽기 교수방법'의 개발과 효과와 검정. 서울대학교 박사학위논문.

최상훈, 이영효, 김한종, 강선주(2007). 「역사교육의 내용과 방법」. 서울: 책과함께.

최해진(2004). 「갈등의 구조와 전략」. 서울: 두남.

황홍섭(2003). 「인간과 공간」. 부산: 세종.

Banks, J. A.(1999). *Teaching strategies for the social studies(5th edition).* New York: Longman.

Dynneson, T.L., Gross, R.E. & Berson, M.J.(2003). *Designing effective instruction for secondary social studies(3rd edition.).* Upper Saddle River, NJ: Merrill/Prentice-Hall.

Mahood, W., Biemer, L., Lowe, W.T.(1991). *Teaching social studies in middle and secondary schools.* New York: Macmillan.

Martorella, P.H., Beal, C., & Bolick, C.M.(2009). *Teaching Social Studies in Middle & Secondary Schools(5th edition).* Prentice-Hall.

Moon, J.A.(1999). *Reflection in Learning & Professional Development: Theory and practice.* London: Logan Page.

National Council for the Social Studies(NCSS)(1994). *Curriculum standards for social studies.* Washington, DC: National Council for the Social Studies.

Vontz T.S. & Leming R.S.(2004). Promoting civic learning in the preparation of social studies teachers: Criteria and principles for selecting exemplary methods and materials. In G.E. Hamot, J.J. Patrick, and R.S. Leming(Ed.), *Civic learning in teacher education: international perspectives on education for democracy in the preparation of teachers.* Indiana : The Social Studies Development Center of Indiana University.

Yinger, R., & Clark, C.(1981). *Reflective journal writing: Theory and practice.* East Lansing, MI: Institute for Research on Teaching(Occasional Paper no. 50).

Chapter 08

사회과 고차사고력의 학습

1. 고차사고력의 의미와 특징
2. 고차사고력의 유형 및 교수 · 학습 방법
3. 고차사고력과 질문법
4. 고차사고력 육성을 위한 교육과정

사회과교육에서 개념 학습과 더불어 고차사고력의 함양은 합리적인 시민을 육성하기 위한 핵심 목표 중 하나이다. 특히 1990년대 이후, 고차사고력은 사회과 교육에서 더욱 중요하게 강조되어 왔다. 이러한 배경에서 고차사고력은 학생들이 복잡한 사회적 문제를 이해하고, 비판적으로 사고하며, 창의적으로 문제를 해결하는 데 필수적인 능력으로 간주된다. 이 장에서는 고차사고력의 의미와 특징, 현대 사회가 요구하는 고차사고력의 다양한 유형, 그리고 이를 효과적으로 가르치기 위한 교수-학습 방법을 심도 있게 살펴볼 것이다. 또한, 고차사고력 신장을 위해 설계된 질문의 유형과 그 설계 방안에 대해서도 다룰 것이다.

1. 고차사고력의 의미와 특징

1) 고차사고력의 필요성 : 현대 사회의 복잡성과 불확실성

우리가 살아가는 현대 사회는 첨단 과학기술과 정보통신의 급속한 발달로 그 어느 때보다 빠르게 변화하고 있다. 인공지능, 화상회의, 자율주행차, 가상현실, 빅데이터 등 첨단 기술이 경제·사회 전반에 융합되면서 혁신적인 변화가 나타나고 있다. 이러한 변화는 국가 간 경계를 약화시키는 세계화 현상을 더욱 가속화시켰다. 세계화의 급속한 진행은 예측할 수 없는 상황과 통제하기 어려운 환경을 만들어낸다. 사회학자 앤서니 기든스(Anthony Giddens)는 전지구적 차원에서 다른 사회 또는 다른 사람들과의 교류가 증가한다는 것은 우리에게 영향을 미칠 새로운 위험과 결과를 예측할 수 없는 불확실성이 늘어난다는 것을 의미한다고 말한다. 각국의 경제적·정치적 경쟁을 가속화시키는 세계화로 인해, 국내외 변화에 적응하지 못하는 개인이나 국가는 더 이상 과거처럼 살아남기가 어려워지고 있다.

또한 현대 사회는 새로운 정보가 홍수처럼 쏟아지는 시대이기도 하다. 새로운 정보가 지속적으로 등장하면서 기존의 지식은 금방 낡은 것이 되어 버린다. 일례로, 태양계의 9번째 행성으로 분류되던 명왕성은 2006년 행성 분류법이 바뀌면서 행성의 지위를 잃고 왜소행성으로 재분류되었다. 이제 태양계의 행성은 총 8개가 있다고 과학에서 가르치고 있다. 우리가 배운 사회과학의 내용들도 시간이 흐르면서 새로운 이론과 연구 결과에 따라 점차 새롭게 바뀌고 있다. 우리는 기존의 지식과 정보만으로는 급변하는 환경 속에서 정확한 판단과 결론을 내리기 어려운 시대를 살아가고 있다.

이처럼 급변하는 상황 속에서 유연하게 대처하고 창조적 혁신에 앞서가는 사람이나 집단이 미래 사회를 선도하게 될 것임을 직감할 수 있다. 그렇다면, 역동적이고 예측 불가능하며 복잡한 현대 사회 속에서 창조적 혁신으로 미래 사회를 이끌어가는 지도력과 창조성은 어디에서 나오는 것일까? 그러한 지도력과 창조성은 선천적으로 타고나는 것도 아니고, 물질적 부가 축적되어서 이루어지는 것도 아니다. 또한 과거의 지식이나 정보를 무조건 많이 알고 있다고 해서 얻어지는 것도 아니다. 시대를 앞서가는 사람들은 혁신적인 사고를 통해 기존의 것을 개선하고, 새로운 것을 만들어내는 창조를 통해 세계를 이끌어 간다고 볼 수 있다.

이러한 창조적인 생각과 문제해결력이 바로 높은 차원의 사고력, 즉 고차사고력의 핵심이라고 할 수 있다. 그리고 앞서 언급했듯이, 오늘날 이와 같은 고차사고력이 요구되는 이유는 현대 사회의 불확실성과 복잡성, 그리고 새로운 정보의 홍수 속에서 미래 사회를 이끌어 나갈 창조적 혁신이 필요하기 때문이라고 할 수 있다.

2) 고차사고력의 의미

고차사고력의 함양은 오늘날 개념 학습 못지않게 사회과 인지 영역 학습의 핵심 사안이 되고 있다. 물론 단순한 개념의 암기나 이해력 이외에 비판적 사고력(critical thinking)이나 문제 해결력(problem solving) 등과 같은 복잡한 사고 과정을 요하는 능력들이 최근에 처음으로 강조된 것은 아니다. 하지만 이러한 능력들을 묶어서 '고차사고력'(higher order thinking 또는 higher level thinking)이라는 이름으로 사회과 교육에서 체계적으로 강조하기 시작한 것은 1980년대 후반부터다(Woolever & Scott, 1988; Banks, 1990; Jenness, 1990). 이는 현대 사회가 발전하면서 고차사고력이 그만큼 중요해졌다는 것을 의미한다.

미래 사회를 위한 교육 개혁의 가장 중요한 과제 중 하나는 고차사고력의 육성과 학력 격차 해소라고 할 만큼, 고차사고력은 사회과나 수학, 과학뿐만 아니라 영어와 예술 등 전 교과에서 강조되고 있다. 오늘날의 문맹자는 단순히 글을 모르는 사람이 아니라 고차사고력이 부족한 사람이라고 할 수 있으며, 하층 출신의 자녀들이 중상층 출신의 자녀들에 비해 지위 획득 경쟁에서 뒤처지는 이유로 고차사고력의 부족이 지적되기도 한다. 특히 고차사고력의 한 유형인 비판적 사고력은 민주 사회에서 지식과 정보를 정확하게 판단하고 평가할 수 있다는 중요성 때문에, 하나의 삶의 방식이자 윤리라고까지 말하는 사람들도 있다(Sears & Parsons, 1991: 45-68).

하지만 이러한 중요성에도 불구하고 고차사고력의 범주와 정확한 의미를 정의하는 일은 쉽지 않으며, 각 학문 영역이나 학자들마다 사고력의 의미를 다양하게 정의해 왔다. 사고의 수준을 구분한 최초의 교육자 듀이는(Dewey) 고차적 사고의 수준을 크게 비판적 사고와 문제 해결 능력으로 나누었다(Geertsen, 2003: 2). 그렇지만 이후 다양한 학자들이 이 개념들을 명확한 구분 없이 모호하게 사용해 왔으며, 비판적 사고가 고차사고력의 전부이거나 문제 해결력과 고차사고력이 동일한 개념인 것처럼 이해하기도 했다. 큐반의 지적처럼 “사고력, 추론 능력, 비판적 사고, 문제 해결력을 정의하는 일은 완전한 골칫거리”(Cuban, 1984: 676)가 되었다.

물론 고차사고력을 기억이나 단순한 이해를 넘어서 문제를 해결하는 사고력으로 정의할 수 있지만, 1980년대 이후, 특히 1990년대에 들어서면서부터 고차사고력은 탐구력, 의사결정력, 창의적 사고력, 비판적 사고력, 메타인지를 포함하는 포괄적인 개념으로 이해되기 시작했다. 사회과교육의 저명한 저자인 울레버와 스캇(Woolever & Scott)은 다음과 같이 고차사고력의 개념을 소개하고 있다.

- “고차사고력은 수동적이고 반응적인 태도와는 달리 질문, 설명, 조직, 해석과 같이 학습자의 주도적이고 능동적인 참여를 필수로 하며, 문제해결력, 창의적 사고력, 비판적 사고력, 의사결정력 등을 포함한다(Woolever & Scott, 1988: 286–287).”

또한 1986년에서 1990년까지 미국의 16개 고등학교를 대상으로 사회과에서의 고차사고력 향상 실험을 실시한 위스컨신 대학의 뉴먼(Fred M. Newmann) 교수는 저차

사고력과 대비하여 고차사고력의 개념을 제시하고 있다. 뉴먼도 고차사고력을 비판적 사고, 창의적 사고력, 문제해결력, 의사결정력 등이 모두 포함된 개념으로 이해하고 있으며 이를 소개하면 다음과 같다.

- "고차사고력은 도전적이고 확장적인 정신의 사용이라고 넓게 정의될 수 있으며, 비판적 사고, 창의적 사고력, 문제해결력, 의사결정력 등이 모두 여기에 포함된다고 할 수 있다. 반면, 저차 사고력은 일상적이고 기계적이며 제한적인 정신의 사용이다. 도전적이고 확장적인 정신 작용은 과거에 학습한 지식의 통상적인 응용으로는 문제가 해결되지 않기 때문에 새롭게 해석하고, 분석하고, 정보를 조정할 때 일어난다. 이에 비해 저차사고력은 과거에 기억한 정보를 제시하는 것, 이미 학습한 공식에 숫자를 삽입하는 것, 각주의 규칙을 상황에 따라 응용하는 것 등과 같이 일반적으로 통상적인 사고 절차의 반복인 것이다(Newmann, 1991: 325-326)."

루이스와 스미스(Lewis & Smith)는 고차사고력의 본질에 대한 철학적, 심리학적 관점을 검토하고, 비판적 사고 및 문제 해결력의 개념들이 발전해 온 배경을 고찰한 후, 이를 모두 포괄하는 개념으로서 '고차사고력'의 정의가 필요하다고 주장한다. 이들은 다음과 같이 고차사고력을 정의하고 있다.

- "고차사고력은 사람들이 새로운 정보를 습득하거나 정보를 기억 속에 저장함과 동시에, 복잡한 상황 속에서 해법을 찾거나 목표를 달성하기 위해 이러한 정보들을 확장, 재배열시키거나 정보들 간의 관련성을 찾으려 할 때 나타나는 능력이다(Lewis & Smith, 1993: 136)."

이상의 논의를 종합할 때, 고차사고력은 "새로운 상황에 직면했을 때 단순한 기억이나 과거의 행동 방식을 넘어서서 독창적으로 문제를 해결하려는 도전적이고 확장적인 정신 작용"이라고 정의할 수 있다. 이러한 정신 작용을 구체적으로 확인하는 방법은 여러 가지가 있을 수 있으며, 이는 앞서 언급한 탐구력, 의사결정력, 창의적 사고력, 비판적 사고력, 메타인지 등을 포함한다. 고차사고력의 구체적인 유형인 이들의 특징과 교수·학습 방법을 살펴보기 전에, 여기서는 고차사고력의 일반적인 특징들과 고차사고력 학습의 저해 요인에 대해 살펴보고자 한다.

3) 고차사고력의 일반적 특징

고차사고력은 복잡한 정신 작용이며, 다양성과 상황에 대한 적합성을 중시하고 있기 때문에, 이미 언급한 것처럼 급변하는 현대 사회에서는 특히 중요한 의미를 갖는다.

가. 레스닉이 지적한 고차사고력의 일반적 특징

고차사고력은 매우 높은 차원의 사고 유형이며, 새로운 문제에 직면한 불확실한 상황에서 학습자가 능동적이고 독창적인 정신 작용으로 그것을 극복해 나갈 수 있는 특성을 지니고 있다. 레스닉(Resnick)은 이러한 고차사고력의 일반적 특징에 관해 다음과 같이 설명하고 있다(Resnick, 1987: 3).

① 사고나 행동의 과정에 특정한 방법이 미리 제시되지 않는다.
② 사고의 과정은 복잡하여 미리 예측할 수 없다.
③ 다양한 해결 방법을 제시하며, 각 방법은 다른 이익과 손해를 가진다
④ 특정한 상황에 적합한 세밀한 판단과 해석을 제시한다.
⑤ 서로 모순되는 다양한 기준의 적용을 요구한다.
⑥ 현재의 상황과 문제가 무엇인지 명확하지 않은 불확실성을 포함한다.
⑦ 자기 규제적이고 자정 능력을 가진다. 다른 사람이 써 놓은 각본에 따라 행동하는 사람에게서는 고차사고력을 발견할 수 없다.
⑧ 혼란을 구조화하여 명백한 의미를 발견하려 한다.
⑨ 끊임없이 노력하는 과정을 요구한다.

나. 리프만이 지적한 고차사고력의 일반적 특징

교육에서 '생각하는 힘'을 가르쳐야 한다는 것을 강조한 리프만(Lipman)도 고차사고력의 일반적 특징을 다음과 같이 제시하고 있다. 그 핵심은 복잡성과 불확실성 속에서 사고를 구조화하며 방향을 모색하고 문제를 해결해 가는 것이다(Lipman, 1991: 92-94).

① 복잡성과 다양성이 있다.

② 통합성, 일관성, 통일성이 있다.

③ 증거에 기반한 논의를 한다.

④ 질적으로 우수하다.

⑤ 광범위한 응용성을 가지고 있다.

이외에도 고차사고력은 개인에게 있어 상대적(relative)인 능력이라는 점을 명심해야 한다. 어떤 사람에게는 고차사고력을 활용해야 해결할 수 있는 작업이 다른 사람에게는 단지 저차사고력만을 사용하고도 해결 가능한 작업일 수 있다(Lewis & Smith, 1993: 134). 이는 우리가 수학 문제를 푸는 과정을 생각해 보면 쉽게 알 수 있다. 예를 들어 직사각형의 넓이를 구하는 공식을 이제 갓 배운 초등학생은 마름모의 넓이를 구하라는 문제에 직면하면 당황하게 된다. 직사각형의 넓이를 구하는 공식을 단순히 적용해서는 문제가 해결되지 않기 때문이다. 이제 마름모의 넓이는 구하라는 문제는 이 초등학생에게 도전적이며 확장적인 문제해결력을 요하는 상황이 된다. 하지만 마름모의 넓이를 구하라는 문제는 중학생 이상의 수준에서는 고차사고력을 필요로 하지 않는다. 이미 배운 공식에 숫자만을 대입하면 해결되는 문제이기 때문이다. 이처럼 고차사고력은 상대성을 가지고 있기 때문에, 우리가 고차사고력을 활용하는 수업을 하고자 할 때에는 반드시 학생의 지적 배경과 학습 과제의 성격을 충분히 고려한 후 실행에 옮겨야 할 것이다.

4) 고차사고력 학습의 저해 요인

고차사고력의 육성이 중요함에도 불구하고, 교실 현장에서는 고차사고력 학습의 활성화를 저해하는 몇 가지 요인들이 존재한다. 가장 쉽게 생각해 볼 수 있는 것은 지식 위주 수업이다. 각종 시험 대비를 위한 주입식 교육으로 인해, 우리의 학교 현장에서는 사고력 함양을 위한 토론식 수업이 잘 이루어지지 않고 있다.

수백 회의 수업 관찰과 교사 및 교장, 그리고 교과 전문가들을 대상으로 한 면담, 설문조사 등을 통해 5년에 걸쳐 수집한 자료를 바탕으로 오노스코(Onosko, 1991)는 교실 현장에서 고차사고력 학습을 저해하는 요인으로 다음 여섯 가지를 지적한다.

첫째, 지식 전달 위주의 수업이다. 일반적으로 사람들은 역사적 사건, 사회과학적인 내용, 정보, 사상 등이 사회과 교사들에 의해서 도전적인 사고의 과정을 통해 다루어지기를 기대한다. 하지만 실제 학교 현장의 사회과 수업은 그렇지 못하다. 교사 자신이 지식 위주의 교육만을 받아왔기 때문에 사고력 교육에 대한 안목과 경험이 부족하게 되고, 내용 전달 위주의 수업에서 더욱 편함과 익숙함을 느낀다. 또한 교실의 학생들도 자신이 직접 문제의 답을 추론하기보다는 교사로부터 빠르고 정확한 답을 얻기를 원한다.

둘째, 너무 피상적으로 넓은 범위의 정보와 주제들을 다루려는 경향이다. 사회과는 학생들이 읽고, 쓰고, 말하고, 성실하고, 타인을 존중하며, 선량한 시민이 되도록 가르치기를 요청받는다. 또한 역사, 지리, 문화, 정치, 경제, 법, 환경, 사회문제, 다문화, 세계화 등 광범위한 주제와 내용들을 다루도록 요구받는다. 이러한 과도한 요구와 많은 양의 지식을 심어주려는 시도는 학생들이 반성적으로 사고하고, 내용들 간 연결성을 찾으며, 의문을 가지도록 하는 시간을 빼앗아 버린다.

셋째, 학생들에 대한 교사의 낮은 기대감이다. 학생들이 복잡한 생각과 정보 처리를 요하는 고차사고력을 시도할 능력도 없고 원하지도 않는다고 믿을 때, 교사는 사실적인 정보만을 강조하는 분위기로 수업을 이끈다. 학생에 대한 낮은 기대가 사고력 증진 수업을 꺼리게 만들고, 학생에게 사고력 학습의 기회를 충분히 제공하지 못하게 되기 때문에 더욱 학생들의 능력과 흥미를 떨어뜨려 악순환의 고리를 만들게 된다.

넷째, 학급당 학생 수가 축소되고 있지만 여전히 토론 수업이 어렵다는 점이다. 이는 교사가 학급을 운영하는 데 있어 어려움을 발생시키는데, 특히 토론 수업을 진행할 때 더욱 그렇다. 학생들은 자신의 발표 차례가 올 때까지 기다리다가 좌절감을 느낀다. 또한 교사는 발표한 학생의 생각을 확장시킬 질문을 하고 싶지만 나머지 학생들에 대한 통제력을 잃을 것이 걱정된다. 결국 많은 학생 수는 사고력 증진에 유용한 토론 수업의 질과 빈도를 감소시킨다. 뿐만 아니라 고차사고력을 요하는 과제들은 개별적 관리가 필요하기 때문에 보다 적은 수의 학생이 적절하다.

다섯째, 수업을 준비할 시간이 교사들에게 부족하다는 점이다. 고차사고력 수업을 위해 교사는 많은 것들을 준비해야 한다. 토론 수업에 적합한 자료를 찾기 위해 수많은 자료를 검색하거나 수집하고, 그것을 정리해서 배포해야 한다. 또한 예상 질문 목록을 만들어야 하고 주제에 적합한 수업 모형을 본인이 직접 설계해야 한다. 하지만 수업 준비 외에도 교사들은 학급 경영, 생활 지도, 행정 업무 등 다양한 일을 수행해야 한다. 이 모든 일을 주어진 시간 안에 해낸다는 것은 불가능하다.

여섯째, 마지막 장애 요인은 대부분의 학교에서 나타나고 있는 교사들의 고립 문화(culture of isolation)이다. 교사들은 대부분의 시간을 동료 교사가 아닌 학생들과 보낸다. 그리하여 교사들은 서로 고립된 채로 일하며, 이러한 고립 문화가 서로의 수업에 대한 생각과 의견을 교환하는 것을 제한하게 만든다. 이는 결국 자신들의 수업에 대한 건설적인 비판과 새로운 자각을 못하도록 막는다. 고립 문화 속에서 교사들은 사고력 증진을 위한 교수학습 방법, 논쟁적인 학습 주제, 교육적 목표 등을 공유하지 못하고, 서로에게 도움을 받지도 못한다.

이상의 여섯 가지 장애 요인 외에도, 다른 사람 앞에서 발표를 꺼리는 문화적 풍토, 강의에 수동적이고 예습을 하지 않는 학생들의 습관, 그리고 특정 주제와 관련된 내용을 연계시켜 토론을 전개하는 능력 부족 등이 고차사고력 학습을 저해하는 요인들이다.

이러한 장애 요인들은 서로 연결되어 있는 부분들이 존재하기 때문에 이들을 포괄적으로 이해하고 개선하려는 노력이 필요하다. 또한 이러한 저해 요인의 배후에는 대부분의 시험이 주로 사회과학의 지식을 중심으로 출제되기 때문에 지식 습득에 치중할 수밖에 없는 수업 현장의 현실이 있다. 따라서 고차사고력 함양을 위해서는 사회과 교육의 본질적인 목표에 대한 교사들의 깊은 이해와 함께 사고력 교육에 대한 지속적인 고민과 실천이 필요하다.

연구보고 1

이광성(2005)은 국내외의 선행연구를 분석하여 설문지를 만들고 전남 지역에 위치한 초등학교 교사 200명을 대상으로 고차사고력 신장을 방해하는 요인들이 무엇인지를 연구하였다. 설문 항목은 크게 여섯 가지로 나뉘는데 첫째, '수업방법 및 자료 활용' 둘째, '학습량에 대한 교사의 인식' 셋째, '교과에 대한 연구' 넷째, '토의 · 토론 학습에 대한 인식' 다섯째, '교수학습 내용 및 과정에 대한 안내' 여섯째, '과제학습에 대한 인식'이다.

분석 결과, '수업 방법 및 자료 활용' 항목에서는 고차사고력 향상에 효과적인 토의, 탐구, 의사결정 수업 방식보다는 지식 전달 위주의 설명식 수업이 가장 많이 활용하는 수업 방법으로 나타났다. '학습량에 대한 교사 인식' 항목에서는 교사들 대부분이 학습량이 많다고 느꼈으며 학습량에 대한 교사들의 부담이 큰 것으로 나타났다. '교과에 대한 연구' 결과에서는 시간 부족으로 인해 교사들의 교재연구가 많이 부족하고, 필요한 자료를 쉽게 구할 수 없어 교재연구 및 수업 준비가 제대로 이루어지지 않았다. '토의 · 토론 학습에 대한 인식'에서도 교사들은 학생들의 참여도 및 흥미가 낮거나 자료 준비가 어렵다는 이유로 토의 · 토론 학습을 기피했다. 다섯 번째 항목인 '교수학습 내용 및 과정에 대한 안내'는 그나마 비교적 잘 이루어지고 있는 것으로 나타났다. 끝으로 '과제학습에 대한 인식'에서는 고학년으로 갈수록 과제의 양이 줄어드는 것으로 나타났으며, 과제학습이 어려운 이유로 자료 부족을 가장 많이 꼽았다. 과제학습이 충실히 이루어지지 못하면 차시학습에서 학습 능률이 떨어지고 이는 사고력 신장에도 도움을 주지 못할 수 있다.

이와 같은 연구 결과를 통해 국내에서도 고차사고력 신장을 방해하는 요인들이 다양하게 존재함을 알 수 있으며, 앞서 제시한 여섯 가지 장애 요인들과 유사한 점이 발견됨을 알 수 있었다. 앞으로 고차사고력 신장을 저해하는 요인들을 지속적으로 찾아내어 이들을 제거할 수 있는 방법과 전략에 관심을 기울이고, 고차사고력 향상을 위한 보다 효과적인 교수학습 방법을 개발하도록 노력해야 할 것이다.

자료: 이광성(2005). 초등학교에서 고급사고력 신장을 방해하는 요인 연구. 『시민교육연구』, 37(3): 177-204.

2. 고차사고력의 유형 및 교수 · 학습 방법

고차사고력은 보는 시각에 따라 여러 가지 유형으로 나눌 수 있지만, 최근 사회과에서 강조되고 있는 대표적인 유형으로는 탐구력, 의사결정력, 창의적 사고력, 비판적 사고력, 메타인지 등을 들 수 있다. 여기서는 이러한 고차사고력의 다섯 가지 유형을 중심으로 그 개념과 특징을 살펴보고자 한다(Woolever & Scott, 1988: 318). 또한,

고차사고력 육성을 위해 각 유형별로 어떻게 수업을 진행할 수 있는지에 대해 알아보고자 한다. 여기서 주의할 점은, 고차사고력 함양을 위한 사회과 수업은 특정한 수업 모형이나 방법에만 의존하기보다는, 여러 가지 다양한 수업 모형과 방법을 활용하여 이루어질 수 있다는 점이다.

1) 탐구력

가. 개념

고차사고력 중에서 가장 기본적인 것은 탐구력이다. 특히 1960년대에 사회과학이 자연과학적인 방법을 도입하여 연구하는 경향이 활발해지면서, 사회과에서도 사회과학 모형이 출현하게 되었고, 이에 따라 탐구력은 사회과의 중요한 교육 목표가 되었다.

탐구력(inquiry)은 사회과학 탐구력(social science inquiry) 또는 사회 탐구력(social inquiry)이라고도 불리며, 흔히 말하는 과학적 탐구력을 의미한다. 탐구력은 문제가 무엇인지 발견하고, 문제 해결을 위한 가설을 설정하며, 자료를 수집 · 분석하여 일반화를 도출하는 등 문제 해결 방법을 스스로 찾아내는 사고력을 말한다. 흔히 문제 해결(problem solving) 능력과 같은 뜻으로 쓰이기도 한다.[1)]

듀이(Dewey, 1910)는 적절하게 검토된 근거를 가지고 하는 주장을 반성적 사고(reflective thinking)라고 하였다. 사람이 자신의 주장을 펼치는 데는 여러 가지 방법이 있을 수 있는데, 어떤 형태의 권위에 의존하거나, 자신의 이익에 호소하거나, 단순히 다른 사람의 의견을 모방하는 주장은 반성적 사고가 아니다. 반성적 사고를 가능케 하는 근거로는 언어의 약속이라 할 수 있는 논리적 규칙이나, 인간의 감각 기관에 의해 확인되는 경험적 근거가 있다. 이러한 측면에서 탐구력은 반성적 사고의 대표적인 유형이라고 할 수 있다. 문제 해결과 가설 설정을 위해서는 개념 간의 관계가 논리적이고 연역적이어야 하며, 가설 검증을 위한 자료 분석에서는 경험적 근거가 중요하기 때문이다.

탐구력은 이처럼 논리성과 과학성을 기본으로 한다. 특히 자신의 주장을 경험적

1) 물론 문제해결력은 과학적인 문제에 국한되어 있는 탐구력보다 더 광범위한 의미로 사용될 수 있다. 탐구력과 관련된 문제해결은 주로 가치가 아닌 사실과 관련된 문제 해결을 의미한다.

근거에 바탕을 두고 논리적으로 전개하려는 사고와 자세는, 명확한 근거 없이 억지로 주장을 관철시키려는 우리나라의 토론 문화와 비교할 때 매우 중요한 의미를 가질 수 있다. 또한 탐구력은 수업에서 교사가 전달하는 지식을 그대로 받아들이는 것이 아니라, 문제를 자기 스스로 해결해 나가는 것이므로 다른 고차사고력과 마찬가지로 학습자의 능동적이고 적극적인 학습 활동을 요구한다.

나. 교수 · 학습 방법

이미 5장에서 인지적 수업 모형의 하나로 탐구력 신장을 위한 탐구학습 모형을 살펴보았다. 탐구력은 고차사고력의 가장 기본적인 유형으로서, 문제 해결을 위해 가설을 설정하고, 자료를 수집 · 분석하여 결론을 도출하는 사고 과정을 특징으로 한다. 탐구력 신장을 위한 수업 방법은 문제 제기 → 가설 설정 → 용어의 정의 및 개념화 → 자료 수집 → 자료 분석 → 가설 검증 및 일반화, 이론 도출 → 새로운 탐구의 시작 등의 과정을 따르는 것이 일반적이다. 이는 앞서 제시한 탐구학습 모형의 단계에서도 동일하게 확인할 수 있다.

탐구학습은 학생이 스스로 학습 과정을 설계하고 주체적으로 수업에 임하기 때문에, 학생의 관심과 흥미를 고취시킬 수 있다. 학생들은 능동적으로 문제 해결에 참여하며, 교사는 학생들의 능동적인 탐구가 이루어지도록 안내하고 지원하는 역할을 해야 한다. 탐구 수업에서 교사와 학생의 역할을 요약하면 다음과 같다(Raths et al., 1986: 163-169; Woolever & Scott, 1988: 293).

〈표 8-1〉 **탐구 수업에서의 교사와 학생의 역할**

교사의 역할
① 학생들이 스스로 질문하고 해답을 찾도록 도와주며, 자신감을 갖게 한다.
② 학생들의 다양한 의견을 받아들이고, 틀린 대답도 관용하는 등 개방적인 의사소통을 한다.
③ 학생들 간의 상호작용을 촉진한다.
④ 서로 다른 시각을 가진 학습 자료를 다양하게 제공한다.
⑤ 학생들의 능력에 맞추어 학습 활동을 구조화한다.
⑥ 필요하다고 판단되는 경우, 학생들을 격려하는 것을 잊지 않는다.
⑦ 필요한 경우 촉매 역할을 한다.
⑧ 독립적으로 조사할 기회를 학생들에게 제공한다.
⑨ 탐구 과정 그 자체를 가르친다.

학생의 역할
① 질문하고 해답을 찾는 과정에서 능동적인 역할을 한다. ② 가능성과 대안에 대해 항상 개방적인 태도를 취한다. ③ 가능성의 우선순위를 합리적으로 저울질한다. ④ 증거가 나타날 때까지 판단을 유보한다. ⑤ 독립적인 연구를 주도한다. ⑥ 동료 학생들과 지식을 공유하며, 소집단에서 협력한다. ⑦ 다양한 의견에 대해서 관용적인 태도를 취한다. ⑧ 꾸준하게 해결책을 모색한다. ⑨ 문제해결 과정을 학습한다.

다. 지도안 예시

단원명	Ⅴ. 국민 경제와 국제 거래 3. 국제 거래와 환율	대상	중학교 「사회 ②」
학습목표	1. 환율 결정의 원리를 이해한다. 2. 환율 변동이 국내 경제에 끼치는 영향을 자료를 통해 설명할 수 있다.		
단계	교수 · 학습 활동		지도상의 유의점 및 기타
도입	• 전시 학습 확인 : 국제 거래의 이해 • 동기유발 : 지난 해외 수학여행에서 환전 문제로 인해 겪었던 에피소드를 자유롭게 발표한다. • 환전 사례를 통해 환율의 의미에 관심을 갖도록 유도한다. • 학습목표 제시		
전개	• 환율의 개념과 정의를 설명한다. • 탐구 학습 실시 ㉮ 문제제기 및 가설설정 – 각 나라마다 또는 각 시기마다 환율이 달라지는 문제에 관심을 갖는다. – 질문을 통해 환율 변동 원리에 대한 잠정적인 결론을 도출해 보도록 안내한다. ① 환율이 변화하는 까닭은 무엇인가? 환율이 변화하는 것은 ○○○ 때문일 것이다. ② 환율이 변화해 온 흐름은 어떠한가? 환율은 ○○○○ 양상으로 변화할 것이다. ㉯ 자료수집 및 분석 – 직접 가까운 환전소나 은행 방문, 또는 웹사이트나 도서관 등을 활용하여 문제해결을 위한 자료 수집 – 수집된 자료를 분석하여 환율 변동의 원리와 이유를 파악한다.		– 학생들이 최대한 스스로 궁금한 점과 문제의식을 갖도록 유도한다. – 탐구 과정에서 학생들이 좌절하거나 포기하지 않도록 격려한다.

	㉰ 결론 도출 – 다른 학생들 앞에서 자신의 탐구 결과를 발표한다. • 도표와 삽화, 사진 등을 활용하여 발표 결과를 정리하는 보고서를 작성한다. • 자유로운 의견 교환을 통해 탐구 과정을 반성하고 상호 평가한다.	
정리	• 조사를 마친 후 환율이 국제 수지에 미치는 영향에 대해 새로운 의문을 가질 수 있다. • 차시활동을 예고하고 수업을 마무리한다.	

2) 의사결정력

가. 개념

의사결정력(decision making)이란 선택 가능한 여러 가지 대안 중에서 자신이 추구하는 목표에 적합한 하나를 선택하는 것을 의미한다. 제5장에서 이미 언급한 것처럼, 변화가 급속한 현대 사회에서 개인, 국가, 집단은 중요한 의사결정을 하지 않을 수 없는 상황에 직면하게 된다. 사회과에서 의사결정력이 중요시되는 이유도 이러한 배경에서 비롯된다.

의사결정력은 몇 가지 필수적인 요소를 요구한다. 우선, 의사결정을 하기 위해서는 충분한 정보가 필요하다. 이 과정에서 사회과학 지식을 획득하는 사회 탐구의 과정이 필요하다. 다음으로, 의사결정 과정에서는 지식 요소뿐만 아니라 가치적인 요소도 고려해야 한다. 특히 바람직한 가치를 어떻게 보느냐에 따라 의사결정이 크게 영향을 받으며, 대안적인 가치들이 모두 바람직할 경우에는 더욱 그렇다. 실제로 우리가 직면하는 의사결정 문제는 대부분 이러한 경우에 해당하며, 따라서 가치 탐구를 통한 가치 분석 과정이 필수적으로 요구된다. 이러한 과정이 끝나면 가능한 대안을 모두 나열하여, 그러한 대안을 선택했을 때 나타날 결과를 충분히 예측하고, 그 장단점을 검토하여 최종 의사결정을 하며, 이를 행동으로 실천하게 된다.

의사결정 과정에서 대안의 검토와 결과의 예측은 특히 중요하다. 청소년들뿐만 아니라 성인들도 순간적인 판단 착오로 인해 중대한 실수와 일탈을 저질러, 개인적으로는 물론 사회적으로도 매우 큰 불행을 초래하는 경우가 흔하다. 절도, 폭행, 여러 가지 비행뿐만 아니라 불행한 결혼, 잘못된 정책 등이 모두 이러한 예에 속한다. 이러한 상황에서, 미리 행동의 결과를 예측하고 대안들의 장단점을 충분히 검토했더라면 비행이나 순간의 실수뿐만 아니라 잘못된 판단이나 정책도 어느 정도 예방하고 대처할 수 있었을 것이다. 정상적이고 이성적인 사람이라면 스스로 불행을 선택하지 않을 것이기 때문이다. 이러한 측면에서 합리적인 의사결정은 우리 교육이 강조해야 할 중요한 목표임에 틀림없으며, 합리적인 의사결정을 할 수 있는 시민 양성을 목표로 하는 사회과가 이러한 의사결정력을 기르는 핵심 교과라고 할 수 있다.

나. 교수 · 학습 방법

의사결정의 과정은 이미 살펴본 바와 같이, 여러 가지 선택의 대안이 있을 때 그중 하나의 대안을 합리적으로 결정하는 것이다. 이를 위해서는 먼저 사회과학 탐구 과정을 거쳐 필요한 지식을 획득하고, 경쟁하는 가치 중에서 하나를 선택하기 위해 가치 탐구 과정을 거쳐야 한다. 제기된 문제에 대한 구체적인 이해, 가능한 선택지에 대한 정보 수집, 그리고 각 선택지에 따라 예상되는 결과에 대해서는 사회과학적 탐구가 필요하다. 한편, 각 선택지를 뒷받침하는 가치가 무엇인지, 다양한 가치 중 어떤 가치를 기준으로 선택지를 평가할 것인지는 가치 탐구가 필요하다. 예를 들어, 구입할 냉장고를 선택해야 하는 상황이라면, 시중에서 판매되는 다양한 냉장고 모델들의 가격, 에너지 효율, 브랜드 신뢰도, 부가 서비스, 기능들에 대한 충분한 정보를 파악해야 한다. 또한 디자인, 에너지 효율, 가격 중 어떤 기준에 따라 모델들을 평가하여 선택할 것인지에 대한 판단이 필요하다. 사회과에서 가장 대표적인 뱅크스(Banks)의 의사결정 모형도 지식과 가치를 구분하고, 사회 탐구와 가치 탐구에 기초하여 합리적인 의사결정을 내리는 것을 목적으로 한다.

따라서 합리적인 의사결정을 위한 학습은 문제 제기 → 지식과 가치 문제의 확인 → 사회 탐구에 의한 지식 획득 → 가치 탐구에 의한 가치 분석 → 대안 탐색과 결과 예측 → 선택 및 결론 → 행동 등의 과정을 거치게 된다. 이와 같이 의사결정 모형은 사회 탐구와 가치 탐구의 두 가지 과정을 모두 요청하는 종합적인 수업 모형이라고 할 수 있다. 사회문제나 논쟁 문제를 학습할 때는 기본적으로 이 모형을 사용하는 것이 바람직하다.

이 외에도 의사결정력을 훈련시키기 위해 여러 가지 수업 모형이 개발되어 사용되고 있다. 예를 들어, 의사결정 매트릭스 모형(decision-matrix model), 의사결정 수형도 모형(decision-tree model), 그리고 의사결정 기준표(decision grids) 등이 있다.

아래의 지도안은 의사결정력 학습 방법 중 기본적으로 많이 쓰이는 의사결정 기준표(decision grids)를 활용한 예시를 보여준다.

다. 지도안 예시

<table>
<tr><td>주제
(단원명)</td><td>Ⅲ. 정치 과정과 참여
3. 정치 참여의 방법과 한계
1) 정당을 통한 정치 참여</td><td>대상</td><td>고등학교 「정치와 법」</td></tr>
<tr><td>학습목표</td><td colspan="3">1. 정치 과정을 중심으로 정당의 기능과 의의를 이해할 수 있다.
2. 의사결정표를 활용하여 자신이 지지하는 정당을 선택하고, 그 이유를 말할 수 있다.
3. 바람직한 정당 정치의 방향이 무엇인지 고민하는 태도를 갖는다.</td></tr>
<tr><td>단계</td><td colspan="2">교수 · 학습 활동</td><td>지도상의 유의점</td></tr>
<tr><td>도입</td><td colspan="2">• 전시 학습 확인 : 선거와 민주 정치
• 전시학습과 관련지어 민주 정치의 요소 중 하나인 정당과 관련된 수업을 할 것임을 안내한다.
• 정당의 활동 및 정강을 소개하는 동영상을 시청한다.
• 학습목표를 제시한다.</td><td>• 관련 동영상은 아이들의 흥미와 관심을 고려하여 선정한다.</td></tr>
<tr><td>전개 1</td><td colspan="2">• PPT 등을 활용하여 지난 총선 및 정당인의 기자회견 자료를 제시하여 정당의 의의와 기능 및 역할에 대해 소개한다.
• 일당제, 양당제, 다당제의 유형 및 장단점에 대해 설명한다.
• 의사결정표를 활용한 가상의 정당 평가 활동: 가로축에 대안, 세로축에 대안을 평가하는 기준을 적고 학생들이 점수를 매겨 각 대안들의 순위를 판단하게 한다.
<table>
<tr><th></th><th>갑 정당</th><th>을 정당</th><th>병 정당</th></tr>
<tr><td>기준1. 경제 성장을 위한 정책은 구체적인가?</td><td></td><td></td><td></td></tr>
<tr><td>기준2. 사회적 약자를 배려하는 복지 정책이 있는가?</td><td></td><td></td><td></td></tr>
<tr><td>기준3. 일자리 창출 방안은 현실적인가?</td><td></td><td></td><td></td></tr>
<tr><td>기준4. 환경 문제에 관심을 가지고 있는가?</td><td></td><td></td><td></td></tr>
</table></td><td>• 의사결정표 작성 시 너무 많은 기준과 항목이 포함되지 않도록 유의한다.

• 학생들이 모든 기준과 대안들을 검증하고 전체적인 관점에서 이를 바라볼 수 있도록 지도한다.

• 개방적인 태도로 상대방의 의견을 경청할 수</td></tr>
</table>

<table>
<tr><td></td><td>• 최선의 대안이 무엇인지 학생들이 결정한다.
• 그 대안을 선택한 근거와 이유를 발표를 통해 확인한다.
• 토론 및 의견 교환을 통해 자신이 선택한 대안과 기준들에 대한 상호 평가를 실시한다.
• 실제 사례를 통해 총선에서 사람들은 어떻게 정당 선택의 결정을 내리는지 확인해 본다.</td><td rowspan="2">있도록 이끈다.</td></tr>
<tr><td>전개 2</td><td>• 민주 정치를 위한 바람직한 정당 정치의 기능과 역할에는 어떤 것들이 있는지 토론한다.
• 정당 정치의 문제 또는 부작용을 소개하고 이를 해결하기 위한 방안을 모색한다.</td></tr>
<tr><td>정리 및 평가</td><td>• 개인 학습지를 통해 오늘 배운 내용을 정리한다.
• 학습목표가 달성되었는지 확인한다.
• 탐구결과를 발표한 학생 및 참여도가 높은 학생에게 보상해주고 차시예고를 통해 수업을 마무리한다.</td><td>• 적절한 보상이 이루어지도록 유의한다.</td></tr>
</table>

3) 창의적 사고력

가. 개념

창의적 사고력(creative thinking)은 명확하게 정의하기 어렵지만, 대체로 어떤 문제에 부딪치거나 이전에 경험하지 않은 새로운 상황에 직면했을 때, 과거와는 다른 새로운 방법으로 문제를 해결하거나 상황을 변화시키려는 정신 작용이라고 할 수 있다. 물론 창의적 사고력은 고차사고력의 유형에 포함되는 탐구력, 의사결정력, 비판적 사고력 등과 많은 부분에서 겹친다. 탐구 과정에서 창조성이 없다면 탐구가 원활히 이루어지지 않을 것이며, 창의적 사고력이 없다면 의사결정을 현명하게 내리기 어렵다는 점에서, 이들 고차사고력 유형은 서로 밀접하게 관련되어 있다고 볼 수 있다. 그러나 창의적 사고력은 새로운 것과 독창적인 것을 만들어내는 데 그 특징이 있다는 점에서, 대안을 선택하는 의사결정이나 어떤 원형과 그 원형으로부터의 변화를 확인하는 비판적 사고력과 구분된다고 할 수 있다.

사회과는 성립 초기부터 사고력을 시민성의 중요한 요소로 강조해 왔으나, 창의적 사고력은 그동안 사회과의 중심적 논의가 아니었으며, 최근에 이르러서야 비로소 주목받고 있다. 지식정보화 사회로 진입한 현시점에서 창의적 사고력은 개인이나 국가의 경쟁력뿐만 아니라 인류 생존의 중요한 요소로 등장하였다. 특히 우리는 급격한 사회 변동으로 인해 많은 사회문제에 직면하고 있는데, 이러한 문제를 해결하고 바람직한 사회를 건설하기 위해 사회과에서 창의적 사고력을 기르는 것은 매우 중요하다.

인류의 역사는 창의적 사고력을 통해 여러 차례 커다란 변화를 거듭해 왔다. 특히 20세기에 들어와서는 자동차와 텔레비전, 컴퓨터의 발명, 페니실린과 인슐린 등 인간의 소중한 생명을 구한 의약품의 발견과 발명, 우주여행, 북극과 남극의 미개척지 탐험 등이 모두 창의적인 시도에서 비롯된 결과물들이다. 이들은 모두 과거와는 다른 방법으로 새로운 상황을 만들어내거나 새로운 상황에 대처해 문제를 해결했다는 특징이 있다. 물론 이러한 성과들이 과거와 단절된 채 갑자기 이루어진 것은 아니다. 과거의 연구나 시도들을 바탕으로 새롭게 창조된 것이다. 이 점에서 창조 역시 진공 상태에서 이루어지는 것이 아님을 알 수 있다.

창의적 사고력의 본질은 새로움과 독창성에 있다. 창의적 사고력의 일반적인 특징을 몇 가지 더 검토해 보면, 창의적 사고력이 무엇인지 좀 더 명확하게 이해할 수 있다. 울레버와 스캇은 선행 연구들을 인용하여 창의적 사고력의 특징을 잘 요약하고 있는데, 그 내용을 살펴보면 다음과 같다(Woolever & Scott, 1988: 293-294에서 재인용).

① 토런스가 언급한 창의적 사고력의 특징(P. Torrance, 1966)

- 유창성(fluency): 개방적인 문제에 관해 수많은 아이디어를 산출해 낸다.
- 융통성(flexibility): 문제를 보는 시각을 다양하게 옮겨 가면서 사물을 본다.
- 독창성(originality): 독특한 생각과 행동을 한다.
- 정교성(elaboration): 아이디어를 정교하고 깊이 있게 확장한다.

② 데이비스와 림이 언급한 창의적 사고력의 특징(Davis & Rim, 1985)

- 마음에 떠올리기(visualization): '마음의 눈'으로 사물을 떠올리고 조작한다.
- 과거의 습관에서 벗어나기(ability to regress): 행동을 어떻게 해야 하는가에 대한 과거의 습관, 전통, 규칙에서 벗어나 어린이처럼 생각할 수 있다.
- 비유적 사고(metaphorical thinking): 한 상황에서 아이디어를 빌려 다른 상황에 응용한다.

- 전환(transformations): 어떤 것을 새로운 상황에 채택하고, 아이디어를 다른 상황에 맞게 변화시킨다.
- 영역의 확대(extension of boundaries): 사물을 새로운 방법으로 이용하기 위해 통상적인 영역을 초월한다.
- 직관(intuition): 가능한 관계를 기초로 하여 예감을 발휘한다.

나. 교수 · 학습 방법

창의적 사고력의 본질은 독창성과 자유로운 사고에 있다. 따라서 교수학습 방법에서도 개방적인 수업 분위기를 유지하며 학생의 자유로운 탐구와 반응을 허용하고 격려하는 것이 가장 중요하다. 정답과 오답이 명확한 내용만을 가르치거나 일정한 틀 안에서 일방적으로 학생의 반응을 강요한다면, 학생들은 자유로운 사고를 할 수 없고 창의적 사고력을 발휘하는 데 한계가 생긴다. 따라서 창의적 사고력을 발휘할 수 있는 수업을 위해서는 강의식 수업보다 토론이나 토의식 수업을 진행하는 것이 필요하다. 특히 교사가 학생들의 자유로운 학습 반응을 허용하고 격려하는 것이 무엇보다 중요하다.

또한, 엄격하게 증거를 요구하는 사회과학적 내용보다는 상상의 세계를 허용하고, 가치 판단이 중요한 인문학적 내용이 창의적 사고력을 위해 필요하다고 학자들은 지적하고 있다. 학자들은 문학 작품과 함께 미술, 음악 등 심미적인 내용의 예술적 표현을 자유롭게 하는 것이 창의적 사고력을 함양하는 데 도움이 된다고 주장한다(Engle & Ochoa, 1988). 구체적인 수업 방법으로는 사건의 결말이나 결론을 학생들이 자유롭게 만들어 보게 하는 개방적 문제(open-ended questions) 제시하기, 그림을 자유롭게 그려서 생각을 표현하게 하기 등을 권장한다. 그러나 학생들을 마음껏 자유롭게 두는 것만이 창의적 사고력을 위한 교육은 아니다. 창의적 사고력 역시 고차사고력의 하위 범주로서 단련되고 구조화된 사고라는 점을 기억해야 한다(임선하, 2007: 61). 따라서 교사들은 창의적 사고력 수업을 준비하기 위해 치밀하게 계획하고 접근해야 한다.

일반적으로 사회과에서 강조하는 창의적 사고력은 사회문제에 대한 창의적 문제해결력으로 발현되며, 창의적 사고력의 과정은 사회문제를 창의적으로 해결해 나가는 일련의 단계로 기술할 수 있다. 이와 관련해 꼭 사회과에 국한되지 않더라도, 여러 학자들이 다양한 형태의 창의적 문제해결 모형을 제시하고 있다.

일반적으로 교사가 숙지해야 할 창의적 사고력 개발의 지도 원리는 다음과 같다(임선하, 1993). 첫째, 개방성의 원리는 학생과 학생, 학생과 교사 간에 허심탄회한 의사소통이 이루어지는 개방적인 대인관계 분위기를 말하며, 아이디어나 사고에 대해 비평, 질책, 분석을 가하지 않고 개인의 독창성을 발휘하게 하는 것을 의미한다. 둘째, 다양성의 원리는 모든 사태에 대해 아무 제약 없이 사고하고 지각하며, 다각적인 접근을 통해 해석하거나 해결책을 모색하는 것을 말한다. 이때 교사는 아이디어 산출에 관한 특성 열거법과 형태학적 분석 등 여러 기법을 활용할 수 있어야 한다. 셋째, 판단 보류의 원리는 교사나 학생 모두가 떠오르는 아이디어에 대해 실용성, 유용성, 사회적 인정 여부를 성급히 판단하지 않고, 자유로운 상상이 이루어지도록 평가를 의도적으로 지연시키는 것이다. 넷째, 통합성의 원리는 학습자가 외부 세계의 어떤 사상에 대한 자신의 지각과 경험을 독특하게 결합하는 행동을 유발하고 권장하는 것으로, 창의 학습의 중요한 원리이다.

다음의 지도안은 경제 수업 시간에 창의적 사고력의 교수·학습 방법을 적용하여 기업가 혁신에 대해 배울 수 있는 예시 자료이다.

다. 지도안 예시

<table>
<tr><th>단원명</th><td>Ⅰ. 경제생활과 경제 문제
3. 경제 주체의 역할
2) 기업은 어떠한 경제적 역할을 수행할까?</td><th>대상</th><td>고등학교 「경제」</td></tr>
<tr><th>학습목표</th><td colspan="3">1. 혁신과 기업가 정신을 이해하고 설명할 수 있다.
2. 기업의 경영 방향과 원칙을 설정할 수 있다.
3. 기업가 정신을 살려 창의적인 사업 계획을 세울 수 있다.</td></tr>
<tr><th>단계</th><th colspan="2">교수 · 학습 활동</th><th>지도상의 유의점 및 기타</th></tr>
<tr><th>도입</th><td colspan="2">• 전시학습 내용을 확인한다.
– 기업의 경제적 역할
• 흥미 유발을 위해 기업가 정신이 발휘된 사례를 제시한다.
• 학습목표를 제시하여 학생들에게 주지시킨다.</td><td>• 동영상, PPT 등 시청각 자료를 적극적으로 활용한다.</td></tr>
</table>

<table>
<tr><td>전개 1 - 개념 설명 및 활동 소개</td><td>• 기업 혁신과 기업가 정신에 대하여 설명한다.
– 기업의 혁신 추구와 슘페터의 '창조적 파괴'
– '기업가 정신'의 정의와 의의
• 학생들에게 〈1만 원 프로젝트〉 활동 방법을 설명한다.

〈1만 원 프로젝트〉
'기업가 정신'은 개념의 특성상 이론 설명과 더불어 사례 제시와 학습 활동을 통해 개념을 응용할 수 있다. 따라서 Stanford 대학에서 창의성과 기업가 정신을 기르기 위해 실행했던 '5달러 프로젝트'에서 모티브를 얻어 '1만 원 프로젝트'라는 프로젝트 학습을 고안해 냈다.
1만 원 프로젝트는 1만 원이라는 한정된 자본으로 주어진 시간 내에 최대 수익을 창출할 수 있는 아이디어를 발굴하는 프로젝트로, 학생들은 아이디어가 어떤 배경에서 도출되었고 어떤 방식으로 실행할 것인지, 어떤 효과가 기대되는지를 기록함으로써 기업가 정신을 발휘해 볼 기회를 얻을 수 있다.</td><td>• 개념 설명 중 지속적인 질문–답변을 통해 학생들과 활발히 상호 작용한다.</td></tr>
<tr><td>전개 2 - 활동 및 발표</td><td>• 활동 시간을 준 후, 교실을 순회하면서 학생들의 활동을 돕는다.
• 모둠별로 활동 내용을 정리하여 발표하도록 한다.
• 각 모둠별 발표를 경청하면서 발표 내용 중 기업가 정신이 잘 발휘된 부분을 칭찬해준다.</td><td>• 모둠별 활동에 적극적으로 참여하고, 다른 모둠의 발표를 경청할 수 있도록 지도한다.</td></tr>
<tr><td>정리</td><td>• 학습내용을 정리한다.
• 차시 예고를 한다.
– 기업의 의사 결정에 영향을 미치는 다양한 요인</td><td></td></tr>
</table>

〈학습지 예시〉

1만 원 프로젝트	경제	팀원명

사업 아이템 이름	
• 사업 아이템 제안 내용	
핵심 키워드	
간략 설명	
• 아이디어 제안 배경(※ 사업 아이템에 대한 아이디어를 제안하게 된 배경)	
제안 배경	
• 실행 계획안(※ 아이디어의 현실화를 위한 행동과 전략)	
실행 계획	
• 기대성과(※ 아이디어 실행을 통해 예상되는 성과)	
금전적 기대성과	
기타 기대성과	

4) 비판적 사고력

가. 개념

앞서 언급한 것처럼 비판적 사고력은 민주주의 사회에서 필수적으로 요구되는 중요한 시민의 자질이다. 단순한 학습의 목적이 아니라 삶의 윤리라고까지 말할 정도로, 비판적 사고력이 없으면 민주 사회를 지탱하기 어렵다고 주장하는 사람들도 있다. 비판적 사고력(critical thinking)은 탐구력이나 문제해결력 등과 유사한 성격이나 측면을 가지고 있지만, 그 본질은 어떤 사물이나 상황, 지식 등의 순수성이나 정확성 여부, 그리고 어떤 지식이 허위인지 진실인지 등을 평가하는 정신적 능력이다. 이는 곧 이성적인 판단을 의미한다는 점에서 다른 고차사고력과 차별화된다.

다르게 표현하면, 비판적 사고력에서는 이상적인 원형과 그것의 변형, 현실적으로 존재하는 것과 그것의 원형을 구분하는 등 이성적 판단이 중요시된다. 비판적 사고력은 전통적으로 철학에서 중시되었다. 상대방 주장의 진위 여부를 가리거나 정확성을 판단하는 것이 철학에서 중요하기 때문이다. 따라서 비판적 사고력을 가진 사람은 진짜와 가짜, 균형과 파괴, 그리고 어떤 것의 장점과 단점 등을 구분할 수 있는 능력이 있다고 볼 수 있다. 흔히 다른 사람의 단점을 잘 지적하는 사람이 비판적인 사람으로 비치는 것도 이러한 이유 때문이다. 하지만 진정한 비판적 사고력은 단순히 단점을 지적하는 것이 아니라 완전성과 진리를 추구하는 데 있다. 이러한 점에서 비판적 사고력은 현대 사회의 사회과교육에서 매우 중요한 인지적 능력 중 하나이다.

베이어(Beyer)는 비판적 사고에 대해 “오늘날 전문가들은 비판적 사고란 지식의 진위성(authenticity), 정확성(accuracy), 그리고 가치(worth) 등을 평가(assessing)하는 능력이라는 데 대부분 동의하는 것으로 보인다(271)”고 지적하며, 다음과 같이 비판적 사고력의 특징을 제시하고 있다(Beyer, 1985).

① 증명할 수 있는 사실에 관한 주장과 가치에 관한 주장을 구분한다.
② 서술한 주장이 사실과 일치하는 정확성을 갖는지 판단한다.
③ 어떤 정보가 상황이나 논쟁에 관련이 있는 것인지 없는 것인지 구별한다.

④ 정보원의 신뢰성 여부를 판단한다.

⑤ 뒤에 숨어 있는 가정을 확인할 수 있다.

⑥ 추리의 과정에서 논리적 모순성을 발견해 낸다.

⑦ 편견을 지적해 낸다.

⑧ 근거 있는 주장과 근거 없는 주장을 구별한다.

⑨ 어떤 상황이나 문제가 논쟁이 될 만한 것인가를 결정한다.

⑩ 모호한 주장과 논쟁을 찾아낸다.

나. 교수 · 학습 방법

앞서 비판적 사고력의 성격과 특징을 10가지로 요약했는데, 이는 대체로 사실과 가치의 구분, 자료의 신뢰성 확인, 근거에 의한 서술의 정확성, 주제에 대한 자료의 관련성 확인, 편견 확인, 숨겨진 가정 확인, 논리적 모순 발견, 근거 있는 주장과 그렇지 못한 주장 구분, 논쟁이 될 만한 부분에 대한 판단 등을 포함한다. 다시 말해, 비판적 사고력은 이러한 것들을 확인하고 평가하며 판단하는 정신적 능력이라고 할 수 있다.

따라서 비판적 사고력을 함양하기 위한 수업은 학생들이 실제로 이러한 과정을 경험할 수 있도록 기회를 제공하는 것이 중요하다. 이러한 사고 과정을 겪게 하는 구체적인 방법에는 여러 가지가 있다. 예를 들어, 토론을 진행하거나, 어떤 문제에 관한 보고서를 작성하게 하거나, 다른 학생의 발표문이나 작성한 글을 수정하게 함으로써 학생들이 비판적 사고력을 발휘하고 학습하도록 할 수 있다.

여기서 주의할 점은 이러한 과정에서 다른 사람의 의견을 평가하고 검증하며, 자기 의견과 다른 의견을 대할 때 개방적인 태도를 가져야 한다는 것이다. 평가나 논쟁의 초점은 오로지 논리적 규칙과 경험적 근거 등 비판적 사고의 기준이 되는 요소들에 맞춰져야 한다. 개인적인 편견이나 감정, 상대방에 대한 인신공격, 또는 특정한 방향으로 주장을 몰고 가려는 독선적인 요소들은 비판적 사고의 이름으로 학습 과정에 포함되어서는 안 될 것이다.

사회과에서 비판적 사고력의 교수 · 학습은 여러 가지 방법으로 실험되어 왔다. 설명식 수업과 토론식 수업의 효율성, 논쟁문제를 중심으로 비판적 사고력과 관련된 여러 요소들이 어떻게 학습되는지에 대한 실험 등이 있었다(Oliver & Shaver, 1966; Wolf, 1987). 대학생들을 대상으로 다양한 방법으로 비판적 사고력의 함양을 실험한 연구 결과에 따르면, 학생들 간의 자유롭고 활발한 토론, 요약 및 분석, 문제 해결 등 비판적 사고력의 여러 요인을 나타내는 보고서를 학생들에게 제출하게 하는 등의 방법으로 실험을 한 결과, 비판적 사고력 함양을 위한 교수·학습의 필수적 요소는 다음과 같다(Meyers, 1986).

① 교재에 있는 내용에 대한 학습과 사고 과정 그 자체에 대한 학습을 균형 있게 하라.

② 교사의 강의와 학생들의 상호작용 사이에서 균형을 취하라.

③ 학생들의 상호작용을 활발하게 하기 위해 다음의 5가지가 필요하다.

㉠ 논쟁적인 문제를 학급에서 제기하라.

㉡ 학생들이 침묵할 때는 반성적 사고의 기회로 이용하라.

㉢ 시간을 넉넉하게 확보하라.

㉣ 학생들의 좌석을 상호작용에 편리하게 배치하라.

㉤ 우호적인 분위기를 형성하라.

다. 지도안 예시

<table>
<tr><th>주제
(단원명)</th><td>Ⅰ. 인권과 헌법
2. 인권의 침해 및 구제</td><th>대상</th><td>중학교 「사회 ②」</td></tr>
<tr><th>학습목표</th><td colspan="3">1. 기본권 침해의 의미 및 구제 방법을 설명할 수 있다.
2. 모둠활동을 통해서 기본권 침해 사례를 비판적으로 분석할 수 있다.
3. 사회적 약자의 기본권에 대한 자신의 입장을 글로 표현할 수 있다.</td></tr>
<tr><th>단계</th><th colspan="2">교수 · 학습 활동</th><th>지도상의 유의점</th></tr>
<tr><th>도입</th><td colspan="2">• 전시 학습 확인 : 기본권의 의미
• 장애인의 고속버스 승차에 관한 논쟁을 사진 자료와 함께 제시(고속버스터미널에서 장애인 인권 단체 시위)
• 제시된 자료에 대해 학생들이 어떠한 상황인지를 자유롭게 발표하도록 이끈다.
• 학습목표를 제시한다.</td><td>장애인에 대한 편향된 시각이 개입되지 않도록 지도한다.</td></tr>
<tr><th>전개 1</th><td colspan="2">• PPT 등을 활용하여 기본권 침해의 의미를 설명한다.
• 모둠활동(토의활동)을 안내하고, 진행한다.
– 논쟁주제 : 장애인 고속버스 이용에 관한 논쟁(이동의 자유 기본권 침해 논쟁)
– 모둠활동 안내 : 버스회사(KOBUS)의 홈페이지의 장애인 승차 안내에 관한 공고문과 장애인 관련 단체의 주장에 관한 신문 기사 등, 다양한 자료를 제시하고 모둠 학습지를 제시한다.
– 모둠활동 질문 :
1. 장애인 단체는 어떤 주장을 펼치는가?
2. 장애인 단체의 요구 사항과 그 근거는 무엇인가?
3. 버스회사의 주장과 그 근거는 무엇인가?
4. 각 입장의 근거는 다른 사람을 설득할 수 있는가?
5. 논쟁이 되는 점은 무엇인가?
• 모둠 구성원별 의견을 교환하고, 각자 의견에 대한 상호 평가를 실시한다.
• 해당 사례의 문제와 주장 근거에 대한 모둠의 판단을 정리하고 발표한다.</td><td rowspan="2">• 정확한 근거를 판단할 수 있도록 다양한 자료를 제시한다.

• 의견 평가 시, 개방적인 태도로 상대방의 의견을 경청할 수 있도록 이끈다.</td></tr>
<tr><th>전개 2</th><td colspan="2">• 기본권 침해를 구제하는 방법에 대해 제시한다.
(진정, 헌법소원, 행정심판, 행정소송, 상소제도 등)
• 장애인 단체의 요구를 구제하는 방법을 모둠별로 제시한다.</td></tr>
<tr><th>정리 및 평가</th><td colspan="2">• 기본권 침해에 대한 모둠 퀴즈를 실시한다.
• 개인 학습지를 정리한다.
• 우리 사회의 다른 사회적 약자들의 기본권 침해 사례를 조사하고, 자신의 입장을 작성하는 과제를 제시한다.</td><td>• 기본권 침해 사례 조사 시 일방이 아닌 다양한 의견을 조사하도록 지도한다.</td></tr>
</table>

연구보고 2

이광성(2015)은 OO광역시 소재 초등학교 6학년 2개 학급을 대상으로 비판적 사고 기능을 활용한 수업이 고급사고력 수준과 학업성취도에 어떠한 영향을 미치는지를 연구하였다. 실험집단에는 비판적 사고 기능을 활용한 수업방식을 적용하였으며, 이 수업이 아동들의 고급사고력 수준과 학업성취도에 어떠한 영향을 미치는지 그 효과를 측정하였다.
분석 결과, 비판적 사고 기능을 활용한 수업을 적용한 실험 집단 아동들의 고급사고력 수준이 변화하였고, 학업성취도의 차이가 발견되었다. 첫째, 비판적 사고 기능을 활용한 수업은 실험집단에서 고급사고력의 수준을 변화시켰다. 둘째, 비판적 사고 기능을 활용한 수업은 고급사고력의 하위 영역 중 '시연, 비판적 사고, 초인지' 등을 변화시켰다. 비판적 사고 기능을 활용한 수업은 학생들의 다양한 사고 활동이 이루어지게 함으로써 고급사고력 수준을 변화시킨다는 것을 알 수 있다. 셋째, 비판적 사고 기능을 활용한 수업은 학업성취도를 변화시켰다. 비판적 사고 기능을 활용하여 수업을 한 실험집단이 비판적 사고 기능을 활용하지 않은 통제집단보다 학업성취도가 높았다. 이것은 비판적 사고 기능을 활용한 수업이 고급사고력의 하위영역들을 변화시켜 영향을 준 것으로 판단된다.

자료: 이광성(2015). "비판적 사고 기능을 활용한 수업이 고급사고력과 학업성취에 미치는 영향", 『시민교육연구』. 47(3): 123-145.

5) 메타인지

가. 개념

메타인지(metacognition)는 자신이 하는 사고가 제대로 이루어지고 있는지, 또 잘못되고 있다면 어떻게 하면 잘할 수 있을지 등을 반성하는 정신 작용을 말한다. 이러한 메타인지의 독특한 성격 때문에 '사고에 대한 사고'(thinking about thinking) 또는 '인지에 대한 인지'(cognition about cognition)라고도 하며, 초인지 또는 상위인지라고도 부른다. 사회과에서는 1980년대 후반부터 메타인지에 대한 관심이 커졌으며, 이러한 사고 능력을 향상시키기 위한 수업 방법이 모색되어 왔다.

사람이 하는 사고는 완벽하지 않으며, 특히 현대 사회에서 사고는 새로운 증거가 나타나면 바뀌는 것이 당연하다. 이러한 사고의 전환은 지금까지 해온 사고를 정확하게 판단할 수 있을 때만 가능하다. 어떤 문제를 해결하기 위해 가설을 세우고, 증거를 수집하여 결론을 도출하는 탐구 과정을 거치는 것이 탐구력이라면, 지금까지 자신이 해온 탐구 과정 전체에 어떤 오류가 있었는지를 사고하는 것이 메타인지이다.

사회과에서 메타인지는 크게 두 가지 요소로 구성된다. 하나는 사고의 과정과 그 결과로 생긴 행동을 검토하는 것이고, 다른 하나는 계획을 세우는 전략이다. 이를 위해서는 자신이 현재 무엇을 하고 있으며, 그 결과로 무엇이 나타나는지를 정확하게 알고 있어야 한다. 이는 곧 자신이 하는 일에서 한 걸음 물러나, 객관적으로 자신을 바라볼 수 있는 능력을 의미한다. 이러한 능력이 없으면 자신이 하는 일에 몰입되어 자신을 정확하게 보지 못하게 된다. 이러한 과정에서 필수적으로 요구되는 것이 문제를 전체적으로 바라보면서 균형 있게 해결 방법을 구상하고 현실에 맞게 실천해 가도록 계획을 세우는 전략이다.

대체로 다른 유형의 고차사고력을 잘 발휘하는 사람은 이미 메타인지를 잘하고 있는 경우가 많다. 왜냐하면 전체적으로 문제를 인식하고, 자신이 하는 일에 어떤 잘못이 없는지 늘 반성하지 않으면 진정한 탐구나 창의적 사고 활동을 할 수 없기 때문이다. 최근 사회과교육 학자들은 문제해결 과정이나 탐구 과정에서 전체적이고 균형 있는 시각을 가지고 자신의 사고를 반성하는 메타인지를 별도로 강조하고 있다. 현대 사회가 너무 복잡해지고, 핵전쟁의 가능성이나 산업화로 인한 환경오염 등에서 볼 수 있듯이, 인간 스스로의 창조 활동으로 인해 오히려 인간이 고통받는 상황에 직면하면서, 자신의 사고를 전체적으로 살펴볼 수 있는 메타인지를 강조하고 학습하는 것이 매우 중요한 의미를 가지게 되었기 때문이다.

나. 교수 · 학습 방법

메타인지의 핵심은 자신의 사고를 반성적으로 돌아볼 수 있는 능력에 있다. 따라서 자신의 사고로 인해 생겨나는 행동과 상황을 정확하게 판단하고, 그 결과를 평가하며, 전체적으로 자신의 사고와 행동을 계획하는 과정이 필요하다. 메타인지에 대한 학습도 이러한 과정을 실제로 수행하도록 하는 것이 필수적이다. 학습에서 다음과 같은 활동을 수행하는 것이 메타인지의 교수학습에 도움이 된다고 할 수 있다 (Woolever & Scott, 1988: 296).

① 학습이 시작되기 전, 학습 중간, 끝난 후 등 여러 차례에 걸쳐 기회가 있을 때마다 학습의 계획, 실행 상황, 계획과 실행의 차이 여부 등을 점검함으로써 학생

들의 메타인지 능력을 길러 준다.

② 교사가 학습하려는 문제에 대해 설명하기 전에 학생들 스스로 문제를 제기하게 함으로써 그들이 적극적으로 학습 과제에 몰두할 수 있게 한다. 이러한 과정 없이 학생들이 소극적으로 문제에 개입하는 경우 메타인지의 신장은 어렵다.

③ 학생들이 스스로 의사결정을 할 수 있는 기회를 많이 제공하라. 의사결정의 기회는 문제를 전체적으로 보게 함으로써 메타인지를 길러준다.

④ 학생이 사고 과정에서 현재 어느 단계에 있는지 알려준다. 예를 들어, 지금은 문제 제기 단계라든지, 사실과 가치를 구분하는 단계에 있다는 식으로 알려주면, 학생은 전체적인 구조 속에서 자신의 사고를 파악하고, 앞으로의 방향을 찾을 수 있다.

⑤ 교사는 학급에서 문제를 분석하거나 고차사고력 학습을 할 때, 사고 과정을 엄격하게 분석하여 메타인지적 사고와 행동을 모범적으로 보여준다.

⑥ 발표 내용, 주장, 시험 답안지 등을 되돌아보게 함으로써 메타인지 능력을 발휘할 기회를 제공한다.

다. 지도안 예시

<table>
<tr><td>단원명</td><td>Ⅲ. 자연으로 떠나는 여행
3. 우리나라의 매력적인 자연 경관</td><td>대상</td><td>중학교「사회 ①」</td></tr>
<tr><td>학습목표</td><td colspan="3">1. 지형적 특징과 관련된 우리나라의 매력적인 자연 경관을 찾을 수 있다.
2. 우리나라의 매력적인 관광지 중 한 곳을 골라 여행 계획서를 세울 수 있다.
3. 여행 계획서를 세우는 과정을 통해 자립적으로 문제를 해결하는 태도를 기른다.</td></tr>
<tr><td>단계</td><td colspan="2">교수 · 학습 활동</td><td>지도상의 유의점</td></tr>
<tr><td>도입</td><td colspan="2">• 방학 때 다녀온 국내 여행 경험을 소개하며 학생들의 관심을 이끈다.
• 학생들의 여행 경험을 듣고 전 차시에 배웠던 지형 특징과 연관지어 전시 학습을 확인한다.
• 학습 목표를 제시한다.</td><td>• 교사의 경험이 주가 되기보다는 흥미 유발 소재로 활용하여 학생들의 적극적인 참여를 이끌어낸다.</td></tr>
<tr><td>전개</td><td colspan="2">• 교과서에 제시된 지도를 보여주며 한국에 매력적인 지형 관광지가 있음을 소개한다.
• 모둠 활동을 안내하고 모둠을 편성한다.
• 모둠 활동을 통해 자신들의 경험에 비추어 한국의 매력적인</td><td>• 활동에 앞서 현재 하고 있는 활동이 어떤 학습목표와 연관되어 있는지 지속적으로 점검한다.</td></tr>
</table>

	지형 관광지를 선택한 후, 그곳으로 떠나는 여행 계획을 세워 보도록 한다. – 교사는 여행에 필요한 요소를 제시하고 이를 여행계획서에 포함할 수 있도록 지도한다. – 여행 일정, 여행 장소, 교통수단, 준비물, 예산 등의 구체적인 여행 계획을 짤 수 있도록 지도한다. – 모둠별로 주어진 컴퓨터를 이용하여 대중교통 수단, 숙소, 주변 관광지 등의 정보를 포함한다. • 여행 계획서를 세울 때 꼭 필요한 부분을 제시하고 이를 계획서에 포함한다. • 여행 계획을 돌이켜 보며 실제로 실현 가능한 것인지 확인하고, 이를 보완한다. • 모둠 활동을 통해 세운 여행 계획서를 정리하고 친구들 앞에서 발표한다.	• 화면에 여행 계획서를 세우는 단계를 제시하여 자신들이 지금 어느 단계에 있는지, 그 단계에 필요한 사고의 과정은 무엇인지 순회 지도를 통해 학생들에게 일러준다.
정리	• 친구들의 여행 계획서를 듣고 자신들이 세운 여행 계획에 부족한 부분이 있는지 모둠 활동을 통해 스스로 돌이켜 보게 한다. • 모둠 활동을 통해 스스로 발견한 계획의 문제를 점검하고 이를 보완하도록 한다. • 차시 수업을 예고하면서 수업을 마무리한다.	• 학생들이 자기평가를 할 수 있도록 체크리스트를 제시한다. • 학생들이 작성한 체크리스트를 바탕으로 부족한 면을 보완할 수 있도록 지도한다.

3. 고차사고력과 질문법

고차사고력의 함양은 질문이나 토론이 없는 일방적인 강의식 수업에서는 기대하기 어렵다. 교사는 고차사고력 함양을 위해 다양한 질문을 통해 학생들의 답변을 유도하고, 그들의 사고를 자극해야 한다. 대부분의 교실 수업에서 교사와 학생 간 의사소통은 주로 질문과 대답으로 이루어지며, 효과적인 질문은 학생들을 체계적인 사고 과정으로 이끌 수 있다. 이때 교사는 고차사고력 함양을 목적으로 하는 질문(고차 인지 질문)만을 제시하는 것보다는, 저차사고력을 자극하는 질문(저차 인지 질문)도 함께 제시하여 학생들이 저차 사고를 기반으로 고차 사고로 나아갈 수 있도록 안내하는 것이 필요하다.

이에 따라 본 절에서는 고차사고력을 함양하기 위해 질문법을 어떻게 활용할 수 있는지를 살펴볼 것이다. 고차사고력은 새로운 상황에 직면했을 때 단순한 기억이나 과거의 행동 방식을 넘어 독창적으로 문제를 해결하려는 정신 작용을 의미하며, 고차사고력의 각 유형은 상호 배타적이기보다는 상호 의존적인 성격을 지니고 있다. 따라서 특정 유형만을 자극하는 질문보다는 고차사고력 일반을 함양하는 질문이 더 적절하다. 여기서는 우선 효과적인 수업을 위해 필요한 질문의 유형과 전략을 소개하고, 사회과에서 많이 사용되는 질문법을 제시하며 고차사고력 함양을 위한 질문에 대해 살펴보려고 한다.

1) 질문의 유형과 전략

교사들은 수업에서 많은 질문을 한다. 숙제를 해왔는지 묻는 간단한 질문부터 학생의 발표에서 사실과 가치를 구분하도록 요구하는 분석적 질문, 찬반이 갈리는 논쟁적인 질문에 이르기까지 다양한 질문이 있다. 이러한 질문들은 간단히 정보 회상을 요구하는 낮은 차원의 질문에서부터 분석, 평가, 확산, 일반화 또는 추론과 같은 고차적인 사고 과정을 요구하는 높은 차원의 질문으로 분류할 수 있다. 우리나라 수업에서는 질문법을 활용한다고 해도 사실에 대한 단순한 회상을 요구하는 경우가 대부분이지만, 고차사고력 함양의 중요성이 제기되는 상황에서 앞으로는 다양한 질문 전략을 활용한 수업의 중요성이 더욱 강조될 것이다. 교사들이 질문을 사용하는 목적은 다양하지만, 크게 7가지로 구분할 수 있다(Borich, 2004: 259).

① 학생들의 주의를 집중시키기 위해 흥미로운 내용을 질문한다(흥미와 주의 집중 유발).

② 학생들의 흥미, 지식, 태도 등 현재의 상태와 수준을 평가하기 위해 질문한다(진단과 점검).

③ 지난 시간에 학습한 것을 회상시켜 오늘의 학습과 연결하기 위해 질문한다(구체적인 사실이나 정보의 회상).

④ 수업을 계획대로 이끌어가기 위해 질문을 한다(관리 차원).

⑤ 더 높은 수준의 사고를 유도하기 위해 캐묻는 질문을 한다(고차적 수준의 사고과정 격려).
⑥ 지금까지 하던 수업과는 다른 방향으로 전환하기 위해 질문을 한다(구조화 및 차시 학습 안내).
⑦ 학생들의 감정을 유발하기 위하여 질문을 한다(정서 표현의 허용).

이상과 같이, 질문은 여러 가지 목적으로 사용된다. 그러나 모든 교수·학습 방법이 그러하듯, 가장 중요한 것은 수업의 목적을 달성하기 위한 하나의 수단으로서 질문 전략을 활용하는 점이다. 따라서 질문은 수업의 목표와 직접적으로 연결되는 것이 바람직하다. 수업 목표가 여러 가지이므로 질문의 유형도 다양할 수 있다. 여기서는 주로 고차사고력 함양을 위한 질문 유형에 대해 살펴보고자 한다. 일반적으로 사회과 교실에서 많이 사용되는 질문들은 대략 다음과 같은 모형들로 요약할 수 있다.

① **블룸 모형**: 1956년 블룸이 발표한 지식, 이해, 적용, 분석, 종합, 평가의 6단계 인지적 행동을 기반으로 한 질문 유형으로, 가장 많이 알려져 있고 교육 현장에서 널리 사용되는 모형이다.
② **타바 모형**: 1969년 타바(Taba, H.)가 고안한 것으로, 사회과에서 가장 많이 쓰이는 질문 전략 중 하나이다. 질문의 유형은 시작 질문 또는 열거 질문, 묶는 질문 또는 분류 질문, 개념화 또는 이름 붙이는 질문 등 세 가지 범주로 나뉜다.
③ **길포드 모형**: 1956년과 1959년에 길포드(Guilford, J. P.)가 인간의 인지 능력을 기억, 관계 또는 유형의 발견, 수렴적 사고와 확산적 사고, 평가 등으로 나눈 것을 기초로 질문을 구성하는 방법이다.
④ **터프 모형**: 1976년에서 1982년까지 터프(Tough J.)가 영국의 어린이들을 상대로 언어 발달 과정을 연구한 논문을 바탕으로 한 질문 모형이다. 주요 구조는 질문 유형을 자기 옹호 또는 자기 유지, 다른 사람에 대한 지시, 보고, 논리적 추리, 예측, 다른 사람의 입장에서 추측하기, 상상 등 7개로 나누어 질문을 구성하는 방법이다.

이러한 질문 모형들에서 매우 중요한 점은, 이들 질문 모형이 모두 인간의 인지적 사고 작용의 구조를 중심으로 구성되어 있다는 것이다. 결국 우리가 발전시키려는 인지적 목표와 직접적으로 관련하여 질문을 한다는 것이다. 따라서 이러한 모형들은 인지적 구조에 관한 이론과 함께 변화해 왔다. 이 모형들은 서로 유사한 점이 있으므로, 사회과에서 가장 많이 사용된다고 생각되는 블룸 모형과 타바 모형을 중심으로 질문 전략에 대해 좀 더 자세히 살펴보고자 한다.

가. 블룸 모형

블룸과 그의 동료들은 널리 알려진 바와 같이 1956년에 발표한 연구에서 인지적 행동의 학습 목표를 지식, 이해, 적용, 분석, 종합, 평가의 6단계로 나누었다. 지식과 이해와 같은 하위 단계는 적용, 분석, 종합, 평가와 같은 상위 단계로 나아가기 위한 기초이다. 또한, 지식과 이해는 저차사고력을 요구하는 학습 목표이며, 적용, 분석, 종합, 평가 등은 고차사고력을 요구하는 학습 목표이다. 각 사고 능력을 유도하는 질문을 통해 학습자가 해당 사고를 발휘하도록 촉진할 수 있다. 예를 들어, 학습자에게 적용 수준의 질문을 제시하면 학습자는 앞서 배운 원리를 새로운 상황에 적용하는 사고에 집중하게 될 것이다. 따라서 적절한 질문을 구사함으로써 학습자가 수업에서 기대되는 사고 목표를 달성하도록 도울 수 있다. 지식이나 이해보다는 적용, 분석, 종합, 평가 등의 고차사고력과 관련된 질문을 많이 한다면 고차사고력 함양을 목표로 한 수업의 목표를 달성할 수 있다.

(1) 지식에 관한 질문

블룸에 의하면, 지식(knowledge)은 과거에 학습한 것을 회상하거나 그대로 재생하는 것으로, 지식을 매우 좁은 의미로 보고 있다. 이는 기억이나 암기와 같은 가장 낮은 차원의 인지적 활동으로 설명할 수 있다. 사실이나 연대, 인물, 개념, 일반화에 대한 지식이 대표적인 사회과의 지식이며, 그 자체는 낮은 차원의 인지적 활동이지만, 더 높은 차원의 활동을 위한 기초 자료가 된다는 점에서 중요하다. 이 수준의 질문은 주로 이전에 암기한 사실들을 회상할 것을 요구하므로 대체로 정답이 존재하는 특징이 있다. 주로 '말하라, 정의하라, 서술하라, 진술하라, 회상하라, 열거하라, 제시하라'

등의 서술어를 사용하는 질문이다. 지식에 관한 질문의 예는 다음과 같다.

① 한국전쟁은 몇 년에 일어났는가?
② 1970년대에 한국에서 급속한 경제성장이 이루어진 원인을 제시하라.
③ 사회계층에 관한 제2장을 읽고, 사회계층의 정의를 내려라.

(2) 이해에 관한 질문

이해(comprehension)는 어떤 상황을 자신의 생각이나 용어로 서술할 수 있는 것, 또는 그 상황의 의미를 파악하는 것을 의미하며, 가장 대표적인 활동으로는 번역, 해석, 외삽(extrapolation) 등이 있다. 이는 막대그래프나 도표가 무엇을 의미하는지 이해하는 것과 같다. 창조적이거나 비판적 사고 없이 학습 내용을 이해했다는 것을 보여주는 것이다. 지식에 관한 질문이 학생이 이전에 배운 내용을 그대로 묻는 것이라면, 이해에 관한 질문은 배운 내용을 변형하거나 조작할 것을 요구한다. 예를 들어, '민주주의'의 정의를 단순히 묻는 것이 아니라, 학생들에게 자신만의 용어로 '민주주의'의 개념을 설명하도록 요청하는 것이다. 주로 '비교하라, 구분하라, 추측하라, 추리하라, 해석하라, 요약하라, 전환하라, 부연하라, 다른 말로 표현해 보라' 등의 서술어를 사용하는 질문이 해당된다. 이해에 관한 질문의 예는 다음과 같다.

① 지식사회학자들이 "지식은 사회적 구성물이다"라고 한 말이 무슨 뜻인지 당신의 말로 설명해 보라.
② 한국, 미국, 일본의 교육제도를 비교하라. 이들 교육 제도의 공통점은 무엇인가?
③ 1985년, 1995년, 2005년의 청소년 범죄 통계를 분석하고, 2015년의 청소년 범죄 통계를 예측해 보라.

(3) 적용에 관한 질문

적용(application)은 과거에 학습한 경험, 생각, 원리 등을 새로운 상황에 적용하는 것을 의미한다. 따라서 과거에 획득한 지식과 그에 대한 이해가 선행되어야 한다. 새로운 맥락에서 지식과 정보를 사용하기 위해서는 무엇을 선택할지, 어떤 결론을 내릴지, 이번에 사용하는 원리나 경험이 이 상황에 적합한지를 스스로 결정해야 하므로, 그러한 판단이 요구되지 않는 지식 및 이해와는 차원이 다르다. 예를 들어, 한국에 관한 것을 학습한 후, 그것을 한국과 상황이 비슷한 다른 나라에 적용해 보는 것이다. 이러한 질문에는 주로 '응용하라, 적용하라, 구성하라, 만들라, 발전시키라' 등의 서술어가 사용된다. 다음은 그 예시이다.

① 4 · 19 혁명이 일어난 원인에 관해 새로운 자료를 수집하여 구성하라.
② 자기 자신이 살고 있는 지역사회의 환경문제를 해결할 수 있는 계획을 만들어 보라.
③ '경제발전과 경제윤리'에 관한 단원을 읽고, 블룸의 인지적 행동 6단계에 맞는 질문을 구성하여 보라.

(4) 분석에 관한 질문

분석(analysis)은 특정 기준을 설정하고, 그 기준에 따라 전체와 그 전체를 구성하는 부분 간의 관계를 확인하고 찾아내어 형식적으로 서술하는 것이다. 이 과정에서는 연역적이거나 귀납적인 사고력이 필요하다. 분석은 주로 구성요소, 관계, 원리 등을 다루며, 사실과 가치의 구분, 서술되지 않은 가정의 발견, 전체와 부분 간의 관계를 형식적으로 서술하는 등 고도의 추상적이고 비판적인 고차사고력을 요구한다. 단순한 해석은 이러한 능력을 요청하지 않는다는 점에서 분석과 차별된다. 예를 들어, 인물 100명을 국적, 성별, 직업별로 분류하여 고찰할 때, 외국인이 대부분이거나, 여성이 적거나, 정치가가 대부분이라는 등의 의미 있는 결과를 분석을 통해 도출할 수 있다. 주로 '분석하라, 분류하라, 찾아내라, 구별하라, 비교하라' 등의 서술어를 사용하는 질문이다. 다음은 그 예시이다.

① 고교입시 평준화정책과 관련된 기사에서 사실적 요소와 가치 관련 요소를 구분하여 제시하라.
② "세계화만이 우리가 살 길이다.'라는 주장에 대해, 이 주장의 뒤에 숨겨진 가정은 무엇인지, 이 주장에서 충분한 인과관계를 발견할 수 있는지, 이 주장이 어떤 근거에서 성립될 수 있는지 혹은 전혀 성립될 수 없는 주장인지 기준과 근거를 가지고 비판해 보라.

③ '원자력 발전과 한국의 발전'이라는 글을 읽고, 논리적 일관성과 허구 또는 모순성, 주장을 위한 충분한 근거, 인과관계, 자료와 결론의 적절성 등을 분석해 보라.

(5) 종합에 관한 질문

종합(synthesis)은 여러 가지 원천 자료에서 부분적 요소를 도출하여 이들을 묶어 구조화하거나, 과거에 없었던 새롭고 독창적인 전체를 만들어내는 과정을 의미한다. 종합은 여러 부분적 요소를 모아 최종적인 생산물을 만들어내는 과정에서 특정한 결과가 미리 정해져 있지 않으며, 무엇이든 창조될 수 있다는 점에서 분석과는 달리 매우 창조적인 특징을 가진다. 종합에 관한 질문은 분석에 관한 질문보다 훨씬 더 다양성과 개방성이 크며, 완전성과 독창성, 참신성을 핵심으로 하여 수렴적 사고보다 확산적 사고를 특징으로 한다. 이러한 질문에는 주로 '창조하라, 해결책을 제시하라, 계획을 세우라, 발전시켜라' 등의 서술어가 사용된다. 다음은 그 예시이다.

① 당신의 학교생활이 당신의 인생관에 어떤 영향을 주었는지 설명하라.
② 1950년의 한국전쟁을 방지할 수 있었던 대책에는 어떤 것이 있었을지 제시하라.
③ '오존 경보' 발령을 초래하는 환경오염을 방지할 수 있는 대책을 제시하라.
④ '남학생들은 여학생들보다 더 공격적이다'라는 가설을 검증할 수 있는 연구 설계를 만들어 보라.

(6) 평가에 관한 질문

평가(evaluation)는 특정 기준에 따라 사람의 생각, 사물, 상황, 자료, 방법 등에 대해 좋다, 나쁘다, 또는 바람직하다 등의 가치판단을 하는 것을 의미한다. 평가는 가장 높은 수준의 사고를 요구하며, 평가의 기준은 학생이 직접 설정할 수도 있고, 교사가 제공할 수도 있다. 이는 객관적인 근거에 의한 사실 판단보다는 개인적인 의견에 기초한 가치판단이기 때문에, 정당성과 납득할 수 있는 기준을 제시하는 것이 중요하다. 평가 과정은 종합보다도 더 개방적이며, 일정한 형식에 얽매이지 않고 자유롭게 판단하도록 유도한다. 평가 질문에는 주로 '선택하다, 평가하다, 결정하다, 판단하다' 등의 서술어가 사용된다. 다음은 그 예시이다.

① 2007년 12월, 이명박 후보가 제17대 대통령 선거에서 당선된 후, 2008년 1월 대통령직 인수위원회는 북한이 핵을 완전히 포기하면 북한의 경제발전을 지원하기 위한 400억 달러(약 37조 원) 규모의 국제협력기금 조성에 나서기로 했다. 이명박 정부의 대북 정책이 타당한가? 어떤 기준에 따라 이명박 정부의 대북 정책이 타당한지 여부를 판단해 보라.

② 여기에 학생들이 그린 세 개의 그림이 있다. 기준을 정해 이 세 개의 그림을 평가하고, 그중에서 예술적으로 가장 가치 있는 것을 선택하라.

③ 우리나라 핵폐기물 저장소 건립을 위한 후보지를 몇 군데 정하고, 안전성과 건설 비용 등 몇 가지 평가 기준에 따라 이들 후보지를 평가하라.

나. 타바 모형

타바는 인지적 수업목표에 따라서 질문을 제1단계와 제2단계로 나누어서 각각 구성하였다. 이들을 요약하면 다음과 같다.

(1) 제1단계

타바 질문 전략의 제1단계는 회상, 열거, 분류, 개념화 등의 인지적 활동과 관련된 기초적인 질문 단계이다. 이 전략은 특히 수업 시작 전에 교사가 해당 주제에 대해 학생들이 무엇을 알고 있고, 무엇을 모르는지를 신단하고자 할 때, 또는 주제나 사건의 학습 결과로 학생들이 무엇을 배웠는지 확인하고 싶을 때, 마지막으로 교실의 모든 학생들이 토론에 참여하도록 장려하고자 할 때 사용할 수 있다(Beal, Bolick & Martorella, 2009: 146). 이 단계는 다음과 같은 전략으로 구성되어 있다.

① **시작 질문**(opening questions) **또는 열거 질문**(listing questions): 학생들의 주의를 집중시켜 토론에 참여하도록 유도하거나 정보의 회상을 촉진하는 질문이다.

예 '사회계급이라는 말을 들을 때 무엇이 떠오르는가?', '어제 창경원에 가서 무엇을 보았는가?', '조선시대 세종대왕의 업적은 무엇인가?' 등

② **분류 질문**(classifying) **또는 묶기 질문**(grouping questions): 학생들이 유사성과 차이를 발견하고, 그 기준에 따라 분류할 수 있도록 하는 질문이다. 명확한 분류

기준을 제시하는 것이 요구된다.

예 '한국, 싱가포르, 대만, 일본, 중국, 미국, 영국, 프랑스 등의 경제 발전을 생각할 때 공통점과 차이점은 무엇인가?', '이들 국가의 경제 발전 방식을 분류한다면 어떻게 하는 것이 좋겠는가?' 등

③ **이름 붙이기**(labeling) **또는 개념화**(conceptualization) **질문**: 여러 사건이나 상황을 제시하고, 이들의 공통점을 찾아 이름을 붙여보라는 유형의 질문이다. 이는 사고를 정제하고 요약하는 능력을 학생들에게 요구한다.

예 '위의 분류 질문에서 한국, 싱가포르, 대만, 중국 등의 경제 발전 방식을 하나의 묶음으로 생각할 때 이들을 무엇이라고 부르는 것이 가장 적절한가?', '우리나라의 해방 후 발전 과정을 볼 때 1950~2010년대를 10년 단위로, 또는 20년 단위로 잘라서 보면 시대적 특징이 모두 다르게 나타날 수 있다. 이들 특징에 따라서 각 시기를 어떻게 이름 지을 수 있겠는가?' 등

(2) 제2단계

타바 질문 전략의 제2단계는 학습한 사회과학적 내용의 자료를 요약하고, 결론과 일반화를 도출하기 위한 것이다. 이 단계는 결론 도출과 일반화와 같은 더 추상적인 사고를 요구한다. 그러나 제1단계와 마찬가지로 각 질문은 인지적 활동과 관련이 있다. 이 단계에서도 세 가지 유형의 질문이 있다.

① **시작 질문**(opening questions): 정보의 회상과 토론 참여를 유도하는 질문이다.

예 '이번 여행에서 무엇을 배웠는가?', '지난 시간 세계화에 대한 학습에서 세계화란 무엇을 의미했는가?', '세계화에 대한 우리의 대책에는 어떤 것이 있는가?' 등

② **해석 질문**(interpretive questions): 자료를 비교하거나 해석하고, 자료 간의 관계를 서술하게 하는 질문이다.

예 '세계화와 국제화는 어떻게 다른가?', '두 대통령 후보자의 대북정책 공약에서 공통점과 차이점은 무엇인가?' 등

③ **결론 도출 질문**(capstone questions): 학생들이 결론과 일반화를 도출하도록 유도

하는 질문이다.

예 '이번 조사에서 얻어진 일반화와 결론은 무엇인가?', '이 자료들을 분석한 결과 가설은 채택되었는가 아니면 기각되었는가?', '여러 가지 대안 중에서 어느 것을 선택하는 것이 가장 바람직한가?, 왜 그런가?' 등

2) 저차 인지 질문과 고차 인지 질문

우리는 앞서 여러 질문의 유형과 전략을 살펴보았는데, 이들 사이에는 상당한 공통점이 있다. 이러한 공통점을 바탕으로 질문을 저차 인지 질문과 고차 인지 질문으로 나눌 수 있다. 예를 들어, 블룸 모형의 지식과 이해, 타바 모형의 시작 질문이나 열거하는 질문 등은 고차사고력을 요구하지 않기 때문에 이를 저차 인지 질문이라고 한다. 반면, 블룸 모형에서의 응용, 분석, 종합, 평가, 타바 모형에서의 개념화와 결론을 도출하는 질문은 고차사고력을 요구하므로 고차 인지 질문이라고 부른다.

교사는 학생들의 고차사고력을 키우기 위해 고차 인지 질문을 많이 활용하여 사고를 자극하는 것이 바람직하다. 저차 인지 질문보다는 고차 인지 질문을 많이 하는 것이 학생들의 고차사고력 함양에 더 도움이 된다. 그러나 연구 결과에 따르면, 고차 인지 질문만 사용하는 것보다 저차 인지 질문과 고차 인지 질문을 함께 섞어서 사용하는 것이 학생들의 고차사고력 함양에 더욱 효과적이라는 사실이 밝혀졌다(구은옥, 1995). 이는 두 가지 유형의 질문을 섞어 사용함으로써 학생들이 그 차이점을 명확히 인식하고, 결과적으로 고차사고력 함양에 더 큰 도움이 된다는 것을 의미한다.

또한, 고차 인지 질문을 어려워하는 학생에게는 질문의 요구 수준을 낮추어 다시 질문을 제시하고, 질문에 능숙하게 답한 학생에게는 보다 높은 수준의 질문을 통해 사고의 성장을 촉진하는 등, 개별 학습자의 사고 수준에 맞는 질문을 제시함으로써 모든 학생이 사고력을 발전시킬 기회를 가질 수 있도록 해야 한다.

3) 수렴적 질문과 확산적 질문

질문의 유형은 또한 크게 수렴적(또는 직접적) 질문(convergent question)과 확산적

(또는 간접적) 질문(divergent question)으로 나눌 수 있다(Borich, 2004: 260-262). 수렴적 질문은 하나 또는 적은 수의 제한된 응답을 유도하는 질문으로, 학생들이 제한적이고 규정된 방식으로 대답하도록 만든다. 예를 들어 "국민경제를 구성하는 세 가지 경제 주체는 무엇인가?"와 같은 질문이다. 이러한 질문에서는 학생들의 응답이 맞았는지 틀렸는지를 쉽게 판별할 수 있다. 한편, 확산적 질문은 학생들의 훨씬 더 다양하고 개방적인 응답을 장려하는 질문이다. 예를 들어 "핵 확산 금지 조약에 대해 어떻게 생각하나요?"와 같은 질문이 있다. 주의할 점은, 확산적 질문에는 정답이 하나만 있는 것은 아니지만, 동시에 여러 개의 틀린 대답이 있을 수도 있다는 것이다. 물론 교사는 수렴적 질문보다 확산적 질문에서 훨씬 다양한 응답과 반응을 기대할 수 있다. 또한, 확산적 질문은 수렴적 질문보다 후속 질문을 더 용이하게 만들어 교사의 수업을 더 신선하고 흥미롭게 해주는 원천이 될 수 있다.

확산적 질문은 고차사고 행동의 증진과 밀접한 관련이 있다. 하지만 앞서 고차 인지 질문과 저차 인지 질문을 적절히 섞어서 수업을 하는 것이 학생들의 고차사고력 함양에 더 도움이 된다고 언급한 것처럼, 수렴적 질문과 확산적 질문도 적절한 비율을 유지하여 활용하는 것이 학생들의 고차사고력 향상에 더 바람직하다. 왜냐하면 수렴적 질문에서 요구하는 단순한 정보의 회상이나 기억은 고차적 사고 과정에서 언제나 선행되어야 하는 요소이며, 확산적 질문 사이사이에 수렴적 질문을 포함시키는 것이 학습의 효율성을 더욱 높이기 때문이다. 따라서 고차사고력 향상을 위한 수업을 계획할 때, 교사는 수렴적 질문과 확산적 질문 간의 적절한 비율을 유지하는 것이 중요하다고 할 수 있다.

4) 효과적인 질문 구성의 원칙

지금까지 고찰한 바와 같이, 질문은 고차사고력 함양을 위해 매우 중요한 학습 활동일 뿐만 아니라, 가장 핵심적인 학습 활동의 위치를 차지하고 있다. 따라서 질문을 효과적으로 구성하는 것이야말로 고차사고력 함양의 핵심이다. 효과적인 질문 구성을 위한 원칙을 보다 구체적으로 정리하면 대략 다음과 같다(Banks, 1999: 123-133; Woolever & Scott, 1988: 316-317).

① 질문은 인지적 수업 목표의 여러 단계에 적절하게 맞춰 구성해야 한다. 즉, 질문 하나하나가 암기, 이해, 사실과 가치의 구분, 일반화의 도출 등 다양한 인지적 활동과 직접적으로 관련되도록 구성하라.

② 한 가지 유형의 질문보다는 다양한 유형의 질문을 섞어서 하라.

③ 쉬운 것에서 어려운 것으로, 저차 인지 질문에서 고차 인지 질문으로 점진적으로 올려가면서 질문을 구성하라.

④ "예", "아니오"로 답할 수 있는 질문보다는 다양한 학생들의 반응을 최대한 이끌어낼 수 있는 질문을 구성하라.

⑤ 수렴적 사고보다는 확산적 사고를 촉진하는 질문을 하라.

⑥ 평균적인 또는 그 이하의 학생들을 위해서는 사실에 관한 저차 인지 질문도 포함하라.

⑦ 많은 학생의 반응을 유도하기 위해서는 질문을 하기 전에 먼저 학생을 지명하지 말라. 먼저 지명하면 그 학생만이 대답을 준비한다.

⑧ 학생의 대답에 만족하지 말고, 다시 캐묻는 질문을 많이 하라.

⑨ 질문을 특정 학생들에게만 편중되지 않게 하고, 모든 학생에게 고르게 하라.

⑩ 질문을 한 후 4~5초를 기다려라. 기다리는 시간은 고차사고력을 증진한다.

⑪ 부드럽고 유쾌한 학급 분위기를 유지하라.

⑫ 여러 개의 질문을 한꺼번에 하면 학생이 혼란스러울 수 있다. 한 번에 하나의 질문만 명확하게 하라.

⑬ 학생들의 적극적인 참여를 유도하는 것이 바람직하다. 그러나 손을 들지 않는 학생도 가끔 지명함으로써 전체의 참여를 촉진하라.

⑭ 발표를 한 학생이 자신의 발표 결과에 대해 '맞다', '틀리다', '반응이 좋다', '나쁘다' 등을 스스로 알 수 있는 분위기를 형성하라. 이는 좋은 피드백이 된다.

⑮ 학생의 대답이 틀리더라도 당장 다른 학생을 지명하지 말고, 질문의 단어를 바꾸거나 비슷한 다른 질문을 통해 그 학생이 아이디어를 발표할 수 있도록 하라.

⑯ 학생들도 질문을 많이 하도록 항상 연구하고 격려하라.

연구보고 3

은지용 · 강대현(2015)은 사회과 수업에서 이루어지고 있는 고차사고력 학습의 실태를 파악하기 위해 중등교사 3명의 수업 중 질문, 설명, 활동 사례를 중심으로 학생들이 어떤 상황에서 고차사고력을 발휘하고, 어떤 상황에서 고차사고력을 활용하지 못하는지를 연구하였다. 이 연구에서는 현직 교사 3명이 각각 4차시에 걸쳐 진행한 총 12차시의 사회과 수업을 분석하고, 관련 내용을 바탕으로 해당 교사들과 면담하여 어떤 장면에서 학생들의 고차사고력이 발휘되거나 방해받는지를 살펴보았다.

연구 결과, 이 교사들의 수업에서 고차사고력 학습과 관련한 몇 가지 특징이 발견되었다. 첫째, '의례적인 질문에서 탈피하기'이다. 교사가 수업 내용 설명과 진행을 위해 던지는 질문들은 학생들의 고차사고력을 유도하는 교수 전략이나 기법으로 보기 어렵다. 따라서 학생들의 고차사고력을 촉진하기 위해 사건이나 상황의 배경, 발생 요인, 관련 사항들 간의 관계 등을 숙고하여 대답할 수 있는 질문을 사용할 필요가 있다. 둘째, '지나친 설명에서 벗어나기'이다. 고차사고력을 촉진하기 위해서는 학생들 스스로 인과관계를 도출하거나 예상되는 결론을 추론하며, 문제점이나 해결 방향을 스스로 탐색해 볼 수 있도록 해야 한다. 셋째, '학생들의 자기주도적 활동 유도하기'이다. 교사가 수업 자료를 구상하고, 발문 전략을 포함한 학습 전략을 어떻게 계획하고 적용하느냐에 따라 짧은 시간이지만 학생들의 사고의 깊이와 폭이 달라질 수 있다는 점을 고려하여 수업 활동을 기획하고 실행할 필요가 있다.

자료: 은지용·강대현(2015). 일상적인 수업과 고차사고력 학습. 『시민교육연구』, 47(4): 135-169.

4. 고차사고력 육성을 위한 교육과정

이상에서 서술한 고차사고력 함양을 위한 사회과 수업을 위해서는 교육과정과 교과서의 개편이 필수적이다. 사회, 역사, 지리 영역을 포함한 사회과 교과서들은 현재 사회과학의 지식체계를 중심으로 매우 광범위한 내용을 다루고 있다. 이는 고차사고력 신장을 저해하는 요인 중 하나로, 교육과정과 교과서가 너무 많은 정보와 주제를 피상적으로 담고 있다는 문제점을 보여준다.

이러한 교과서 체계를 대폭 수정하여 학생들이 교실 수업에서 더 많은 생각을 하고 자유롭게 토론할 수 있는 주제를 중심으로 교과서를 조직해야 한다. 현재 교과서에 포함된 많은 지식 중 국민의 보통교육 수준에서 반드시 필요하지 않은 부분들은 과감하게 제거해야 한다. 물론 이렇게 개편된 교과서는 지금의 수준에 비추어 볼 때 내용이 부족하거나 상식적인 것으로 보일 수 있다. 그러나 그것이 바로 바람직한 교과서의 모습이 될 수 있다. 그렇게 되어야 사실과 지식 중심의 학습에서 벗어나 사고력 중심의 수업이 가능해지기 때문이다.

몇 가지 예를 들어보자. 고등학교 「사회와 문화」 교과서는 사회학의 주요 원리를 모두 가르치려고 하기보다는 중요한 주제, 예를 들어 한국인으로 성장한다는 것이 무엇을 의미하는가, 사회화 과정에 어떤 요인들이 관련되어 있는가, 한국의 전통적인 규범과 산업사회의 환경 및 규범이 한국인의 사회화에 어떤 의미와 영향을 주는가 등을 중심으로 구성할 필요가 있다. 정치와 법, 경제, 역사 교과서도 큰 주제를 중심으로 논쟁과 해석을 다루도록 구성되어야 토론 학습이 가능하며, 결과적으로 사고력을 향상시킬 수 있다. 예컨대, '이성계에 의한 조선 건국은 쿠데타인가 아니면 새로운 역사의 창조인가?', '세종에 의한 한글 창제는 한국 문화의 발전에 어떠한 영향을 미쳤는가?'와 같은 주제를 선정할 수 있을 것이다.

이러한 인식을 반영하여 2015 개정 교육과정에서는 고등학교 「통합사회」 과목이 개발되었으며, 이 과목은 하나의 주제에 대해 사회, 역사, 지리, 윤리 교과의 내용을 통합적으로 제시한다. 각 단원별로 선정된 주제에 대해 시간적, 공간적, 사회적, 윤리적 관점을 모두 고려하여 문제를 인식하고, 합리적 의사결정을 내릴 수 있도록 구성되었다. 「통합사회」는 이러한 주제 혹은 개념 중심의 통합 방식에 따라 '삶의 이해와 환경(행복/자연환경/생활공간)', '인간과 공동체(인권/시장/정의)', '사회 변화와 공존(문화/세계화/지속 가능한 삶)'이라는 세 개의 영역과 아홉 개의 핵심 개념을 선정하였다. 2022 개정 교육과정에서도 「통합사회」 과목은 통합적 관점, 행복, 자연환경, 문화, 생활공간, 인권, 사회정의, 시장경제, 평화, 지속 가능한 삶 등 열 가지 주요 문제를 다루고 있다.

또한, 현재 중학교 수준에서 사회, 역사, 지리가 단원별로 혼합되어 조직된 교과서의 경우, 사회, 역사, 지리를 완전히 융합하는 주제를 중심으로 구성하거나, 그것이 당장 어려울 경우 사회, 역사, 지리의 학문적 분류를 존중하는 방향으로 발전시켜 나가는 것도 하나의 방법이다. 하나의 교과서가 주제 중심으로 통합되지 않고 단원별로 사회, 역사, 지리가 섞여 있는 현재의 교과서는 학습의 논리나 흐름으로 보아 사고력의 성장을 저해할 수 있다. 따라서 앞으로의 사회과 교육과정과 교과서 개혁은 이러한 부분을 고려하여 고차사고력 증진에 부합하는 방향으로 이루어져야 할 것이다.

주요개념

고차사고력, 탐구력, 의사결정력, 창의적 사고력, 비판적 사고력, 메타인지, 학급사고력의 지표, 개방형 문제, 저차 인지 질문, 고차 인지 질문, 수렴적 질문, 확산적 질문, 타바 모형, 블룸 모형

Chapter 08

사회과 고차사고력의 학습
연습문제

01. 왜 현대 사회에서 특히 고차사고력이 필요한지 그 이유를 설명하시오.

02. 고차사고력의 공통적인 특징을 쓰시오.

03. 우리나라에서 고차사고력을 위한 수업을 저해하는 요인을 제시하시오.

04. 고차사고력의 종류와 각각의 특징을 쓰고, 그것을 향상시키기 위한 수업방법을 제시하시오.

05. 질문의 유형을 제시하고, 타바 모형과 블룸 모형의 특징을 비교하시오.

06. 사회과 교육과정의 내용 요소를 하나 선택한 후, 타바 모형과 블룸 모형을 적용하여 각 사고 유형별 질문을 개발하시오.

07. 효과적인 질문 구성의 원리를 제시하시오.

08. 고차사고력 향상을 위한 수업을 하기 위해서 우리나라의 사회과 교육과정과 교과서는 어떻게 바뀌어야 할지 제시하시오.

참고문헌

Banks, J. A.(1990). *Teaching strategies for the social studies(4th edition).* New York: Longman.

Banks, J. A.(1999). *Teaching strategies for the social studies(5th edition).* New York: Longman.

Beal, C., Bolick, C, M. & Martorella, P, H.(2009). *Teaching Social Studies in Middle and Secondary Schools(5th edition).* MA: Pearson Education.

Beyer, B. K.(1985). Critical thinking: What is it? *Social Education,* 49(4): 270-276.

Bloom, B. S., Engelhart, M. D., Furst, E. J., Hill, W. H. & Krathwohl, D. R.(Eds.)(1956). *Taxonomy of educational objectives.* New York: David Mckay.

Borich, G. D.(2004). *Effective teaching methods(5th edition).* NJ: Pearson Education.

Cuban, L.(1984). Policy and Research Dilemmas in the Teaching of Reasoning: Unplanned designs. *Review of Educational Research,* 54: 655-681.

Dewey, J.(1910). *How We Think.* Boston: D.C. Heath & Co.

Engle, S. H. & Ochoa, A. S.(1988). *Education for Democratic Citizenship.* N.Y.: Teacher's College Press, Columbia University./ 정세구 역(1989). 『민주시민교육』. 서울: 교육과학사.

Geertsen, H. R.(2003). Rethinking Thinking about Higher-Level Thinking. *Teaching Sociology,* 31(1): 1-19.

Jenness, D.(1990). *Making sense of social studies.* New York: Macmillan.

Lewis, A. & Smith, D.(1993). Defining Higher Order Thinking. *Theory into Practice,* 32(3): 131-137.

Lipman, M.(1991). *Thinking in education.* Cambridge, England: Cambridge University Press.

Meyers, C.(1986). *Teaching students to think critically.* San Francisco: Jossey-Bass Publishers.

Newmann, F. M.(1991). Promoting higher order thinking in social studies: Overview of a study of sixteen high school Departments. *Theory and Research in Social Education,* 19(1): 324-340.

Oliver, D. W. & Shaver, J. P.(1966). *Teaching public issues in the high school.* Boston: Houghton Mifflin Company.

Onosko, J. J.(1991). Barriers to the Promotion of Higher-Order Thinking in Social Studies. *Theory and Research in Social Education,* 19(4): 341-366.

Raths, L. E., Wassermann, S., Jonas, A. & Rothstein, A.(1986). *Teaching for thinking.* New York: Teachers College, Columbia University.

Resnic, L. B.(1987). *Education and learning to think.* Washington, D. C.: National Academy Press.

Sears, A. & Parsons, J.(1991). Towards critical thinking as an ethic. *Theory and Research in Social Education,* 19(1): 45-68.

Wolf, T. P.(1987). A direct approach to teaching critical thinking skills in secondary social studies. Ph. D. dissertation, Georgia State University.

Woolever, R. & Scott, K. P.(1988). *Active learning in social studies*. Glenview, IL.: Scott, Foresman and Company.

은지용·강대현(2015). 일상적인 수업과 고차사고력 학습. 『시민교육연구』, 47(4): 135-169.

이광성(2005). “초등학교에서 고급사고력 신장을 방해하는 요인 연구”, 『시민교육연구』. 37(3): 177-204.

이광성(2015). 비판적 사고 기능을 활용한 수업이 고급사고력과 학업성취에 미치는 영향. 『시민교육연구』, 47(3): 123-145.

임선하(1993). 『창의성에의 초대』. 서울: 교보문고.

임선하(2007). “창의성 교육; 반성적 접근”, 『창조교육논의』, 9: 55-86.

주은옥(1995). “사회과 수업에서 교사의 질문 유형이 학생의 사고력 신장에 미치는 효과에 관한 연구”, 서울대학교 교육학 석사학위 논문.

Chapter
09

사회과의 가치 학습

1. 가치교육의 필요성
2. 가치교육의 방법
3. 대안적인 가치교육 접근법
4. 가치교육의 유의점과 교사 역할

전통적으로 사회과는 기본적인 사회과학적 지식과 일상생활에 필요한 사회적 기능을 가르치는 과목으로 인식되어 왔다. 그러나 사회과는 탄생 초기부터 시민교육의 핵심적인 역할을 담당해 왔기 때문에, 시민 교육과 관련된 가치를 가르치는 것이 무엇보다 중요하다. 특히 가치 갈등이 심화되고 사회 변화가 빠르게 진행되는 한국 사회에서는 가치 교육의 필요성이 더욱 절실하다. 이 장에서는 사회과에서 가치 교육이 필요한 이유, 가치의 의미, 가치 교육을 위한 이론적 토대와 방법, 그리고 교육 환경 내에서 가치 교육의 중요성을 종합적으로 살펴볼 것이다.

1. 가치교육의 필요성

1) 현대 사회와 가치 갈등

가. 변동 사회에서 가치 갈등

오늘날과 같이 사회변동의 속도가 빠르고 전통적인 것과 현대적인 것, 동양적인 것과 서양적인 것, 다양한 사상과 이데올로기가 병존하는 상황에서 학생들은 그 어느 때보다도 가치의 갈등을 많이 경험하고 있다. 예를 들어, 교육의 기회균등이 중요한 사회적 가치로 여겨지고 있으나, 학생들은 교육 기회를 둘러싼 치열한 경쟁 속에서 살아가고 있다. 학교에서는 학생들에게 관용의 가치를 가르치지만, 학교를 벗어나면 다른 사회 집단을 배척하는 어른들의 행동을 발견하게 된다. 이처럼 모순과 갈등이 많은 상황에서 학생들은 어떤 가치를 믿고 따라야 할지 혼란을 느끼게 된다. 따라서 학생들이 가치 갈등으로 인해 겪는 혼란을 줄이고, 올바른 가치 판단을 내릴 수 있도록 지도해야 한다. 결국, 학교가 가치와 관련된 문제를 어떻게 지도해야 할 것인가의 문제가 제기된다.

우리 주변에서 제기되는 가치 갈등의 현상과 그로 인해 파생되는 중요한 문제들을 요약하면 다음과 같다.

1) 역사적 특수성에서 오는 가치 갈등
① 전통적 가치와 현대적 가치 ② 동양적 가치와 서양적 가치
③ 보수와 진보 또는 혁신의 이데올로기 갈등

2) 사회사상의 갈등
① 근대화 이론과 종속이론 ② 기능론과 갈등론
③ 관념론과 유물론 ④ 실증주의와 해석학적 이론
⑤ 개인주의와 집단주의

3) 사회적 집단 간의 갈등
① 다수 집단과 소수 집단 사이의 갈등 ② 인종 · 민족 간 갈등
③ 계층 간, 지역 간, 세대 간, 남녀 간 가치의 갈등

4) 교육에서의 가치 갈등
① 전인교육과 경쟁력 강화 교육의 갈등 ② 형평성 중심과 수월성 중심의 갈등
③ 민족주의와 세계주의 교육의 갈등

5) 가치 갈등에서 파생되는 중요 문제
① 아노미 현상과 문화적 정체감의 위기 ② 문화의 단절과 부적응
③ 집단 간 대립과 사회적 분열

나. 다원주의 사회의 가치문제

현대 사회는 고대나 중세 사회처럼 단일한 전통을 공유하고 추구하는 일원적 사회가 아니다. 또한 근대 사회처럼 보편적인 인간과 이성에 대한 확신을 갖고 있는 또 다른 의미의 일원적 사회도 아니다. 현대 사회는 과거와 달리 하나의 전통이나 세계관, 또는 인간관이 지배하는 일원적 사회가 아니라, 다양한 전통과 세계관, 인간관이 병존하는 다원주의 사회이다. 이는 현대 사회의 특성으로, 우리 한국 사회도 예외라고 볼 수 없다(강대현, 2000).

한국 사회를 일원적 사회로 보는 것은 피상적인 관찰의 결과이며, 한국 사회는 점차 다원적 사회로 변화하고 있다. 한국 사회의 다원적 성격은 전통사회로부터 근대 산업사회로의 전환 과정에서 일어난 동 · 서 문화의 충돌, 세계 어느 국가에서도 찾아보기 힘든 다종교 상황, 개방화와 세계화, 민족 문화에서 세계 문화로의 전이 등에서 분명히 나타나고 있다(조영제, 1998).

이러한 다원주의 사회에서 다원적 가치들의 충돌과 갈등이 발생하는 것은 자연스

러운 현상이다. 또한 우리가 살아가는 민주 사회에서는 특정한 가치만을 요구하지 않고 다양한 가치를 존중한다. 따라서 가치 문제의 해결은 특정 가치를 선택해서 유지하는 것이 아니라, 다원적 가치의 민주적 공존을 어떻게 실현하느냐에 달려 있다.

2) 의사결정과 가치

가. 개인의 의사결정과 가치

우리는 생활하면서 결정을 내려야 하는 여러 문제 상황에 부딪힌다. 바로 이러한 결정의 순간에 가치의 문제가 개입된다. 예를 들어, 고등학교를 졸업한 후 대학에 진학할 것인가, 아니면 바로 취직을 할 것인가? 어머니는 나에게 의과대학에 가라고 하지만, 나는 교사가 되고 싶은데 어떻게 해야 할 것인가? 집에서 숙제를 할 것인가, 아니면 나가서 친구들과 놀 것인가? 사람들은 왜 말과 행동이 일치되지 않는가? 등 일상생활에서 맞닥뜨리는 거의 모든 문제의 이면에는 가치의 선택이 관련되어 있다. 또한 이러한 문제를 결정할 때 어떤 가치를 우선시해야 하는가? 가치의 선택에서 가정, 학교, 친구들 중 누구의 영향을 가장 많이 받는가? 이러한 문제들도 개인의 의사결정 과정에서 중요한 영향을 미친다.

나. 집단의 의사결정과 가치

가치문제는 단순히 개인의 의사결정이나 선택과 관련된 것만은 아니다. 오히려 사회적으로 쟁점이 되고 있는 가치 문제는 개인의 수준에서 결정되기보다는 집단 수준의 의사결정이나 선택을 통해 이루어져야 한다. 예를 들어, 의과대학에 진학할 것인가 하는 것은 개인적 선택의 문제이지만, 의과대학의 정원을 늘릴 것인가는 집단의 선택 문제이다. 미국에서 계속 이슈가 되고 있는 총기 소지 문제도 마찬가지다. 우리나라에서 남북 간의 교류나 협력에 대한 상반된 가치의 갈등을 빗대어 '남남 갈등'이라는 말이 등장하였는데, 남북 관계를 어떻게 설정할 것인가 하는 문제도 가치를 둘러싼 집단의 의사결정 문제라고 볼 수 있다. 사회과 교육은 애국심을 기르고 민족 문화를 존중하며 국가 발전에 적극적으로 참여하는 태도를 기르는 것, 그리고 세계 공동체의 일원으로서 행동할 수 있는 능력을 기르는 것 등을 주요한 목적으로 하는데, 특정 시점에서 어떤 시민성을 더 강조해서 교육할 것인가와 같은 문제도 모두 가치와 관련되어 있다.

3) 사회과에서 가치교육의 역할

서로 다른 환경에서 자라나는 사람들은 서로 다른 생각과 가치관을 갖게 된다. 교사들은 가장 바람직하다고 생각되는 가치를 모든 학생들에게 강요할 수 있는가? 만약 강요한다면, 학생들은 그러한 가치를 수용해야만 하는가? 아니면 교사는 가치의 문제를 전적으로 개별 학생에게 맡겨두어야 할 것인가? 이와 관련된 문제들은 수없이 많다. 가치교육을 연구하는 일부 학자들은 교사가 특정한 가치를 학생들에게 강요해서는 안 되며, 학생들이 가지고 있는 가치를 스스로 명확하게 인식하고 그러한 가치에 바탕을 두어 결정을 내릴 수 있는 능력을 발달시키도록 도와야 한다고 주장한다.

물론, 교사의 모든 행동은 사실상 어떠한 가치를 이미 표현하고 있다. 예컨대, 교사가 개인을 존중한다고 말하면서 실제로는 학생 개인의 특성을 무시하는 획일적인 수업을 한다면, 학생들은 그 모순을 발견하게 된다. 또한 학교에서 학생들이 규칙을 지키고 엄격한 질서에 따르도록 명령하면서 동시에 자율성을 발전시켜야 한다고 말한다면, 학생들은 상반된 가치들 사이에서 혼란을 느끼게 된다.

오늘날과 같이 사회 변동이 빠른 상황에서 학생들은 가치관의 갈등을 경험하기 쉽고, 인생의 방향을 어떻게 정해야 할지 방황할 때가 많다. 학생들이 어렸을 때 수용한 가치나 한번 형성된 가치관은 인생의 기초가 된다. 따라서 학생들이 인생과 사회에 대해 건전한 가치관을 형성할 수 있도록 돕는 사회과의 역할이 중요하다. 즉, 사회과는 학생들이 가치 갈등의 원인이 되는 사회적 쟁점을 명확히 이해하고, 합리적인 가치 판단을 통해 일관성을 갖고 행동할 수 있도록 가치교육을 체계적으로 실시해야 하는 책무를 지니고 있다.

이렇듯 사회과에서 가치교육이 갖는 역할과 중요성이 매우 큼에도 불구하고, 사회과에서 실천 가능한 가치교육의 형태는 제한적이다. 가치가 다원화되어 가고, 특히 대립하는 가치를 다루는 것이 쉽지 않은 일이기 때문에 사회과 수업에서 가치와 관련한 주제는 회피의 대상이 되기도 한다. 하지만 가치교육은 사회과교육의 핵심적인 부분이며, 효과적인 가치교육을 위해 그동안 다양한 가치교육 방법이 발전되어 왔다.

4) 가치관의 의미와 특징

가치교육의 방법을 설명하기 전에, 가치와 가치관이 무엇을 의미하는지 그 개념을 먼저 살펴보겠다. 우리는 종종 다른 사람들의 잘못된 행동을 비판하면서도, 그 행동의 배후에 숨어있는 가치관의 역할을 간과하는 경우가 많다. 행동 뒤에는 항상 가치와 가치관이 작용하고 있다는 사실을 잊어서는 안 된다. 사람들은 저마다 다른 생각을 가지고 있으며, 또 서로 다른 행동을 한다. 어떤 사람들은 양옥에서 서양식 생활을 선호하는가 하면, 어떤 사람들은 한국의 전통적인 가옥에서 생활하는 것을 좋아하여 그것을 선택하려 한다. 어떤 사람들은 인격을 재산보다 더 높이 평가하는가 하면, 어떤 사람들은 재산도 인격만큼이나 중요하다고 생각한다. 성실하게 노력하여 얻은 결과를 중요하게 생각하는 사람이 있는가 하면, 일확천금을 노리는 사람도 있다.

가. 가치와 가치관의 의미

① 가치의 정의

가치는 여러 의미로 사용된다. 일반적으로는 일상생활 속에서 어떤 사물이 지닌 값이나 쓸모를 뜻하기도 하지만, 여기서 말하는 가치는 '인간의 정신적 노력의 본질적 목표가 되는 진, 선, 미 등의 당위'를 의미한다. 예를 들어, 옳고 그름, 좋고 나쁨, 아름답고 추함 등과 관련된 일련의 개념이나 용어들이 모두 가치를 표현하는 것들이다. 특히 사회과에서 다루는 가치들 중에는 옳고 그름, 좋고 나쁨 등과 관련된 것들이 많다. 이러한 가치는 지식과 마찬가지로 일정한 체계를 가지고 전달되고 수용된다. 즉, 가치관으로 형성되는 것이다. 따라서 가치관은 다양한 가치들이 모여서 만들어진 신념 체계라고 할 수 있다.

② 가치관의 정의

우리는 외부적으로 표현되는 사람들의 행동에는 많은 관심을 가지지만, 사람들이 왜 그러한 행동을 하는가를 깊이 생각해 보는 경우는 드물다. 어떤 사람이 특정한 행동을 하는 것은 그 사람이 그것을 좋아하거나, 그것을 다른 것보다 더 중요하다고 평가하기 때문일 것이다. 이와 같이 '사람들이 어떠한 사물에 대하여 어느 정도 지속적으로 가지고 있는 심리적 반응의 경향이나, 사물과 행동에 대하여 부여하는 중요성의 정도 또는 그 평가 기준'을 가치관이라고 한다. 좀 더 쉽게 말하자면, 어떤 것을 얼마만큼 중요하고 가치 있게 생각하느냐가 가치관의 문제이다. 따라서 가치관은 사람의 행동이나 결정 전반에 영향을 미친다. 가치관에 대한 사회과 학자들의 정의는 다음과 같다.

- 가치관은 행동의 기준이자 삶의 방향을 제공해주는 개인이나 사회의 중심적인 신념과 목표이다 (Banks, 1999: 435).
- 가치관은 어떤 대상에 대해서 긍정적과 부정적, 선과 악, 좋아하거나 싫어하는 판단을 할 때 사용하는 표준 또는 기준이다(Shaver & Strong, 1976; Martorella, 2005: 246).

인간의 정신작용을 크게 나누어 보면, 주로 지식과 관련된 인지적(認知的) 영역과 사물에 대해 인간이 가지고 있는 정서, 감정과 관련된 정의적(情意的) 영역으로 나눌 수 있다. 이때 가치관은 신념, 태도 등과 함께 정의적 영역에 속한다. 인지적 영역의 정신작용과 정의적 영역의 정신작용은 밀접한 관계가 있지만, 반드시 같은 것은 아니다. 예를 들어, 어떤 것을 좋아하거나 싫어하는 것(정의적 영역)은 그것에 대해 알거나 모르는 것(인지적 영역)과 깊은 관계가 있다고 할지라도, 서로 다른 인간의 정신작용임에는 틀림없다. 이러한 이유로 정의적 영역의 가치나 가치관을 교육하는 것은 인지적 영역의 지식을 가르칠 때와는 다른 방법이 필요하다.

③ 클라크혼의 가치관 모형

클라크혼(F. Kluckhohn)이라는 사회심리학자가 가치관의 유형을 여섯 개로 나눈 것은 매우 유명하다. 그는 인간, 자연, 시간 등 인간을 둘러싸고 있는 여러 환경과 인간의 관계에서 무엇을 중요시하는가를 기준으로 하여 가치관의 모형을 제시했다. 이 모형은 서양 중심적인 것이긴 하지만, 인간과 환경 사이에서 해결해야 할 문제를 중심으로 가치관의 모형을 상당히 체계적으로 제시하고 있다는 평가를 받고 있다. 우리의 사회과 교육에서 바람직한 가치관이 무엇인가를 생각할 때, 이러한 클라크혼의 가치관 모형은 의미 있는 시사점을 제공한다. 클라크혼의 가치관 모형을 간략하게 요약하면 다음과 같다(Kluckhohn, 1962).

① 인간과 인간의 관계: 종적인 가치관, 횡적인 가치관, 개인주의적 가치관
② 인간과 시간의 관계: 과거지향주의, 현재중심주의, 미래중심주의
③ 인간과 자연의 관계: 자연 순응, 자연조화, 자연극복
④ 인간과 노동 및 생산의 관계: 존재지향적 문화, 생성지향적 문화, 활동지향적 문화
⑤ 인간과 소유의 관계: 물질주의와 정신주의
⑥ 인간과 그 자신의 관계: 성악설과 성선설 등

나. 가치관의 특징

사회과교육에서 학생들의 가치관이 올바르게 정립되도록 지도하기 위해, 먼저 가치관이 갖는 특징을 고찰해 보자. 가치관은 사회적으로 학습되는 것이며, 사람이 여러 행동을 하는 데 있어서 하나의 기준이 되어 행동에 일정한 방향을 제시해 준다. 또한 가치관은 서로 다른 행동들이 일관성을 갖게 하고, 일단 형성되면 상당히 오랫동안 안정적으로 지속된다.

① 사회성

첫째, 가치관은 사회적으로 학습되는 것이다. 즉, 개인이 어떤 가치관을 출생 시에 가지고 태어나는 것이 아니라, 훈련, 교육, 연습, 경험 등에 의해 후천적으로 형성된다는 것을 의미한다. 사회에서 가치관의 학습은 다양한 형태로 이루어진다. 예를 들어, 가정에서는 부모님이 강조하는 가치관을 보고 배우며 자신의 가치관으로 수용한다. 학교에서는 다양한 교과목을 통해 정의, 자유, 평등 등 사회적으로 바람직하다고 여겨지는 가치를 학습하며 자신의 가치관을 발달시킨다. 그리고 친구들과의 관계나

지역사회에서는 가정이나 학교에서 경험하지 못한 새로운 가치관들을 경험하고 이에 영향을 받기도 한다. 어떤 가치관은 한 사회에서 오랜 기간 형성되어온 것이라 쉽게 변하기 어려운 전통을 형성하고 있다. 그래서 외부에서 들어온 가치관과 갈등을 일으킬 수도 있다.

② 행동 선택의 기준

둘째, 가치관은 개인의 행동을 선택하고 결정하는 기준이 된다. "개인이 왜 그런 행동을 하느냐?"고 물으면, 그는 그러한 가치관을 가지고 있기 때문이라고 설명할 수 있다. 사람들은 여러 가지 행동을 한다. 예를 들어, 교육학을 전공한 대학교수는 대학에서 강의를 하고, 전문서적을 집필하며, 대중잡지에 글도 쓰고, 때로는 텔레비전과 라디오에서 인터뷰도 한다. 이 교수가 여러 상황에서 교육에 대해 다양한 견해를 표명할 수 있지만, 우리는 일정한 공통점을 발견할 수 있다. 이것은 그가 인생이나 교육에 대해 가지고 있는 기본적인 입장의 표현일 것이다. 이러한 기본적 입장을 우리는 가치관이라고 부를 수 있을 것이며, 이것이 그 교수가 강의를 하고 글을 쓰며 말을 하는 데 있어 하나의 기준으로 작용한다는 것을 알 수 있다. 이와 같이, 가치관은 행동의 원천이며, 구체적인 행동은 가치관의 하부구조라는 개념적 모형을 구성할 수 있게 된다.

③ 일관성

셋째, 가치관은 개인의 행동에 일관성을 부여한다. 인간은 문제 상황에서 특정한 가치관을 바탕으로 어떤 행동을 선택했다면, 다음에 유사한 상황이 발생했을 때에도 비슷한 행동을 선택하게 된다. 이는 가치관이 개인의 여러 행동에 일정한 방향을 제시해 주는 중요한 역할을 한다는 것을 의미한다. 가치관이 확립되어 있지 않은 경우에는 행동들 사이에 일관성이 없고, 방향감각이 둔화되거나 상실되어 있다. 어떤 사람의 여러 행동이 뚜렷하게 확립된 가치관에 따라 일관성을 가지고 이루어질 때, 우리는 그 사람이 안정된 가치관을 가지고 있다고 말한다. 이에 반해 여러 행동 사이에 일관성이 없는 경우에는 가치관이나 정체성의 분열 또는 갈등을 경험하고 있을 가능성이 크다.

④ 안정성

넷째, 가치관은 쉽게 변하지 않는 안정성을 가지고 있다. 사회적 가치관은 여러 사람에 의해 사회적으로, 그리고 오랜 시간에 걸쳐 역사적으로 형성되기 때문에, 일단 한번 형성되면 쉽게 바뀌지 않는다. 이 때문에 사회 외부에서 새로운 가치관이 유입되거나 특정한 가치관이 강제되는 경우, 기존의 가치관과 충돌하는 문제가 발생한다. 개인의 경우에도 성장 과정과 사회생활을 통해 오랜 기간 동안 형성된 가치관은 쉽게 바뀌지 않는다. 그러나 가치관이 상당 기간 동안 안정적이라는 것이 곧 영구불변하다는 것을 의미하지는 않는다. 가치관은 시대와 맥락에 따라 얼마든지 변할 수 있다. 예를 들어, 농업사회에서 형성된 대가족 중심의 가치관이나 유교적 가치관이 정보화 사회에 들어서면서 바뀌어 가는 것을 부인하기 어려울 것이다. 다만 변화의 과정이 급격할수록 더 큰 가치갈등을 경험하게 될 가능성이 크다.

2. 가치교육의 방법

지금까지 사회과 교육에서 학습자의 인지적 측면에 대한 연구와 교육은 상당한 진진을 이루었으나, 정의적 측면에 대해서는 이론적·실천적으로 상대적으로 미흡한 실정이다. 따라서 사회과에서 이루어지는 기존의 가치교육을 검토하고 발전적인 방향을 모색하는 데 더욱 힘을 기울여야 한다. 가치교육의 방법은 여러 가지가 있지만, 지금까지 전통적으로 가장 많이 사용되어 온 방법은 언어적 교훈주의이다. 그러나 이 방법의 문제점은 널리 알려져 있다. 따라서 현대 학자들은 언어적 교훈주의 대신 발달단계 접근법, 가치명료화 접근법, 가치분석 접근법 등을 주장하고 있다. 여기서는 최근에 사회과에서 많이 논의되고 시행되어 온 가치교육의 방법을 소개하고 그 장단점을 검토해 보겠다.

1) 언어적 교훈주의 접근법

가. 의미와 특징

언어적 교훈주의는 바람직하다고 생각되는 가치를 학생들에게 언어적인 방법으로 지도하는 것이다. 가르쳐 보인다는 의미에서 '훈시적(訓示的) 방법'(didactic method)이라고도 한다. 학생들이 감정적으로 극적인 상황을 경험할 수 있도록 이야기를 들려주거나, 교훈이 담긴 이야기를 반복하여 들려줌으로써 전달하고자 하는 가치를 상당히 효과적으로 지도할 수 있다.

언어를 통해 직접적으로 교훈을 전달하는 방법은 쉽고 간단하기 때문에 가치교육에서 많이 사용된다. 또한 언어적 교훈주의는 윗사람들에게 인사하기, 복장을 단정히 하기, 국기를 향해 경례하기와 같이 외부적인 행동을 유도하는 의식주의와 병행되어 교육 현장에서 많이 쓰이고 있다.

나. 교실에서의 지도: 구체적 수업 사례

구체적인 수업 사례로 다음과 같은 예를 들 수 있다. 학생들에게 나와 다른 사람을 '관용'하는 태도를 길러주기 위해 관용의 모범이 되는 인물을 활용할 수 있다. 예를 들어, 식민 통치를 했던 영국인에게 비폭력적인 방법으로 저항하고, 다른 종교와 이념을 가진 동포 인도인들을 동등하게 인정했던 마하트마 간디(Mahatma Gandhi)와 같은 위인의 이야기를 들려주는 방식으로 수업을 진행할 수 있다.

어린 학생들의 경우, 관용과 관련된 동화를 활용하는 것도 좋은 방법이다. 예를 들어, '내 귀는 짝짝이'라는 동화를 통해 한쪽 귀는 쫑긋 서 있고, 다른 쪽 귀는 축 늘어진 토끼가 어떻게 두 쪽 귀가 쫑긋 서 있는 친구들과 화해하고 즐겁게 지내는지를 이야기함으로써 관용이라는 가치의 의미와 필요성을 인식시킬 수 있다.

다. 장단점

언어적 교훈주의 방법은 절차가 간단하기 때문에 동서양을 막론하고 전통적으로 많이 사용되어온 가치교육의 방법이다. 특히 교사의 권위가 높이 인정되고 교사의 영향력이 큰 초등학교 저학년에서는 매우 효과적인 방법이기도 하다. 그러나 언어적 교훈주의의 단점으로는 학생들이 들은 이야기와 실제가 다른 경우 가치 갈등을 경험한다는 점과, 교훈을 들을 때에는 이해하지만 시간이 지나면 잊어버리기 때문에 태도나 가치관 형성에는 비효과적이라는 점을 들 수 있다. 또한, 사실상 교사에 의한 교화(indoctrination)나 주입의 가능성이 높아 다원화된 사회에서 적합한 교육 방식이 아니다.

학생들은 학교에서 정직과 친절이 중요하다고 배우지만, 때로는 정직하고 친절하게 행동하기 매우 어려운 상황이 있다. 또한 생명을 존중하도록 배우고, 국가를 위해 개인의 희생이 필요함을 배우지만, 때로는 현실에서 양자가 갈등을 초래하기도 한다. 그러므로 학생들에게 중요한 것은 원리적인 세계관을 형성하는 것이지, 가치의 한 표현으로서 구체적인 행동을 기계적으로 반복하는 것이 아니다. 이러한 이유로 오늘날의 교육학자들은 가치교육에서 언어적 교훈주의를 최소화하고, 다음에 서술할 발달단계 접근법이나 가치 명료화, 가치 분석에 의한 방법을 사용하도록 권장하고 있다.

2) 발달단계 접근법

가. 의미와 특징

발달단계 접근법(development approach)은 학생들의 도덕성이 단계를 거쳐 발달한다는 가정 하에 각 단계에 적합한 도덕적 판단 능력을 길러주는 방법이다. 발달단계 접근법은 가치 추론 모형(value reasoning approach) 또는 도덕 추론 모형(moral reasoning approach)이라고도 한다. 이 방법은 구체적인 행동을 지시하기보다는 일반적인 판단 능력을 기르고, 그러한 능력에 따라 학생 자신이 구체적인 행동을 선택하는 것을 원칙으로 한다. 이 접근법은 대표적으로 심리학자 콜버그(L. Kohlberg)에 의해 주창되었으며, 여러 나라의 교육 현장에서 널리 이용되고 있다.

발달단계 접근법의 근본원리는 학생이 구체적으로 해야 할 행동을 직접적으로 지시하지 않고, 도덕적 선택과 판단이 필요한 문제 상황을 제시하여 학생이 스스로 행동을 선택하고 결정하도록 하는 것이다. 즉, 학생에게 서로 다른 가치가 갈등하는 사례를 제공하여 가치 판단을 경험하게 한다. 예를 들어, 몸이 아파 학교에 오지 못한 친구를 병문안 가려고 하는데, 어머니는 내일이 시험일이기 때문에 곧장 집으로 와서 공부하라고 하시는 경우, 그 학생은 친구와의 우정과 부모님에 대한 순종 중에서 어느 쪽을 택해야 하는지에 대해 학생들이 토론하는 과정에서 가치 판단과 결정을 스스로 내리도록 하는 것이다.

나. 대표적인 견해: 도덕성 발달 6단계

콜버그에 따르면, 아동의 도덕성 발달은 6단계로 나뉜다(Kohlberg, 1966). 콜버그가 제시한 6단계는 다음과 같다. 첫째, 전관습적 단계로 ① 복종과 처벌에 의한 도덕성, ② 욕구 충족을 위한 수단으로서의 도덕성; 둘째, 관습적인 단계로 ③ 대인관계에서 타인과의 조화를 위한 도덕성, ④ 법과 질서 준수를 위한 도덕성; 셋째, 후관습적인 단계로 ⑤ 사회계약 원리 지향으로서의 도덕성, ⑥ 보편적 도덕 원리 실천으로서의 도덕성이다. 요약하자면, 어렸을 때 상과 벌에 의해 행동하는 단계에서부터 자신이 세운 일반적인 원칙에 따라 스스로 행동하는 단계로 발전해 간다고 볼 수 있다. 이는 심리학자 피아제(Piaget)가 인지적 발달의 단계를 ① 감각운동기, ② 전조작기, ③ 구체적 조작기, ④ 형식적 조작기로 나눈 것, 그리고 브루너(Bruner)가 ① 행동적 단계, ② 영상적 단계, ③ 상징적 단계 등으로 나눈 것과 매우 흡사하다.

이러한 도덕성 발달 단계에 따른 가치교육 방법은 가치관을 지도하는 교육 현장의 교사들에게 매우 의미 있는 시사점을 제공한다. 초등학교 저학년 수준에서는 개인과 사회의 일반적 원리를 이해하기에는 아직 미숙하기 때문에 구체적인 이야기나 행동을 중심으로 지도한다. 그러나 초등학교 고학년, 중학교 및 고등학교에서는 점차 개인과 사회, 국가와의 관계, 자신과 타인의 관계에 대해 일반적인 원리를 형성하도록 지도하고, 그 원리에 따라 자신의 구체적인 행동을 전개할 수 있도록 지도해야 한다.

6~8세는 대개 전관습적인(preconventional) 단계, 10~12세 정도는 관습적인(conventional) 단계, 15~16세 정도는 후관습적인(postconventional) 단계라고 볼 수 있지만, 연령과 단계가 기계적으로 일치하는 것은 아니다. 연령이 높아도 낮은 단계에

머무를 수 있고, 연령이 낮아도 높은 단계의 수준을 보일 수 있다. 또한, 상황에 따라 단계가 다를 수 있다. 예를 들어, "남의 물건을 훔쳐서는 안 된다"는 판단을 내린 경우, 그가 벌이 무서워서 그렇게 한다면 1단계를 벗어나지 못한 것이다. 친구들의 기대를 저버릴 수 없어 소풍을 가는 학생은 3단계에, 사회 질서의 혼란을 막기 위해 우측 통행을 하는 사람은 4단계에 있는 것으로 생각할 수 있다.

다. 교실에서의 지도: 구체적인 수업의 사례

구체적인 수업 모형으로 다음과 같은 예를 들어 보자. 도덕적인 갈등을 경험하게 하고 도덕적 판단 능력을 기르기 위해, 교사는 다음과 같은 글을 학생들에게 주어 여러 가지 토론을 하게 한다. 다음 사례는 콜버그 교수가 제시한 가상의 '하인츠 딜레마'를 각색한 것이다.

병에 걸려 죽어가는 여인이 있다. 근처 약국에서 팔고 있는 특별한 약으로 이 여인의 생명을 구할 수 있다. 그 약의 원가는 10만 원이지만, 약국 주인은 원가의 10배인 100만 원을 받으려 한다. 환자의 남편은 약값을 구하기 위해 사방으로 쫓아다녔으나, 약값의 반밖에 구하지 못했다. 그는 그의 아내가 죽어가고 있음을 약국에 알리고, 약값을 깎아 주거나 나중에 지불하게 해줄 것을 요청하였다. 그러나 약국 주인은 이를 거절하였다. 환자의 남편은 그 약국에 침입하여 약을 훔쳐야 하는가? 왜 그렇게 생각하는가?

이러한 문제는 학생들에게 특정한 갈등 상황에서 도덕적 가치 판단을 요구한다. 예를 들어, 학생들이 토론을 하면서 한 학생이 '남편이 약을 훔치면 처벌을 받기 때문에 약을 훔쳐서는 안 된다'라고 판단하는 경우, 이 학생은 도덕성 발달 수준이 1단계에 해당한다고 볼 수 있다. 또 다른 학생이 '약을 훔치는 것은 불법이기 때문에 훔쳐서는 안 된다'라고 판단하는 경우, 이 학생은 4단계에 해당한다. 만약 '인간의 생명은 존엄하며 그 어떤 가치보다 우월하기 때문에 훔쳐서라도 생명을 구해야 한다'고 판단하면, 6단계에 속한다고 볼 수 있다. 교사는 이러한 다양한 사례와 토론을 통해 학생들의 도덕성 발달 수준을 확인하고, 더 높은 수준의 도덕성을 갖추도록 지도하는 것이 필요하다.

라. 장단점

발달단계 접근법은 특정한 가치를 일방적으로 전달하는 데 그치는 언어적 교훈주의에 비해, 학생들의 도덕적 수준이나 판단 능력을 고려한다는 점에서 보다 진일보한 가치교육 방법이라고 할 수 있다. 또한 도덕성을 특정한 가치나 행동이 아니라, 행동의 동기나 판단의 원리에서 찾는다는 점에서 도덕성의 근원에 보다 가까이 접근했다고 볼 수 있다.

그러나 인지적 발달단계에 대한 비판에서도 볼 수 있듯이, 도덕성 발달단계가 선험적으로 주어진 것인지에 대한 비판과 함께, 도덕성의 형식이나 수준을 단계화하여 우열을 가리는 것이 적절한지에 대한 논란도 여전히 남아 있다. 따라서 언어적 교훈주의와 마찬가지로, 이 방법이 다원주의적 상황에 적절하지 않은 측면도 있다. 또한, 실천적으로 가치갈등 상황이나 사례를 제시하는 것만으로 과연 실질적인 도덕성 발달에 기여할 수 있는지에 대해서도 의문이 남아 있다.

3) 가치명료화 접근법

가. 의미와 특징

가치명료화 접근법(value clarification approach)은 학생에게 특정한 가치를 주입하려고 하는 것이 아니라, 학생들이 스스로 자신이 가지고 있는 가치를 명확히 인식하고, 그 선택한 가치를 소중히 여기며, 일관성을 가지고 행동하도록 교육하는 방법이다. 흔히 가치의 선택 과정에서는 자신이 진정으로 원하는 가치가 무엇인지 불명확한 경우가 많다. 또한, 특정한 가치를 원한다고 해도 그것과 다른 가치와의 관계 또는 관련된 가치들에 대해 서로 모순된 입장을 취하는 경우가 있다. 예를 들어, 자유경쟁을 찬성하면서도 대학입학시험에서 자신이 불합격하는 것은 나쁘다고 생각하거나, 민주주의를 좋다고 생각하면서도 자신이 해야 할 시민적 의무는 이행하지 않으려는 경우가 있다.

따라서, 자신이 원하는 가치가 무엇이며 그것과 관련된 문제들은 무엇인지 이해하고, 그 사이에서 가치 판단의 일관성을 유지하도록 교육하는 것이 가치교육의 중요한 목표가 되어야 한다. 자신이 원하는 가치를 명확히 확인하고, 그것에 대해 긍지를 가지며, 다른 가치 사이에 모순이 없는지 살펴보는 것은 일관성 있는 가치관이 형성되었음을 의미한다.

나. 대표적인 견해: 가치명료화의 7단계

1970년대에 가치명료화의 방법을 주장했던 사람들은 자유로운 상태에서 가치를 선택할 수 있어야 하며, 자신이 선택한 것을 소중히 여기고, 가치와 행동이 일치해야 한다는 것 등 7단계의 과정이 가치관의 확립에 중요하다고 보았다. 가치명료화는 단순히 자신이 원하는 가치가 무엇인지 밝히는 것에 그치지 않고, 선택한 가치를 소중히 여기고, 그 가치를 바탕으로 일관성 있게 행동하는 것을 강조한다. 가치명료화의 단계를 구체적으로 살펴보면 다음과 같다(Rath et al., 1978).

첫째, **선택의 단계**(choosing)로서, ① 자유로운 상황이 보장되어야 하며, ② 다양한 대안이 마련되어야 하고, ③ 각 대안의 결과에 대한 충분한 검토가 있어야 한다.

둘째, **선택을 소중하게 여기는 단계**(prizing)로서, ④ 자기가 선택한 것을 소중하게 여기고 기쁘게 생각해야 하며, ⑤ 선택한 것을 다른 사람들에게 기쁘게 발표해야 한다.

셋째, **행동의 단계**(acting)로서, ⑥ 선택에 따라 행동해야 하며, ⑦ 선택과 행동이 삶의 한 유형이 되도록 생활에서 계속 반복해야 한다.

이상과 같이, 가치명료화 접근법은 가치 판단을 내리려는 상황에 대해 충분한 지식을 가지고 자신의 의견을 검토하면서 결정을 내리게 한다. 그 과정을 그림으로 표시하면 [그림 9-1]과 같다.

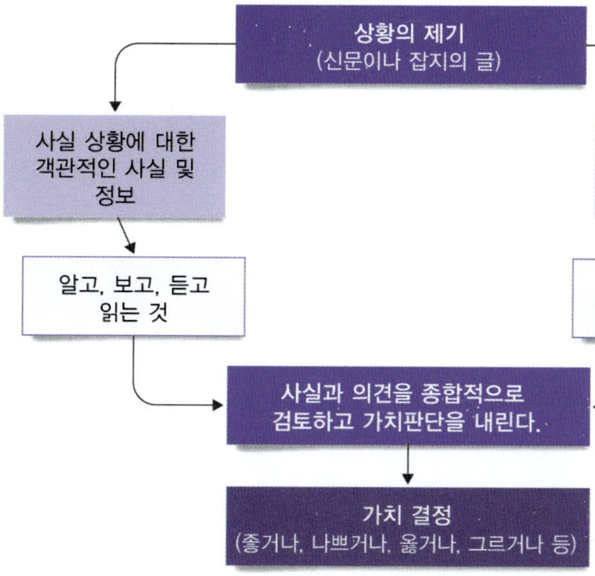

[그림 9-1] **가치명료화 과정 모형**

다. 교실에서의 지도: 구체적 수업 사례

가치명료화 접근법을 활용한 가치교육의 예는 다음과 같다. 학생들에게 용돈을 받는다면 그 용돈을 어떻게 사용할지에 대해 쓰게 한다. 이때 학생들이 '저축을 한다', '사고 싶었던 물건을 산다', '기부를 한다' 등 자신의 생각을 자유롭게 표현하도록 한다. 이후 학생들이 제시한 다양한 생각들을 충분히 검토해보도록 한다. 예를 들어, 저축을 한다고 한 경우에는 지금 당장 원하는 물건을 얻을 수는 없겠지만 미래에 다른 물건을 살 수 있다는 점, 저축을 위한 구체적인 방법을 결정해야 한다는 점 등을 검토할 수 있다. 반면, 지금 바로 사고 싶었던 물건을 산다고 한 경우에는 소비를 통해 자신의 욕구를 충족시킬 수 있지만 이를 위해서는 부모님의 허락을 받아야 한다는 점 등의 문제를 검토해볼 수 있다.

이처럼 각 선택과 관련된 다양한 문제와 그 결과들을 검토하여, 가치와 관련된 여러 가지 문제를 명백히 하려 노력한다. 이러한 과정을 거쳐 최종적으로 용돈의 사용 방법을 결정하고, 이와 관련한 발표를 진행한다. 예를 들어, "용돈을 받았을 때 보람있게 사용한 경험"을 학생들 앞에서 발표하게 할 수도 있다. 학생들은 이러한 과정에서 자신의 행동이나 가치 판단을 분명히 하면서, 경제생활과 관련한 가치의 방향을 정립해 나갈 수 있다. 또한, 환경오염이나 과외수업 등 찬성과 반대가 가능한 사회문제에 대해 학생들이 글을 쓰게 하고, 그 사회문제에 대한 자신의 입장을 밝히게 한 후, 그 입장에 대해 자랑스러운가, 대안을 검토한 후 선택하였는가, 계속적으로 그 입장을 지지할 수 있는가 등을 토론하게 함으로써 가치관의 확립을 지도할 수 있다.

라. 장단점

가치명료화 접근법은 앞에서 서술한 바와 같이, 출발점에서 문제가 되는 가치를 명백히 해주는 장점을 가지고 있다. 또한, 학생이 스스로 가치 갈등을 해결하고 자신이 선택한 가치를 내면화하도록 돕는 장점도 지니고 있다. 그러나 학생이 원하는 가치를 명백히 하는 것은 좋지만, 교사의 역할이 지나치게 소극적으로 한정된다는 단점이 있다. 교사는 학생의 가치를 명백히 하는 것뿐만 아니라, 바람직하지 못한 가치는 다시 검토해보도록 하고, 바람직하다고 생각되는 가치는 적극적으로 발전시키도록 지도해야 한다.

또한, 가치명료화 접근법은 학생이 자신의 가치를 명백히 하고 이를 학급에서 발표하도록 하는데, 자유로운 사상의 영역에 속하는 가치의 문제를 공표하게 하는 과정이 개인의 자유를 침해할 수도 있다는 비판도 받고 있다.

4) 가치분석 접근법

가. 의미와 특징

가치분석 접근법(value analysis approach)은 개인이 특정한 가치를 선택할 때 논리적인 이유를 충분히 밝히고, 가능하다면 증거도 제시하도록 요청함으로써 가치관 형성을 도우려는 방법이다. 가치명료화 접근법과 유사한 부분이 있으나, 가치명료화는 가치를 명확히 하려는 데 중점을 두는 반면, 가치분석은 선택한 가치의 논리성과 정당성을 밝히는 데 중점을 둔다는 점에서 차이가 있다.

가치분석 접근법에서는 스스로 선택한 가치의 논리성과 정당성을 충분히 변호할 수 있는 것을 매우 중요시한다. 자신이 그 가치를 왜 선택했는지에 대한 이유를 충분히 제시할 수 있다면, 그 가치의 논리성과 정당성이 세워진 것이다. 예를 들어, 숙제를 하는 것이 친구들과 노는 것보다 더 좋다고 생각하는 학생이 있다면, 단순히 부모나 선생님이 숙제를 하라고 해서가 아니라, 스스로 숙제를 하기로 한 이유를 충분히 설명할 수 있어야 그 학생의 가치관 확립에 중요하다고 보는 것이다.

나. 대표적인 견해: 가치분석의 과정

가치분석의 과정은 여러 가지로 제안되지만, 사회과에서 가장 많이 알려지고 유용한 것은 뱅크스의 모형이다(Banks, 1999). 이 모형에서는 가치 선택의 정당성을 발견하기 위해 ① 문제의 제기, ② 가치 관련 행동의 서술, ③ 행동과 관련된 가치의 확인 및 서술, ④ 가치 갈등의 확인, ⑤ 가치의 원천 서술, ⑥ 대안적인 가치의 서술, ⑦ 대안적인 가치의 결과에 대한 예측, ⑧ 가치의 선택, ⑨ 정당화 및 가치의 선택에 따른 행동 등 9단계를 거친다. 9단계이기는 하지만, 크게 보면 ① 문제의 제기, ② 가치 문제 및 가치 갈등의 확인, ③ 대안의 검토와 결과 예측, ④ 가치의 선택과 행동 등 네 단계로 나눌 수 있다.

가치분석 접근법에서는 대안의 제시와 그 결과에 대한 예측, 그로부터 학생 자신이 특정한 가치를 선택하고 그 선택의 논리적 정당성을 발견하는 것이 특히 중요하다. 이는 그러한 과정에서 가치의 내면화가 이루어진다고 보기 때문이다. 예를 들어, 민주주의가 좋다는 것을 가르치기 위해 언어로만 민주주의가 좋다고 설명하는 것보다, 민주주의의 특징, 민주주의의 결과에서 오는 상황 예측, 대안의 탐색과 그 결과 예측, 가치 판단, 가치의 선택과 행동 등의 과정을 거칠 때 학생들은 자신이 선택하는 가치의 정당성을 발견하고, 훨씬 더 효과적으로 가치의 내면화를 이룰 수 있게 될 것이다. 가치분석의 수업 모형은 [그림 9-2]와 같다.

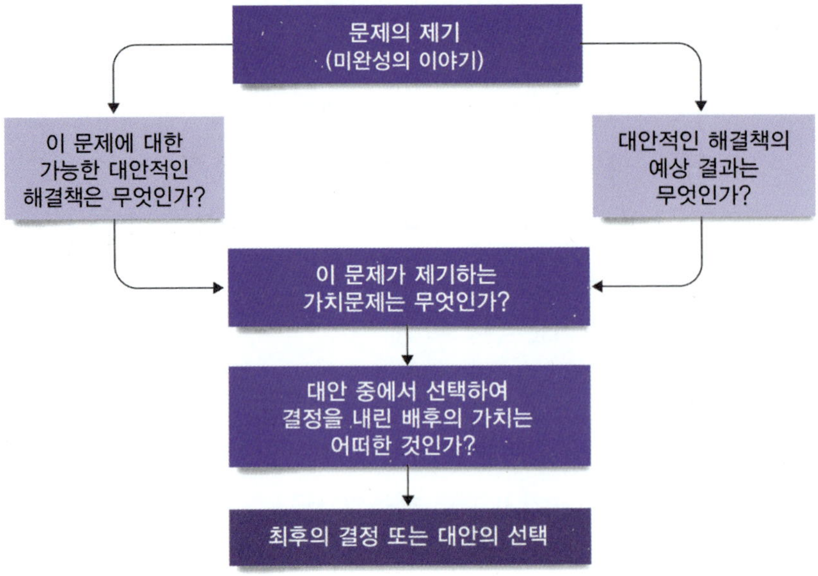

[그림 9-2] **가치분석모형**

다. 교실에서의 지도: 구체적 수업 사례

가치분석 접근법을 활용한 수업의 예로, 다문화를 주제로 한 가치 관련 문제를 탐구하기 위해 다음과 같은 사례를 학생들에게 제시하고 토론을 진행한다(Banks, 2014).

미국의 대도시에 살고 있는 젊은 흑인 부부인 헨리와 조앤은 교외로 이사하기로 결심했다. 헨리는 큰 대학의 교수였고, 조앤은 중등학교의 교사였는데, 그들의 많은 책들과 그동안 모은 물건들 때문에 살던 곳이 비좁아졌기 때문이다. 또한, 같은 돈으로 도시보다는 교외에서 비교적 더 큰 집을 살 수 있을 것이라고 생각했다. 헨리 부부는 여러 교외 지역을 둘러본 끝에, 다른 어떤 지역보다도 레이크우드 지역이 가장 마음에 들었다. 레이크우드는 백인이 현저하게 많은 지역으로, 주로 중류 계층 주민들로 구성되어 있었다. 그러나 이 부부는 주택을 구입하는 과정에서 여러 어려움을 겪고 좌절해 버렸다. 첫 번째 집을 계약하려 하자, 집주인은 그 집이 막 팔렸다고 말해 계약을 진행하지 못했다. 두 번째 집에서는 집주인이 주택 시장 상황에 비해 가격이 너무 낮은 것 같다며 갑자기 가격을 크게 올려, 역시 주택을 구입하지 못했다. 세 번째 집주인은 다른 도시로 이사를 가려고 했는데, 그 결정을 취소했다며 집을 팔지 않겠다고 했다. 헨리는 새 집을 구하지 못한 괴로움에 빠져, 자신과 아내가 인종차별의 희생자라고 생각했다. 반면, 조앤은 남편인 헨리의 생각이 과대망상이며, 인종과 무관하게 누구나 겪을 수 있는 일이라고 생각했다.

위 이야기를 통해 '인종으로 인한 차별이 일어났는가?'라는 주제를 중심으로 다양한 가치 관련 문제를 탐구할 수 있다. 이와 같이 결말이 열려 있는 이야기를 제시하고, 가치분석 과정에 따른 다양한 질문들을 함께 제시하여 토론을 촉진할 수 있다. 가치분석 과정의 단계에 따라 활용할 수 있는 질문의 예는 다음과 같다.

① 위 이야기에서 핵심적인 문제는 무엇인가?
② 헨리나 조앤이 중요시하는 가치는 무엇인가? 각 집주인들이 중요하게 여기는 가치는 무엇인가? 이러한 가치들을 드러내는 행동은 무엇인가?
③ 헨리, 조앤, 집주인들의 가치는 어떻게 같고 다른가? 왜 그러한가?
④ 헨리, 조앤, 집주인들의 가치가 같고 다른 이유는 무엇인가?
⑤ 각 인물이 받아들일 수 있는 다른 가치들은 무엇인가?
⑥ 각 인물의 가치와 그에 따른 행동이 불러올 결과는 어떠한가?
⑦ 헨리 부부는 어떤 행동을 해야 하는가?
⑧ 헨리 부부가 그 행동을 해야 하는 이유는 무엇인가? 그 결과로 예상되는 것은 무엇인가?
⑨ 당신이 만약 헨리 또는 조앤이라면 어떻게 할 것인가? 그 이유는 무엇인가?

이러한 사례에서 학생들은 제시된 문제에 대한 토론 과정을 통해 가치와 관련된 문제를 이해하게 될 것이다. 또한, 본인이 선택한 가치를 논리적으로 분석해 보면서 가치의 문제가 매우 복잡하고 쉽게 해결되지 않는다는 것을 확인할 수 있다. 교사는 가치분석의 과정을 고려하여 다양한 질문들을 개발해 학생들에게 제시할 필요가 있으며, 학생들이 토론하는 과정에서 가치와 관련된 문제를 심층적으로 분석하고, 다양한 대안을 탐색하며, 자신의 선택과 행동을 정당화하도록 지도할 수 있다.

라. 장단점

가치분석 접근법의 핵심은 자신의 가치를 명확히 하는 것에 그치지 않고, 그 가치를 선택한 논리성과 이유를 밝히는 것이다. 따라서 지나친 가치 상대주의에서 벗어나 개인이 선호하는 가치의 정당성을 따질 수 있는 장점이 있다. 그러나 가치명료화 접근법과 마찬가지로, 가치의 공표로 인해 개인의 사생활이나 자유를 침해할 수도 있다.

무엇보다도 가치분석 접근법은 발달단계 접근법이나 가치명료화 접근법과 마찬가지로 가치를 인지적으로 다루는 경향이 있다. 가치를 논리적으로 따진다고 해서 올바른 가치관의 형성이 보장되지는 않는다. 즉, 가치분석 접근법만으로 바람직한 가치를 내면화하고 행동하는 단계에 이른다고 단정하기는 어렵다.

3. 대안적인 가치교육 접근법

지금까지 사회과 가치교육의 방법인 언어적 교훈주의, 발달단계 접근법, 가치명료화 접근법, 가치분석 접근법에 대해 살펴보았다. 이 방법들은 현재도 사회과 수업 현장에서 많이 사용되고 있다. 아래에서 설명할 대안적인 가치교육 접근법들은 가치교육의 방법(method)보다는 가치교육의 목표(purpose)에 대한 대안적인 접근법이라고 할 수 있다. 여기서는 배려와 감사의 윤리 교육, 친사회적 행동 교육에 대해 살펴보겠다.

1) 배려와 감사의 윤리 교육

1980년대 후반 이후로 교육 현장에서 관심을 끌기 시작한 배려와 감사의 윤리(ethics of caring and appreciation)는 콜버그식의 가치교육이 지나치게 논리성만을 강조하여 인간적인 윤리를 소홀히 했다는 비판에서 등장하였다. 이는 다른 사람을 배려하고(caring), 사랑하며 감사하는 윤리를 교육해야 한다고 주장하는 도덕교육의 한 방법이다. 이러한 주장을 하게 된 데에는 몇 가지 이유가 있다.

① 가치추론, 가치명료화, 가치분석의 방법은 모두 가치결정 과정에서 논리적인 사고만을 지나치게 중요시하고, 주관적일 수 있는 가치판단에 필요한 감정과 행동을 적절하게 고려하지 못했다.

② 가치명료화와 가치분석 접근법은 합리적인 의사결정을 강조하고 있으나, 의사결정의 궁극적인 이념이 무엇인지 제시하지 못하고 있다.

③ 도덕적 추론의 방법은 정의와 공정성, 상호성을 궁극적인 이념으로 제시하고 있으나, 이들 이념은 의무와 규칙, 공정성을 중시한 나머지 인간을 독립적이고 분리된 객관적인 존재로 바라보면서 인간 존재의 상황성과 반응성, 타인과의 관계 등을 소홀히 한 약점을 지니고 있다(Woolever & Scott, 1988: 405).

④ 이상과 같은 이유 이외에도, 1980년대에 들어서면서 폭력, 살인, 각종 흉악범에 의한 범죄가 전 세계적으로 만연했으며, 이에 대한 대응으로 논리성이나 공정성보다 인간적인 사랑과 이해, 이타주의, 봉사 등의 윤리가 더욱 요청되었다는 점을 들 수 있다.

배려와 감사의 윤리 교육을 주장하는 사람들은 기본적으로 인간이 서로 연결되어 반응하는 존재라고 보고, 끈끈한 인간관계와 자연적인 반응을 매우 중요시한다. 다른 사람에게 해를 끼치지 않고 오히려 행복을 위해 돌보아 주는 것이 배려 윤리의 본질이다(Noddings, 1984: 9-26). 여기서 배려는 정서적, 도덕적인 개념으로, '실천'을 수반하는 사랑의 행동이자 성향이다. 특정 대상에 대해 '관심을 갖는' 것은 어렵지 않게 할 수 있는 것이기에, 단순히 말로만 관심을 갖는 돌봄은 이에 해당되지 않는다. 상대에게 진실한 관심과 사랑을 가지고 헌신하는 것이 배려이다. 또한, 진정한 배려는 타인과의 관계를 발전시킬 수 있는 상당한 시간적 여유를 필요로 한다. 보편적인 인간은 배려를 받고 싶어 하는 특징을 지니고 있으며, 낯선 사람보다는 자신을 사랑하는 사람에게서 배려를 받고자 한다. 즉, 삶의 주된 목적은 쾌락을 충족시키면서 얻는 행복보다는, 오히려 인간 및 자연과의 관계 속에서 받게 되는 배려에 있다는 것이다. 이러한 목적을 충족시킬 수 있는 삶은 다른 여타의 고통이 있더라도 배려를 통해 얻을 수 있는 기쁨과 부드러움으로 그 고통을 상쇄하며, 행복한 삶을 살 수 있다고 강조한다.

현대 사회에서는 만연하는 범죄로 인한 인간 본성에 대한 회의, 치열한 경쟁으로 인한 이기주의, 맹목적인 물질적 가치 추구, 타인에 대한 무관심이 일상화되면서 다른 사람의 존재가 얼마나 소중한지를 잊는 경우가 많다. 이러한 상황에서 개인의 정서적 안정을 도모하고 사회구성원의 결속을 강화하며, 이를 바탕으로 사회 전체가 더욱 발전하기 위해서는 서로에 대한 헌신, 배려, 이타주의, 감사와 같은 인간적인 가치가 중요한 가치로서 강조될 필요가 있다.

배려와 감사의 윤리를 가르치는 데 효과적인 것으로 평가되는 교수 방법과 프로그램에는 감정이입 훈련, 역할극, 모의학습 등이 있다. 때로는 사회과학적인 내용뿐만 아니라 문학, 예술교육 등 심미적인 내용을 활용하는 것이 더 적절한 것으로 여겨져, 이러한 것들이 교수 과정에서 강조되고 있다. 교수-학습 과정에서 배려라는 도덕적 원리를 문제 해결에 적용해 가르치는 방식보다는 타인과의 만남과 관계 속에서 배려를 실천하는 것이 중요하다. 이를 위해 교수-학습 방법에서는 배려자와 피배려자 간의 전념(몰입, 몰두: engrossment), 공감(감정이입: empathy), 수용(receptivity, reception), 확신(confirmation)과 같은 정서적인 방식을 강조할 필요가 있다(김수동, 2002: 35). 여기에서 핵심이 되는 것은 무엇보다도 다른 사람의 입장에서 인간관계와 감정을 이해할 수 있게 하는 것이다. 이것이 배려와 감사, 봉사, 사랑의 윤리에 대한 가장 중요한 특징이라고 할 수 있다(Woolever & Scott, 1988: 402-407).

〈표 9-1〉 **배려와 정의의 윤리 비교**

배려의 윤리	정의의 윤리
• 개인은 타인과의 관계 속에서 인식된다. • 다른 사람은 그 자신의 상황에서 반응하는 존재로 인식되며, 타인을 배려하는 윤리가 중요시된다. • 도덕 문제의 초점은 타인에 대한 반응이며, 도덕 문제는 타인을 배려하는 행동을 통해 해결된다 • 타인과의 상호 의존성 유지, 타인의 복지 증진, 손해의 방지, 심리적·물질적 부담과 고통의 경감을 중요시한다. • 도덕 문제는 실제로 일어나거나 해결된 사건, 앞으로 일어날 사건, 지금까지 유지된 관계 등을 통해 평가된다.	• 개인은 다른 사람과 분리되어 있으며, 객관적인 존재로 인식된다. • 다른 사람은 객관적인 존재로 인식되며, 정의와 공정성, 상호성, 의무의 맥락에서 이해된다. • 도덕 문제의 초점은 자신과 타인 간의 갈등이며, 이는 공정한 규칙, 원리, 기준에 의해 해결된다. • 개인의 의무, 과제, 기준, 규칙, 원리, 공정성, 상호작용 등을 중요시한다. • 도덕 문제는 의사결정의 정당성, 가치, 원리, 기준, 공정성 등이 유지되었는지에 따라 평가된다.

출처: Lyons(1983: 125-145); Woolever & Scott(1988: 403).

도덕에는 정의와 관련된 가치와 배려의 관계적 가치가 동시에 존재한다. 정의를 이해하기 위한 인지적 요소가 제거되면 지나친 감상주의에 빠질 수 있고, 반대로 배려라는 정서적 요소를 배제하면 이기적이고 무감각한 합리성만을 추구하는 위험에 빠질 수 있다. 사람들은 인지적인 정의를 남성적인 가치로, 정서적인 배려를 여성적인 가치로 인식하는 경향이 있지만, 이 두 가지 가치는 남성과 여성 모두에게 동시에 적용될 수 있으며, 양성 모두가 동등하게 접근할 수 있는 가치이기도 하다. 남성과 여성 모두 정의의 윤리와 배려의 윤리를 동시에 달성하는 통합된 도덕을 추구할 필요가 있다.

2) 친사회적 행동 교육

가. 친사회적 행동의 의미

사회의 이념과 가치, 규범을 파괴하는 범죄행위를 반사회적 행동이라고 부른다. 이와 반대로, 사회 규범에 맞고 다른 사람들의 복지를 증진시켜 사회 전체를 이롭게 하는 행위를 친사회적 행동(prosocial behavior)이라고 하며, 최근의 가치교육이나 도덕교육에서는 이러한 친사회적 행동의 증진을 위한 연구가 관심을 끌고 있다. 친사회적 행동은 정신분석학 이론, 도덕적 추리론 등의 이론보다는 사회적 학습 이론에 의해 더 잘 설명될 수 있으며, 그에 따르면 친사회적 행동에는 생물학적 요인, 문화적 요인, 개인의 인성, 사회화 과정, 대중매체, 가족 배경 등 다양한 요인이 관련되어 있다(Mussen & Eisenberg-Berg, 1977). 말하자면, 친사회적 행동은 배려나 감사 윤리의 결과로 나타나는 행동이라고 할 수 있으며, 감정이입과 다른 사람의 모범이 친사회적 행동의 증진에 효과적인 것으로 지적되고 있다. 따라서 교사들은 ① 어른들의 청소년 보호, ② 다른 사람의 친사회적 행동 관찰, ③ 다른 사람과의 감정의 일치, ④ 대안과 그 결과에 대한 추리, ⑤ 친사회적 행동의 직접적인 실천 등의 프로그램을 통해 친사회적 행동 교육을 실시할 수 있다. 특히 실천 기회와 관련해서는 가정, 학교, 지역사회, 국가, 국제사회 등 다양한 대상을 고려할 필요가 있다(Woolever & Scott, 1988: 407-409).

나. 친사회적 행동의 관련 요인

버클리 대학의 자렛(James Jarrett) 교수는 친사회적 행동의 관련 요인을 다음과 같이 매우 포괄적으로 지적하고 있다. 외부적 환경적 결정 요인으로는 ① 친사회적 행동을 학습할 수 있는 기회, ② 친사회적 행동에의 직접적인 참여, ③ 친사회적 행동에 대한 보상, ④ 반사회적 행동에 대한 벌, ⑤ 친사회적 행동의 규범, 가치, 기대에 대한 가정, 학교, 지역사회, 문화 속의 의사소통, ⑥ 성인과 아동의 관계에서의 양육, 감수성, 명확성, 일관성, ⑦ 또래 집단 내에서의 상호작용 기회 등이 있다. 인지적 요인에는 ① 타인의 감정, 자신의 행동 결과, 행동의 대안, 역할 등에 대한 사회적 이해, ② 정의의 개념, 자신과 타인의 친사회적 성격에 대한 신념 등이 있고, 정의적 요인에는 ① 배려와 정의 등 친사회적 가치에 대한 확신, ② 감정이입과 동정, ③ 자신의 사회적 도덕적 행동에 대한 정서적 반응, ④ 자존심과 만족, ⑤ 수치와 죄의식 등이 있다.

또한, 친사회적 행동을 위한 행동적 능력에는 ① 의사소통 기술, ② 타협 능력, ③ 특수한 친사회적 행동의 수행 능력 등이 있다. 성격과 관련해서는 ① 자기통제력, ② 자기존중, ③ 효능감, ④ 주장, ⑤ 사회적 지향성 등을 들 수 있다. 이들 인지적 요인, 정의적 요인, 행동적 능력, 성격 관련 요인은 내부적인 중개 요인으로 작용한다. 환경적 요인과 내부적 요인의 상호작용 결과로 나타나는 친사회적 행동으로는 ① 협동, ② 타협, ③ 위안, ④ 도와주기, ⑤ 구조, ⑥ 기부, ⑦ 나누어 가짐, ⑧ 책임 수행, ⑨ 타인에게 해를 주지 않고, 자기 몫 이상을 갖지 않으며, 진실을 말하고, 약속을 지키고, 사려 깊음 등 친사회적 가치의 형성이 있다(Jarrett, 1991: 65).

다. 지도 방법

친사회적 행동과 감정이입 사이의 관계에 대한 한 연구에서는 감정이입을 정의적, 인지적, 의사소통적 측면의 세 가지로 나누어 연구를 진행했다. 정의적 측면은 다른 사람의 감정을 이해하는 것이고, 인지적 측면은 타인의 입장에서 자신을 이해하는 것이다. 의사소통적 측면은 상담 시의 라포(rapport) 형성처럼 상대방과 동일한 감정을 가지게 되는 것을 의미한다. 이 연구에 따르면, 초등학교 3학년과 5학년 학생을 대상으로 실험한 결과, 감정이입 훈련을 받은 학생들이 문제해결 훈련을 받은 학생들보다 더 많은 친사회적 행동을 보였다(Scott, 1991).

친사회적 행동과 다른 사람의 모범과의 관계를 다룬 또 다른 연구에서는 모범을 부모, 교사, 기타 어른들의 모범, 친구나 텔레비전의 모범 등 여러 가지로 구분하여 연구를 진행했다. 초등학교 학생들을 대상으로 한 5년간의 장기 연구에 따르면, 협동 수업, 예절 교육, 사회 규범 이해, 지역사회 연대감, 친사회적 가치 교육, 배려 활동 등의 프로그램을 통해 모범적인 행동을 관찰하거나 실천할 기회를 가졌던 학생들은 다른 학생들보다 지속적으로 더 많은 친사회적 행동을 보였다. 이 연구에서 가장 중요한 요소로 보고된 것은 감정이입, 모범, 사회적 책임감이었다(Scott, 1991).

친사회적 행동의 함양에는 가치교육을 위한 여러 가지 방법이 모두 관련되지만, 특히 ① 자기 자신이 사랑을 받고 자라나는 경험, ② 친사회적 행동을 하는 모범적 인물의 관찰과 그 모방, ③ 가정, 학교, 지역사회, 국가, 국제사회 등에서 친사회적 행동을 실천할 기회 등이 중요하다. 예로는 가정에서의 일하는 경험, 학교와 지역사회에서의 자원봉사자 역할, 시민으로서의 권리와 의무의 이행 등을 들 수 있다.

연구보고 1

김해성(2003)은 사회과의 인지 발달론적 가치교육의 한계를 지적하고 도덕적 판단 기준을 보완하는 데 관심을 가지고 연구하였다. 기존의 콜버그식 인지 발달론적 접근은 가치교육의 지향점을 정의 교육에 두고 보편적 정의 원칙을 제시했다는 점에서 의의가 있지만, 몇 가지 한계를 가지고 있다. 첫째, 판단 기준이 자유주의와 롤스의 정의관에 주로 치중되어 있다. 둘째, 가치 탐구나 인지 발달론적 접근은 모두 가치교육을 통한 개인의 판단 능력 함양에 중점을 두면서도 정작 "내가 왜 도덕적이어야 하는가?"라는 물음에는 관심을 갖지 않는다. 김해성은 이에 주목하여 사회과의 가치교육에서 "내가 왜 도덕적이어야 하는가?"라는 물음에 대해 개인적, 사회계약론적 관점을 넘어 시민교육적 차원에서 도덕적 판단 기준이 마련되어야 함을 주장하였다. 시민교육으로서 가치교육의 핵심은 사회 정의 교육이 되어야 하며, 이를 위해 기존의 롤스와 자유주의 정의관의 한계를 보완한 사회과 정의교육이 정립될 필요가 있다.

길현주(2005)는 인지 발달론적 사회과 가치교육의 한계를 지적하고 이를 보완하기 위한 방안으로 감정이입적 정서에 주목하였다. 그가 지적하는 인지 발달론적 가치교육의 한계는, 첫째, 도덕적 판단력 향상에 초점을 둠으로써 가치교육의 궁극적 목적인 도덕적 실천력의 문제를 소홀히 한다. 둘째, 도덕적인 상황을 탈맥락화시킨다. 셋째, 행위의 도덕성이 아닌 정의를 추론하는 데 목적을 둔다. 넷째, 도덕적 관계를 단순히 이해관계의 문제로 보고 일상생활의 도덕적 행동을 지나치게 단순화한다. 이러한 한계를 극복하기 위해 길현주는 도덕적 행동의 동인인 정서에 주목할 필요가 있음을 강조하였다. 바람직한 대안으로서 감정이입적 정서 중심의 가치교육은 타자의 삶의 맥락과 상황에 감정을 이입하고, 뜨거운 인지(hot cognition)를 강조하며, 구체적인 맥락을 출발점으로 하는 상향식 추론(bottom-up reasoning) 접근법이다. 이러한 접근법을 통해 사회과 가치교육은 논리적 사고력의 발달뿐 아니라 감정이입적 정서도 변화 · 발달시킴으로써 가치교육의 궁극적 목적인 도덕적으로 행동하는 시민을 양성할 수 있다.
이와 유사한 맥락에서 한동균(2020)은 사회과 교육이 인지적 측면에 치중함으로써 정서적 측면의 교육이 부족함을 지적하고, 이에 대한 대안으로 '공감(empathy)' 교육을 제안한다. 그는 우리 사회 갈등의 주 원인 중 하나로 공감의 부재를 지적하며, 이러한 현상이 사회 구조적 문제를 개인의 탓으로 돌리는 데 기인한다고 본다. 따라서 사회 문제의 올바른 인식을 위해서는 개인적 공감을 넘어 타인의 사회문화적 배경에 대한 맥락적 이해와 타인의 상황에 자신을 위치시키고 거시적 관점을 수용하는 사회적 공감이 필요함을 주장한다. 그리고 이러한 사회적 공감 능력을 신장시키는 방안으로 공감적 만남 - 공감적 탐구 - 공감적 경험 - 공감적 실천이라는 4단계 학습 모형을 제안하고 있다.

출처: 김해성(2003). 시민교육에서 인지발달론적 가치·도덕교육의 공헌과 한계: '정의'원칙을 중심으로. 『시민교육연구』, 35(1): 69-88.
길현주(2005). 인지발달론적 가치교육의 한계와 보완적 접근 모색. 『시민교육연구』, 37(4): 1-20.
한동균(2020). 사회적 공감 능력 신장을 위한 사회과교육 방안 모색. 『사회과교육』, 59(2): 149-168.

4. 가치교육의 유의점과 교사 역할

가치교육은 인격 형성과 깊은 관계를 가지고 있다. 그래서 몇 시간의 이론적 수업만으로는 그 목표를 달성하기가 어렵다. 가치교육이 성공적으로 이루어지기 위해서는 추상적으로 가치를 교육하는 것보다 생활과 관련된 구체적인 상황에서 가치가 어떤 의미를 갖고 있는지 검토하는 것이 필요하다. 이때 교사는 어떠한 가치를 획일적으로 가르치려고 해서는 안 되지만, 그렇다고 해서 가치의 문제를 학생들에게 전적으로 맡겨 버려서도 안 된다. 교사는 끊임없이 가치와 관련된 문제를 제기하여 학생들이 스스로 가치 결정을 내릴 수 있도록 일깨워 주어야 한다.

또한, 교과적으로 다른 과목과 연계될 필요가 있으며, 가정, 학교, 사회가 일관성을 가지고 지도에 임해야 한다. 언어적 교훈주의로만 가치를 교육하는 것은 바람직하지 않으므로 시청각 매체, 놀이, 게임 등 다양한 매체가 교육 자료로 활용되어야 한다. 이처럼 가치교육의 현장에서는 추상적 가치의 현실적 해석, 교사의 지도적인 역할, 관련 교과와의 협조, 가정 · 학교 · 사회의 일관성, 자료의 활용 문제 등 여러 어려움이 있다. 여기에서는 이러한 문제들에 대해 서술하고자 한다.

1) 가치교육의 유의점

가. 가치의 현실적 해석

초 · 중 · 고등학교의 모든 가치교육에서 특정한 가치를 기계적으로 외우게 하는 것보다는, 그러한 가치들이 현실적으로 어떤 의미를 갖는지 살펴보는 데 논의의 초점이 모아져야 한다. 바람직한 가치는 무엇이며, 어떠한 가치를 가르칠 것인가에 대한 문제는 비교적 명확하지만, 그러한 가치의 현실적 해석 문제는 간단하지 않다. 예를 들어, 자유, 평등, 애국심, 정직, 복지, 질서와 같은 가치가 중요하다는 데에는 대부분의 사람들이 동의할 수 있을 것이다. 정직이나 질서보다 부정직과 무질서가 더 바람직하다고 생각하는 사람은 많지 않을 것이기 때문이다. 학생들도 어른들이 흔히 생각하는 바람직한 가치가 무엇인지 잘 알고 있다. 대부분의 학생들은 정직과 친절이 부정직이나 불친절보다 더 바람직하다고 생각하며, 바람직한 가치와 그렇지 못한 가치를 잘 구별하고 있다는 것이 전문가들의 견해다. 그러므로 교사가 교실에서 단순히 정직해야 한다는 것을 강조하고, 정직이 부정직보다 더 바람직하다는 것만을 역설하는 것은 큰 의미가 없다. 대신, 현실 사회에서 왜 정직이 부정직보다 중요한지, 불친절보다 친절이 어떤 이점을 가지는지에 대해 생각해보도록 지도하는 것이 필요하다.

나. 추상적 개념의 구체화

현실에서 친절이 구체적으로 어떠한 행동을 의미하는지에 대해서는 학생뿐만 아니라 어른들도 대답하기 어렵다. 인도주의라는 개념은 누구나 알고 있지만, 인간의 어떤 구체적인 행동이 인도주의에 해당하는지는 답하기가 쉽지 않다. 사실, 이 문제에 대한 명확한 해답이 있는지도 의심스럽다. 아마도 이 문제는 계속 생각하고 토론해야 할 주제일 수 있지만, 명확한 해답이 나오기 어려운 문제일 것이다. 그래서 지금부터 2400년 전 그리스 철학자 소크라테스도 "덕을 가르칠 수 있는가?"라는 제자와의 대화에서 이와 비슷한 문제를 계속 토론하다가, 아무런 결론도 내리지 않은 채 볼 일이 있다고 하면서 밖으로 나가 대화를 중단했을지도 모른다. 가치와 관련된 추상적인 개념들을 모두 구체적으로 표현하는 것은 어려운 일이지만, 그러한 개념을 구체화하여 논의할수록 현실의 가치 갈등을 원만하게 해결할 가능성이 높아진다. 교사는 가치교육에서 다루는 개념을 구체적으로 제시하여, 학생들이 실제 생활에서 경험하는 구체적인 상황에서도 적절한 가치 판단을 내릴 수 있도록 지도할 필요가 있다.

다. 가치갈등의 해결

친구가 분명히 잘못 그린 것처럼 보이는 그림을 나에게 보여주며, 그림이 어떻냐고 물었을 때, 정직하게 "형편없는 그림이다"라고 대답해서 정직이라는 가치를 우선시해야 하는지, 아니면 친절하게 "참 잘 그렸다"라고 대답하여 우정이라는 가치를 더 우선시해야 하는지를 선택하는 문제는 그리 간단하지 않다. 이러한 가치갈등 문제를 해결하는 능력을 기르기 위해서는, 앞서 가치교육이 분석적으로 이루어져야 한다고 언급한 것처럼, 가치의 현실적 해석을 중심으로 한 토론이 필요하다. 교사는 학생들이 다양한 대안적 가치를 탐색하고, 각 대안을 충분히 검토하는 토론을 통해 최종적인 가치 선택을 위한 근거를 도출하며, 더 합리적인 방향으로 가치갈등을 해결할 수 있도록 지도해야 한다.

2) 가치교육에서 교사의 역할

가치교육에서 교사의 역할에 대한 문제는 교육 현장에서 자주 논란이 되며, 전문가들 사이에서도 의견이 일치하지 않는다. 극단적으로 말하자면, 교사가 가치의 문제를 학생들에게 전적으로 맡기는 매우 소극적인 역할과, 반대로 특정한 가치와 행동을 학생들이 반드시 습득하도록 요구하는 매우 통제적인 방법을 상상할 수 있다.

미국의 가치교육은 일반적으로 교사가 특정한 가치를 선택하여 학생들에게 강요하기보다는, 가치의 선택이나 결정을 학생이 하도록 하고 교사는 다만 가치의 문제를 제기하여 학생이 스스로 생각하도록 하는 역할을 하는 것에 가깝다. 이러한 상황에서는 엘리트나 교사에 의한 일방적인 가치 주입이 효과를 거두기 어렵다.

이에 비해, 개발도상국에서는 현대적 가치와 전통적 가치 간의 갈등이 심하기 때문에, 바람직하다고 생각되는 가치를 학생들이 형성하도록 교사가 상당한 영향력을 행사할 것이 기대되는 경우가 많다. 예를 들어, 중동 지역에서는 이슬람의 전통적인 가치관이 강하기 때문에, 남녀평등이나 업적 중심적인 가치관은 사회의 지도자나 학교 교사들이 의도적으로 노력하지 않는 한, 학생들이 스스로 형성해 나가리라고 기대하기는 어렵다. 이런 경우, 바람직한 가치를 교육하기 위한 교사의 적극적인 역할이 더 중요하게 요청될 것이다.

우리나라의 가치교육에서 교사의 역할에 대한 문제는 중요한 연구 과제 중 하나이다. 우리나라 가치교육에서 교사의 역할은 서구 사회에서 주장되는 소극적인 역할보다는 좀 더 적극적인 역할이 요청되고 있다. 특정한 가치를 획일적으로 강조하는 것은 금물이지만, 국가와 사회의 발전 또는 개인과 사회와의 관계에서 바람직하다고 생각되는 가치를 학생들이 내면화하고 발전시킬 수 있도록 교육하기 위해 교사의 적극적인 지도력이 기대되기 때문이다.

가치교육이 효과적으로 이루어지기 위해서는 교사 역시 학생의 모범이 되려고 노력해야 한다. 학생들은 주변의 중요한 인물을 관찰하고 모방함으로써 그들의 태도와 가치관을 습득하고, 이를 자신의 것으로 강화시키는데(Bandura, 1977), 특히 교사는 학생들에게 강력한 영향을 미치는 모범으로 작용하기 때문이다. 학생은 자신이 선호하는 교사의 모습을 모델로 삼아 본보기를 얻게 된다. 교사 스스로가 지성적인 정의를 추구하면서 동시에 배려를 통해 기쁨과 성취의 삶을 보여주는 인물이 되어야 한다. 학생이 발달 단계에서 이해할 수 없는 교사의 행동을 목격할 경우에는 명확한 설명이 필요하다. 반대로, 학생의 수준에서 판단이 가능한 문제는 교사의 행동을 직접적으로 평가할 수 있기 때문에 더욱 합리적인 판단과 행동이 필요하다. 배려와 보살핌의 가치를 위해서는 배려자로서 교사의 역할이 모범이 되어야 한다. 교사는 모범을 통해 배려와 보살핌의 기쁨을 보여주는 인물이 되어야 하며, 특히 교사와 학생, 학생과 학생 간에 보살핌의 관계가 형성될 수 있도록 노력해야 한다. 배려의 관계를 맺지 않은 상황에서 단순히 배려의 가치만 강조하는 것은 추상적이고 죽은 지식에 머무를 수 있기 때문이다.

연구보고 2

강대현 · 설규주(2014)는 사회과에서 활용되는 다양한 가치교육 방법들을 종합적으로 활용하는 방안을 모색하고 있다. 사회과에서는 전통적 가치교육 방법을 비판하며 등장한 인지 중심의 가치교육 논의와, 그에 대한 비판 및 대안으로 제시된 정서와 행동을 강조하는 가치교육 논의가 경쟁해왔다. 언어적 교훈주의와 같은 전통적인 가치교육은 단지 가르치고자 하는 가치를 설명하고 설득하기 위해 언어나 의식을 활용한다. 이에 반해, 발달단계 접근, 가치명료화, 가치분석과 같은 인지적인 가치교육은 논리성 증진과 사고력 함양을 통해 개인 문제 및 공공 문제와 관련된 가치 문제 해결을 모색한다. 또한, 친사회적 행동, 배려와 감사와 같이 정서와 행동적인 측면을 강조하는 접근은 아동 발달의 다양성을 인정하고, 개인뿐만 아니라 타인과의 관계를 통한 상호작용을 중시한다.

이러한 다양한 접근 방식은 '인지적 판단과 성찰 및 확정', '정서적 공감과 동기화', '행동으로의 실천 및 반복'의 과정을 거치며 종합적으로 활용될 수 있다. 예를 들어, 다문화 사회에서 필요한 가치를 다루는 수업에서는 가치명료화를 사용하여 다문화 집단을 대하는 개인의 가치를 탐색하고, 이와 연계하여 배려와 감사의 윤리를 통해 다문화 가정 학생의 목소리와 이야기에 주목하고 감정이입적 이해를 통해 그들의 상황에 대한 공감을 이끌어 낼 수 있다. 이와 함께, 어려움을 겪고 있는 다문화 집단을 돕는 사람들의 모범을 보여주며 모방하도록 하는 친사회적 행동 접근을 함께 사용할 수도 있다. 물론, 이러한 가치교육 방법의 종합적 활용은 교사가 학습자, 학습 내용, 학습 환경 등을 고려하여 수업의 흐름에 따라 재조정할 수 있다.

이처럼 사회과의 다양한 가치교육 방법을 맥락에 따라 종합적으로 활용하는 것은 다원주의 사회에서 보다 적합한 전략이 될 수 있으며, 사회과 가치교육이 추구하는 목표를 보다 효과적으로 달성할 수 있는 대안이 될 수 있을 것이다. 이를 위해 가치교육의 종합적 활용 방안을 보다 체계적으로 조직화하고, 이를 적극적으로 시도하고자 하는 교사의 노력이 요구된다.

출처: 강대현·설규주(2014). 사회과 가치교육의 방법과 전략 - 가치교육 방법의 종합적 활용을 중심으로 -. 『시민교육연구』, 46(3): 1-35.

주요개념

가치, 가치갈등, 가치관, 가치교육, 클라크혼의 가치관 모형, 언어적 교훈주의, 발달단계 접근법, 도덕성 발달의 6단계, 가치명료화 접근법, 가치분석 접근법, 정의, 배려, 배려와 감사의 윤리, 친사회적 행동, 감정이입

Chapter 09

사회과의 가치 학습
연습문제

01. 가치교육이란 무엇이며, 왜 사회과에서 가치교육을 하는지 설명하시오.

02. 가치관을 정의하고 인간 행동에서 어떤 역할을 하는지 설명하시오.

03. 인지적인 행동의 지도보다 가치교육의 지도가 어려운 이유를 제시하시오.

04. 언어적 교훈주의의 방식 및 특성을 쓰고, 장단점을 비교하시오.

05. 발달단계 접근법의 특성을 고려하였을 때, 교사가 주의해야 할 점을 서술하시오.

06. 가치명료화와 가치분석법의 수업진행과정에서 나타나는 가장 큰 차이점을 대조하여 설명하시오.

07. 배려의 윤리가 등장하게 된 배경을 쓰고, 배려의 윤리가 갖는 장점을 쓰시오.

08. 가치교육의 현장에서 왜 추상적인 가치를 가르치는 것보다 그것을 현실적으로 해석하는 것이 더 중요한지 그 이유를 서술하시오.

09. 우리나라의 상황에서 가치교육을 위한 교사의 지도적인 역할을 제시하시오.

10. 가치교육에서 필요한 학습 자료에는 어떤 것이 있는지 제시하시오.

11. 각종 가치교육의 모형을 중심으로 우리나라에서 중요한 가치를 교육하기 위한 수업계획을 만들어 보시오.

참고문헌

강대현(2000). 현대 자유주의와 공동체주의 시민교육에 대한 비판적 고찰. 『시민교육연구』, 31: 1-18.

강대현·설규주(2014). 사회과 가치교육의 방법과 전략 – 가치교육 방법의 종합적 활용을 중심으로 -. 『시민교육연구』, 46(3): 1-35.

길현주(2005). 인지발달론적 가치교육의 한계와 보완적 접근 모색. 『시민교육연구』, 37(4): 1-20.

김수동(2002). Noddings의 도덕교육론에 나타난 배려의 요소와 그 실천양식. 『교육철학』, 21: 33-55.

김해성(2003). 시민교육에서 인지발달론적 가치·도덕교육의 공헌과 한계: '정의'원칙을 중심으로. 『시민교육연구』, 35(1): 69-88.

조영제(1998). 다원주의 사회의 기본 덕목으로서의 관용과 그 시민교육적 함의. 서울대 박사학위논문.

한동균(2020). 사회적 공감 능력 신장을 위한 사회과교육 방안 모색. 『사회과교육』, 59(2): 149-168.

Bandura, A. (1977). *Social learning theory*. Englewood Cliffs, NJ: Prentice-Hall.

Banks, J. A.(1999). *Teaching strategies for the social studies(5th edition)*. New York: Longman.

Banks, J. A. (2014). *An introduction to multicultural education(5th edition)*. Boston, MA: Pearson. 모경환 외 역. 『다문화교육 입문』. 서울: 아카데미프레스.

Jarrett, J.L.(1991). *The teaching of values: Caring and appreciation*. London: Routledge.

Kluckhohn, F.(1962). Some reflections on the nature of cultural integration and change. In E.A. Tirykian(Ed.), *Sociological theory, values and sociocultural change*. London: Free Press of Glencoe.

Kohlberg, L.(1966). Moral education in the school: A development view. *School Review*, 74(1): 1-30.

Lyons, N.P.(1983). Two Perspectives: On self, relationships, and morality. *Harvard Educational Review*, 53(2): 125-145.

Martorella, P.H., Beal, C., & Bolick, C.M.(2005). *Teaching Social Studies in Middle & Secondary Schools(4th edition)*. Prentice-Hall.

Mussen, P. & Eisenberg-Berg, N.(1977). *Roots of caring, sharing, and helping: The development prosocial behavior in children*. San Francisco: W.H. Freeman and Company.

Noddings, N.(1984). Caring: *A feminine approach to ethics and moral education*. Berkeley: University of California Press.

Raths, L.E., Harmin, M. & Simon, S.B.(1978). *Values and teaching* (2nd edition). Columbus, OH:

Merrill.

Scott, K. P.(1991). Achieving social studies affective aims: Values, empathy, and moral development. In J.P. Shaver(Ed.). *Handbook of research on social studies teaching and learning*. New York: Macmillan.

Shaver, J.P. & Strong, W.(1976). *Facing value decisions: Rationale-building for teachers*. Belmont, CA: Wadsworth.

White, J.(1991). *Education and the good life*. New York: Teachers College, Columbia University.

Woolever, R. & Scott, K.P.(1988). *Active learning in social studies*. Glenview, IL.: Scott, Foresman and Company.

Chapter

10

사회과 논쟁문제 수업

민주화, 세계화, 정보화 시대의 도래로 사회 구성원 간의 상호 작용과 소통이 활발해지고, 개인의 다양성이 중시됨에 따라 사회적 의사결정에 대한 시민들의 참여가 확대되었다. 그러나 다양한 의견이 충돌하면서 갈등이 발생하기도 한다. 특히 사실과 가치 판단이 얽힌 문제는 복잡하고 해결이 쉽지 않아 사회적 논쟁을 초래한다. 이러한 논쟁은 현대 사회의 중요한 관심사이자 시민교육의 핵심 과제이다. 따라서 사회과교육에서는 다양한 사회적 논쟁문제를 다루는 것이 필요하다. 본 장에서는 논쟁문제의 개념과 이론, 효과적인 수업 모형, 그리고 우리 교육 현장의 과제를 살펴봄으로써 교사들의 수업 설계를 지원하고자 한다.

1. 논쟁문제의 개념과 의의

1) 논쟁문제의 정의와 교육적 중요성

사회적으로 찬성과 반대의 의견이 나누어져 있고, 그 결정이 개인에게만 영향을 주는 데 그치지 않고 사회의 다수와 관련되어 있으며, 여러 개의 선택 가능한 대안 중에서 어느 하나를 결정해야 하는 문제를 논쟁문제(controversial issues) 또는 공공문제(public issues)라고 한다. 이러한 문제들에는 고속도로 건설, 온실가스 감축, 외국인 노동자 문제 등 지역적 문제에서부터 지구적 차원의 문제까지 다양한 이슈들이 포함된다.

앞서 정의한 바와 같이, 논쟁문제가 되기 위해서는 그 문제가 개인적 차원을 넘어 사회 대다수에게 관련성이 있어야 한다. 또한 사회 구성원들 간에 의견이 일치하지 않고, 여러 대안 중 하나를 선택해야 하지만 그 어느 쪽도 분명한 정답이라고 보기 어려워야 한다. 만약 정답이 명확히 있는 문제라면 그것은 논쟁문제로 성립될 수 없다. 의견이 나뉘어 있고 여러 대안 중 하나를 선택해야 하며, 그러한 선택을 통해 문제가 더 잘 해결될 수 있다는 전제가 있을 때만 논쟁문제를 다루는 것이 의미가 있을 것이다.

2) 교육현장의 논쟁문제

해외 분쟁지역에 파병을 해야 하는가? 공공 분야 채용에서 군 복무 가산점 제도를 부활해야 하는가? 양심적 병역 거부자들을 위한 대체 복무를 허용해야 하는가? 등 실제로 우리 사회에서 제기되고 뜨겁게 논의되었던 문제들의 예는 셀 수 없이 많다.

이러한 문제들은 사회적으로도 많은 관심과 논쟁을 불러일으켰을 뿐만 아니라, 학교 교실에서도 충분히 다루어질 수 있는 것들이다. 특히, 언론 보도를 접하며 평소에 사회 현상에 많은 관심을 가지고 있는 학생의 경우, 교사가 이러한 논쟁문제를 수업 시간에 가르치기 전에 먼저 질문을 제기할 수 있다. 그럼에도 불구하고, 논쟁문제는 교육 현장에서 제대로 다루어지지 못했다. 논쟁문제를 수업 주제로 다루는 것 자체가 교사들에게 상당한 부담으로 다가오기 때문이다.

하지만 교실에서 논쟁문제를 다루지 않으면, 우리는 학생들이 어떻게 대처해야 할지 모르는 상태로 남겨두게 된다. 따라서 사회과 수업에서 논쟁문제가 제기될 때 이를 회피하기보다는, 학생들이 이러한 문제들에 관심을 가지고 진지하게 해결 방안을 모색할 수 있는 기회를 제공하려는 노력이 필요하다. 이러한 과정을 통해 학생들은 가치 판단, 비판적 사고 등 지적인 능력을 향상시킬 뿐만 아니라, 다른 사람들과 토론하고 협력하면서 문제를 집단적으로 해결하는 능력과 태도를 기를 수 있을 것이다.

2. 논쟁문제 수업의 이론적 기초

여기에서는 논쟁문제 수업모형을 이해하는 데 필요한 선행 연구들을 검토하고, 논쟁문제를 해결하는 데 중요한 가치 분석 문제, 논쟁문제 수업 시 고려 사항, 논쟁문제를 다루는 교사의 역할 유형 등을 살펴보고자 한다.

1) 사회과 논쟁문제 수업 연구

가. 사회과 논쟁문제 수업의 등장과 전개

20세기에 들어서면서부터 사회과에서 논쟁문제 수업이 활발하게 논의되고 연구되기 시작했다. 전미교육협회(National Education Association)는 1916년 보고서에서 '민주주의의 제 문제(Problems of Democracy)'라는 과목을 만들어 사회적 이슈와 문제를 중심으로 한 교육과정을 구성하였다. 1936년에 미국 사회과교육학회(NCSS)의 학술지인 「Social Education」에서 해치(R.W. Hatch)의 『교실에서의 논쟁문제』가 발표된 이래 이 문제는 매년 논의되어 왔다. 1951년에는 NCSS가 제21차 연차 학술대회 논문집에서 "학교에서의 논쟁문제 취급"을 다루었다. 또한, 1961년에는 전미교육협회(NEA)에서 『교실에서의 논쟁문제』라는 책자를 발행했다. 이때를 즈음하여 저명한 사회과교육 학자들인 그로스(R.E. Gross), 헌트(M.P. Hunt), 메트칼프(L.E. Metcalf) 등도 논쟁문제 수업과 관련하여 많은 연구 활동을 진행하였다(Muessig, ed., 1975: 22-25).

나. 하버드모형

논쟁문제 수업모형의 결정판으로 오늘날까지도 그 가치가 높이 평가되며 많이 인용되고 있는 것은 올리버(D.W. Oliver)와 쉐이버(J.P. Shaver)의 연구이다. 1966년 올리버와 쉐이버는 『고등학교에서의 공공문제 교수』(*Teaching public issues in the high schools*)를 발표하여 교실에서 논쟁문제를 가르치는 수업모형을 체계화했다. 저자들은 1956년에서 1961년까지 5년 동안 하버드대학교 대학원 사회과교육 프로그램에서 추진한 연구의 결과를 보고서로 출판하였다. 그들은 사회과에서 다룰 수 있는 논쟁문제를 추출하여 교육과정을 구성하고, 이것을 세 학교에서 실험적으로 교수한 후 실험집단과 통제집단을 비교함으로써 그 결과를 평가하였다. 올리버와 쉐이버는 그들이 제시한 교육과정과 교수방법을 통해 학생들이 논쟁문제에 대해 자신의 입장을 취하고, 그 입장을 정당화하는 데 필요한 지적 분석 능력을 효과적으로 기를 수 있었다고 결론지었다.

올리버와 쉐이버는 교실 수업에서 제기된 논쟁문제를 ① 개념의 명료화, ② 경험적 증거에 의한 사실의 증명, ③ 가치갈등의 해결 등 세 가지 방법으로 해결하고자 시도하였다. 이들은 특히 가치갈등의 해결을 가장 어려운 것으로 보고, 이를 위해 인간존중이라는 사회의 기본가치, 헌법에 제시된 다양한 민주적 원리, 가치의 위계적 차이, 가치의 보편성과 구체성 등 다양한 기준을 제시하였다. 이같이 윤리적·법률적 원칙과 가치를 가치갈등 해결의 기준으로 제시했다는 점에서, 올리버와 쉐이버가 제시한 수업모형은 윤리-법률모형(ethical-legal model), 또는 법리모형(jurisprudential model)이라고도 불린다. 또한 하버드대학교 대학원 사회과교육 프로그램에서 개발하였기 때문에 하버드모형(Harvard model)이라고도 한다.

다. 1970~1990년대

1970년 뉴만과 올리버(Newmann and Oliver)는 『사회과에서의 공적 논쟁문제의 명료화』라는 책을 출판하여 하버드모형을 교실 현장에서 사용할 때의 구체적 과정을 자세히 서술하고 그 적용 사례를 제시하였다(Newmann & Oliver, 1970). 1975년에는 미국 사회과교육학회(NCSS)가 제45차 연차 학술대회 논문집으로 "사회과에서의 논쟁문제: 현대적 전망"을 내놓았다. 이 논문집에서 스위니와 파슨스(Sweeney and Parsons)는 "논쟁적 사회문제를 위한 교사의 준비와 수업모형"이라는 글을 통해 ① 선택과 제시, ② 분석, ③ 분류와 비교, ④ 명료화, ⑤ 반성, ⑥ 응용의 여섯 단계로 된 스위니-파슨스 모형을 제시하였다. 이 모형은 올리버와 쉐이버의 모형만큼 포괄적이지는 않지만, 논쟁적 가치의 문제를 해결하는 데 큰 도움이 되고 있다(Muessig, ed., 1975: 45-82).

1980년대에 이르러 뱅크스(Banks)는 논쟁문제만을 위한 별도의 수업모형을 제시한 것은 아니지만, 사회과의 중요한 목표로 의사결정을 설정하고 이를 위해 사회과학적 탐구와 가치탐구의 과정을 통해 의사결정에 도달하는 수업모형을 제시하였다. 그의 사회탐구모형은 ① 문제제기, ② 가설설정, ③ 개념화, ④ 자료수집, ⑤ 자료의 평가와 분석, ⑥ 가설검증: 일반화와 이론 등의 단계로 구성된다. 가치탐구모형은 ① 가치문제 제기, ② 가치 관련 행동의 서술, ③ 가치의 명명과 해당 행동의 확인, ④ 가치갈등의 확인, ⑤ 가치의 원천 파악, ⑥ 대안적 가치 명명, ⑦ 가치의 결과 예측, ⑧

가치 선택의 선언, ⑨ 가치 선택의 이유, 원천, 결과 서술 등의 단계로 구성되어 있다(Banks, 1990). 각 단계는 맥락에 따라 조금씩 다르겠지만, 오늘날 사회과교육 학자들이 제시하고 있는 논쟁문제 수업모형과 의사결정모형은 대개 이와 유사하다고 할 수 있다.

1990년대에는 에반스(Evans), 삭스(Saxe), 로시(Rossi)와 같은 학자들이 사회과에서 논쟁중심수업의 유용성과 그 실천성에 대한 근거 자료들을 제공하는 연구를 수행했다. 이러한 연구들은 학습자의 인지 수준과 관련하여 초등학교에서도 논쟁문제 수업이 가능하다는 논의와 사회과 논쟁문제학습의 다양한 학습 효과에 관한 논의를 포함했다(구정화, 2009: 2).

라. 2000년대 이후

2000년대 이후 논쟁문제 수업을 연구하는 대표적인 학자로 헤스(D.E. Hess)와 동료 연구자들이 꼽힌다. 헤스와 맥어보이(Hess & McAvoy)는 '정치적 교실(political classroom)'이라는 개념을 토대로 논쟁문제를 가르치는 교사와 학생들을 연구해왔다. 이들은 교실이 곧 작은 민주주의 사회라는 듀이의 이론을 바탕으로 교실 자체가 공적 논쟁의 장이 되어야 한다고 전제하고, 학생들이 사회의 논쟁적인 주제를 탐구하고 토론하는 수업을 연구하고 있다. 또한, 연구 결과를 통해 논쟁문제 수업은 학생들이 민주주의 사회에 직접 참여할 수 있게 이끌어주는 모델이며, 민주주의를 지키고 인권을 존중하는 문화를 확산시키는데 필수적임을 강조한다(김진아, 2019: 60-61).

마. 우리나라의 사회과 논쟁문제 수업 연구

우리나라에서는 1980년대까지 경직되고 권위적인 정치적 풍토 때문에 논쟁문제를 교육현장에서 제대로 다루지 못했다. 1990년대 민주화 운동의 결과로 자유로운 토론이 허용되면서 논쟁문제 수업에 대한 관심이 증가했다. 1994년 한국사회과교육학회에서 처음으로 논쟁문제 수업이 사회과의 중요한 연구 주제로 제기되었다.

초기의 연구들은 주로 논쟁문제 수업의 이론적 근거나 절차와 관련된 연구들(차경수, 1994; 정문성, 1997; 구정화, 1998 등)이 이루어졌다. 2000년대 이후로는 논쟁문제 수업의 이론적 확장과 실제 적용에 관한 연구가 활발히 진행되고 있다. 연구 주제로는 논쟁문제 수업모형 및 방법(전제철, 2008; 모경환 · 안효익, 2009; 한춘희, 2011; 구정화, 2020 등), 논쟁문제 수업의 교육적 효과(이광성, 2001; 이미나 · 최욱 · 배종규, 2005 등), 논쟁문제 수업에 대한 교사와 학생의 인식(오연주, 2010; 오연주 · 김종훈, 2012; 이바름 · 정문성, 2020 등), 논쟁문제 수업에서 교사의 역할(옹진환, 2012; 오연주, 2013; 손병노, 2018 등), 사회 교과서에서 논쟁문제를 다루는 방식과 양상(박가나, 2018; 황미영 · 박선운, 2021 등) 등으로 연구 주제의 범위가 확장되고 있다.

2) 가치분석의 기준

논쟁문제의 교수에 있어서 가장 어려운 부분은 상충되는 가치가 있을 때 어떤 가치를 선택할 것이냐의 문제이다. 이 문제와 관련하여 기존의 논쟁문제에 대한 논의에서는 사회의 기본가치를 비롯한 몇 가지 기준이 제시되고 있다.

가. 사회의 기본가치

논쟁문제를 분석할 때 사실을 확인하는 것은 경험적 증거에 기반하므로 비교적 쉽고 명확하게 결론에 도달할 수 있다. 그러나 가치갈등의 문제는 사실 확인의 경우처럼 명백하지 않기 때문에 논쟁문제를 해결하는 과정에서 가장 어려운 부분이다. 실제로 논쟁문제 수업모형의 핵심은 가치와 관련된 문제를 보다 명료하게 분석하고 해결하려는 데 있다.

먼저 가치분석의 기준으로 사회가 갖고 있다고 여겨지는 기본가치(basic values 또는 primary values)를 고려할 수 있다. 기본가치는 그 사회의 역사와 전통에 비추어 볼 때 대부분의 사람들이 공통적으로 가지고 있다고 생각되는 이념이며, 그 사회를 지지하고 있는 버팀목과 같은 것이라고 할 수 있다. 다른 논쟁문제 수업모형들은 이 점을 명확히 하지 않지만, 하버드모형은 기본가치를 가치분석에 유용한 기준으로 제시하고 있다.

올리버와 쉐이버는 기본가치란 그 사회의 도덕적 가치를 의미하며, 민주사회에서는 자아실현, 자유, 타인에 대한 사랑과 이해 등을 내용으로 하는 인간의 존엄성(human dignity)이 기본가치에 해당한다고 보고 있다(Oliver & Shaver, 1966: 19-30). 이와 관련하여 주목할 부분은 논쟁문제 교수의 목적이 다원주의 사회에서 다양성을 인정하면서도 사회의 기본가치를 더욱 공고히 하기 위한 것이라는 점이다. 따라서 기본가치 그 자체는 대안 모색이나 비판의 대상이 아니라, 가치갈등을 해결하는 기준으로 받아들이고 활용해야 할 것으로 본다. 그러나 기본가치는 추상적이기 때문에 특정 상황에서 그것이 의미하는 바에 대한 해석은 물론 다양하게 허용될 수 있다.

나. 기타의 기준

인간의 존엄성으로 표현될 수 있는 기본가치 이외에도 가치를 분석하는 기준이 될 수 있는 것으로는 사회적 가치와 개인적 가치, 보편적 가치와 특수한 가치, 추상적 가치와 구체적 가치 등의 구분이라고 할 수 있다. 인간의 존엄성은 법률적 차원을 뛰어넘어 존재하는 도덕적 가치이지만, 하버드모형에 의하면 사회적 가치는 입헌주의라는 특정한 제도에 의하여 표현되고 보장되는 가치이다. 물론 입헌주의하에서의 사회적 가치도 상당한 정도의 보편성을 가지고 있다. 합리적 동의, 기본권, 평등, 정당한 절차, 재산권 등이 그 예이다. 이와 같은 사회적 가치, 보편적 가치, 추상적 가치 등은 개인적 가치, 특수한 가치, 구체적 가치에 우선하는 기준이 된다. 이러한 분석과 판단을 하기 위해서는 지적인 능력이 충분히 발휘되어야 하며, 하버드모형은 이러한 지적 능력의 향상이 논쟁문제 수업의 중요한 목표라고 지적하고 있다.

다. 기본가치에 대한 논쟁

각 사회에는 기본가치가 있고, 이를 옹호하고 유지하는 것이 교육의 중요한 기능 중 하나라고 보는 견해는 뒤르켐(M. Durkheim), 파슨스(T. Parsons)와 같은 주요 기능론 학자들의 주장에서 쉽게 찾아볼 수 있다. 이들은 사회에 기본가치가 존재하기 때문에 사회가 일정한 방향으로 안정적으로 발전할 수 있으며, 교육의 사회화 기능은 이러한 가치를 사회 구성원들에게 내면화하는 것이라고 본다(Blackledge & Hunt, 1985: 64-75).

한편, 이와 다른 관점을 가진 시각도 많이 있다. 영국의 신교육사회학자들은 영국에는 계층을 대변하는 부분적인 가치만 존재하며, 모든 계층이 공유하는 기본가치를 찾기 어렵다고 주장한다. 또한 재건론자들이나 저항론자들도 하버드모형은 자본주의 체제를 옹호하기 위한 보수적인 이론이며, 사회의 기본가치를 무조건 옹호해서는 안 되고, 그것 자체가 비판과 대안 모색의 대상이 되어야 한다고 주장한다(Pandiscio, 1983: 60-113).

3) 논쟁문제 수업 시 고려 사항

유럽 평의회는 논쟁문제 수업에서 고려해야 할 다섯 가지 사항을 다음과 같이 제시하였다(Council of Europe, 2015: 15-21).

첫째, 교사의 역할에 관한 문제이다. 논쟁적인 주제를 가르치는 것은 이미 합의된 지식을 학생들에게 가르치는 것과 다르다. 학생들은 교수-학습 과정에서 교사가 보이는 태도와 의견에 영향을 받는다. 여기서 중요한 것은 교사가 자신의 의견을 어떤 방식으로 다룰 것인지에 관한 문제이다.

둘째, 학생의 민감성을 보호하는 문제이다. 다양한 사회적 배경이나 문화를 가진 학생들 또는 논쟁적인 주제와 개인적인 연관이 있는 학생들이 불쾌감, 수치심, 소외감을 느끼거나 괴롭힘의 대상이 되지 않도록 학생들의 민감성을 보호하는 방법을 고려해야 한다.

셋째, 수업 분위기와 질서를 유지하는 문제이다. 논쟁문제에 대한 토론이 지나치게 과열되면 학생들 간의 갈등이 증가하여 교실의 분위기와 질서를 해칠 수 있다. 학생들 간의 자유로운 토론을 촉진하면서도 토론이 과열되거나 교실 내 양극화를 방지할 수 있는 방안을 모색해야 한다.

넷째, 교사의 전문 지식 부족 문제이다. 논쟁문제 수업에서 다루는 주제는 복잡하고 역동적이어서 교사의 숙련된 지식이 필요하다. 논쟁적인 문제의 복잡성을 이해하기 위해서는 문제와 관련된 사회학적, 경제적, 정치적, 역사적, 심리적 요인에 대한 지식이 필요하다.

다섯째, 학생들이 논쟁적인 주제에 대해 즉흥적으로 제기하는 질문이나 발언에 교육적으로 대처하는 방법을 생각해야 한다. 교사는 다른 학생들이나 수업 분위기에 부정적인 영향을 미치지 않으면서, 학생들의 예상치 못한 질문에 교육적인 관점에서 어떻게 대응할지 준비해야 한다(Council of Europe, 2015: 15-21).

4) 교사의 역할

논쟁문제 수업은 수업 시간에 다루는 이론적 내용을 현실 생활에서 나타나는 다양한 사회 문제, 즉 지식과 경험을 연결한다는 점에서 교육적 의의가 있다. 그러나 논쟁문제는 단순한 객관적 사실이 아니기 때문에, 교사 역시 특정 논쟁문제에 대해 어떤 감정이나 입장을 견지할 가능성이 크다. 또한 교사와 학생이 상호보완적인 관계를 가지지만, 일반적으로 교사는 학생들에게 가치와 태도를 전달하는 역할을 하기 때문에 교사가 학생들에게 미치는 영향력은 매우 크다. 이를 고려할 때, 논쟁문제 수업에서 교사의 역할에 대해 생각하는 것은 매우 중요하다. 여기에서는 켈리, 하우드, 헤스가 제시한 논쟁문제 수업에서 교사의 역할을 살펴보고, 그 중 어떤 역할이 바람직한지 논의하고자 한다.

가. 켈리의 모형

켈리(Kelly)는 교사가 논쟁문제에 대해 가르치는 정도와 자신의 입장을 표현하는 정도에 따라 교사의 역할을 네 가지 유형으로 구분하였다(Kelly, 1986).

① 논쟁문제의 교수 자체를 반대하는 배타적 중립형(exclusive neutrality)
② 어느 한 쪽 입장만 교수하고 다른 입장에 대해서는 다루지 않는 배타적 편파형(exclusive partiality)
③ 다양한 시각의 논쟁문제를 교수하되 교사가 어떤 입장을 취해서 교육해서는 안 된다고 보는 중립적 공정형(neutral impartiality)
④ 다양한 시각의 논쟁문제를 교수하되 교사가 자신의 입장을 표명하는 신념을 가진 공정형(committed impartiality)[1]

1) 오연주(2013), 손병노(2018)는 이 유형을 '참여적 공정성'으로, 옹진환(2012)은 '입장표명적 공평성'이라고 번역한다.

켈리는 이 중에서 신념을 가진 공정형이 논쟁문제 교수에서 가장 바람직한 교사 유형이라고 보고 있다. 왜냐하면 교사는 학생들에게 중요한 역할 모델이기 때문이다. 교사가 신념을 가지고 자신의 입장을 합리적으로 표명하면서 논쟁에 참여하는 것은 학생들에게 사고 과정을 알려주는 모델의 역할을 하게 된다. 교사는 자신의 입장을 정당화하기 위해 근거를 제시하고, 자신의 의견이 정답이 아니라는 점을 명확히 하여 학생들이 다양한 의견을 표현하고, 교사의 관점도 비판적으로 판단할 수 있도록 한다. 이는 교사가 학생들과 동등하게 논쟁에 참여한다는 점에서 보다 민주적인 유형이라고 볼 수 있다.

한편, 잠재적 교육과정에 관한 연구들이 보여주듯이 가치중립적인 교육은 불가능하다. 또한 논쟁문제 자체는 가치중립적이기 어렵지만, 전문가로서의 교사는 가치 문제를 공정하고 공평하게 다룰 수 있다는 점에서 논쟁문제의 교수 자체를 반대하는 배타적 중립형은 바람직하지 않다.

배타적 편파형의 경우, 특정 입장만을 제시함으로써 논쟁문제를 다양한 관점에서 바라볼 수 있다는 것을 학생들에게 알려주지 않는다. 또한 학생들이 최선의 대안을 찾아내고 효과적으로 지지할 수 있는 자유와 능력을 갖추고 있다는 점을 간과하고 있다.

중립적 공정형은 교사가 학생들에게 미치는 영향력을 우려하고 있으나, 학생들은 이미 학교에서 만나는 다양한 교사들, 가족, 또래 집단, 대중매체 등을 통해 다양한 상충되는 관점에 노출되어 있다. 켈리는 교사가 학생들에게 큰 영향을 미친다는 점을 지적하면서도, 모든 학생이 교사의 영향에서 벗어날 수 없다고 믿는 것은 잘못된 가정이라고 지적했다.

나. 하우드의 모형

하우드(Harwood)는 교사가 논쟁문제를 다룰 때 자신의 의견을 얼마나 표현하는지에 따라 다음 여섯 가지 역할을 제시했다(Harwood, 1986).

① 교사가 자유롭게 자신의 의견을 내세우는 신념형
② 교사가 다양한 시각을 모두 서술하되 자신의 의견은 말하지 않는 객관형
③ 교사 자신의 의견과는 상관없이 학생들의 의견에 대해 반대 입장만 취하는 악

마옹호형

④ 다양한 시각을 제시하고 이를 종합하여 교사 자신의 의견을 말하는 종합형

⑤ 교사와 학생이 다양한 시각을 토론하되 교사가 자신의 의견은 말하지 않는 공정한 의장형

⑥ 교사가 먼저 자기의 입장을 말하고 난 후 다양한 의견을 객관적으로 소개하는 소개형

하우드는 이 중에서 교사가 자신의 입장을 표명하는 신념형, 종합형, 소개형이 바람직하지 않다고 주장하였다. 왜냐하면 교사가 자신의 입장을 표현하면 학생들이 자신의 입장을 선택하고 발전시킬 기회를 방해할 위험이 있기 때문이다. 객관형이나 악마옹호형은 교사의 관점이 분명하게 드러나지 않는다는 점에서 앞서 제시한 세 유형보다 바람직하지만, 학생들이 개념과 아이디어를 정확히 습득하지 못하거나 비판적인 질문을 하는 데 어려움을 겪을 때만 의미가 있다고 보았다.

하우드는 논쟁문제 교수에서 공정한 의장형을 교사의 바람직한 역할로 지지하였다. 왜냐하면, 교사의 의견이 제시되지 않을 경우 학생들이 스스로 사고하고 자신의 결정을 표명할 기회를 최대화할 수 있기 때문이다. 또한 이 유형은 결과보다는 과정을 강조한다고 보았다.

물론 교사가 공정한 의장으로 행동하는 것은 불가능하다는 비판이 있을 수 있다. 그러나 교사의 관심이 학생들의 사고력을 향상시키는 데 있기 때문에, 교사는 자신의 의견을 다룰 때 공정할 수 있다. 이는 심판이 특정 팀을 응원할 수 있지만, 심판을 볼 때는 공정한 입장에서 판단해야 하며, 그 역할을 수행하기 위해 노력하는 것과 유사하다.

교사의 공정성을 상대주의적 윤리를 암묵적으로 지지한다고 비판할 수도 있다. 그러나 교사는 논쟁문제에서 최종 결정권자가 아니라 학생들이 비판적으로 사고할 수 있도록 돕는 조력자이다. 의장의 역할은 학생들이 다른 학생들의 생각과 가치를 검토할 수 있게 하는 것이다. 교사는 학생들이 반대 입장에 직면했을 때 자신의 입장을 보다 정교화하도록 도와줄 수 있다. 따라서 학생들의 토론을 통해 가치 상대주의를 극복할 수 있다고 주장하였다.

그러나 공정한 의장형은 교사의 지도성을 지나치게 소극적으로 본다는 이유로 교육적으로 바람직하지 않다는 비판도 제기되고 있다(Sing, 1988: 91-106).

다. 헤스의 모형

헤스(Hess)는 교사의 정치적 견해에 따라 교사의 역할이 달라진다고 보고, 논쟁문제 교수에서 교사의 역할을 네 가지로 구분하였다(Hess, 2008).

① 어떤 주제가 논쟁적이라는 사실을 부인하는 거부형(Denial)
② 어떤 주제가 논쟁적이라는 사실을 인정하지만, 이를 교육과정에 포함하지 않는 회피형(Avoidance)
③ 어떤 주제가 논쟁적이라는 사실은 인정하지만, 특정 관점에서 가르치는 특권형(Privilege)
④ 사회적으로 논쟁이 되는 주제를 교실로 가져와 다양한 관점을 다루는 균형형(Balance)

거부형은 어떤 주제가 논쟁적이라는 사실을 인정하지 않기 때문에, 교사는 자신의 견해를 특정 입장(side)이 아닌 진리(truth)로 학생들에게 전달한다. 이 유형은 논쟁문제를 수업에서 다루는 것을 거부할 뿐만 아니라, 논쟁문제를 다룰 때에도 정답이 있다고 보고 이를 전달하려고 한다.

회피형은 어떤 주제가 논쟁적이라는 사실을 인정하지만, 이를 교육과정에 포함할 필요가 없다고 생각한다. 논쟁문제를 회피하는 이유는 다음 두 가지이다. 첫째, 교실에서 다룰 경우 학부모나 지역사회의 비난과 같은 어려움이 발생할 수 있다. 둘째, 교사의 개인적인 의견이 너무 강해 논쟁문제를 공정하게 가르칠 수 없거나 공정하게 가르치고 싶지 않아서 논쟁문제를 교육과정에 포함하지 않으려는 것이다.

특권형은 어떤 주제가 논쟁적이라는 사실을 인정하지만, 특정 관점에 권위를 부여하여 가르친다. 교사는 그 주제에 대해 명확하게 옳은 입장을 가지고 있으며, 그 입장을 표출하고 학생들이 그 입장과 의견을 수용하기를 바란다. 즉, 교사는 자신의 역할이 균형적이지 않다는 것을 인식하지만, 자신이 지지하는 입장을 학생들이 받아들이도록 노력한다.

균형형은 어떤 주제가 사회적으로 논쟁이 되고 있다면 교실에서도 논쟁문제로 다루어야 한다고 본다. 논쟁문제 교수에서 교사는 특정 관점을 선호하지 않고 학생들이 다양한 관점에 노출되도록 노력한다. 헤스는 이와 같은 균형형을 논쟁문제를 다루는 데 있어 교사의 바람직한 역할로 보고 있다. 교사는 쟁점을 논쟁적으로 다루고, 다양한 입장을 균형 있게 다루어야 한다고 한다고 주장하였다.

라. 우리나라에서의 이상적인 교사 역할

이상과 같이 논쟁문제 교수에서 교사의 역할을 고찰해 보았다. 우리나라의 문화적 전통과 현실, 그리고 논쟁문제 수업의 목적과 교육에 있어서 교사의 역할을 종합해 볼 때, 우리나라의 사회과 교사는 어떠한 입장을 취하는 것이 가장 바람직하다고 볼 수 있을까?

우리는 사회과에서 논쟁문제를 중요한 교육 내용으로 다루는 목적을 먼저 고려해야 한다. 시민성을 함양하기 위하여 학생들은 논쟁적인 공공 이슈를 논의하는 데 적극적으로 참여해야 한다. 즉, 논쟁문제를 가르침으로써 학생들이 다양한 사회 문제에 대해 자신의 입장을 정하고 그 입장을 정당화하며, 다른 사람과의 논의를 통해 합리적인 결정을 내릴 수 있게 되는 것을 기대한다.

따라서 논쟁문제를 수업 시간에 다룰 때, 학생들에게 학습의 모든 절차와 최종 결론을 맡긴 채 방임하는 것은 물론 좋지 않다. 반대로 교사가 자신의 의견을 일방적으로 전달하고 강요하는 것도 바람직하지 않다. 교사는 학생의 자율적인 사고를 격려하면서도, 교육의 목적과 방향을 추구하며 교수해야 한다.

개인의 선택의 자유를 강조하는 문화에서는 학생이 자신이 선호하는 가치를 명확히 하도록 돕는 것이 교사의 일차적인 역할로 강조될 수 있다. 이러한 접근은 어떤 바람직한 방향을 제시하고 학생이 그것을 따르도록 유도하는 데까지는 나아가지 않는, 다소 소극적인 역할을 교사에게 요구한다고 볼 수 있다. 그러나 청소년 문제의 심각성이 대두되고 인격 교육이 강조되면서 교사들이 바람직한 가치의 방향을 적극적으로 제시해야 한다는 주장도 많이 제기되고 있다(Lickona, 1991).

특히 우리나라의 전통에서는 교육이 미성년자인 학생들이 바람직한 방향으로 성장하도록 돕는 것이 중요하다고 여겨진다. 따라서 교사들이 바람직한 가치를 가르치는 데 좀 더 적극적인 역할을 하는 것이 필요하다. 물론, 이 경우에도 학생들이 자유롭게 선택한 다양한 가치를 최대한 존중한다는 전제하에 교사의 개입과 지도가 이루어져야 한다. 그렇지 않으면 덕목의 주입, 교화, 권위적 교훈과 훈계 등에 그칠 우려가 있는데, 이러한 것은 논쟁문제 수업에서 지양하는 바이다.

연구보고 1

레베카 겔러(Rebecca C. Geller)는 미국 사회에서 정치적 양극화가 심각해지고 있는 상황에서 고등학교 사회과 교사들이 교실에서 자신의 정치적 성향을 공개하는 것에 관한 연구를 수행하였다. 사회과 교사들을 대상으로 인터뷰를 실시한 결과, 대다수의 교사들은 켈리(1986)의 '중립적 공정형'의 역할을 수행하기 위해 노력하고 있었다. 교사들은 정치적 중립을 '균형'과 같은 의미로 이해하고, 정치적으로 균형 잡힌 교실을 만들기 위해 노력했다. 교사들은 논쟁문제에서 양쪽 측면을 모두 다루기 위해 악마의 옹호자 역할을 자처하거나, 기존의 주장과는 '다른 쪽'의 관점을 보여주고자 노력했다. 한편, 교사들은 교실에서의 정치 성향 공개가 켈리의 분류에서 벗어나 보다 확장된 방법으로 가능하다는 것을 보여주었다. 교사들은 사회적 · 정치적 이슈에 대해 자신의 입장을 직접적으로 표현하는 대신, 개인적 경험을 설명하는 방식으로 자신의 정치적 신념을 공개하였다. 일부 교사들은 학생들에게 사실이 가지는 권위를 강조하고, 가짜 뉴스에 도전할 수 있는 미디어의 비판적 소비자가 되도록 가르치기도 했다. 교사들은 자신의 정치적 성향 공개를 수업에서 학생들 간의 토론이 너무 가열되었을 때 이를 통제하기 위한 방법으로 사용하기도 했다. 사회과 교사들의 정치 성향 공개에 대한 입장은 객관성과 중립성을 유지하는 것이 교사가 취할 수 있는 올바른 태도라는 신념, 외국인 혐오, 반유대주의, 여성혐오 등 교실에서 나타나는 혐오 발언 사건들에 영향을 받았다.

오연주는 켈리(1986)와 헤스(2005)의 교사 역할 유형을 재범주화하여 사회과 교사들이 공공 쟁점에 대하여 어떤 역할을 지향하는지를 분석하였다. 연구 결과 한국의 사회과 교사 대다수는 공공 쟁점과 관련된 다양한 입장과 견해를 균형 있게 다루고자 하였다. 이러한 '균형형' 역할을 지향하는 교사들 중에서도 교실 토론과정에서 자신의 입장을 드러내는 교사보다는 드러내지 않으려는 교사의 비중이 상대적으로 높게 나타났다. 공공 쟁점에 대한 논쟁성을 부정하여 토론학습으로 다루려 하지 않는 이른바 '거부형' 지향 교사, 쟁점의 논쟁성은 인정하지만 이를 사회과 수업시간에 다루는 것을 꺼리는 '회피형' 지향 교사와 교사 자신이 지지하는 관점을 학생들이 수용하도록 하려는 '특권형' 교사도 존재하였다. 마지막으로, 한국 사회과 교사는 공공 쟁점에 따라 교사의 역할을 다양한 양상으로 구현할 가능성이 높지만, 일부 사회과 교사는 모든 공공 쟁점에 대해 하나의 교사 역할 유형만을 고수하고자 하는 경향도 나타났다.

자료: Geller, R.C.(2020) Teacher political disclosure in contentious times: A "responsibility to speak up" or "fair and balanced"?, *Theory & Research in Social Education*, 48(2): 182-210.
오연주(2013). 공공쟁점 중심 교육에서 한국 사회과 교사의 역할 지향성 분석. 「사회과교육연구」, 20(4): 67-79.

3. 논쟁문제 수업의 단계

지금까지 서술한 이론적 고찰을 기반으로, 교사가 실제로 교실에서 논쟁문제를 교수하는데 활용할 수 있는 수업모형을 제시하려고 한다. 먼저 수업목표, 수업 내용 구성에 대해 고찰하고, 논쟁문제 수업에서 활용할 수 있는 두 가지 수업모형을 소개한다. 그리고 수업이 끝난 후 어떻게 평가할 것인지에 대해서 논의할 것이다.

1) 수업목표

논쟁문제를 교수하는 목적은 학생들이 사회적으로 제기되는 논쟁문제와 관련된 지식과 이론을 학습한 후, 자신의 입장을 선택하고 그것을 정당화하며 옹호할 수 있는 능력을 갖추도록 하는 데 있다. 이러한 목적을 달성하기 위해 논쟁문제 수업은 사실과 가치, 사실과 의견 등을 구분하고, 상위의 가치와 하위의 가치 간 관계를 인식하며, 추상적 가치를 구체적 상황에 맞게 해석하는 등의 일련의 활동을 통해 논쟁문제를 해결할 수 있는 지적 분석 능력을 기르는 것을 목표로 한다.

미국 사회과교육학회(NCSS)는 논쟁문제 수업을 통해 학생들이 함양해야 할 능력과 태도로 다음의 다섯 가지를 제시하였다(NCSS, 2016: 186).

① 관련 문제를 탐구하고 다양한 대안들 중에서 현명한 선택을 하려는 욕구와 능력
② 중요한 이슈를 고려할 때 이성을 사용하려는 욕구와 능력
③ 서로 다른 견해를 인정하는 것의 중요성 인식
④ 민주적 의사 결정 과정에서 타협의 중요성 인식
⑤ 정보의 출처를 분석하고 평가하여 정치적 선전(propaganda), 반쪽 진실(half-truth), 편견(bias)을 인식하는 능력

이처럼 논쟁문제의 교수에서 비판적 사고력과 의사결정력은 매우 중요한 부분을 차지한다. 주의할 점은 수업 시간에 다루는 사회적 쟁점 그 자체를 해결하는 것이 핵

심이 아니라는 것이다. 논쟁문제의 교수 목적은 주어진 논쟁문제를 해결하는 과정에서 요구되는 지적 분석능력을 기르는 데 있다. 이러한 목표는 교수 단계에 따라 학생들이 경험하게 되는 활동을 고찰하면 더욱 분명하게 드러날 수 있다.

2) 수업 내용 구성

교사는 논쟁문제 수업을 위해 주제나 문제를 선정하고 교육 내용을 조직하며 관련 자료를 구성해야 한다. 일반적으로 사회 교과서에는 시사성 높은 논쟁문제가 충분히 수록되어 있지 않은 실정이기 때문에, 교사는 교과서의 단원 내용을 중심으로 관련 논쟁문제를 도입하거나 논쟁문제 교수 계획을 미리 세운 후 그에 따라 주제를 선정하고 내용을 구성하는 방식을 취해야 한다.

논쟁문제 수업을 위한 기초 자료는 일상적인 대화는 물론 인터넷, TV 방송, 신문 등과 같은 대중매체에서 쉽게 얻을 수 있다. 그러나 기초 자료 그 자체는 조직화의 수준이 높지 않고 단편적이고 임시적일 수 있기 때문에 사회과 교사는 사회과의 목표 및 내용과의 관련성을 고려하여 적절히 재구성한 후 활용하는 것이 바람직하다.

여기에서는 기존 연구에서 언급하고 있는 논쟁문제 교수를 위한 교육 내용 구성 방식과 사례를 살펴보려고 한다.

가. 주제접근법, 역사적 위기접근법, 문제중심 접근법

하버드모형은 논쟁문제 수업의 주제와 문제를 선정하고 교육 내용을 구성하는 데 있어서 주제접근법, 역사적 위기접근법, 문제중심 접근법 등 세 가지 방식을 제시하고 있다(Oliver & Shaver, 1966: 137-145).

주제접근법은 자유와 평등, 종교와 정치, 성장과 분배 등과 같은 커다란 주제를 중심으로 논쟁문제의 교육 내용을 조직하는 것을 말한다. 좀 더 구체적으로 쟁점을 제시하면 자유와 평등 중 어느 쪽이 더 중요한가? 종교와 정치는 분리되어야 하는가? 성장과 분배 중 어느 것을 우선해야 하는가? 등과 같은 형태가 될 수 있다.

역사적 위기접근법은 역사의 흐름 속에서 커다란 위기와 전환점이 된 사건을 중심으로 논쟁문제를 구성하는 것이다. 예를 들어, 삼국통일과 나당연합, 이성계의 위화도 회군, 효종의 북벌 정책, 개화기 문호개방과 쇄국정책, 민주화 과정에서의 시민 참여 등을 주제로 하여 논쟁문제 수업 내용을 조직할 수 있다. 이 접근법은 주로 현재 당면한 문제를 설명하는 데 도움이 되도록 현재의 문제와 유사하거나 대조적인 역사적 시기를 검토한다. 이렇게 함으로써 학생들은 유사한 역사적 상황으로부터 일반적인 정치적, 사회적 행동의 원칙을 발견할 수 있는 장점이 있다.

문제중심 접근법은 실제로 논쟁이 되고 있는 시사성 있는 쟁점을 중심으로 수업 내용을 구성하는 것이다. 예를 들어, 학교에서의 종교교육 문제, 양심적 병역 거부 문제, 언론 보도와 알 권리의 문제 등이 여기에 해당한다.

이 세 가지 접근 방식은 반드시 독립적일 필요는 없다. 또한 이 중 어느 한 가지 방식이 더 바람직한 것도 아니므로 서로 중첩적으로 활용하여 논쟁문제 교육 내용을 구성하는 것도 가능하다.

나. 논쟁문제 구성을 위한 범주의 예

사회과에서 다룰 논쟁문제는 시대적 상황과 학습자의 특수성, 교사와 학자의 관심 등에 따라 조금씩 다르게 접근할 수 있다. 사회과교육계에서 널리 제시된 것들을 참고해 보면 다음과 같다.

① **뉴먼과 올리버**: 평등, 복지, 안전, 동의, 재산(Newmann & Oliver, 1970)

② **NCSS 제45차 연차 학술대회**: 성차별, 죽음, 다수결, 다원사회와 사회통합, 환경오염, 민족주의와 세계국가(Muessig, 1975)

③ **넬슨과 마이클리스**: 권력과 법, 경제문제, 민족주의와 애국심, 사회계급, 종교와 도덕, 인종과 소수민족, 성과 결혼(Nelson & Michaelis, 1980: 213-215)

④ **웰링턴**: 지구촌교육, 성차별, 다문화교육, 취업과 실업, 의료문제, 종교와 종교교육, 평화교육, 핵문제교육(Wellington, 1986)

⑤ **뱅크스**: 지구촌사회, 핵문제, 인종문제, 인권, 성차별, 신체장애인, 법질서(Banks, 1990: 207-230)

⑥ **구정화**: 빈부격차, 수입개방, 과소비, 환경오염, 입시문제, 통일문제, 지역갈등,

핵사용, 전쟁과 반전, 노사문제, 과외, 성차별, 피임과 낙태, 자살과 안락사, 유전공학, 교통문제(구정화, 1998: 175)

물론 이러한 주제가 사회과수업에서 바로 다루어질 수 있는 것은 아니다. 실제 수업 현장에서는 이러한 주제들의 범주 내에서 구체적인 쟁점들이 세분화되어 선정된다. 그리고 교사들은 이러한 쟁점과 관련된 주요 이론, 사실과 가치 등을 상세하게 준비하여 수업에 활용할 수 있다. 예를 들어, 의료문제라는 범주에서 안락사나 존엄사 허용, 낙태 합법화, 의학 연구를 위한 동물 실험 허용 등과 같은 논쟁문제가 제시될 수 있다. 또한 인권이라는 범주에서는 동성 결혼 허용 여부와 같은 논쟁문제가 제시될 수 있다.

다. 논쟁문제 선정 시 유의사항

사회과수업에서 다루어야 할 논쟁문제는 사회적으로나 학생들 개인적으로도 의미 있는 것이어야 한다. 오노스코와 스웬슨은 무엇이 중요한 문제인지를 결정하는 것이 대단히 어렵다는 것을 인정하면서도, 논쟁문제들을 정할 때 다음과 같은 네 가지 기준을 사용할 것을 권장하고 있다(Onosko & Swenson, 1996).

첫째, 그 문제가 논쟁적인가(controversial)? 주어진 문제에 대해 다양한 관점이 존재하고, 따라서 논쟁이 가능해야 한다. 역사적으로나 사회적으로 이미 결론이 내려진 사안에 대해서 논쟁한다는 것은 무의미하다.

둘째, 사회적으로 중요한가(important)? 시민의 의사결정을 필요로 하는 공공의 문제인가, 전문가들이 중요하다고 인정하는 주제인가, 학생들의 발달에 도움이 되는 주제인가를 고려해야 한다. 지엽말단적인 주제는 가급적 피해야 한다.

셋째, 학생들에게 흥미 있는 주제인가(interesting)? 의미 있고 논쟁적인 주제를 선정했다면, 학생들의 흥미와 사고를 자극할 수 있게 문제를 제기해야 한다. 흥미는 단순한 호기심이 아니라 학습자들이 적극적으로 탐구에 참여하도록 유도하는 요소이다. 예를 들어, "한국군의 이라크 파병의 동기는 무엇인가?"라는 사실적 질문보다는 "한국군의 이라크 파병을 찬성하는가, 반대하는가?"라는 질문이 윤리적 판단을 내포하고 있으므로 보다 사고를 자극하는 질문이 될 것이다.

넷째, 효과적으로 탐구될 수 있는가(researched effectively)? 흥미롭고 중요한 주제라고 하더라도 학생들 수준에서 탐구할 수 없다면 무의미하게 될 것이다. 교사는 학생들이 충분히 탐구할 수 있도록 다양한 자료를 제공해야 한다.

3) 교수 단계

논쟁문제의 교수 단계는 교사와 학생이 논쟁문제를 학습하기 위하여 전개하는 활동의 순서를 의미한다. 논쟁문제 교수에 등장하는 수많은 크고 작은 활동을 몇 개의 단계로 제시하는 것은 매우 어려운 일이며, 교사와 학습자의 상황에 따라 각각 다르기 때문에 어느 하나의 일정한 유형으로 제시하는 것은 쉽지 않다. 따라서 지금까지 고찰한 이론들을 기반으로 하되, 가치 관련 논쟁에 익숙하지 않은 우리의 학교 현장의 실정을 고려하여 너무 세분화된 모형보다는 교수 과정의 핵심적인 부분을 정리하는 데 중점을 두어 논쟁문제의 교수단계를 제시해 보고자 한다. 먼저 올리버와 쉐이버(1966)가 제시한 논쟁문제 수업 절차를 제시하고, 차경수(1994)가 제시한 수업 절차를 소개하고자 한다.

가. 올리버와 쉐이버(1966)의 수업 단계

올리버와 쉐이버(Oliver & Shaver)는 논쟁문제를 분석하는 데 적용할 수 있는 일반적인 탐구 과정을 제시하였다. 논쟁문제 수업은 학생들이 특정 가치를 믿거나 수용하도록 하는 것이 아니라 관련 문제를 명확하게 평가하는 방법을 가르치는 것을 목표로 한다. 이를 위해 학생들은 주어진 문제와 관련된 적절한 개념을 선택하고 이를 명확하게 정의하고, 사실적 증거를 수집하며, 대립하는 가치들 사이의 관계를 이해해야 한다. 특히 유사한 사례와 비교하는 과정을 통해 자신의 입장을 정당화할 수 있는 능력을 기른다.

① 구체적 상황에서 일반적 가치 추출

논쟁문제 수업에서 학생들은 주어진 문제와 관련된 적절한 개념을 선택하여 분석하는 과정을 경험해야 한다. 이를 위해 학생들은 선택한 윤리적, 법적 개념을 이해하고, 이러한 용어로 구체적인 문제 상황을 해석할 수 있어야 한다. 예를 들어, 의회가 독점금지법을 통과시켜야 하는가에 관한 문제에서 학생들은 재산권과 계약권, 대기업과 중소기업의 동등한 보호, 전체 공익의 보호와 같은 일반적 가치의 관점에서 이 결정을 해석할 수 있어야 한다.

② 일반적 가치의 스펙트럼 이해

하나의 상황에서 두 개 이상의 상충되는 가치들을 추출한 후, 가치들을 양자택일함으로써 문제를 해결하려고 하면 갈등을 줄이기 어렵다. 사람들은 자기가 선택한 가치를 완전히 포기하는 상황을 피하려고 하기 때문이다. 이 단계에서는 가치를 양자택일하는 것이 아니라 가치의 스펙트럼이 존재한다는 것을 이해하는 것이 중요하다. 예를 들어, 검열(심의)과 언론의 자유 사이에는 다양한 대안이 존재한다. 감독은 영화에서 자신의 관점을 자유롭게 표현할 수 있는 자유가 있지만 영상물등급위원회에서는 영화의 상영 등급을 분류하여 어린이와 청소년을 보호하고자 한다. 서로 대립하는 상반된 가치는 일정 수준에서 조정될 수 있는 것이다.

③ 가치들 간의 갈등 이해

학생들이 구체적인 상황으로부터 일반적 가치를 추출하고 일반적 가치의 스펙트럼을 이해하게 되면, 동일한 상황에서 두 개 이상의 가치가 추출되고 이러한 가치들이 충돌할 수 있다는 것을 알 수 있어야 한다. 즉, 하나의 가치를 증가시키는 결정은 하나 혹은 그 이상의 다른 가치를 침해할 수 있다. 예를 들어, 고교 평준화라는 문제에서 개인이 자유롭게 학교를 선택할 수 있다는 개인 선택의 자유와 모든 학생이 공평한 공교육의 기회를 가져야 한다는 평등의 가치가 추출될 수 있다. 논쟁문제 수업을 할 때에는 이러한 가치 갈등을 이해하는 과정이 필요하다.

④ 가치 갈등 상황 유형 파악

특정 상황에서 발생하는 가치 갈등을 유사한 다른 상황과 비교하기 위해 학생들은 주어진 개별 상황이 특수한 상황이 아니라 일반적인 것임을 파악해야 한다. 예를 들어, 1980년대 초반까지 여성은 용접이나 지게차 운전을 할 수 없었던 것처럼 특정 직종에 여성의 취업을 금지하는 것이나 사관학교 입학을 금지하는 것은 서로 다른 것처럼 보이지만, 선택의 자유와 법률의 위반이 대립한다는 점에서 같은 유형으로 분류될 수 있다는 것이다.

⑤ 유사한 가치 갈등 상황 발견 및 구성

이 단계에서는 주어진 논쟁문제 상황과 유사한 여러 사례를 비교한다. 유사한 사례를 통해 가치 갈등 상황을 탐색하거나 구성하는 과정에서 학생들은 모순된 반응을 보일 수 있다. 비슷한 사례에서 서로 다른 입장을 표명하게 되면, 학생들은 자신의 입장을 바꾸거나 모순적인 점을 합리화하도록 요구받게 된다. 자신의 결정이 유사한 상황에서 일치하지 않음을 발견하게 되면, 학생은 입장을 다시 선택하거나 왜 그러한 결정을 내리게 되었는지 근거를 제시하게 될 것이다.

⑥ 가치 갈등 해결/결정

이전 단계에서 학생들에게 동일한 가치들이 대립하는 여러 상황을 제시하였다. 학생들은 유사한 사례이지만 결정이 상반되게 나타나는 것을 경험했다. 한 사례에서는 좋다고 판단했던 것이 다른 사례에서는 나쁘다고 판단되는 불일치를 설명하는 것이 이 단계의 핵심이다. 학생들은 주어진 상황들을 구별하기 위한 기준을 마련해야 하고, 일반적인 입장을 도출해야 한다. 이러한 과정은 어떤 가치가 다른 것보다 더 우선시되어야 하는지를 검토해야 하므로 보다 수준 높은 의사결정을 돕는다.

⑦ 가치 결정의 배경적 사실 검증

논쟁문제에 대해 학생은 자신이 선택한 가치를 피력함으로써 스스로의 주장을 명확하게 할 수 있다. 유사한 사례와 비교를 했던 이전 단계에서 학생들은 불일치에 직면하게 되는데, 이 단계에서는 이러한 불일치가 사실을 다르게 인지하고 있기 때문에 서로 상반되는 판단을 할 수 있다는 점을 인식한다. 따라서 이 단계에서는 서로 대립하는 주장들을 명확하게 하기 위해 관련된 증거들을 수집하고, 증거의 양과 질을 평가하는 과정을 거친다. 충분한 자료를 수집하고, 자료의 출처와 배경을 검토하고, 대표성을 판단하여 사실을 확인한다.

⑧ 진술의 적합성 검토

앞에서 제시한 수업 단계들, 즉 논쟁문제를 분석하는 것은 타당해야 할 뿐만 아니라 논쟁문제에 적합해야 한다. 예를 들어, 농산물 시장 개방에 대해 생각해 보자. 다른 나라의 상황을 제시할 수 있다. 그러나 '어떤 나라는 우리나라보다 농산물 시장을 많이 개방했다'는 진술이 사실일 수 있지만, 이 진술 자체는 농산물 시장 개방 여부를 결정하는 데 적합하지 않다. 개별 진술은 전체 논의에서는 적합하지만, 논의의 특정 시점에서는 부적합할 수 있다. 이 점을 염두에 두고 진술과 전략을 판단하는 것이 필요하다.

나. 차경수(1994) 모형

이 수업모형은 논쟁문제를 해결하는데 핵심인 논쟁문제 분석 과정을 강조하고 있다. 제시된 문제에서 사실과 가치를 구분한 후, 논쟁문제를 분석한다. 즉, 논쟁문제에서 사용되는 개념의 명료화를 통하여 용어 사용의 불일치 문제를 해결하고, 사실을 경험적으로 확인함으로써 사실문제를 명확하게 하고, 가치갈등을 해결함으로써 결론에 도달하는 과정을 거친다.

① 문제제기

논쟁문제 수업의 문제제기 단계에서는 다음과 같은 사항을 일차적으로 검토하면서 시작된다.

- 논의하고자 하는 논쟁문제의 내용
- 논쟁문제가 제기하는 중요 메시지
- 논쟁문제가 제기된 배경
- 논쟁문제와 관련된 이론과 주장

여기에서는 이 논쟁문제는 무엇에 대한 것인가?, 이 논쟁문제가 말하고 있는 것은 무엇인가?, 학생들은 이 논쟁문제에 대해서 어떻게 생각하는가?, 이 논쟁문제가 나타나게 된 원인은 무엇인가?, 이 논쟁문제를 바라보는 시각에는 어떤 것이 있는가? 등과 같은 질문들을 생각해 보는 것이 중요하다. 문제제기 단계가 적절히 진행되어야 학생들이 흥미를 가지고 논쟁문제 수업에 참여하게 되며, 학습해야 할 내용과 방향을 정확히 이해할 수 있다. 모든 논쟁문제는 그것이 등장하게 된 배경과 계기가 있으므로 그러한 부분을 고려하지 않으면 문제의 본질을 이해하기 어렵다. 또한, 똑같은 문제처럼 보이는 경우라도 제기되는 시기와 상황이 다르면 그 논의의 방향이 달라지고, 결국 사실상 다른 성격의 문제가 될 수 있으므로 이러한 부분을 문제제기 단계에서 충분히 다루어 주어야 한다. 특히 외국에서 다루어지고 있는 논쟁문제를 우리나라에 적용할 경우 이러한 점에 더욱 유의해야 한다.

② 가치문제 확인

논쟁문제를 분석하기 위해서는 문제제기 단계 이후에 가치문제를 확인해야 한다. 이와 관련하여 다음 사항들을 검토하여 분명하게 하는 것이 중요하다.

- 관련 사실의 검토
- 관련 가치의 검토
- 가치갈등 문제의 확인
- 가치 관련 행동의 서술
- 가치의 원천 서술

논쟁문제 분석 이전에 이상과 같은 문제들을 분명하게 해야 하는 이유는 사실에 관한 문제와 가치에 관한 문제를 해결하는 방법이 각기 다르기 때문이다. 이 두 가지를 혼동할 경우 논쟁만 계속될 뿐 해결의 실마리를 찾기 어렵다. 예를 들어, 고등학교 평준화 정책을 유지할 것인가 폐지할 것인가의 문제를 다룬다고 할 때, 단지 평준화가 좋은가 나쁜가 하는 것 그 자체에 대해서만 논쟁을 벌이면 결론을 내리기가 쉽지 않다. 따라서 평준화 정책과 관련되어 있는 가치를 사실과 분리해야 한다. 다소 단순화해서 표현하자면, 평준화 찬성은 평등이라는 가치를, 평준화 반대는 자유라는 가치를 옹호하는 것이라고 할 수 있다. 이렇게 보면, 결국 평준화에 관한 논쟁은 자유와 평등 사이의 논쟁이 그 배경에 자리 잡고 있음을 알 수 있다. 이처럼 어떤 논쟁문제와 관련된 가치를 밝히게 되면 그 논쟁문제의 성격이 보다 분명해지고 분석의 방향도 바르게 잡을 수 있다.

③ 정의와 개념의 명확화

논쟁점을 분명하게 정리하기 위해서는 논쟁에서 사용되고 있는 정의, 개념, 용어 등을 명확하게 해야 한다. 예를 들어, 해외 분쟁 지역에 파병을 해야 할 것인가 하지 말아야 할 것인가의 문제를 토론한다면, '파병', '분쟁 지역' 등의 의미를 분명히 규정해야 한다. 파병을 한다면 그것은 전투병인가 비전투병인가, 파병의 규모는 어느 정도인가, 해외 분쟁 지역은 전면적인 전쟁이 일어나고 있는 곳인가, 국지적 내전이 일어나고 있는 곳인가 등과 같은 부분을 명확히 해야 할 필요가 있다. 또한, 우리나라의 교육 수준은 높은가 낮은가의 문제를 토론할 경우, '교육', '수준'의 두 용어가 무엇을 가리키느냐에 따라서 결론이 크게 달라질 수 있다. 학교를 다니고 있는 비율을 가지고 교육 수준의 의미를 생각하는 경우에는 우리나라의 교육 수준은 세계적으로 매우 높다고 할 수 있다. 왜냐하면 우리나라의 학생 취학률은 매우 높기 때문이다. 그러나 교육 시설이나 청소년의 인격 형성, 사고력 함양 등의 기준으로 교육 수준을 생각한다면 결코 높다고만은 하기 어려울 것이다.

정의와 개념을 명확히 하기 위해서는 몇 가지 방법을 활용할 수 있다. 흔히 제기되는 주의사항은 용어를 정의할 때 그 용어를 다시 사용하지 않는 것이다. 즉 순환적인 서술(tautology)의 오류를 피하는 일이다. 예를 들어, '사회과교육'을 정의할 때, '사회과를 교육하는 것'과 같은 방식을 취하지 말아야 한다.

또한, 개념과 용어를 분명히 하는 데 있어서 학문의 도움을 받을 수 있다. 사회현상을 설명하는 수많은 개념이나 용어 중에는 사회과학적 연구의 산물인 경우가 많다. 따라서 학문적으로 엄밀하게 확립된 정의를 참고하는 것도 문제를 명확히 하는 한 방법이 될 수 있다. 예컨대, 사회화는 사회학에서 주로 쓰는 개념이며, 혁명은 정치학이나 역사학에서 주로 쓰는 개념이다. 물론 이러한 개념도 논쟁문제의 맥락에 따라 다소 다른 의미를 띨 수도 있겠지만, 일차적으로는 이러한 사회과학의 연구 결과를 활용할 필요가 있다.

다른 한편으로는, 어떤 용어와 개념을 논쟁에 참여하는 당사자들끼리의 약속을 통해 새롭게 만들고 그 약속에 따라 규정된 의미를 사용할 수도 있다. 이와 함께 어떤 개념과 용어를 설명할 때 그것을 잘 설명할 수 있는 구체적인 예를 제시함으로써 혼란을 피하는 것도 하나의 방법이 될 수 있다.

④ 사실 확인과 경험적 증명

논쟁문제의 쟁점을 분명히 할 때는 경험적 증거를 이용하여 주장하는 내용을 증명함으로써 해결하는 방법이 매우 유용하다. 이러한 방법은 문제제기, 가설설정, 자료수집 및 분석, 결론의 과정을 거쳐 사회과학적 지식을 얻는 사회탐구의 절차와 유사하다. 사회과학탐구를 통해 도출한 결론이 정당화되기 위해서는 정확한 경험적 자료를 활용해야 하는 것처럼 논쟁문제를 분석하는 단계에서도 사실적 정보를 정확히 확인하는 작업이 필요하다.

예를 들어, 고등학교 평준화 정책을 반대하는 주요 주장 가운데 하나는 학생선발을 위한 경쟁시험을 치르지 않은 채 고등학교에 입학하고 매우 이질적인 집단 속에서 수업을 하기 때문에 학업성적이 전반적으로 낮아진다는 것이다. 즉, 평준화 정책으로 인해 교육의 수월성이 저해된다고 주장하는 것이다. 이는 곧 자유경쟁이나 수월성이라는 '가치'를 옹호하기 위해 학업성적 저하라는 '사실'을 가지고 뒷받침하는 것이라고 할 수 있다. 이러한 주장이 참이 되려면, 평준화 이후에 고등학생의 학업성적이 정말 저하되었는지, 그리고 그 정도는 어느 정도인지 등을 알아볼 수 있는 경험적 자료를 가지고 사실을 확인해 보아야 한다. 만일 사실 확인이 되지 않는다면 그러한 주장은 당연히 설득력을 잃게 된다.

사실을 경험적으로 증명할 때는 다음의 몇 가지 사항을 고려해야 한다. 우선, 증명을 위해 활용된 자료가 객관성과 정통성을 가지고 있어야 하며, 학문적으로도 가치가 있어야 한다. 한마디로 믿을 만한 것이어야 하며 권위가 있어야 한다는 것이다. 예를 들어, 통계 자료인 경우에는 적절한 표집을 통해 얻은 기초 자료를 분석한 것이어야 하고, 실험집단과 통제집단을 비교하는 경우에는 연구 설계 단계에서부터 편견이 개입되지 않은 것이어야 한다.

또한 경험적 근거를 제시하기 위한 자료로서 역사적 자료가 활용되는 경우에는, 자료의 원형이 보존되고 있는가와 관계되는 '순수성(혹은 완전성)'의 문제와 함께 자료 자체에 대한 '신뢰도'의 문제를 모두 고려해야 한다. 예컨대, 삼국사기는 김부식의 저서라는 점에서 순수성(완전성)이 있지만, 그 저서가 그 시대를 공정한 관점에서 서술했는가라는 점에서 신뢰도가 반드시 높다고만은 말하기 어렵다.

⑤ 가치갈등의 해결

서로 다른 가치 중에서 어느 하나를 선택해야 하는 상황에 직면했을 때, 앞서 제시한 것처럼 개념과 용어를 명확하게 하거나 경험적 자료를 가지고 사실을 증명할 수 있다면, 쉽게 선택하고 해결할 수 있는 경우가 있다. 그러나 때로는 이러한 방법만으로는 해결되기 어려운 문제, 즉 갈등하고 있는 가치 그 자체 중에서 어느 하나를 선택해야 하는 경우가 있기 마련이다. 이러한 가치갈등의 해결은 논쟁문제 수업 전체에서 가장 중요하고 어려운 단계에 해당한다.

앞서 서술한 바와 같이 가치갈등을 해결하기 위한 기준으로 다음과 같은 몇 가지 기준을 제시할 수 있다. 논쟁문제를 분석하는 과정에서 제기되는 주장과 근거가 이러한 기준에 부합하는지를 따져 보아야 한다.

첫째, 인간의 존엄성은 사회가 보편적으로 지향하는 기본가치라고 할 수 있다. 따라서 우리가 추구하는 모든 가치가 이러한 기본가치와 관련이 있는지, 그리고 거기에 부합하는지 검토할 필요가 있다. 인간의 존엄성은 개인의 자아실현, 자유와 평등, 타인에 대한 사랑과 이해 등을 포함한다고 생각할 수 있지만, 그 구체적인 내용은 상황에 따라 다르게 나타날 수 있다.

둘째, 민주주의적 가치, 예컨대, 권력분립, 기본권, 법 앞의 평등, 다수결, 시민의 정치 참여, 사법권의 독립 등은 자유민주주의 사회가 지향하는 기본가치라고 할 수 있다. 이러한 가치 역시 민주사회에서 더욱 발전되고 옹호되어야 할 것으로 생각되기 때문에 논쟁문제 수업에서 가치갈등을 해결하는 하나의 기준이 될 수 있다.

셋째, 보편적 가치, 사회적 가치, 추상적 가치와 특수한 가치, 개인적 가치, 구체적 가치의 관계가 검토되어야 할 것이다. 평화, 정직, 사회의 안정, 대중의 안전 등은 일반적으로 쾌락, 개인의 안락, 금전적 욕구 충족 등에 비해 좀더 보편적, 사회적, 추상적 가치라고 볼 수 있다.

이러한 민주주의적 가치와 사회적 가치들은 결국 인간의 존엄성이라는 기본가치와 깊은 관계를 가지고 있는 것으로 볼 수 있다. 다시 말해서, 민주주의적 가치나 사회적 가치는 인간의 존엄성이라는 가치를 지지하는 것이며, 그것의 한 표현으로 이해할 수 있다. 따라서 두 개 이상의 가치가 서로 충돌하는 경우, 인간의 존엄성이라는 기본가치를 가장 적게 침해하는 가치, 즉 인간의 존엄성을 가장 많이 보장할 수 있는 가치를 선택하는 것이 가치갈등을 해결하는 한 방법이 될 수 있다.

⑥ 비슷한 다른 경우와의 비교

가치갈등의 문제가 어느 정도 해결되면 문제를 보다 심도 있게 이해하기 위하여 비슷한 다른 경우와 비교한다. 미국의 독립전쟁을 프랑스혁명과 비교하여 그 특징을 학습할 수 있고, 다시 그것들을 우리나라의 3 · 1 운동과 비교함으로써 때로는 폭력을 수반한 저항이 역사에서 어떤 역할을 했으며 어떤 경우에 정당화될 수 있었는가를 이해할 수 있다. 이처럼 다른 사례와 비교하는 경우에는 비교하는 기준과 차원이 같아야 하는데, 만약 이러한 원칙이 지켜지지 않는 경우에는 그 해석에 많은 제한이 따를 수 있다는 점에 주의해야 한다.

⑦ 대안 모색과 결과의 예측

위와 같은 방법으로 분석하는 과정에서 자연스럽게 대안을 모색하게 된다. 앞서 지적한 바와 같이 가치는 의사결정과 행동을 수반한다. 예를 들어, 교육에서 자유경쟁이라는 가치를 옹호하는 사람은 고등학교 입학을 자유로운 시험에 의해 선발해야 한다는 결정을 내리고 그것을 위해 행동할 것이다. 반면, 전인적인 인간의 성장과 보통교육 속에서의 평등을 옹호하는 사람은 현재 우리나라에서 실시하고 있는 것과 같은 평준화 정책을 지지할 것이다.

이처럼 평준화 정책에 대한 상이한 시각에 대해 개념의 명확화, 경험적 사실 확인, 가치 분석을 한 다음에는 고등학교 입학시험제도의 부활이 우리나라 중등교육에 미칠 영향을 예상하여 그 결과를 분석해 볼 수 있다. 물론 평준화 정책의 유지 혹은 강화로 인한 영향도 마찬가지로 예측해 보아야 한다. 결과를 예측할 때는 가능한 모든 대안을 모색하고 각 대안이 옹호하는 가치와, 그 대안으로부터 예측되는 결과, 장점, 단점 등에 대해 숙고할 수 있어야 한다.

⑧ 선택 및 결론

가설적으로 제시된 여러 개의 대안과 그 결과 중에서 원하는 가치와 대안을 선택하고 정당화하는 것이 마지막 단계이다. 이때 중요한 것은 논쟁문제 수업의 처음 단계에서부터 마지막 단계에 이르기까지 논리성과 일관성을 갖추고 있어야 한다는 점이다. 즉, 학습자는 자신이 선택한 입장을 명백하게 하면서 왜 그러한 입장을 선택했는지 그 근거를 정당화할 수 있어야 한다. 이와 동시에 자신이 선택한 가치의 원천,

선택의 결과, 앞으로의 행동 등을 예측하고 선택한 판단과 앞으로의 행동 사이에 일관성을 갖도록 해야 한다. 이러한 학습 과정이 지속적으로 반복되면, 가치관이 학습자의 인격 속에 내면화될 수 있고 행동의 일관성을 확립할 수 있을 것이다.

다. 논쟁문제 수업 사례 예시

- 주제 : 동물 실험, 금지해야 하는가?
- 단원 : 중학교 사회 (12) 사회 변동과 사회문제
- 수업 설계 : 동물 실험 찬반 논쟁문제 수업

동물실험은 의약품 개발, 화장품 안전성 테스트 등 다양한 분야에서 질병 치료와 생명 과학 발전에 기여해 왔다. 그러나 최근 동물의 복지와 권리 보호가 중요시되면서 동물실험을 금지하고 대안을 모색해야 한다는 목소리가 커지고 있다. 한편, 과학계에서는 동물실험이 여전히 필수적이라는 주장도 있다. 복잡한 생체 내 상호작용을 이해하기 위해서는 현재로서는 동물실험이 필요하다는 것이다.

수업을 시작하기 전에 학생들을 4~6명으로 구성된 모둠으로 나눈다. 각 모둠은 동물 실험과 관련된 자료를 조사하고, 동물 실험에 대한 찬성 또는 반대 입장을 정하며, 그 입장을 뒷받침할 근거를 준비한다. 수업은 동물 실험과 관련된 개념을 이해하는 것으로 시작하여, 모둠별 대표자가 나와 각자의 입장과 근거를 제시하고 검증하는 과정을 거친다. 이를 통해 사실의 경험적 확인 과정을 거치게 되며, 각 입장이 추구하는 가치를 확인하고 정당화함으로써 가치 갈등의 해결 과정을 거친다. 최종적으로 대안을 모색하고 결론을 도출하게 된다.

학습단계	교수 학습 활동	지도상의 유의점	자료 및 수업방법
도입	• 문제제기 • 동물 실험을 둘러싼 사회적 논란 소개	• 학생의 흥미 유발 • 동물 실험에 대한 학생의 사전 지식 확인	언론 보도자료
가치문제 확인	• 동물 실험과 관련된 사실과 가치 검토 • 동물 실험과 관련된 가치갈등 문제 확인		
개념의 명확화	• 동물 실험의 의미 설명 • 동물 실험 관련 법규 및 윤리적 기준 제시	• 동물 실험에 대한 용어 정리	문답법
사실의 경험적 확인	• 동물 실험 찬성 의견 발표 • 동물 실험을 찬성하기 위한 경험적인 사실 및 자료 제시 • 동물 실험 반대 의견 발표 • 동물 실험을 반대하기 위한 경험적인 사실 및 자료 제시 • 찬성 및 반대 측 주장 자료에 대한 질문, 검증	• 학생들의 자유로운 발표와 토론으로 진행하되 핵심적인 부분에 대해서는 교사가 추가 질문 제기 • 양 측의 주장이 균형 있게 다뤄질 수 있도록 진행	
가치갈등의 해결	• 확인된 사실을 바탕으로 상대방의 견해 비판 • 제기된 비판에 대한 자기 입장 옹호 및 추가 주장 • 각각의 입장이 더 중요하게 생각하는 가치를 분명하게 제시 • 비슷한 다른 경우와의 비교	• 각 입장마다 일정 시간을 할당하여 한쪽의 일방적인 주장만 제기되지 않도록 주의	토론 및 학습지 작성
대안 모색 및 결과 예측	• 모둠별 대표자를 포함하여 학급 전체 토의 진행 • 각 입장에 대한 패널들의 질문 및 응답 • 각 입장을 채택했을 때 발생할 수 있는 결과 예측 • 서로의 입장을 수용할 수 있는 제3의 의견 및 대안 제시	• 상대방의 의견을 수용할 수 있는 방안에 대해 최대한 고민할 수 있도록 격려	
선택 및 결론	• 동물 실험에 대한 각자의 의견 정리 • 동물 실험에 대한 자신의 실천 방안 정리 • 전체 수업에 대한 정리	• 의사결정이 실천으로 이어질 수 있는 추가 과제 부여 가능	

4) 평가

논쟁문제를 수업하고 난 후에 학생들을 평가하는 것은 학생들에게서 발견되는 변화를 파악하고 앞으로의 논쟁문제 교수전략 개선을 위해 꼭 필요한 작업이다. 그런데 기존의 평가 내용과 방법으로는 논쟁문제 수업의 학습 결과를 제대로 평가할 수 없다. 기존의 지식 위주의 평가는 가치 갈등을 다루는 능력이나 논쟁문제에 관한 의사결정 과정을 고려하지 못하기 때문이다.

논쟁문제 수업에서 평가의 주요 내용은 논쟁문제와 관련된 지식의 획득 여부, 비판적 사고력과 의사 결정력의 향상 여부, 가치관 확립과 태도 형성 여부 등 처음에 제시했던 논쟁문제 수업의 목적에 도달했는가에 관한 것이 될 것이다. 이러한 문제를 해결하는 한 가지 방법은 논쟁문제의 교수 과정에서 강조되었던 요소들을 중심으로 평가하는 것이다. 그 주요 요소들의 예는 다음과 같다.

① 사실과 가치의 구분
② 일반적인 가치에서 구체적인 가치를 추출해 내는 것
③ 구체적인 가치에서 일반적인 가치를 추출해 내는 것
④ 논쟁문제와 관련된 지식이나 이론의 특징 이해와 그 적용
⑤ 개념과 용어의 정의
⑥ 자기의 주장을 경험적인 증거를 가지고 증명하는 것
⑦ 사회의 기본가치를 추출하는 것
⑧ 두 개의 가치가 갈등할 때 그 해결을 위해 적절한 기준을 모색하는 것
⑨ 현재 학습 중인 사건과 비슷한 사건의 비교와 비유의 능력
⑩ 주제와 증거, 사실, 가치, 주장 사이의 적합성에 대한 분석 능력

하버드모형에서는 논쟁문제 수업 이후 다양한 평가 방식을 통해 학생들을 평가하였다. 첫째, 일반적으로 널리 쓰이는 객관식 시험과 같이, 논쟁문제 수업 과정에서 제기된 문제를 중심으로 객관식 시험 문제를 출제하고, 학생들이 정답을 선택하도록 하였다. 둘째, 미리 만들어 놓은 문제를 활용하여 필기시험이 아닌 면접을 통해 학생들을 평가하였다. 셋째, 문제를 미리 만들어 놓지 않고 비구조화된 면접을 통해 학생들에게 논쟁문제를 제기하고, 학생들이 자신의 주장을 얼마나 합리적으로 제시할 수 있는지를 분석하였다. 넷째, 필기시험이나 면접이 아닌, 학생들의 토론 과정을 관찰하면서 학생들의 토론이 앞서 제시한 평가 기준에 얼마나 부합하는지를 분석하였다.

이처럼 실험적으로 다양한 평가 방식을 활용한 결과, 학생들은 약간의 차이는 있었지만, 필기 평가와 면접 평가 모두에서 논쟁문제를 교사와 함께 학습한 학생들이 통제집단보다 더 높은 점수를 받았다. 그러나 학생들끼리만 토론했던 집단은 통제집

단과 별로 차이가 없었는데, 이는 학생들이 스스로 정한 주제를 중심으로 토론을 하는 데 익숙하지 않았기 때문으로 보인다(Oliver & Shaver, 1966: 191-215).

연구보고 2

초등학생들의 의사결정능력을 향상시키기 위한 논쟁문제 수업모형을 개발한 한춘희(2011)의 연구에 따르면, 초등학교 논쟁문제 수업모형은 학생들의 인지적 발달 수준, 학생들의 흥미와 수준, 교실의 토론 문화를 고려하여 개발해야 한다. 그의 수업모형은 총 2차시에 걸쳐 진행되는데, 1차시에서는 논쟁문제를 파악하고 여기에 내재된 가치문제를 확인하고 다양한 정보와 자료를 수집 · 정리하고 자신의 입장을 정하는 것으로 논쟁문제를 도입한다. 2차시에는 본격적인 논쟁문제 탐구를 위하여 전체 토론을 실시하고, 대안을 모색하고 학습내용을 정리하는 것이다.

구정화(2020)는 숙의 민주주의에 기반을 둔 공론화를 적용하여 사회과 논쟁문제 수업 방안을 제안하였다. 사회과 논쟁문제 수업의 특징을 분석하고, 숙의 민주주의에서 강조하는 공론화의 특징을 도출하여 아홉 단계의 수업 과정을 제시하였다. 첫째, 논쟁문제를 제시하고 학생 개인의 의견을 파악한다. 둘째, 사전조사 결과를 고려하여 의견의 다양성이 드러나도록 협동 모둠을 구성한다. 셋째, 논쟁문제에 대한 시민적 합의의 필요성을 제시한다. 넷째, 모둠별로 논쟁문제 관련 자료를 검토한다. 다섯째, 모둠 내에서 합의 지점을 모색하는 자유토론을 진행한다. 여섯째, 학생들이 자신의 관점을 수정하는 경험을 할 수 있도록 모둠 내 구성원에게 찬반 의견을 임의 배정한다. 일곱째, 모둠 내에서 논쟁문제에 대하여 토론을 진행한다. 여덟째, 모둠별로 합의하지 못한 부분과 그 이유 등에 대하여 성찰한다. 아홉째, 토론 과정에서 느낀 자신의 시민적 경험을 성찰하고 이를 발표한다.

자료: 한춘희(2011). 논쟁문제수업을 통한 의사결정능력의 향상. 「사회과교육연구」, 19(3): 65-77.
구정화(2020). 공론화를 적용한 사회과 논쟁문제 수업방안-숙의 민주주의를 기반으로 하는 민주시민교육을 지향하며, 「시민교육연구」, 52(2): 1-26.

4. 논쟁문제 수업모형에 대한 평가와 전망

지금까지 논쟁문제 수업모형을 하버드모형과 차경수모형을 중심으로 살펴보았다. 여기서는 이러한 논쟁문제 수업모형에 대한 평가와 비판, 앞으로의 과제 등을 고찰해 보려고 한다.

1) 비판

논쟁문제 수업모형에는 다음과 같은 비판이 제기되고 있다. 첫째, 이 모형은 사회의 많은 사람들이 동의하는 기본가치가 있다고 보고, 그것은 비판의 대상이 아니라 옹호되어야 할 것으로 이해한다. 따라서 사회의 변화와 개선보다는 안정과 질서를 상대적으로 더 강조한다는 점에서 보수적이라는 비판을 받는다. 또한, 일부 학자들은 기본가치 자체가 사회에 존재하지 않는다고 주장한다(Blackledge & Hunt, 1985: 25). 보수적이라는 비판은 기본가치가 대체로 현재의 지배 계층을 중심으로 형성된 것이므로, 기득권 중심의 현 체제를 유지하는 데 기여하고 혁신적인 견해를 억압하는 수단이 된다고 본다(Pandiscio, 1983: 60-113). 그러나 사회의 기본가치는 그 사회를 유지하기 위한 기본조건이며, 기본가치 보호를 전제로 하여 다양한 의견을 허용하는 다원주의까지 부정하지는 않기 때문에 오로지 현상 유지만을 위한 보수적인 견해라고 단정 짓기는 어렵다.

둘째, 첫 번째 비판과는 반대로, 이 모형은 학생들에게 사회적 쟁점을 제시하고 공론화함으로써 오히려 사회의 질서에 의문을 갖게 하고 혼란을 초래할 수 있는 급진적인 수업모형이기 때문에 매우 위험하다는 비판을 받기도 한다. 이러한 견해는 대개 사회과수업에서 논쟁문제를 다루는 것 자체를 불편하게 생각하는 보수적인 집단과 계층에서 많이 발견된다. 그러나 논쟁문제 수업모형은 크게 찬성과 반대의 입장이 있고, 해결할 수 있는 대안이 있는 문제를 분석적인 논의를 통해 사회의 기본가치를 공고히 하자는 것이지, 사회의 안정성을 저해하자는 것은 결코 아니다. 개방적인 민주주의 사회에서는 오히려 이러한 분석적인 논의를 통해 사회가 더욱 안정적으로 발전할 수 있다.

셋째, 우리나라의 실정에 맞지 않는다는 비판도 있다. 토론 문화가 정착되지 않은 우리나라의 실정과 강의식 교육이 주를 이루는 교실에서 논쟁문제를 가르치는 것이 어울리지 않는다는 지적이다. 우리나라의 현실적인 여건으로 볼 때 이러한 비판이 전혀 일리가 없는 것은 아니지만, 다른 한편으로 보면 언제까지나 교육 여건이 개선되기만을 기다릴 수는 없다. 비록 교사와 학습자, 교육 시스템 등이 논쟁문제 수업을 위한 완전한 준비를 갖추지 못했더라도, 소집단 토의나 교사와 학생의 문답식 토론 수업을 통해 논쟁문제 수업을 시도해 볼 수 있다.

2) 종합평가

논쟁문제 수업모형은 사회적으로 의견이 엇갈리는 쟁점에 대해 학생들이 자기의 의견을 종합적으로 정리하고, 의사결정을 통해 자신의 입장을 옹호할 수 있는 능력을 길러줄 수 있다는 점에서 매우 의미 있는 수업모형이라고 할 수 있다. 특히, 사실에 관한 경험적 증명과 가치분석 과정을 상세하게 규정함으로써, 논쟁문제에서 첨예하게 대립되는 가치갈등 문제를 보다 깊이 있게 고찰하고, 쟁점해결 과정의 논리성을 높여줄 것으로 보인다.

이러한 논쟁문제 수업모형은 사회적 쟁점과 공공정책에 대해 시민들의 자발적이고 적극적인 참여를 활성화하는 데에도 기여할 수 있다. 논쟁문제 해결 과정에서 사회의 기본가치를 옹호하고 있다는 점에 대해서는 보수적이라는 비판을 받기도 하지만, 사회의 안정적인 발전이라는 측면에서 본다면 교육적인 의미가 있다고 볼 수 있다. 다만, 사회의 기본가치를 옹호하는 것이 시민의 자유롭고 창의적인 사고와 행동을 억압하는 것으로 왜곡되지 않도록 유의할 필요가 있다.

3) 앞으로의 과제

민주화, 다원화, 세계화 등이 빠르게 진행됨에 따라 논쟁문제에 대한 교수의 필요성은 최근 계속 높아지고 있다. 1960년대에 개발된 하버드모형은 아직도 우리나라 논쟁문제 수업에 대한 이론적, 실제적 연구에 많은 시사점을 주고 있다. 1980년대에는 스위니와 파슨스, 뱅크스 등이 주로 가치문제에 중점을 둔 논쟁문제 수업모형을 개발하기도 했다. 이러한 모형들을 기초로, 그리고 토론수업에 익숙하지 못한 우리나라의 실정을 고려할 때, 여기서는 문제의 제기, 가치문제의 확인, 용어의 정의, 사실의 확인, 가치갈등의 해결, 대안 모색, 결론 등의 단계로 이어지는 논쟁문제 수업모형을 제시하였다. 그리고 관련 논의로서 교수방법, 평가방법, 이 모형에 예상되는 비판 등에 대해서 서술하였다.

논쟁문제 수업모형을 활용하는 목적은 학생이 논쟁문제에 대해 자신이 정한 어떤 입장을 취하면서 그것을 합리적인 기준과 근거를 가지고 옹호할 수 있는 능력, 그리고 그 문제와 관련하여 제기되는 사실과 가치, 지식과 이론, 추상성과 구체성 등을 적절하게 연결시킬 수 있는 창의적 · 분석적 사고력과 의사결정력을 향상시키려는 것이다. 여기서 제시한 모형은 그러한 목적에 도달하는 데 기여할 수 있는 하나의 좋은 사례이자 기준이 될 수 있다는 것이지, 결코 이 모형을 기계적으로 적용해야 한다는 뜻은 아니다. 논쟁문제 수업에 항상 적용할 수 있는 고정불변의 법칙은 없으며 교사는 학생들이 가진 지식, 가치관, 경험, 능력, 교실 분위기 등 다양한 요인들을 고려해야 한다. 교실 내 각기 다른 상황은 그에 따른 상이한 접근과 전략을 요구한다. 한 집단의 학생들에게 효과가 있는 전략이 다른 집단에게도 그렇다는 보장이 없기 때문에 상황에 대한 예리한 판단과 그에 따른 유연한 대응이 필요하다(Stradling, Noctor & Baines, 1984). 이를 위해 무엇보다 교사 자신이 수업에 미치는 영향력에 대한 인식과 자기 성찰이 필요하다. 또한 토론에 적합한 교실 분위기의 형성과 민주적인 학교 문화를 조성하는 데 노력해야 한다. 한편, 후속 연구를 통해 보다 다양한 논쟁문제의 수업모형이 개발되고 그에 기초한 다양한 논쟁문제 수업이 공유될 필요가 있다. 특히 사회과학의 여러 영역을 기반으로 하는 학제적인 연구를 통하여 논쟁문제를 위한 새로운 수업모형이 개발 · 적용되기를 기대한다.

주요개념

논쟁문제, 공공문제, 윤리-법률모형, 하버드모형, 주제접근법, 역사적 위기법, 문제중심접근법, 배타적 중립형, 배타적 편파형, 중립적 공정형, 신념을 가진 공정형, 신념형, 객관형, 악마옹호형, 옹호형, 공정한 의장형, 소개형, 거부형, 회피형, 특권형, 균형형, 사회적 가치, 개인적 가치, 보편적 가치, 특수한 가치, 추상적 가치, 구체적 가치

Chapter 10

사회과 논쟁문제 수업
연습문제

01, 논쟁문제의 예를 들면서 개념을 정의하시오.

02. 논쟁문제에 관한 하버드모형의 특징을 요약하시오.

03. 가치갈등의 해결을 위한 기준을 제시하시오.

04. 논쟁문제 수업에서 교사의 역할을 설명하시오.

05. 논쟁문제의 선정 기준을 설명하시오.

06. 논쟁문제의 교수 단계를 정리하시오.

07. 현재 논의되고 있는 사회적 사안을 선정하여 논쟁문제 수업모형을 구성하시오.

참고문헌

구정화(1998). 사회과 논쟁문제 수업에 관한 연구. 「시민교육연구」, 27: 167-190.

구정화(1999). 사회과 학업수준별 논쟁문제 인식 및 수업에 관한 연구. 「시민교육연구」, 29: 1-26.

구정화(2009). 쟁점 중심 사회과교육 관련 연구의 동향-2000년대 "시민교육연구"와 "사회과교육" 학회지를 중심으로-. 「시민교육연구」, 41(1): 1-20.

구정화(2020). 공론화를 적용한 사회과 논쟁문제 수업방안-숙의 민주주의를 기반으로 하는 민주시민교육을 지향하며. 「시민교육연구」, 52(2): 1-26.

노경주(2000). 초등사회과에서의 쟁점중심교육. 「시민교육연구」, 31: 83-107.

노경주(2009). 시민 교육을 위한 쟁점 협상 모형에 관한 연구. 「시민교육연구」, 41(2): 73-95.

모경환, 안효익(2009). 온라인 공론장에서의 의제설정을 활용한 사회과 쟁점중심 수업모형 개발. 「시민교육연구」, 41(3): 25-50.

박가나(2018). 2015 개정 교육과정 고등학교 통합사회 교과서에 나타난 논쟁 문제 양상 분석. 교육연구, 72, 31-62.

박윤경(2006). 사회과 교과서에서 사회적 논쟁문제를 다루는 방식 연구: 호주제를 중심으로. 「시민교육연구」, 38(2): 67-100.

설규주(2001). 사회과 논쟁문제 학습. 「시민교육연구」, 33: 163-190.

손병노(2018). 쟁점중심 사회과 토론수업에서의 교사의 역할: 중립적 교사 역할의 재음미. 「사회과수업연구」, 6(2): 1-18.

오연주(2010). 공공쟁점 중심 사회과 토론수업에서 학생들은 왜 말하지 않는가?. 「사회과교육」, 49(2): 121-136.

오연주(2013). 공공쟁점 중심 교육에서 한국 사회과 교사의 역할 지향성 분석. 「사회과교육연구」, 20(4): 67-79.

오연주(2018). 공공쟁점 중심 토론학습의 학습자 적절성 탐색: 중등학생의 개인차에 따른 공공쟁점 개방성을 기초로. 「학습자중심교과교육연구」, 18(3), 661-685.

오연주, 김종훈(2012). 공공쟁점 수업 참여 학습자의 토론에 대한 인식 변화. 「시민교육연구」, 44(2): 101-127.

은지용(2001). 반성적 사고력 함양을 위한 쟁점 중심 교육과정 시안 개발. 「시민교육연구」, 33: 245-268.

오연주(2015). 사회과 교사의 정치성향에 따른 공공쟁점 중심 토론학습에서의 균형 역할 지향성 분석. 「사회과교육연구」, 22(1): 165-181.

옹진환(2012). 논쟁문제 수업에서 교사 의견 표명의 정당성 탐색-켈리에 대한 오해와 이해를 넘어서-. 「시민교육연구」, 44(2): 129-161.

이광성(2001). 사회과 논쟁문제 학습에서 교사의 역할과 고급사고력. 「사회과교육」, 34: 383-400.

이미나, 최욱, 배종규(2005). 사회과 논쟁 문제의 해결과정에 인터넷을 활용한 문제중심학습이 경제 이해력과 논변능력에 미치는 효과연구. 「시민교육연구」, 37(1): 101-126.

이바름, 정문성(2020). 사회과 논쟁문제 토론수업에 대한 교사의 인식 연구. 「시민교육연구」, 52(3): 187-212.

정문성(1997). 사회과 협동 학습에서의 논쟁 교수 모형. 「교육논총」, 13: 259-276.

전제철(2008). 법교육 측면에서 본 사회과 논쟁문제 수업 모형. 「사회과교육」, 47(4): 183-203.

조영제(1998). 자유주의와 논쟁문제 학습. 「시민교육연구」, 27: 191-208.

주은옥(2001). 논쟁 수업을 위한 '찬반 협상 모형' 개발에 관한 연구. 「시민교육연구」, 32: 325-351

차경수(1994). 사회과 논쟁문제의 교수모형. 「시민교육연구」, 19: 225-240.

한춘희(2011). 논쟁문제수업을 통한 의사결정능력의 향상. 「사회과교육연구」, 19(3): 65-77.

황미영, 박선운(2021). 중학교 사회 교과서의 논쟁문제 유형 및 논쟁문제 교수학습 과정 분석. 「시민교육연구」, 53(3): 183-215.

Banks, J.A.(1990). *Teaching strategies for the social studies(4th edition).* New York: Longman.

Blackledge, D. & Hunt, B.(1985), *Sociological interpretations of education*, London: Croom Helm.

Council of Europe(2015). *Living with Controversy-Teaching Controversial Issues Through Education for Democratic Citizenship and Human Rights(EDC/HRE)- Training Pack for Teachers.* Council of Europe. https://edoc.coe.int/en/

Evans, R.W. & Saxe, D.W.(1996.), *Handbook on teaching social studies.* National Council for the Social Studies Bulletin, 93.

Geller, R.C.(2020) Teacher political disclosure in contentious times: A "responsibility to speak up" or "fair and balanced"?, *Theory and Research in Social Education*, 48(2): 182-210.

Harwood(1986). To advocate or to educate? *Education 3-13: International Journal of Primary, Elementary and Early Years Education*, 14(2): 51-57.

Hess, D.E.(2008). Controversial issues and democratic discourse, In L.S. Levstık & C.A. Tyson (Ed.), *Handbook of research in social studies education.* New York: Routledge.

Kelly, T.E.(1986). Discussing controversial issues: Four perspectives on the teachers role. *Theory and research in social education*, 14(2): 113-138.

Lickona, T.(1991), *Educating for character: How our schools can teach respect and responsibility.* NY: Bantam Books.

Muessig, R.H.(1975), Some thoughts on controversial issues, In R.H. Muessig(Ed.), *Controversial issues in the social studies: A contemporary perspective.* Washington, D.C.: National Council for the Social Studies.

National Council for Social Studies(NCSS)(2016). Academic freedom and the social studies educator, *Social Education*, 80(3): 186.

Newmann, F.M. & Oliver, D.W.(1970). *Clarifying public controversy: An approach to teaching social studies*. Boston: Little, Brown and Company.

Ochoa-Becker, A.S.(2007). *Democratic education for social studies: An Issues-centered decision making curriculum*. Greenwich: Information Age Publishing Inc.

Oliver, D.W. & Shaver, J.P.(1966). *Teaching public issues in the high school*. Boston: Houghton Mifflin Company.

Onosko, J.J. & Swenson, L.(1996), Designing Issue-Based Unit Plans. In R.W. Evans & D.W. Saxe(Ed.), *Handbook on teaching social issues*. National Council for the Social Studies,, Bulletin, 93: 89-98.

Rossi, J.A.(1996). Creating strategies and conditions for civil discourse about controversial issues. *Social Education*, 60(1): 15-21.

Sing, B.(1988). The Teaching of controversial issues: The problems of the neutral-chair approach. In B. Carrington & B. Troyna(Ed.), *Children and controversial issues: Strategies for the early and middle years of schooling*. London: The Falmer Press.

Skeel, D. J.(1996). An Issues-Centered Elementary Curriculum. In R.W. Evans & D.W. Saxe(Ed.), *Handbook on teaching social issues*. National Council for the Social Studies, Bulletin, 93: 230-236.

Stradling, R.(1984). Controversial issues in the curriculum, In R. Stradling, M. Noctor, & B. Baines(Ed.), *Teaching controversial issues*, London: Edward Arnold.

Sweeny, J.A.C. & Parsons, J.B.(1975). Teacher preparation and models for teaching controversial social issues. In R.H. Muessig(Ed.), *Controversial issues in the social studies: A contemporary perspective*, Washington, D.C.: NCSS.

Chapter
11

사회과의 평가

1. 사회과 평가의 개념과 강조점
2. 수행평가와 참평가
3. 사회과 평가의 방법
4. 사회과 평가문항의 제작
5. 사회과의 과정 중심 평가

평가는 교육 목표가 어느 정도 달성되었는지를 파악하고 판단하는 과정이다. 교육 활동은 먼저 교육 목표를 설정하고, 이를 달성하기 위한 교육 내용을 선정 및 조직하며, 그에 따른 교수-학습 활동을 진행한 후, 최종적으로 평가 활동을 통해 그 성과를 확인하는 순서로 이루어진다. 이러한 맥락에서 사회과 교육의 목표와 내용, 방법이 실제 수업 속에서 얼마나 효과적으로 제시되고 구현되었는지를 판단하기 위해서는 체계적이고 정밀한 평가가 필수적이다. 이 장에서는 사회과 평가의 개념과 강조점, 다양한 평가 방법, 그리고 평가 문항의 제작 등에 대해 자세히 살펴보고자 한다.

1. 사회과 평가의 개념과 강조점

1) 평가의 개념과 과정

교육은 현재 상태를 불완전하다고 보고 더 나은 상태로 인간의 행동을 변화시키기 위해 기울이는 노력이라고 할 수 있다. 예를 들어, 일정한 교육 활동이 종료된 후에 지식을 더 많이 습득했다거나, 문제 해결 능력이 향상되었거나, 체력이 더 좋아졌다는 판단을 내릴 수 있다면, 이는 교육을 통해 인간의 상태와 행동이 바람직한 방향으로 변화했다는 것을 의미한다. 이러한 판단을 내리기 위해서는 기준이 필요하며, 그 기준 역할을 하는 것이 바로 교육의 목표이다.

따라서 교육 평가는 교육 목표가 얼마나 잘 달성되었는지를 검토하고 판단하는 과정이다. 보다 구체적으로, 교육 평가는 교육 목표와 내용 선정, 지도 방법이 적절했는지, 학생들에게 필요한 것이 무엇인지, 학생들이 원하는 것은 무엇인지, 학생들의 능력이 어느 정도인지를 검토하는 과정을 통해 이루어진다. 교육 평가를 단순히 학생의 능력을 판단하는 것으로만 생각한다면, 이는 평가의 범위를 매우 제한적으로 이해하는 것이다.

평가의 목적은 크게 두 가지로 나눌 수 있는데, 하나는 학습자 지원이고, 다른 하나는 수업 개선이다. 학습자 지원의 측면에서는 학습자의 현재 상태와 수준을 파악하고 목표 달성을 위해 학습자에게 보다 적합한 학습 경험을 제공하기 위해 평가가 필요하다. 수업 개선의 측면에서는 수업에 적용된 내용과 방법이 사회과 목표에 비추어 적절했는지를 판단하고 이를 개선하기 위해 평가가 필요하다.

일반적으로 교육 평가는 ① 학생의 필요와 능력 분석, ② 교육 목표 설정, ③ 교수-학습 과정 진행, ④ 지금까지의 모든 과정에 대한 평가 등의 단계를 거쳐 이루어진다. 이러한 과정을 통해 효과적인 평가를 실시하기 위해서는 연간, 월간, 주간 단위의 평가 계획도 체계적으로 수립되어야 한다. 이러한 평가 과정을 그림으로 표현하면 [그림 11-1]과 같다.

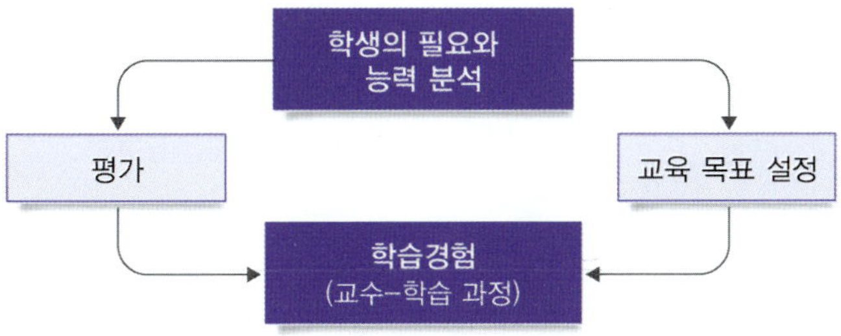

[그림 11-1] **평가의 과정**

2) 사회과 평가의 강조점

사회과는 빠르게 변동하는 다양한 사회현상을 주요 내용으로 하고 있기 때문에, 사회과의 평가는 이러한 사회현상의 변화를 고려해야 한다. 1960년대 이후, 과학기술의 발달과 블룸(B.S. Bloom), 브루너(J.S. Bruner) 등의 교육학자들의 연구 결과에 영향을 받아, 사회과의 학습 내용과 평가 방법에도 적지 않은 변화가 나타났다. 그리고 1990년대 이후에는 정보화 사회에서 필요한 의사결정 능력이 강조되면서, 고차사고력에 대한 평가 방법이 다양하게 연구되고 있다. 평가는 목표, 내용, 방법 등과 밀접하게 연관된 과정의 일부분이기 때문에, 이 같은 교육 외적·내적 변화와 동향을 이해하는 것이 중요하다. 사회과 평가에서 강조하는 내용은 다음과 같다.

가. 목표의 행동적 표현 강조

과거에는 '민주시민 육성', '공동체의 발전' 등과 같이 교육 목표가 추상적으로 진술되었으나, 최근의 교육학자들은 '관찰할 수 있는' 행동을 중심으로 구체적인 교육 목표를 제시하고 있다. 사회과의 평가도 이러한 방향을 따르고 있다. 행동적 교육 목표는 학습 내용에 관한 목표와 학습 능력에 관한 목표, 이 두 가지로 구성된다. 예를 들어, '국회의 기능을 이해한다'는 목표를 제시할 때, '국회의 기능'은 내용이 되고 '이해한다'는 학습 능력의 목표가 된다. 이처럼 내용과 학습 능력이 설정되면, 그러한 행동 목표의 충족을 위해 지시 및 확인 가능한 구체적인 조건을 제시해야 한다. 예를 들어, '2015년과 2020년의 인구센서스 자료를 보고 7대 도시 인구의 변화를 나타내는 막대그래프를 그릴 수 있다. 그래프는 만 명을 단위로 하여 그린다'와 같은 목표에서 '인구의 변화'는 내용이며, '막대그래프를 그린다'는 것은 행동의 표현이고, '만 명을 단위로 그린다'는 것은 행동의 조건을 나타낸다.

나. 지식의 구조 및 고차사고력 평가 강조

사회과에서는 지식의 구조와 고차사고력의 평가를 강조한다. 1960년 브루너의 교육의 과정(The Process of Education)이 출판된 이래, 각 교과에서는 개념과 일반화를 중심으로 교과를 구성할 것이 요구되었다. 사회과에서도 사회과의 주요 내용을 이루고 있는 사회과학의 개념, 일반화, 이론 등을 소재로 하여 평가 문항이 제작되어야 한다는 주장이 강조된 이후, 이는 사회과 평가의 큰 흐름을 형성하고 있다. 1990년대 중반 이후에는 문제해결력을 중심으로 한 고차사고력이 사회과의 목표와 평가에서 강조되고 있다. 이와 함께 과학적 탐구력, 창의적 사고력, 의사결정력, 메타인지 등과 같은 고차사고력을 향상시키고 평가하는 방법에 대한 연구도 활발히 전개되고 있다. 특히 정보를 새롭게 조직하고 해석하기를 요구하는 논술형 평가는 고차사고력 평가에 유용한 방법이 될 수 있다(Newmann, 1990; 이어진 · 박인옥, 2020). 예컨대 공공 쟁점에 대한 설득적 글쓰기는 학생들로 하여금 지식뿐만 아니라 문제해결력, 비판적 사고력, 의사결정력 등 다양한 고차사고력을 활용하게 한다. 따라서 논술형 평가는 고차사고력의 측정 도구로 적합할 뿐만 아니라, 고차사고력의 육성에도 효과적인 방법이다(이어진 · 박인옥, 2020).

다. 가치 영역의 평가에 대한 관심

사회과의 전통적인 평가가 사실, 정보, 지식 등과 같은 인지적 측면의 평가를 강조했다면, 최근의 사회과 교육은 가치 및 태도 등과 같이 정의적 영역에 속하는 인간의 행동 특성에 관한 평가에 주목하고 있다. 예를 들어, 사회과 교육의 주요 목표 중 하나인 '타인에 대한 배려', '세계시민으로서 지구촌 문제의 해결을 위해 공헌하는 태도' 등과 같은 정의적 영역을 평가의 대상으로 삼고 있는 것이다. 그러나 실제로 정의적 영역을 어떻게 평가할 것인가의 문제는 여전히 어려운 과제로 남아 있다. 정의적 영역의 평가는 인지적 영역에 비하여 상대적으로 명확한 기준 마련이 어렵고, 평가자의 주관이 개입될 가능성이 크다.

사회과교육의 연구와 실제에 있어서 바람직한 가치와 태도의 형성이 강조되고 있지만, 실제 학교 현장에서의 사회과 수업은 여전히 사실과 개념 등 지식 위주로 진행되는 경우가 많다. 이러한 원인 중 하나로, 올바른 가치와 태도를 형성하기 위한 체계적인 수업 방법과 평가 방법의 개발이 아직 충분하지 않은 점을 꼽을 수 있다. 따라서 정의적 영역의 행동을 측정할 수 있는 평가 방안에 대한 연구가 필요하다.

2. 수행평가와 참평가

사회과 평가에서 빼놓을 수 없는 것이 수행평가와 참평가에 대한 내용이다. 1980년대 후반부터 미국과 영국 등 선진국에서 시작된 수행평가(performance assessment)와 참평가(authentic assessment)는 교육의 본질적인 기능을 강화하기 위한 노력으로, 21세기 교육 개혁의 중요한 과제로 떠올랐다. 우리나라에서는 수행평가가 1990년대 말부터 학교 현장에 널리 확산되기 시작했다. 특히 학습자 중심, 자기 주도적 학습 등을 강조하는 제7차 교육과정이 본격적으로 시행된 2000년대 초부터는 대부분의 초·중·고등학교에서 평가의 일정 비율을 수행평가 방식으로 실시하는 것을 원칙으로 하고 있다. 사회과에서는 토론, 역할극, 신문 제작, 논술 등 다양한 방식의 수행평가가 활용되고 있다.

1) 수행평가의 개념과 특징

넓은 의미에서 수행평가는 전통적인 선다형 필답고사의 문제점을 보완하기 위해 개발된 대안적 평가(alternative assessment) 방식을 전체적으로 포괄하는 개념이다. 여기서 수행(performance)이란 구체적 상황에서 실제로 행동하는 과정(process)이나 결과(product)를 의미한다. 다시 말하면, 수행평가는 학생들이 주어진 선택지에서 정답을 고르는 것이 아니라, 스스로 답을 구성하거나 실제로 수행을 하도록 요구하는 평가 방식이다.

원칙적으로 교육의 목표와 그러한 목표의 달성 여부를 검토하는 평가 사이에는 일관성이 있어야 한다. 그러나 이 원칙은 실제로는 잘 지켜지지 않는 경우가 많다. 예를 들어, 훌륭한 시민을 양성하는 것이 사회과의 목표라고 할 때, 교육 내용과 방법, 그리고 평가는 그와 관련된 일관성을 가져야 한다. 그러나 실제 수업에서는 정치학이나 경제학과 관련된 단편적인 지식을 암기하는 데 그치고, 평가는 지식을 측정하는 선다형 평가 방식을 취하는 경우가 많다. 이렇게 되면 학생들의 사회과 성적이 좋다고 하더라도, 시민의 자질로 강조되는 경제적 의사결정 능력이나 참여적 태도의 함양을 기대하기는 어려운 상황이 발생한다.

수행평가는 학습자들이 교육의 목표인 의사결정 능력이나 문제해결력 등의 습득 여부를 관찰 가능한 행동이나 산출물로 보여주도록 요구하는 평가이다. 고차사고력이 있다는 것을 보여주기 위해서는 사회문제 해결에 관한 보고서를 쓰는 것이 한 방법이 될 수 있다. 선다형 문항에서 정답을 고르는 것보다는 직접 보고서를 쓰는 것이 학생의 고차적 지식이나 사고력을 더 잘 나타낼 수 있기 때문이다. 이 점에서 수행평가는 선다형 평가에 비해 교육 목표의 도달 여부를 보다 더 직접적으로 평가한다고 볼 수 있다.

2) 참평가(실제적 평가)의 개념과 특징

수행평가가 학생들로 하여금 실제 생활(real life) 문제를 통해 성취도를 나타내도록 요구할 때, 우리는 이것을 실제적(實際的) 평가 또는 참평가(authentic assessment)라고 부른다. 다시 말하면, 수행평가 중에서도 실제 생활 속의 성취를 측정하는 것이 실제적 평가 또는 참평가이다. 참평가는 실제 생활 속의 수행을 통해 학생의 성취를 측정하는 것, 즉 교육의 실제적 성취(authentic performance)를 측정하는 것을 목적으로 한다.

사회과의 참평가 또는 실제적 평가는 단순한 지식보다는 고차사고력이나 문제해결력을 실제 생활에서 발휘할 수 있는 수준으로 습득하고 있는지를 측정하는 평가이다. 따라서 교육 목표, 내용, 평가의 일관성, 그리고 사고의 복합성과 교육의 실제성 등이 강조된다. 사회과 참평가의 특징을 요약하면 다음과 같다(Wiggins, 1998).

① 현실적인 세계에서의 지식이나 능력을 측정할 것
② 문제 해결을 위한 판단과 혁신을 필수적으로 할 것
③ 교과에서 배운 것을 실천할 것
④ 어른들이 직장, 사회생활, 개인생활에서 경험하는 맥락을 모방하거나 재현할 것
⑤ 복잡한 과제를 해결하는 지식과 기능을 효과적으로 이용하는 능력을 평가할 것
⑥ 학습자가 행한 행동에 대해서 피드백을 받고 다시 수정할 수 있는 충분한 기회를 가질 것

3) 수행평가와 참평가의 차이점

참평가와 수행평가는 비슷한 점이 있지만, 동일한 개념은 아니다. 두 방식 모두 복합적인 사고력을 중요시하며, 결과나 산출물과 함께 학습의 과정을 중시한다. 위에서 설명한 바와 같이, 참평가는 수행평가의 부분 집합이다. 따라서 모든 참평가는 수행평가에 해당하지만, 모든 수행평가가 반드시 참평가라고 할 수는 없다. 참평가에서는 교실을 넘어서 실제 상황에서의 수행 능력을 측정한다. 이에 비해, 수행평가는 반드시 실제적인 맥락에서 이루어지는 것은 아니라는 점에서 참평가와 차이가 있다.

예를 들어, 노동조합을 연구하는 학생의 경우, 수행평가에서는 창의적인 글을 쓰고 관련된 사진을 모으는 것 등이 평가의 대상이 되지만, 참평가에서는 실제로 노동조합 또는 이와 유사한 조직을 구성하거나 노동조합과 관련된 행동을 하는 것이 평가의 대상이 된다(Mathison, 2001). 이처럼 참평가는 수행평가 중에서도 "실제성(authenticity)"에 초점을 둔 평가 방식이다. 이러한 개념들 간의 관계를 그림으로 표현하면 [그림 11-2]와 같다.

[그림 11-2] **수행평가와 참평가**

4) 참평가와 수행평가의 학습 체계와 내용

참평가나 수행평가는 고차사고력을 강조하며, 문제 해결이나 창의력 개발 등 실천적인 면을 중요시한다. 수업 방식이 지식 암기 위주로 진행되면서 평가만 고차사고력 중심의 참평가나 수행평가로 할 수는 없을 것이다. 먼저 사고력 중심의 수업을 하고, 그 수업을 바탕으로 참평가나 수행평가를 하는 것이 순서이다. 따라서 수업을 어떻게 사고력 중심으로 실제 상황과 비슷하게 진행할 것인가 하는 문제가 발생한다. 이처럼 실제 상황에서의 문제 해결이나 사고력을 중심으로 하는 수업을 실제적 수업(authentic instruction)이라고 하며, 이러한 수업에 기초하여 참평가를 할 수 있는 과제를 실제적 평가과제(authentic assessment task)라고 하고, 실제적 수업으로 구성된 수업 체계를 실제적 교수법(authentic pedagogy)이라고 한다.

위스콘신 대학교의 뉴먼 교수(Fred M. Newmann)는 사회과를 직접 연구 대상으로 하여 수업 체계와 참평가의 문항을 예시했는데, 이는 우리에게 시사하는 바가 크다. 그는 미국 연방정부의 지원으로 1990년부터 5년간 24개의 초·중·고등학교에서 556

개의 교실을 관찰하여 235개의 실제적 평가 과제를 교사들로부터 수집하였고, 학생들이 작성한 5,100개의 수행평가 답안지를 수합하여 검토했다. 아래에 뉴먼 등이 제시한 참평가의 학습 체계를 소개하면 다음과 같다(Newmann, Secada & Wehlage, 1995).

① 실제적 성취(authentic human achievement)
② 실제적 평가 과제(authentic assessment task)
③ 실제적 수업(authentic instruction)
④ 실제적 수행 결과(authentic student performance)

이들 각 단계의 내용은 엄격하게 보면 조금씩 다르지만, 각 단계에서 공통적으로 나타나는 내용은 다음과 같다.

① 학생들은 정보와 개념에 대해서 심층적으로 요약, 이해, 조직, 종합, 일반화, 설명, 가설 설정 등의 활동을 하고, 근거를 바탕으로 결론을 도출하는 모습을 보여야 한다. (고차사고력)
② 학생들은 교과에 나오는 학문적인 개념, 원리, 이론, 법칙 등을 이해하고 해석하며, 이를 문제 해결에 이용할 수 있어야 한다. (교과에 나오는 학문적 이론)
③ 학생들은 교과에서 추구하는 학문적인 탐구, 연구, 의사소통 방법 등을 사용하여 문제를 제기하고 해결해야 한다. (교과에 나오는 학문적 방법)
④ 학생들은 현재 제기되고 있는 문제에 대해서 대안적인 해결, 전략, 전망 등을 제시해야 한다. (고차사고력)
⑤ 학생들은 교과의 학습활동을 학교의 울타리를 넘어 존재하는 현실 문제와 연결하여 학습해야 한다. (학교 밖의 가치와 연결)
⑥ 학생들은 이상과 같은 학습 활동을 언어적으로 또는 문서로서 정교하게 표현할 수 있어야 한다. (언어적 및 문서에 의한 표현력)

5) 참평가 및 수행평가의 구체적 형태

참평가나 수행평가는 고차사고력을 측정하고 과정을 중시하며, 학생의 성장 과정을 알아보는 평가이기 때문에 일화기록법, 면접법, 관찰법, 토론법, 자기평가보고서, 논술문 작성, 과제 보고서, 포트폴리오 작성 등 여러 방법을 사용할 수 있다. 특히 중·고등학교 과정에서는 논술문과 포트폴리오가 많이 활용되고 있다.

가. 논술문 작성

학습 과제 수행의 과정과 결과를 평가하는 수행평가의 가장 일반적인 형태는 논술문 작성이다. 과제를 부과하고 이에 대한 보고서를 논술문 형태로 작성하여 제출하도록 하는 것인데, 연구 보고서, 프로젝트 보고서 등 다양한 방식이 있다. 보통 사회적으로 찬성과 반대 의견이 대립하고 있는 공공 문제에 대해 해결 방법을 제시하도록 하며, 단순히 글만 쓰는 것이 아니라 연구나 현장 답사 등을 통해 습득한 정보를 바탕으로 주어진 문제에 대한 해결 방안을 제시하는 것이다. 개인 작업으로 진행될 수도 있고, 3~5명이 한 집단을 이루어 과제를 수행한 결과를 논술문 형태로 제출하는 경우도 있다. 이러한 글은 분석력, 창의력, 비판적 사고력, 의사결정력 등 고차사고력의 발휘, 가치 갈등의 해결, 교과의 개념이나 주제 활용, 탐구 방법의 활용 등이 가능해 참평가 과제로서 적합하다.

논술문 작성 과제를 통해 참평가를 실시하는 경우, 우선 정치, 경제, 사회, 문화, 역사, 지리 등 사회과의 영역에서 사회적으로 논쟁이 있는 주제를 선정하고, 이 주제 속에 교과의 개념이나 주제 및 탐구 방법 등이 포함될 수 있는지를 검토하며, 문제의 해결 과정에서 여러 가지 고차사고력이 표현될 수 있는지, 또 학교 밖의 가치와 연결시킬 수 있는지 등을 검토해야 한다. 문제에 따라 이러한 요소들이 모두 포함되기 어려운 경우도 있지만, 가능하면 많이 포함될수록 좋은 참평가 과제가 된다.

나. 포트폴리오

참평가나 수행평가에서 광범위하게 활용되고 있는 것이 포트폴리오(Portfolio)이다.

포트폴리오란 보통 학생들이 수업을 통해 산출한 논술문, 작품 등의 학습 결과물을 일정 기간 모은 자료집을 말하며, 이를 통해 학생의 교육적 성장을 알 수 있어 수행평가 방법으로도 많이 이용되고 있다. 이 자료집에 포함되는 것으로는 중·고등학교의 사회과에서 논술문이 가장 대표적이라고 할 수 있지만, 학생의 작품, 그림, 과제 보고서 등 다양한 내용이 포함될 수 있다. 포트폴리오의 특징은 다음과 같다(Gredler, 1999: 152-153).

① 장기간에 걸친 학생의 작품을 모아 성장 정도가 반영되도록 할 것
② 그때그때의 발전 과정을 보여줄 수 있을 것
③ 학생의 강점과 약점을 확인하여 학생에게 피드백을 줄 것
④ 어떤 주제와 관련된 글, 그림, 사진, 도표 등 다양한 종류의 자료를 모을 것
⑤ 어떤 주제에 관한 학생의 고차사고력을 평가할 수 있을 것
⑥ 전통적인 학습에서 뒤처져있는 학생들에게 능력을 발휘할 수 있는 기회가 될 것
⑦ 포트폴리오를 작성할 때 교사는 내용과 형태에 대해서 학생과 미리 협의할 것
⑧ 교과서에 많이 의존하는 것보다 교과서를 기초로 하되 자유롭게 작성할 것
⑨ 교사는 중간에 살펴보고 학생에게 피드백을 주면서 개선의 기회를 줄 것

포트폴리오는 규격과 시간에 얽매이지 않고 학생이 그 능력을 자유롭게 발휘할 수 있다는 장점이 있으며, 타당도가 표준화 검사보다 높다. 그러나 채점하는 데 시간이 많이 걸리고 객관성과 신뢰도가 표준화 검사보다 낮다는 문제점이 있다. 이러한 문제를 해결하기 위해서는 고차사고력 향상을 위한 포트폴리오의 목표를 명확하게 설정하고, 평가 기준을 사전에 분명히 정하며, 포트폴리오 평가와 다른 자료를 활용한 평가 간의 균형을 유지하여 갈등이 발생하지 않도록 해야 한다. 채점 방법으로는 평가 내용을 요약하여 서술하는 방법과 평정척도에 의한 채점 방법 등이 있는데, 평가 목적에 따라 적절하게 이용해야 한다. 또한 교사 본인도 자신의 수업에 대한 포트폴리오를 작성하여 수업 성찰 및 수업 전문성 신장을 위한 참고 자료로 활용하는 등 포트폴리오를 광범위하게 사용할 수 있다.

다. 수행평가의 채점 방식

참평가나 수행평가를 실시할 때 어떻게 채점할 것인가의 문제가 남는다. 수행평가의 채점 방법은 크게 체크리스트법과 평정척도법의 두 가지로 나눌 수 있다. 체크리스트법(checklist)은 평가자가 평가하고자 하는 특성이 존재하는지의 여부를 살펴보는 것이다. 예를 들어, '의사결정을 하고 있는가?'라는 항목에 대해 '그렇다' 혹은 '그렇지 않다'로 존재 여부를 평가한다. 평정척도법(rating scale)은 평가하고자 하는 특성의 존재 정도를 순위를 매겨서 평가하는 것이다. 예를 들어, '교과의 개념과 주제를 충분히 이해하여 현실 문제의 해결에 응용하고 있는가?'에 대해 아주 잘 하고 있으면 3점, 부분적으로 제시하고 있으면 2점, 잘못하고 있으면 1점 등으로 평가하는 것이다. 사회현상의 학습에 필요한 인지적 능력은 가부(可否)의 문제라기보다는 정도의 문제이므로 체크리스트법보다는 평정척도법이 많이 쓰인다. 3단계 평정척도의 예는 다음과 같다.

- 3점 – 평가하고자 하는 특성이 아주 높거나, 평가가 요청하는 모든 사항을 만족시키거나, 최고의 사고력을 발휘한 경우
- 2점 – 평가하고자 하는 특성이 중간이거나, 요청 사항을 부분적으로 만족시키거나, 특성은 있으나 불명확한 경우
- 1점 – 평가하고자 하는 특성의 존재가 낮거나, 특성이 피상적으로 나타나거나, 낮은 차원의 사고력을 보인 경우

라. 사회과 수행평가의 예

이상과 같은 이론적 기초를 토대로 하여 사회과의 내용을 반영한 수행평가 문제의 예, 평가 기준, 채점 기준 등을 제시해 보면 다음과 같다.

> 얼마 전 어느 중학교에 재학 중인 남학생 4~5명이 사복을 입고 무리 지어 다니면서 등하굣길 학생들을 상대로 물건을 빼앗거나 폭력을 행사하는 등 비행 행위를 하는 것이 경찰에 의해 발견되었다. 이 학생들은 가정이 어렵고 학업 성적이 하위권에 속하는 것으로 알려졌다. 교육청은 사회문제 연구의 전문가인 당신에게 해당 문제의 원인과 대책을 마련하여 보고서를 제출할 것을 요청하였다. 당신이 작성할 보고서의 핵심 내용을 서술하시오.

① **평가 기준**

- 정보의 요약, 해석, 조직, 종합, 대안모색 등이 있는가?
- 교과의 학문적 개념을 이용하고 있는가?
- 교과의 학문적 탐구 방법을 이용하고 있는가?
- 학교 밖의 가치와 적절하게 연계하고 있는가?
- 훌륭한 논술문(조직, 표현, 창의성, 근거 제시, 단락식 서술 등)을 작성하고 있는가?

② **채점 기준**(0~100점)

- 평가 기준에 준하여 충분히 깊이 있게 논의하고 있으며, 전체적으로 잘 조직되어 있다. (90~100점)
- 평가 기준에 준하여 깊이 있게 논의하고 있으나, 전체적으로 조직이 잘되어 있지 않다. (80~89점)
- 평가 기준에 준하여 논의하고 있으나 충분하지 못하고 전체적인 조직이 약하다. (70~79점)
- 평가 기준에 준하여 적절한 정보와 개념으로 논의하지 못하고 있다. (0~69점)

3. 사회과 평가의 방법

학생 선발을 목적으로 평가가 활용된다면, 가장 유용한 방법은 아마도 지필평가일 것이다. 그러나 오늘날 평가의 초점은 학생 선발보다는 학생의 필요와 학습 진행 상황을 검토하여 학생이 교육 목표를 달성할 수 있도록 도와주는 데 있다. 다시 말해, 평가는 학생의 잠재능력을 최대한 발휘하게 하여 모든 학생이 일정한 학업 성취 수준 이상에 도달할 수 있도록 돕는 것을 목적으로 한다. 이러한 목적에 맞추어 평가의 방식도 다양하게 나타나고 있다.

1) 필답고사

가. 규준지향검사와 준거지향검사

연령이나 학년 등에 따라 일정한 집단을 대상으로 하여 그 집단에서 차지하는 상대적 위치를 파악하고 그것을 중심으로 평가하는 것을 규준지향검사(norm-referenced test) 또는 상대평가라고 한다. 각 시 · 도 교육청이 주관하는 성취도 평가나 한국교육과정평가원이 주관하는 대학수학능력시험의 일부 과목들은 규준지향검사의 예이다. 규준지향검사는 "이 학급 학생들의 성취 수준은 다른 반 학생들에 비해 어떠한가?"와 같은 질문에 답을 제공한다.

이에 비해, 어떤 목표를 정하고 이에 도달하는지를 평가하는 것을 준거지향검사(criterion-referenced test) 또는 절대평가라고 한다. 준거지향검사에서는 비교 대상 집단이 없으며, 개인이 주어진 과제를 해결하고 기준점이 되는 학습 목표를 달성했는지의 여부를 평가한다. 일정한 기준 점수 이상을 획득하면 합격이 되는 운전면허시험은 목표지향검사의 예이다. 준거지향검사는 "학생들이 학습하기를 기대하는 준거 또는 목표에 비추어 우리 학생들의 성취 수준은 어떠한가?"라는 질문에 답을 준다(Beal et al., 2009: 337-8).

나. 교사 제작 검사와 표준화 검사

교사가 제작한 필답고사는 그 교사가 가르치는 학생들의 수준과 맥락이 반영되어 있으므로 교수 방법과 내용 개선을 위한 좋은 자료가 될 수 있다. 반면, 객관성과 정확성이 다소 떨어질 수 있다는 단점이 있다. 이에 비해, 지역 단위 혹은 전국 단위로 실시되는 표준화 검사는 학생들의 상대적인 위치를 파악하는 데 유용하다. 그러나 수업의 진행자인 교사가 문제를 만들지 않고 외부 전문가가 제작한 문제를 풀기 때문에, 실제 수업의 진행, 내용, 방법 등에 대한 맞춤형 평가에 크게 기여하지 못할 수 있다는 단점이 있다. 따라서 교사들은 이러한 각종 평가의 장단점을 잘 고려하여 알맞은 방법을 활용해야 한다.

2) 관 찰

관찰은 학생의 학습 상황에 관한 정보를 수집하기 위해 교사가 학생의 행동을 주의 깊게 살펴보는 것이다. 교사는 수업을 하면서 학생들의 표정에서 흥미도, 이해도, 수줍음, 학습 참여에 대한 동기 정도 등을 관찰할 수 있다. 또한, 학습 자료의 적절성, 교수 방법의 적절성, 학생들의 학습 진행 상황 등도 파악할 수 있다.

관찰법을 교사는 자신이 관찰한 사항들을 빠짐없이 기록해 두는 것이 좋다. 예를 들어, '다른 친구와 잘 지낸다', '책임을 잘 수행한다', '신념이 뚜렷하다', '의견을 분명하게 제시한다', '다른 사람의 의견을 잘 듣는다', '민주주의 개념을 정확히 표현한다', '문화의 예와 예가 아닌 것을 구별한다' 등과 같이 지식과 행동을 구체적으로 분류하고, 해당란에 가부(可否) 여부를 체크하도록 할 수 있다.

3) 척도법

척도법은 학생의 행동 발달을 몇 단계로 구분하여 기록하는 방법이다. 척도법의 장점은 관찰한 내용을 보다 체계적으로 정리할 수 있고, 점수화가 가능하다는 점이다. 예를 들어, '학생들이 토론에 효과적으로 참여할 수 있다'를 교육 목표로 설정하고, 이를 다시 ① 집단의 목표에 공헌하는 의견을 가지고 있다, ② 다른 사람과 함께 일할 수 있다, ③ 다른 사람의 의견을 들을 수 있다, ④ 토의에 필요한 자료를 찾을 수 있다 등으로 하위 항목을 나눈다. 그리고 각 항목별로 '매우 우수'에 5점, '대체로 우수'에 4점, '보통'에 3점, '대체로 미흡'에 2점, '매우 미흡'에 1점을 주는 방식이다. 〈표 11-1〉은 이러한 기준에 따라 평가한 척도법의 사례이다.

〈표 11-1〉 **척도법의 평가 예(목표 : 집단토론 참가)**

내 용	매우 우수 (5)	대체로 우수 (4)	보통 (3)	대체로 미흡 (2)	매우 미흡 (1)
1. 집단토론에서 좋은 의견 발표	○				
2. 타인과의 협력		○			
3. 타인의 의견 존중	○				
4. 필요한 자료 수집			○		

4) 일화기록

일화기록은 학생들의 학업 성취도 및 행동 변화를 교사가 일기 형식으로 계속 기록하는 것이다. 척도법과의 차이점은 교사가 학생에 대한 의견을 어떤 형식에 구애받지 않고 자유롭게 서술할 수 있다는 점이다. 이러한 기록을 통해 교사는 학생들의 행동 발달에 더욱 친밀감을 가질 수 있을 뿐만 아니라 교육 목표 달성에도 큰 도움을 얻을 수 있다. 이때 교사는 최대한 자세하게 학생들의 행동을 기록함으로써 일화기록의 효과를 극대화해야 한다.

한편, 일화기록은 학생 수가 많을 때 시간이 많이 걸린다는 단점이 있다. 또한 기록 과정에서 모호한 표현이 나타나거나 교사의 주관적인 판단이 개입될 소지가 있으므로 주의해야 한다. 예를 들어, 'A는 가치 판단 과정에 대한 이해력이 최근에 크게 높아졌다.', 'B는 오늘 가치 판단과 사실 판단의 차이점을 분명하게 구별하는 내용을 발표했다.', 'C는 전학 온 학생들에 대한 편견이 있어서 그들을 못마땅하게 여긴다.', '옆에 있는 D가 C의 그러한 태도를 고치라고 말했을 때, C는 몹시 불쾌하게 생각했다.' 등의 기록에서 '크게 높아졌다', '분명하게 구별', '못마땅하게', '몹시 불쾌하게' 등의 표현은 다소 모호하고 주관적일 수 있으므로, 기록의 객관성을 높이기 위해 더 많은 노력을 기울여야 한다.

5) 내 화

교사가 학생들과 함께 나누는 대화도 평가를 위한 좋은 자료가 된다. 학생들이 사회과에 대해 가지고 있는 태도, 이해도, 능력, 흥미, 필요 등 다양한 요소들을 대화를 통해 파악하고 평가할 수 있다. 대화를 통해 평가할 때에는 다음과 같은 절차를 따르는 것이 좋다.

① 대화의 목적을 분명히 한다. 예를 들어, 세대 차이에 대한 학생들의 태도와 의견을 조사하는 것이 목적이라면, 그에 맞추어 대화의 흐름을 구상한다.

② 대화의 목적에 따라 토론하고 질문할 내용을 확정한다. 예를 들어, '부모가 원하는 자녀의 직업과 자녀가 장래에 갖고 싶어 하는 직업이 서로 다를 경우, 어

떻게 하는 것이 좋은가?' 등의 질문을 통해 토론을 이어 나간다.

③ 대화를 나누는 학생과 라포(rapport)를 형성해야 한다. 이를 위해 학생 개인에게 의미 있는 사건이나 학생이 관심과 흥미를 보이는 주제로 이야기를 시작하는 것이 효과적이다.

④ 학생이 하는 이야기를 주의 깊게 듣고, 대화가 끝난 다음에는 잘 정리해서 기록한다.

⑤ 학생에게 격려의 말을 많이 해 주고, 대화 후 필요한 행동이나 결정을 확실히 이야기해 준다.

대화는 구두시험에도 활용될 수 있다. 때로는 지필평가보다 구두평가가 더 효과적일 때도 있다. 그러나 학생 수가 많을 경우, 구두평가를 실시하기가 어렵다. 또한, 일화기록과 마찬가지로 교사의 주관적 편견이 개입되기 쉬우며, 학생의 개인적인 사생활을 침해하거나 비밀을 누설할 우려도 있으므로 교사는 이러한 점에 유의해야 한다.

6) 집단토론

학급 전체나 소집단이 서로의 경험을 공유하고 평가하는 집단 토론을 전개할 수 있다. 집단 토론을 통해 학생들은 자신이 속한 집단과 다른 집단을 비교하거나 비판하는 방법을 배울 수 있다. 집단 토론은 집단적인 학습, 학습 자료, 외부 인사의 강연 등에 대한 학생들의 이해도를 측정하기 위해 자주 활용될 수 있다. 이러한 토론을 통해 교사는 자신이 실시한 수업이 얼마나 효과적이었는지를 반성할 수 있다. 이를 통해 교사는 학생 평가 정보는 물론 수업 개선을 위한 자료를 얻을 수 있으며, 학생들도 자신의 학습 계획을 재설정하기 위한 유용한 자료를 얻을 수 있다.

한편, 집단 토론은 학생들의 문제 해결력 함양이나 올바른 가치 판단을 위해서도 활용될 수 있다. 일반적으로 널리 실시되는 객관식 시험이나 논술형 시험에 비해, 집단 토론을 통해 학생들의 문제 이해력, 가설 설정 능력, 가설 검증 능력, 결론 도출, 응용력 등을 더 잘 평가할 수 있다. 다음은 사회과 집단 토론에서 활용할 수 있는 주제의 예이다.

① 집단토론 주제 예시

- 가난한 동네의 아이들이 운동장을 갖기를 원하고 있다. 그 동네에는 어떤 부유한 사람이 가지고 있는 땅이 있는데, 그 땅은 특별한 용도 없이 비어 있다. 이 땅에 아이들을 위한 운동장을 만드는 것은 타당한가?
- 교외에 있는 한 공장에서 배출하는 쓰레기와 매연 때문에 주변 환경이 크게 오염되고 있다. 강의 물고기가 죽어가고 상수도의 수질이 나빠지면서 공장 주인은 환경 오염 방지 시설을 설치하라는 압력을 받고 있다. 그런데 그 비용이 너무 많이 들 것으로 예상되어 공장 주인은 시설을 설치하느니 차라리 공장 문을 닫는 것이 낫다고 말했다. 한편, 그 지역의 수많은 사람들이 이 공장에서 일하고 있기 때문에 공장이 문을 닫게 되면 지역 주민 중 다수가 실직자가 된다. 이 지역에서는 이 문제를 어떻게 풀어야 하는가?

7) 자기평가

학생들 스스로 자기평가를 하는 방법이 있다. 학생들은 자신이 이뤄낸 성취와 진보가 만족스러운지, 자신의 약점과 강점은 무엇인지, 자신이 최선을 다했는지, 다른 사람들과 잘 협력했는지, 다른 사람의 의견을 존중했는지 등에 대해 자기평가를 할 수 있다. 자기평가를 할 때에는 원래 세웠던 목표와 자기가 달성한 목표를 비교해 보는 것이 중요하다. 이 과정을 통해 자신의 능력과 위치를 보다 반성적으로 판단하고 그에 대응하는 방법을 찾을 수 있다.

지금까지 살펴본 바와 같이, 평가에는 다양한 형태와 종류가 있다. 필답고사, 관찰, 척도법, 일화기록, 대화, 집단 토론, 자기평가 등이 그 예이다. 흔히 우리는 평가라고 하면 필답고사만을 생각하기 쉬우나, 필답고사 이외의 다른 방법에 의해서도 평가의 목적을 충분히 달성할 수 있다. 특히 오늘날의 평가는 단지 인간의 지적 능력을 측정하고 실패와 성공을 판단하는 것에 그치지 않고, 인간의 잠재능력을 최고로 발휘하게 하는 것을 근본 목적으로 삼고 있다는 점에서 평가의 다양화는 시대적 요청이라고 할 수 있다.

4. 사회과 평가문항의 제작

교육 현장에서는 최종적으로 학생들의 학업 성적을 평가해야 하므로 교사들은 필요에 따라 적절한 평가 문항을 제작해야 한다. 평가 문항을 형태별로 분류하면 진위형, 선다형과 같은 객관식 문제와 단답형, 완성형, 서술형, 논술형과 같은 주관식 문제로 나눌 수 있다. 시험 문제의 여러 가지 형태는 각각 장단점이 있다. 객관식 문제는 채점의 객관성과 신뢰도를 높일 수 있는 반면, 학생들이 요행으로 답을 맞힐 수 있는 여지가 있다. 주관식 문제는 학생의 표현력, 구성력, 사고력 등을 평가할 수 있지만, 채점 과정에서 교사의 주관적 판단과 의견이 개입될 가능성이 있다. 문항을 제작할 때는 이러한 장단점을 충분히 고려해야 한다.

한편, 평가 문항을 목표별로 분류하면 지식과 이해를 묻는 문제, 기능과 사고력을 묻는 문제, 가치 판단을 묻는 문제 등으로 나눌 수 있다. 교사들은 단순 정보의 단편적인 암기 여부를 측정하는 대신, 개념과 일반화의 이해 여부, 사고력의 증진 정도, 문제 해결력의 향상 수준, 사실과 가치의 올바른 구분 능력 등을 평가할 수 있는 문항을 개발하는 데 노력을 기울여야 한다.

이제 평가 문항의 다양한 형태를 대표적인 사례와 함께 간략하게 설명하고, 보다 좋은 문항을 제작하기 위해 교사가 지켜야 할 유의사항을 제시하고자 한다. 한편, 읽기와 쓰기, 도표 및 그림 그리기, 사고의 기능 등에 관한 평가는 앞 장에서 이미 제시하였으므로, 본 장에서는 생략하기로 한다.

1) 객관식 문제와 주관식 문제

객관식 문제 중에서 가장 많이 사용되는 것은 진위형 문제와 선다형 문제이다. 이들 문제는 간단한 지식이나 법칙의 이해를 평가하는 데 매우 유용하다. 그러나 지식 습득이나 암기 여부를 묻는 것뿐만 아니라, 개념이나 일반화의 이해 여부, 문제 해결력 및 사고력의 수준도 객관식 문제를 통해 평가할 수 있다.

가. 진위형

진위형 문제는 출제 방법이 비교적 단순하며, 기본적인 사실이나 지식을 알고 있는지를 측정하는 데 편리하다. 그러나 요행에 의해 정답을 맞출 가능성이 높고, 깊은 사고력을 측정하기 어려운 단점이 있다. 한편, 평가 전문가들은 수많은 진위형 문제를 분석한 결과, 다음과 같은 사실을 발견했다. 즉, '모든'이라는 표현이 들어 있는 경우 약 5분의 4가 틀린 문장이며, '오직'이라는 말이 들어 있는 경우에는 약 10분의 9가 틀린 문장이라는 것이다. 또한, '언제나'라는 말이 들어 있는 경우에도 약 4분의 3이 틀린 문장으로 분석되었다. 따라서 이와 같은 특정 표현을 사용하는 경우 정답의 단서를 줄 수 있으므로, 문항 제작 시 유의해야 한다.

진위형 문제도 다음 예시와 같이 그 내용에 따라 단순한 암기를 넘어 이해력이나 추리력을 평가하는 문제를 출제할 수 있다. 지식, 이해, 추리력을 묻는 다음 세 가지 진위형 문제를 살펴보자.

① 한국은 WTO에 가입하여 자유무역을 확대하고 있다. (○) - (사실, 지식 평가)

② 이익을 얻기 위해 생산에 사용하는 원료, 기계, 건물 등을 통틀어 경제라고 한다. (X) - (개념, 이해 평가)

③ 통화팽창과 임금의 증가는 제2차 세계대전 중에 일어난 경제 현상의 특징이었다. 임금이 증가할 때마다 물가도 올랐다. 이 때문에 임금 인상을 요구했던 노동조합은 전시 통화팽창에 책임이 있다고 공격받았다. 이러한 논리에 따르면, 정부가 임금 동결 정책을 강력하게 추진했다면 통화팽창이 그리 크지 않았을 것으로 예상할 수 있다. (○) - (일반화, 이해 및 추리력 평가)

또한, 진위형 문제를 제작할 때 유의해야 할 점은, 전체적으로 참인 문장을 사소한 항목 때문에 거짓으로 보이게 만들어 학생들을 함정에 빠뜨리는 것은 좋지 않다는 것이다. 다음과 같은 예를 보자.

④ 셔먼 반독점법(Sherman Antitrust Act)은 1890년에 통과되었는데, 자유경쟁을 제한하는 기업결합을 불법으로 규정하였다.

⑤ 자유경쟁을 제한하는 기업결합을 불법으로 규정한 셔먼 반독점법(Sherman

Antitrust Act)이 19세기 말 제정되었다.

4번 문장에서 학생들은 셔먼 반독점법의 내용을 잘 알더라도 "1890년"이라는 연도 때문에 혹시 틀린 것이 아닌가 하고 혼란을 겪을 수 있다. 이 문장의 출제 의도가 법 제정 연도가 아니라 내용에 있다면, 굳이 연도를 맨 앞에 내세워 강조할 필요는 없다. 따라서 5번과 같은 방식으로 개선할 수 있다.

나. 선다형

선다형 문제는 채점이 객관적이고, 진위형 문제에 비해 요행을 어느 정도 방지할 수 있다는 점에서 가장 널리 활용되고 있는 형태이다. 앞서 서술한 교육 목표의 예에 따라 사실, 개념, 일반화 등을 기준으로 선다형 문제를 예시하면 다음과 같다.

1. 다음 중 우리나라 국회가 담당하는 기능에 해당하지 않는 것은? (사실, 지식)
   ① 국가의 예산안 심의
   ② 국군의 해외 파병에 대한 동의
   ③ 국가의 중요한 의혹 사건에 대한 수사
   ④ 국무총리 후보자에 대한 인사 청문회 실시

2. 다음 중 유형문화재에 속하는 것끼리 바르게 묶은 것은? (개념, 이해)
   ① 회화, 조각, 음악
   ② 음악, 신앙, 연극
   ③ 연극, 고문서, 무용
   ④ 건축물, 고문서, 조각

3. 다음 중 인간의 문화적 업적과 외부적 환경 조건 사이의 일반적 관계에 대한 설명으로 가장 적절한 것은? (일반화, 이해)
   ① 외부적 환경 조건의 존재 여부는 업적에 별다른 영향을 미치지 않는다.
   ② 물질적, 정신적으로 아무런 걱정이 없을 때 가장 큰 업적을 이룰 수 있다.
   ③ 역경과 고난의 정도가 크고 심할수록 그에 비례해서 커다란 문화적 업적을 이룰 수 있다.

④ 인간의 힘으로 극복할 수 있을 정도의 역경과 고난에 부딪히는 것이 커다란 업적을 이루기 위한 중요한 조건이다.

한편, 선다형 문항을 출제할 때는 다음과 같은 점에 유의해야 한다. 첫째, 교과서의 문장을 그대로 사용하는 것은 바람직하지 않다. 그것은 기계적인 암기를 조장할 수 있기 때문이다. 예를 들어, 학교 현장에서 흔히 언급되는 "사회는 교과서에서 시험이 출제된다."는 말은 사회 교과서의 수준과 범위를 벗어나지 않도록 하되, 지나치게 전문적인 내용을 출제하지 않는다는 의미이지, 교과서의 문장 자체를 암기하고 있는지를 평가하겠다는 것으로 오해되어서는 안 된다.

둘째, 정답이나 오답이 문제 속에 암시되지 않도록 해야 한다. 특정 답지의 수준, 내용, 길이 등이 다른 것에 비해 지나치게 이질적일 경우, 그것이 정답 혹은 오답일 가능성이 높다. 그렇게 되면 문항의 난이도와 변별력이 낮아지게 된다. 따라서 각 답지의 성격은 여러 면에서 최대한 동질적이어야 하며, 답지로서의 매력이 있어야 한다. 또한 질문이 명료하게 진술되어야 하고, 질문과 답지 사이에 논리적 호응 관계가 있어야 한다. 다음의 예를 살펴보자.

4. '공급이 수요를 창출한다'는 진술에 해당하는 것은?

① 수요 공급의 법칙　② Gresham　③ Say

④ Kin　⑤ 베블렌 효과

- 문제점: 답지가 사람 이름과 법칙, 효과 등이 섞인 채 구성되어 있어서 일관성과 동질성이 결여되어 있음.

5. 다음 중 사회 문제로 보기 어려운 것은?

① 신용 불량자가 많아졌다.

② 이혼율이 크게 높아졌다.

③ 얼굴에 여드름이 많아졌다.

④ 환경오염이 더욱 심해졌다.

⑤ 학교 폭력 피해가 증가했다.

- 문제점: 답지 ③이 다른 답지에 비해 답지로서의 매력이 너무 낮아서 사실상 정답을 알려 주는 것과 다를 바 없음.

6. 미국이 제1차 세계대전에 참전한 주원인은?
   ① 미국의 투자 이익 보호
   ② 벨기에의 중립성 침해
   ③ 프랑스 정부의 패망 우려
   ④ 이탈리아에 의한 선전포고
   - 문제점: 정답을 ①로 보고 있으나, 해석하는 관점에 따라 논쟁의 여지가 있음, '주원인'이라는 질문의 모호한 표현도 문제가 될 수 있음.

다. 논술형

평가에서는 보다 높은 차원의 인간 정신 능력을 평가하고 향상시키기 위해 주관식 문제를 활용한다. 주관식 문제 유형 중에서도 특히 논술형 문제는 학생들의 사고력과 고차적인 정신 능력을 평가하는 데 효과적이다. 주관식 문제 중에서 괄호가 포함된 불완전한 문장을 주고 그 속에 답을 써 넣게 하는 단답형 문제는 사실 주관식 문제로서의 효용이 그리 높지 않다. 또한, '조선시대의 왕을 순서대로 쓰라', '베르사유 조약의 주요 특징을 기술하라' 등과 같이 단순한 기억을 재생시키는 서술형 문제 역시 고차적인 사고력을 평가하는 데는 한계가 있다.

논술형 시험 문제는 이러한 문제점을 해결할 수 있는 대안으로 평가받고 있다. 보다 세련되고 타당성 높은 논술형 문항을 개발하고 활용하기 위해서는 세심한 주의가 필요하다. 특히, 단지 '~에 대하여 쓰라'라고 하는 것보다는 '~와 ~을 비교하라', '~의 의의에 대해 설명하라', '~의 문제점에 대해 비판하라', '~을 주제로 찬반의 논거를 제시하라' 등과 같은 표현을 사용하는 것이 좋다.

한편, 채점의 객관성을 유지하기 위해 채점 기준을 미리 설정하고 그것을 공개하는 것도 좋은 방법이다. 또한, 출제한 교사가 이 문제를 통해 과연 '무엇을' 요구하고 있는지를 학생들이 분명히 파악할 수 있도록 문제를 최대한 구조화하여 제시하고, 미리 모범 답안을 작성해 보는 것도 필요하다. 다음 두 종류의 논술형 문제를 비교해 보면, 1-1)과 2-1)에 비해 1-2)와 2-2)가 학생의 입장에서 답안의 방향을 모색하는 데 훨씬 더 도움이 될 수 있을 것이다.

1-1) 학교의 사회적 기능을 쓰라.

1-2) 학교의 사회적 기능 중 하나는 사회 구성원을 선택하고 분류하는 것이다. 학교가 사회 구성원을 선택하고 분류하는 경우, 그것이 업적주의에 기초하고 있다고 볼 수 있는가, 아니면 귀속주의에 기초하고 있다고 볼 수 있는가? 왜 그렇게 생각하는가?

2-1) 실학사상에 관해 쓰라.

2-2) 실학사상의 중요한 특징을 제시하고 그것이 조선사회의 사상적 발전에 미친 영향을 분석하라.

2) 고차사고력 평가 문제

최근 과학적 탐구력, 창의적 사고력, 의사결정력, 메타인지 등과 같은 고차사고력이 사회과의 중요한 목표로 부각됨에 따라, 이에 대한 평가를 위한 다양한 방법이 개발되고 있다. 여기에서는 사회과학적 탐구력 평가에 대해 논의한다. 사회과학적 탐구력에 대한 평가는 다음과 같은 6가지 영역으로 나누어 생각할 수 있다.

① **문제를 과학적으로 인식하는 능력**: 예를 들어, "다음 서술 중에서 문제를 과학적으로 제기하는 것은 무엇인가?"라는 질문에 대해 "㉠ 폭동의 원인은 무엇인가?, ㉡ 조선 말기 폭동의 원인은 무엇인가?, ㉢ 1890년대 동학농민운동의 주요 원인은 무엇인가?" 등의 서술을 비교해 보도록 한다.

② **검증 가능한 가설을 형성하는 능력**: 예를 들어, 다음 몇 개의 가설 중 경험적 검증이 가능한 가설을 선택한다. "㉠ 1890년대 동학농민운동은 조선 말기의 정치적 부패, 정부의 무능, 외세에 대한 민중의 배척 등으로 인해 일어난 것이다. ㉡ 동학농민운동은 정부가 무능했기 때문에 일어난 것이다. ㉢ 동학농민운동은 일본의 간섭 때문에 일어난 것이다."

③ **개념을 형성하는 능력**: 예를 들어, 다음 여러 가지 행동을 잘 서술하는 개념이 무엇인지 작성해 보도록 한다. "한국인 가정에서 남자들은 대개 밖에서 일하고 집안일을 잘 하지 않는다. 남자는 여자에게 친절하게 행동해야 한다고 기대된다. 남자와 여자가 하는 일이 별로 다르지 않은 사회도 있다. 집안에 어렵고 중요한 일이 있는 경우, 어린이들도 집안일을 도와줄 것으로 기대된다."

④ **자료 수집 능력**: 여러 가지 과학적 자료 중에서 문제 해결에 도움이 되는 자료를 선택하는 능력을 측정한다. "문화가 개인의 행동에 어떤 영향을 주는가를 탐구하는 데 가장 도움이 되는 자료는 다음 중 무엇인가? ㉠ 한·미 사회에 대한 서술, ㉡ 인디언 사회에 대한 서술, ㉢ 에스키모 사회에 대한 서술, ㉣ 한·미 사회, 인디언 사회, 에스키모 사회에 대한 종합적인 서술"

⑤ **자료의 정확성, 신뢰도, 타당도를 결정하는 능력**: 역사적인 사건에 대해 서로 엇갈리는 여러 개의 진술 중 어느 것이 더 정확한지 서술할 수 있는 능력을 측정한다. 예를 들어, 3·1운동의 원인을 서로 다른 측면에서 설명한 내용을 제시하고, 이러한 내용 중에서 어느 것이 더 타당한지 서술해 보도록 한다.

⑥ **일반화를 서술할 수 있는 능력**: 여러 가지 자료를 학생들에게 주고, 그 자료로부터 일반적인 경향을 서술해 보도록 한다. "각 나라별 인구 10만 명당 자살자 수는 덴마크(38.7), 프랑스(30.5), 일본(29.5), 미국(22.4), 뉴질랜드(18.2), 홍콩(16.2), 베네수엘라(12.7), 콜롬비아(12.2), 멕시코(3.4), 필리핀(2.0), 니카라과(1.8) 순이다. 이러한 자료를 통해 도출할 수 있는 일반화는 무엇인가?"

3) 정의적 영역의 평가 문제

올바른 가치와 태도를 평가하는 것은 사회과 교육에서 매우 중요한 문제이다. 그러나 가치와 태도에 대한 평가, 즉 정의적 영역에 대한 평가 방법은 교육 현장에서 크게 발달하지 못했다. 지금까지 흔히 태도와 가치에 대한 측정은 찬성과 반대의 정도를 5단계로 나누어 물어보는 리커트(Likert) 척도에 의해 이루어졌다. 예를 들어, 매우 찬성하면 5점, 대체로 찬성하면 4점, 보통이면 3점, 대체로 반대하면 2점, 매우 반대하면 1점을 주는 방식이다. 수업 중에는 사회적으로 논의가 진행 중인 문제에 대해 학생들에게 다음과 같은 질문을 제시할 수 있다.

① 이러한 상황에서 당신이 가장 찬성하는 것은 무엇인가?

② 이러한 상황에서 당신이 가장 반대하는 것은 무엇인가?

③ 이러한 상황을 개선하기 위하여 당신이 할 수 있는 제안은 무엇인가?

이와 비슷한 질문은 영화를 보여 주거나 논설문과 같은 글을 읽은 후에도 제시할 수 있다. 예를 들어, 어떤 영화를 본 후에 다음과 같은 질문을 제기할 수 있다.

① 영화에서 일어난 사건 중 몇 가지는 상당히 중요한 의미를 가지고 있다. 당신은 어느 사건을 가장 중요하다고 생각하는가?

② 어떠한 측면에서 그 사건들이 중요하다고 생각하는가?

③ 사회가 균형 있게 발전하기 위해서는 영화 속에서 어떠한 상황이 개선되어야 한다고 생각하는가?

위에서 서술한 내용을 기초로 하여 태도 및 가치 평가를 위한 지침을 몇 단계로 요약해 보면 다음과 같다.

① **가치 문제의 제기 및 인식 능력 파악**: 역사적 사건이나 사회 문제에 대한 진술 혹은 사례를 학생들에게 제시한다. 예를 들어, ㉠ 조선 사회에서 여자의 역할은 무엇인가, ㉡ 동학농민운동의 원인은 무엇인가, ㉢ 심리적 긴장과 업무 수행에는 어떤 관계가 있는가, ㉣ 교육세 신설 문제에 대해 어떻게 생각하는가 등의 질문을 제시한 후, 자신의 가치에 의거하여 선택하고 그것을 문장으로 서술하도록 한다.

② **가치 분석**: 역사적 사건이나 사회 문제에 대한 진술 혹은 사례 속에 등장하는 인물들의 행동에서 가치를 분석하고, 그 가치와 관련된 행동을 서술하도록 한다.

③ **가치 인식**: 위의 예에서 가치와 관련된 행동, 서로 대립되는 가치 및 행동 등을 인식하도록 한다.

④ **가치 배경 분석**: 가치와 관련된 문제에서 사람들이 특정한 가치를 가지게 된 배경과 원천을 분석하도록 한다.

⑤ **대안적 가치 토론**: 가능한 대안적인 가치와 행동, 그리고 그러한 대안으로부터 예상되는 결과에 대해 학생들이 토론하도록 한다.

⑥ **가치 선택 및 서술**: 이상과 같은 과정을 종합하여 선택해야 할 가치가 무엇이며, 왜 그러한 가치를 선택하는지를 학생들이 서술하도록 한다.

이와 같은 활동은 학생들이 가치를 어떻게 학습했는지를 알아보기 위해 교사가 제작한 가치 평가 문제를 예시한 것이다. 여기서의 핵심은 학생들 스스로가 자기가 원하는 가치가 무엇이며, 왜 그것을 원하는지를 명확히 확인하도록 하는 데 있다. 교사는 학생들이 올바른 가치를 형성할 수 있도록 이끌어 주고 도와주어야 한다. 그러나 교사가 특정한 가치를 학생들에게 강요하는 것은 바람직하지 않다는 점을 늘 유의해야 한다.

4) 사회과 평가도구의 판단 기준

이상에서 사회과의 다양한 평가 방법과 문항 제작에 대해 살펴보았다. 사회과의 평가 문항을 제작할 때 고려해야 할 사항으로 타당도, 신뢰도 및 공정성 등을 들 수 있다.

가. 타당도

타당도(validity)는 평가가 본래 목적하는 바를 얼마나 충실하게 평가하고 있는가에 관한 문제이다. 만약 사회과학 지식을 평가하고자 하는 문항을 제작함에 있어서 지나치게 어려운 어휘를 사용한다면, 그 문항은 언어 문제이지 사회 문제라고 보기 어렵다. 이 경우, 학습자의 수준에 맞는 적절한 난이도의 어휘를 사용함으로써 문항의 타당도를 높일 수 있다. 또한 교사가 고차사고력을 측정하고자 할 때, 선다형 문제나 암기를 요구하는 문항은 고차사고력을 측정하는 데 타당도가 낮다고 할 수 있다. 참 평가나 수행평가는 이러한 측면에서 종래의 객관식 평가나 표준화 검사보다 우수하다고 할 수 있다.

나. 신뢰도

신뢰도(reliability)는 동일한 과제에 대한 평가를 여러 사람이 하거나 여러 번 할 때 그 결과가 얼마나 일관성 있게 나오는가의 문제이다. 여러 사람이 평가하거나 여러 번 평가하여 그 결과가 동일하게 나오면, 신뢰도가 높다. 그러나 평가 결과가 사람마다 다르거나 시간이 지나면서 달라지면, 그 결과를 믿기 어렵고 신뢰도에 문제가 발생한다. 객관식 선다형으로 된 표준화 검사는 미리 답이 정해져 있어 평가자의 주관성이 개입할 수 없으므로 신뢰도가 높다. 그러나 참평가나 수행평가는 질적인 평가이며, 평가자의 주관적 판단에 따라 채점하는 경우가 많기 때문에 평가자에 따라 평가 결과가 달라지는 문제가 발생할 수 있다. 이러한 문제를 예방하기 위해서는 채점 기준을 미리 상세하게 정해 평가자와 학생들이 공유하고, 평가자들이 사전에 협의하여 채점 기준에 대한 합의를 이루어야 하며, 미리 연습을 해보면서 모호한 부분을 제거하거나 서로 다른 결과가 나오는 원인을 찾아내어 개선하려는 노력이 필요하다. 또한 논술문 작성이나 포트폴리오 하나만으로 점수를 매기지 말고, 다양한 자료를 통해 평가를 실시해야 편견과 오류를 줄일 수 있다.

다. 공정성

공정성(fairness)은 평가가 인종, 거주지, 성별 등과 같은 배경 요인에 관계없이 학습자의 능력을 얼마나 잘 평가할 수 있느냐의 문제이다. 만약 평가가 이러한 학생들의 배경에 의해 영향을 받는다면, 공정성에 문제가 생긴다. 예를 들어, 미국의 사회과 수업에서 백인 문화 중심의 내용을 배우고 평가도 같은 내용으로 이루어진다면, 소수 인종 학생들에게는 불공정한 평가가 될 수 있다는 연구 결과가 있다. 또한 미국의 한 연구에 따르면, 수행평가나 포트폴리오는 객관식 선다형 시험보다 어학 능력의 영향을 더 많이 받는다(Wiggins, 1998). 따라서 어릴 때 영어를 제대로 습득하지 못한 소수 인종이나 이민자 자녀들에게는 수행평가가 불리하게 작용할 가능성이 있다. 이러한 문제를 해결하기 위해서는 학생들의 문화적 배경에 맞추어 수업과 평가를 조직하는 과제가 있다.

5) 사회과 수행평가와 루브릭

전통적인 지필평가의 대안으로 수행평가의 비중이 높아지면서 나타난 대표적인 문제는 평가의 객관성과 신뢰성이다. 즉, 교사가 학생의 수행을 평가하는 과정에서 평가자의 주관이 지나치게 개입되어 객관성이 떨어질 수 있다는 점이다. 이러한 문제를 해결하고 평가의 신뢰성을 확보하기 위해 활용되고 있는 것이 루브릭(rubric)이다. 루브릭은 '학습자의 수행 결과물을 판단하기 위한 평가 기준표'를 의미한다. 이러한 루브릭은 학생의 행동이나 결과물에 기대되는 기준을 제시함으로써 수행평가의 객관성을 높여준다.

루브릭은 설명식 채점 기준, 채점 가이드(scoring guide), 서술식 평가 준거, 서술식 채점표 등으로 불리며 크게 두 가지 기능을 가지고 있다. 즉, 교사가 학습자의 수행 결과물의 질과 수준을 판정하기 위한 준거로서의 기능과, 학습자들에게 수행 기대를 명확하게 인식하도록 하는 기능을 가지고 있다(임은진, 2015: 147).

다음은 사회과 모의재판 수업의 결과물로 제출한 논술문에 대한 평가 루브릭의 예시이다(Obenchain & Morris, 2011: 140-143). 모의재판은 사법 체계와 재판 과정을 이해하고 고차사고력을 육성하기 위해 사회과 수업에서 널리 활용되어온 교수·학습 방법이다. 학생들은 모의재판을 마치고 다음 질문들에 대한 자신의 경험을 바탕으로 논술문을 작성하여 제출한다:

- 당신은 배심원을 고를 때 무엇을 고려하나요?
- 어떤 정보가 좋은 모두진술과 최후진술을 만드나요?
- 언제 반대 의견을 제시할지에 대한 예를 들어보시오.
- 당신은 기소된 사람의 유죄나 무죄에 대한 판결을 내렸습니까?
- 기소된 사람은 공정한 재판을 받았습니까?

학생들이 제출한 논술문에 대한 평가 루브릭은 〈표 11-2〉에 나타난 바와 같다.

〈표 11-2〉 **모의재판 논술문에 대한 평가 루브릭**

4점	3점	2점	1점
배심원 선정에 대한 기준을 기술	배심원 선정에 대한 기준을 기술	배심원 선정에 대한 기준을 기술	배심원 선정에 대한 기준을 기술
모두진술과 최후진술에 포함될 정보를 기술	모두진술과 최후진술에 포함될 정보를 기술	모두진술과 최후진술에 포함될 정보를 기술	
반대의견 제시 경우와 그 이유를 기술	반대의견 제시 경우와 그 이유를 기술		
평결을 내리고 결론 도출 과정을 기술하며 공정한 재판 여부를 평가			

출처: Obenchain & Morris, 2011: 140-143.

연구보고 1

산드라 마티슨(Sandra Mathison)은 사회과에서 실제적인 학생의 지식과 기능을 평가하기 위한 수단으로 새롭게 떠오르고 있는 수행평가에 주목하며, 사회과 평가 개혁을 위한 전망을 제시하였다. 마티슨은 수행평가가 단순히 활동 그 자체에 목적을 두어서는 안 되며, 평가의 설계와 제작에 있어 사회과 교육의 근본적인 목표와 관련성이 있어야 함을 강조하면서, 수행평가의 핵심 요소로 실제성(authenticity)을 강조하였다. 즉, 학생들은 지역적, 사회적 삶과 연계된 실제적 평가를 통해 사회과 교육의 목표인 고차사고력을 함양하고, 시민의식을 갖춘 시민으로 성장할 수 있는 기회를 가질 수 있다. 그러나 마티슨은 수행평가를 전통적인 평가를 완전히 대체하는 유일한 대안으로 보는 시각을 경계하면서, 교육과정과 교수법의 개혁과 함께 사회과의 평가 개혁이 종합적으로 이루어질 필요가 있음을 강조하였다.

한편, 우리나라 학교 현장의 사회과 수행평가 문제점을 분석한 연구에 따르면, 국가 교육과정 문서와 시 · 도 교육청에서 수행평가의 활성화를 강조하고 있지만, 실제로는 수행평가의 본래 의미를 살리지 못하고 형식적으로 운영되고 있음을 밝히고 있다(김찬미, 2012). 구체적인 문제점으로는 교사들의 인식 부족, 단답형 · 서술형 형태에 치중된 평가, 학생 통제 수단으로 활용, 수행평가와 연계되지 않은 교수-학습 과정, 교사들의 과다한 업무, 낮은 신뢰도, 학생들의 학업 부담 증가, 그리고 학습 격차 문제 등이 지적되고 있다.

서술 · 논술형 평가 실시가 의무화된 2013년 경기도 중등학교의 사회과 평가 문항을 분석한 허수미(2013)는 서술 · 논술형 평가 방법의 필요성에 대해 광범위한 공감대가 형성되어 있지만, 학교 현장 활용도는 높지 않음을 지적한다. 실제로 사용된 평가 문항 대부분이 서술형 문항에 한정되어 있으며, 평가 문항을 통해 측정하고자 하는 것도 수업 중에 배운 지식에 그치고, 선택형 대신 짧은 문장을 진술하는 형태에 머물고 있다. 이 연구는 서술 · 논술형 평가가 학교 현장에 정착하기 위한 사전 논의와 공감대 형성, 학교 현장의 사전 준비 등이 결여된 채 정책적 차원에서 지나치게 서둘러 시행됨으로써 교사, 학생, 학부모의 불안과 불만을 초래하게 되었다고 지적한다.

* 우리나라 사회과 수업에서 수행평가를 정착시키기 위한 방안을 찾아보자.

자료: Mathison, S.(2001). Assessment in social studies: Moving toward authenticity. In E. Wayne Ross(Ed.), *The social studies curriculum*, 217-231. Albany, NY: State University of New York Press.
김찬미(2012). 현행 사회과 수행평가의 문제점과 개선방향. 『사회과학교육』, 15: 65-79.
허수미(2013). 사회과 서술·논술형 평가 현황 및 평가 목표와의 정합성. 「사회과학교육연구」, 15: 127-148.

5. 사회과의 과정 중심 평가

학교에서 이루어지는 학생 평가는 교사들이 개별 학생의 성취 특성을 가장 가까이에서 파악할 수 있다는 점에서, 학생의 성장 파악과 교사의 수업 방법 개선에 중요한 역할을 한다. 그러나 전통적인 학생 평가가 학습 과정에서 학생의 성장을 돕는 데 활용되기보다는 학습 결과를 바탕으로 서열을 정하고 경쟁을 유발했다는 문제의식에 따라, 학생 평가를 질적으로 개선하려는 움직임이 나타났다. '과정 중심 평가'는 이러한 움직임의 일환으로, 초등학교에서 지필평가 형태의 중간·기말고사를 축소하면서 부각되었고, 중학교에서 자유학기제를 도입하고 학습 과정에서의 평가를 강조하면서 확산되었다. 또한 2015 개정 교육과정에서는 성취기준과 연계된 과정 중심 평가를 명시적으로 강조하였다.

1) 과정 중심 평가의 의미와 특징

과정 중심 평가란 "교육과정의 성취기준을 기반으로 수업과 평가를 연계한 평가 계획에 따라 교수·학습 과정에서 보이는 학생의 특성과 변화에 대한 자료를 다각도로 수집하여 학생의 성장과 발달을 지원하기 위한 적절한 피드백을 제공하는 평가"를 의미한다(박지현 외, 2018: 56). 2022 개정 교육과정은 총론의 '교육과정 구성의 중점'에서 "바. 다양한 학생 참여형 수업을 활성화하고, 문제 해결 및 사고의 **과정을 중시**하는 평가를 통해 학습의 질을 개선한다."고 밝힘으로써(교육부, 2022: 5), 과정 중심 평가를 지향하고 있다. 또한 중학교의 '교육과정 편성·운영 기준'에도 "(2) 자유학기에는 토의·토론 학습, 프로젝트 학습 등 학생 참여형 수업을 강화하고, 학습의 **과정을 중시**하는 다양한 평가 방법을 활용하되, 일제식 지필 평가는 지양한다."(교육부, 2022: 22)고 밝히고 있다.

과정 중심 평가의 의미를 구체적으로 살펴보면 다음과 같다. 첫째, 학습의 '과정'을 중시한다는 점에서 기존의 결과 중심 평가관의 전환을 의미한다. 둘째, 학생이 자신의 학습을 성찰하도록 한다는 점이다. 이는 평가의 중요한 목적이 학생에게 피드백을 줌으로써 '학습으로서의 평가'를 지향하고 있음을 보여준다. 셋째, 평가의 또 다른 목적은 교수－학습의 질을 개선하는 데 있다는 것을 밝히고 있다. 즉, '학습을 위한 평가'로서 교수－학습의 일환으로 이루어진다는 점을 강조함으로써 총괄평가와의 차이점을 드러내고 있다.

이와 같은 과정 중심 평가는 그 의미에서 살펴본 바와 같이 새로운 평가 방법을 의미하기보다는 기존의 결과 중심 평가관을 극복하고자 하는 일종의 반성으로부터 출발한 정책적 내용으로서의 성격이 강하다. 그래서 과정 중심 평가는 학생의 학습 과정 및 수행 과정에 대한 평가에 초점을 맞추고 학교 단위에서 이루어지는 학생 평가의 개선을 강조한다. 학생 평가의 전반적인 변화를 의미하는 과정 중심 평가의 주요 특징은 다음과 같다(박지현 외, 2018: 58~59).

① 교육과정의 재구성을 통해 교사가 계획한 성취기준 순서에 따라 교수·학습 과정에서 단계적으로 실시하는 평가이다.
② 교육과정－교수학습－평가 간의 유기적인 연계를 통해 수업의 변화를 도모한다.
③ 학생의 인지적·정의적 영역의 다면적 특성에 대한 종합적인 평가가 이루어진다.
④ 학생의 학습 결과뿐만 아니라 학습 과정을 평가 대상으로 한다.
⑤ 수업 중 수시로 이루어지는 평가를 통해 평가의 형성적 기능을 활성화할 수 있다.
⑥ 다양한 평가 방법을 활용하여 학생의 특성을 파악할 수 있는 자료를 다각도로 수집한다.
⑦ 평가 주체를 다양화하여 교사, 자기 자신, 동료 학습자, 여러 교사가 평가의 주체로 참여할 수 있다.
⑧ 즉각적이고 개별적인 피드백을 제공하여 학생의 학습 및 교사의 수업을 개선할 수 있다.
⑨ 학습부진아를 포함한 개별 학생의 성장과 변화를 지원하기 위해 평가 결과를 활용한다.

2) 과정 중심 평가와 관련 개념

과정에 대한 평가는 이전부터 사용되어 오던 개념이며, 기존의 형성평가, 과정 평가, 수행평가 등과 의미상 중첩되는 부분이 많다. 학교 현장에서는 과정 중심 평가를 형성평가로 보고 수업 중에 이루어지는 평가로 인식하거나, 결과 평가와 반대되는 개념인 과정 평가로 인식하기도 한다. 또한, 수행의 과정을 중심으로 평가를 시행한다는 의미에서 수행평가와 유사하게 생각하여 과정 중심 수행평가로 보기도 한다(전경희, 2016: 19). 그러나 과정 중심 평가는 형성평가, 과정 평가, 수행평가만을 의미하는 것은 아니다. 다양한 평가 유형과의 비교를 통해 과정 중심 평가의 개념을 다음과 같이 명료화할 수 있다(박지현, 2018: 16-27).

첫째, 과정 중심 평가는 형성평가뿐만 아니라 총괄평가까지 아우르는 개념이다. 수업 과정 중에 실시된다는 점과 교수-학습 향상에 기여한다는 점에서 형성평가와 공통점이 있다. 그러나 학습 과정에서의 평가 시점에 따른 분류인 진단평가, 형성평가, 총괄평가와의 관계를 고려할 때, 과정 중심 평가는 형성평가만을 의미하는 것은 아니며, 총괄평가의 기능도 포함되어 있다. 따라서 과정 중심 평가는 형성평가와 동일한 개념이 아니라, 형성적 기능이 강조된 평가로 볼 수 있다.

둘째, 과정 중심 평가는 과정 평가와 결과 평가를 포괄하는 개념이다. 결과에 중점을 두는 기존의 총괄평가 패러다임에서 벗어나, 교수-학습 과정에서 일어나는 학생의 학습 진전과 교수-학습을 통한 성취 결과를 파악하고 피드백을 제공하는 것을 모두 포함한다.

셋째, 과정 중심 평가에는 수행평가뿐만 아니라 지필평가에 해당하는 선택형 문항, 단답형·완성형 문항 등으로 구성된 평가도 포함될 수 있다. 앞서 언급한 바와 같이, 2022 개정 교육과정 총론에서도 "학습의 **과정을 중시**하는 다양한 평가 방법을 활용하되, 일제식 지필 평가는 지양한다."고 함으로써 과정 중심 평가를 위해 수행평가를 포함한 다양한 평가를 활용할 수 있다고 명시하고 있다.

3) 과정 중심 평가를 위한 교사의 전문성

과정 중심 평가는 학생의 성장을 지원할 수 있는 평가 계획 수립, 평가 도구 개발, 평가 시행, 평가 결과 활용 등이 효과적으로 이루어질 때 학교 현장에 정착할 수 있다. 이 과정에서 교사의 평가 전문성은 과정 중심 평가의 내실화를 위한 핵심적인 요소이다. 다음은 성공적인 과정 중심 평가를 위해 교사에게 요구되는 평가 전문성의 세부 요소이다(박지현 외, 2018: 79~80).

① 과정 중심 평가의 필요성을 교사가 인지하고, 그 목적과 의미를 이해해야 한다.
② 다양한 평가 방법의 특징과 활용 방안에 대해 이해하고, 이를 바탕으로 성취기준 분석 결과와 연계하여 평가를 설계할 수 있어야 한다.
③ 과정 중심 평가가 적절히 시행될 수 있도록 평가 도구를 개발할 수 있는 능력을 갖추어야 한다.
④ 양적 평가뿐만 아니라 질적 평가에서도 공정성과 윤리의식을 가지고 평가를 실시해야 한다.
⑤ 교수 · 학습과 평가가 유기적으로 연계되어야 하며, 교실 풍토와 학생에 대한 명확한 이해가 이루어져야 한다.
⑥ 산출된 결과들을 학생의 성장을 지원할 수 있도록 활용해야 한다.
⑦ 다양한 유형으로 산출된 평가 결과의 의미를 해석하고 이해할 수 있어야 한다.
⑧ 평가 결과를 다양한 수준에서 성취기준들과 연계하여 해석할 수 있는 능력을 갖추어야 한다.
⑨ 학생들에게 효과적으로 피드백하는 방법에 대한 전문성을 가지고 있어야 한다.

4) 사회과의 과정 중심 평가 사례

교육부 · 한국교육과정평가원(2018)은 사회과의 과정 중심 평가 도구 개발 사례를 다음과 같이 제시하였다. 다음의 '교수 · 학습 활동 및 평가 연계 운영 과정안'은 평가 도구가 교수-학습 활동과 어떻게 연계되어 시행되어야 하는지를 보여주며, '과제별 평가 정보표'는 해당 과제의 세부적인 내용을 담고 있다.

가. 교수 · 학습 활동 및 평가 연계 운영 과정안

단계	교수 · 학습 활동	평가 계획
1차시	• [개별/전체활동] 자신이 직간접적으로 체험한 선거 경험 나누기 • [개별활동] 선거의 의미와 특징, 민주 선거의 기본 원칙 학습, 가상의 A국 선거 원칙을 분석하고 서술하는 과제 수행 및 피드백 • 단원에서 학습한 내용 정리	평가 과제 1 A국가의 선거 원칙, 무엇이 문제인가? (서술형 평가) ⇩ 피드백
2~3 차시	• [개별/전체활동] 자유롭고 공정한 선거를 위한 제도와 기관 탐구 및 피드백 • [개별/모둠활동] 가상의 B국 대통령 선거를 준비하는 상황에서 선거의 공정성을 보장하기 위한 역할 나누기(정당 1, 정당 2, 선거관리위원회, 시민단체 등 총 4개 모둠) • [개별/모둠활동] 대통령 선거를 위한 각 단체의 준비 활동 수행 및 피드백	평가 과제 2 B국가의 대통령 선거, 공정하게 치러 보자! (모둠별 모의 선거 프로젝트 체험활동) ⇩ 피드백
4차시	• [전체/개별활동] 지난 차시 준비를 바탕으로 모의 대통령 선거 실시, 각 모둠은 역할 수행을 통해 배운 점과 느낀 점 발표 및 피드백 • [전체활동] 단원에서 학습한 내용 정리 및 종합 피드백	평가 과제 2 B국가의 대통령 선거, 공정하게 치러 보자! (모둠별 모의 선거 프로젝트 소감문 작성) ⇩ 피드백

나. 과제별 평가 정보표

① 과제 1: A국가의 선거 원칙, 무엇이 문제인가?

<table>
<tr><th>학년/학기</th><td>1학년/2학기</td><th>단원/차시</th><td>정치과정과 시민참여/1차시</td></tr>
<tr><th>성취기준</th><td colspan="3">[9사(일사)04-02] 선거의 기능과 기본 원칙을 이해하고, 공정한 선거를 위한 제도 및 기관에 대해 조사한다.</td></tr>
<tr><th>교과 역량</th><td colspan="3">☐ 창의적 사고력 ☑ 비판적 사고력 ☑ 문제 해결력 및 의사 결정력
☐ 의사소통 및 협업 능력 ☐ 정보 활용 능력</td></tr>
<tr><th>평가 방법</th><td colspan="3">☑ 서술·논술 ☐ 구술·발표 ☐ 토의·토론 ☐ 프로젝트 ☐ 실험·실습
☐ 포트폴리오 ☐ 자기평가 ☐ 동료평가 ☐ 관찰평가 ☐ 기타</td></tr>
<tr><th>출제 의도</th><td colspan="3">선거는 대의제의 핵심에 해당한다. 민주선거의 기본 원칙을 이해할 수 있도록 이에 어긋나는 가상의 사례를 제시한다. 그리고 학생들이 이에 대해 분석하고 문제 제기를 할 수 있는지 여부를 파악하여 비판적 사고력과 문제해결력 수준을 확인할 수 있다.</td></tr>
<tr><th>과제 내용 및 평가 계획</th><td colspan="3">학생들은 민주 선거의 기본 원칙에 비추어 가상의 사례에 나타난 문제점을 찾은 후 그것이 왜 문제인지에 대하여 분석하고, 민주 선거의 기본 원칙들이 지켜져야 하는 이유를 서술한다.
<table>
<tr><th colspan="2">평가(채점) 영역</th><th rowspan="2">평가 항목</th><th rowspan="2">평가 척도</th></tr>
<tr><th>관련 내용</th><th>관련 역량</th></tr>
<tr><td rowspan="2">민주 선거의 기본 원칙</td><td>비판적 사고력</td><td>민주 선거 사례에서 어긋나는 상황 분석 (1-1문항)</td><td>3단계 (상, 중, 하)</td></tr>
<tr><td>문제 해결력</td><td>민주 선거의 기본 원칙을 보장해야 하는 이유 제시 (1-2문항)</td><td>3단계 (상, 중, 하)</td></tr>
</table>
</td></tr>
<tr><th>평가 시 유의점</th><td colspan="3">학생들이 주어진 사례를 분석할 때, 기존에 학습한 내용인 '민주 선거의 기본 원칙'에 입각하여 문제점을 파악할 수 있도록 지도한다.</td></tr>
</table>

② 과제 2: B국가의 대통령 선거, 공정하게 치러 보자!

<table>
<tr><th>학년/학기</th><td>1학년/2학기</td><th>단원/차시</th><td>정치과정과 시민참여/2~4차시</td></tr>
<tr><th>성취기준</th><td colspan="3">[9사(일사)04-02] 선거의 기능과 기본 원칙을 이해하고, 공정한 선거를 위한 제도 및 기관에 대해 조사한다.</td></tr>
<tr><th>교과 역량</th><td colspan="3">☐ 창의적 사고력 ☐ 비판적 사고력 ☑ 문제 해결력 및 의사 결정력
☑ 의사소통 및 협업 능력 ☐ 정보 활용 능력</td></tr>
<tr><th>평가 방법</th><td colspan="3">☐ 서술 · 논술 ☐ 구술 · 발표 ☐ 토의 · 토론 ☐ 프로젝트 ☐ 실험 · 실습
☐ 포트폴리오 ☑ 자기평가 ☑ 동료평가 ☑ 관찰평가 ☐ 기타</td></tr>
<tr><th>출제 의도</th><td colspan="3">선거는 대의제의 핵심에 해당한다. 선거의 기능과 원칙, 공정한 선거가 중요한 이유에 대하여 학생들이 활동을 통해 파악할 수 있도록 프로젝트를 구성하였다. 이를 통해 교사는 학생들의 문제 해결력 및 의사 결정력을 파악할 수 있다. 또 모둠별로 프로젝트를 진행하는 과정에서 학생들의 의사소통 및 협업 능력을 키울 수 있다.</td></tr>
<tr><th>과제 내용 및 평가 계획</th><td colspan="3">학생들은 모의 대통령 선거를 체험하는 과정에서 공정한 선거를 위하여 각 기관 및 단체가 해야 할 역할을 파악한다.
<table>
<tr><th>평가(채점) 영역
관련 역량</th><th>평가 항목</th><th>평가 척도</th></tr>
<tr><td>문제 해결력 및 의사 결정력</td><td>모둠별 과제 수행(교사 관찰)</td><td>3단계(상, 중, 하)</td></tr>
<tr><td rowspan="2">의사소통 능력</td><td>모둠별 과제 수행(교사 관찰)</td><td>3단계(상, 중, 하)</td></tr>
<tr><td>개별 소감문 작성(자기 평가)</td><td>3단계(상, 중, 하)</td></tr>
<tr><td rowspan="2">협업 능력</td><td>모둠별 과제 수행(교사 관찰)</td><td>3단계(상, 중, 하)</td></tr>
<tr><td>모둠별 과제 수행(동료평가-모둠 내 평가)</td><td>3단계(상, 중, 하)</td></tr>
</table>
</td></tr>
<tr><th>평가 시 유의점</th><td colspan="3">프로젝트이므로 학생들의 관심 주제에 따라서 모둠을 구성한다. 공정한 선거를 위하여 각 기관 및 단체가 해야 하는 일을 논의하는 과정에서 모둠원 전원이 참여하도록 안내한다. 교사는 학생이 선거절차를 이해하고 공정한 선거의 중요성을 이해하였는지를 파악하기 위하여 교사 관찰 평가, 자기 평가, 동료 평가를 실시한다. 학생들의 자기 평가 내용은 개별 소감문 안에 포함한다.</td></tr>
</table>

주요개념

평가, 관찰, 척도법, 일화기록, 대화, 집단토론, 자기평가, 포트폴리오, 교사제작검사, 표준화검사, 준거지향검사, 규준지향검사, 진위형, 선다형, 상대평가, 절대평가, 실제적 평가, 참평가, 수행평가, 타당도, 신뢰도, 공정성, 루브릭, 과정 중심 평가

Chapter 11

사회과의 평가
연습문제

01. 사회과 평가의 최근 동향을 열거하시오.

02. 사회과에서 관찰법과 척도법은 평가 시에 어떻게 이용되는지 사례를 제시하시오.

03. 평가 방법으로서의 일화기록과 대화의 특징을 쓰시오.

04. 개별 교사가 제작하는 평가 문제와 표준화시험 문제의 특징을 분석하시오.

05. 객관식 시험문제와 논술형 시험문제의 특징과 장단점을 쓰시오.

06. 선다형 문제를 제작할 때 주의해야 할 사항을 쓰시오.

07. 사회과 수행평가에 활용할 수 있는 루브릭을 작성해보시오.

08. 가치와 태도를 측정하는 문제를 작성해 보시오.

09. 참평가와 수행평가가 등장하게 된 배경과 그 원리를 제시하시오.

10. 포트폴리오 평가 시 유의해야 할 점을 제시하시오.

11. 과정 중심 평가의 특징을 열거하시오.

참고문헌

교육부(2016). 2015 개정 교육과정 총론 해설 -초등학교-. 교육부.

교육부, 한국교육과정평가원(2018). 중학교 교사별 과정 중심 평가 이렇게 하세요: 사회과. 연구자료 ORM 2018-56-3.

김찬미(2012). 현행 사회과 수행평가의 문제점과 개선방향. 「사회과학교육」, 15: 65-79.

박지현, 진경애, 김수진, 이상아(2018). 과정 중심 평가 내실화를 위한 교사의 평가 전문성 신장 방안 연구. 연구보고 RRE 2018-5. 한국교육과정평가원.

이어진, 박인옥(2020). 고차사고력 함양을 위한 논술형 평가 문항 개발 : 중학교 사회 경제 단원 적용 사례를 중심으로. 「교육문화연구」, 26(1): 545-566.

임은진(2015). 핵심역량 기반 교육과정에서의 사회과 평가에 대한 연구. 「사회과교육」, 54(4), 143-155.

전경희(2016). 과정 중심 수행평가의 방향과 과제(이슈페이퍼 CP 2016-02-4). 한국교육개발원.

허수미(2013). 사회과 서술·논술형 평가 현황 및 평가 목표와의 정합성. 「사회과학교육연구」, 15: 127-148.

Beal, C., Bolick, C.M., & Martorella, P.H.(2009). *Teaching Social Studies in Middle and Secondary Schools* (5th edition). Allyn & Bacon

Gredler, M. (1999). *Classroom assessment and learning.* New York: Longman.

Mathison, S.(2001). Assessment in social studies: Moving toward authenticity. In E. Wayne Ross(Ed.), *The social studies curriculum*, pp. 217-231. Albany, NY: State University of New York Press.

Newmann, F. M. (1990). A test of higher-order thinking in social studies: persuasive writing on constitutional issues using the NAEP approach. *Social Education*, 54(6): 369-373.

Newmann, F.M., Secada, W.G., & Wehlage, G.G.(1995). *A guide to authentic instruction and assessment: Vision, standards and scoring.* Madison, WI: Wisconsin Center for Education Research, University of Wisconsin.

Obenchain, K.M. & Morris, R.V.(2011). *50 Social Studies Strategies for K-8 Classrooms.* Pearson

Wiggins, G.(1998). *Educative assessment : designing assessments to inform and improve student performance.* San Francisco, CA: Jossey-Bass.

Chapter

12

현대 사회과의 과제

사회과교육은 사회 환경의 변화를 반영하는 것뿐만 아니라, 미래 사회의 변화를 주도해나갈 수 있는 역량 있는 시민을 양성하는 것을 목표로 한다. 현대 사회는 국가 간의 경계를 넘어 전 세계적으로 상호의존성이 심화되고 있으며, 통신기술의 발달과 정보화의 가속화로 인해 이러한 추세는 더욱 두드러지고 있다. 이러한 세계적 변화와 더불어 한국 사회는 급격히 다문화사회로 진전하고 있다. 이러한 국가적 · 사회적 변화는 사회과교육에 새로운 도전과 과제를 안겨주고 있으며, 사회과교육은 이러한 변화를 적극적으로 수용하여, 미래 지향적인 교육을 통해 변화의 주도적인 역할을 할 수 있는 시민을 길러내는 데 중점을 두어야 한다. 이 장에서는 이러한 배경을 바탕으로 사회과교육의 최근 동향과 과제로 부각되고 있는 다문화교육, 세계시민교육, 그리고 테크놀로지와 사회과교육의 관계에 대해 살펴보고자 한다.

1. 다문화교육

세계화와 개방화로 인해 외국인 노동자, 결혼 이주자 등 다양한 배경을 가진 사람들이 우리 사회로 유입되면서, 한국 사회는 더 이상 단일 민족, 단일 문화 사회가 아니라 다문화사회로 빠르게 변화하고 있다. 이러한 변화는 기존의 사회 통합 방식에 대한 근본적인 변화를 요구하며, 다양한 문화와 배경을 가진 시민들이 공존하고 상호 존중하는 새로운 사회 통합 방식을 모색해야 할 필요성을 제기한다. 특히, 학교 교육에서 이루어지는 사회과 교육은 다문화사회 시민으로서 필요한 역량을 함양하고, 다양성을 존중하는 사회 구성원으로 성장할 수 있도록 돕는 중요한 역할을 수행해야 한다.

1) 다문화사회의 도래와 교육적 과제

최근 우리 사회는 급속히 다인종, 다문화사회로 변화하고 있다. 2007년에 90일 이상 체류하는 외국인의 수가 백만 명을 넘어섰고, 2016년에는 이백만 명을 초과했으며, 2023년 기준으로는 2백 50만 명을 넘어서 전체 인구의 4.89%를 차지하고 있다. 이러한 인구 구성 변화는 외국인 노동 인구의 유입, 국제결혼 가정의 증가, 북한이탈주민의 유입, 국제 교류 확대 등에서 기인한다.

이와 함께 초·중등학교 재학생 중 다문화가정의 자녀, 이른바 다문화학생의 비율도 증가하고 있다. 다문화가정은 외국인 노동자, 국제결혼 이주자, 국적 취득자, 유학생 가정을 포함하는 개념이다. 2010년에 다문화학생은 31,788명(전체 학생의 0.44%)이었으나, 2023년에는 181,178명(전체 학생의 3.5%)으로 증가했다. 우리나라 전체 초·중등 학생 수가 급격히 감소하고 있음을 고려할 때, 다문화학생의 비율은 더욱 증가할 것이다. 현재 다문화가정은 우리 사회에서 소수 집단을 형성하고 있으며, 이들의 자녀는 새로운 교육 소외계층으로 떠오르고 있다.

한국 사회가 다문화적 변화를 겪으며 공존과 통합의 원리를 모색하는 것은 사회의 미래를 결정짓는 중요한 과제이다. 만약 소수 집단을 포용하지 못하면 사회 갈등의 원인이 될 수 있다. 반면, 문화적 다양성을 존중하며 사회적 통합을 달성한다면, 이는 사회 발전의 원동력이 될 것이다. 문화적 다양성은 시민들에게 풍부한 문화적 경험을 제공하고, 세계화가 진행 중인 국제 환경에서 한국 사회가 적응하는 데 유용한 자원이 될 수 있다.

다문화사회의 도래와 함께 제기되는 교육적 과제는 크게 두 가지로 요약할 수 있다. 첫째는 다문화가정 자녀들의 적응 문제이다. 이들은 기초 학습 능력이나 언어 능력의 부족으로 인해 학업 성취에 어려움을 겪고 있으며, 낮은 소득 수준과 열악한 학습 환경으로 인해 또래 학생들에 비해 학습 능력이 부족한 경우가 많다. 이로 인해 학교 부적응, 중도 탈락, 정체성 혼란 등의 문제를 겪는 비율이 일반 학생들보다 높다(조인제 외, 2020). 특히 중도입국·외국인 학생이 국내출생 학생보다 학업중단률 및 부적응 관련 학업중단률이 모두 높게 나타났다(교육부, 2023).

둘째는 다수자 집단 학생들을 위한 시민교육이다. 한국 사회는 오랫동안 단일 문화와 단일 민족을 강조해 왔기 때문에 다른 문화에 대한 개방적이고 관용적인 태도를 취하는 데 준비가 부족한 경우가 많다. 다문화가정 자녀가 겪는 문제의 상당 부분은 사회적 편견과 차별에서 비롯되며, 이를 극복하기 위한 시민교육이 필요하다(임정

수, 2016; 조대훈, 2015). 학교는 민주주의의 훈련장으로, 다양성을 존중하고 개방성과 관용을 함양하는 공간이 되어야 한다.

이와 같이 다문화사회에서의 교육은 다문화가정 자녀의 적응과 학업 성취를 지원하는 것과 더불어, 주류 다수자 집단 학생들이 소수 문화를 이해하고 포용하며 편견을 극복하는 시민적 자질을 함양하는 데 중점을 두어야 한다. 이러한 과제를 해결하는 것이 다문화교육의 핵심이다.

2) 다문화교육의 개념과 쟁점

가. 다문화교육의 개념과 오개념

위에서 살펴본 바와 같이, 다문화교육(multicultural education)은 소수 집단 학생들의 교육을 지원하고, 다수 집단 학생들의 인식을 개선하여 모든 학생들의 학업 성취와 차별 해소를 추구하는 교육을 의미한다. 다문화교육의 아버지로 불리는 미국 워싱턴 주립대 제임스 뱅크스(James A. Banks) 교수는 다문화교육을 '모든 학생의 교육적 평등을 위한 개혁운동(reform movement)'이라고 정의한다(Banks, 2014).

뱅크스는 1960년대 민권운동(civil rights movement) 이후 발달한 다문화교육이 많은 성과와 발전을 이루었음에도 불구하고, 여전히 미국 사회에는 다문화교육의 이론과 실천을 방해하는 여러 오해들이 존재한다고 지적한다. 이러한 오해는 크게 세 가지로 요약된다: 다문화교육이 소수 집단만을 위한 교육이라는 것, 다문화교육이 반(反)서구적이라는 것, 그리고 다문화교육이 국가를 분열시킨다는 것이다(Banks, 2014: 28-33).

첫째, 다문화교육이 특정 민족, 인종 집단이나 소외받는 사람들만을 위한 교육이라는 오해이다. 다문화교육은 '그들'을 위한 교육이지 '우리'를 위한 교육이 아니며, 기존의 다수 집단 학생들과는 무관한 교육이라는 잘못된 인식이다. 즉, 소수 집단 학생을 위한 학업 지원이 다문화교육의 전부라고 생각하는 경우이다. 그러나 다문화교육은 다원화된 현대 사회를 살아가는 데 필요한 지식, 기능, 태도를 '모든' 학생이 갖출 수 있도록 준비시키는 교육이다.

둘째, 다문화교육이 반(反)서구적이라는 주장이다. 그러나 다문화교육은 자유, 정의, 평등이라는 서구 민주주의 이념에 토대를 두고 있다. 이러한 이념과 함께 여전히 존재하는 차별을 가르침으로써, 현실에 대한 반성과 이를 해결하기 위한 시민적 행동을 교육의 목표로 삼고 있다.

셋째, 다문화교육이 국가를 분열시킨다는 오해이다. 그러나 이와는 정반대로, 다문화교육은 분열된 사회의 통합을 추구하는 교육이다. 사회적 약자의 위치에 있는 소수 집단에게 평등한 교육의 기회를 보장하고, 다수 집단의 문화적 소양과 관용을 증진시켜 문화적 차이가 사회 갈등의 요인이 되지 않도록 한다.

나. 동화주의 vs. 다문화주의

1960년대 미국의 민권 운동을 계기로 대두된 다문화교육은 그 태동 단계부터 현재까지 끊임없는 논쟁의 대상이 되고 있다. 이러한 논쟁은 한 사회의 문화적 다양성에 대한 두 가지 상반된 시각에서 비롯된다. 사회의 문화적, 인종적 다양성에 대한 시각은 크게 동화주의와 다문화주의로 나뉜다.

첫째, 문화적 다양성이 국민적 일체감을 저해한다는 동화주의(assimilation) 관점이다. 예를 들어, 보수주의 역사학자 슐레징어는 문화적 · 인종적 다양성이 개인주의와 애국심 같은 미국의 전통적 가치를 약화시키고, 분열과 분리를 조장한다고 주장하였다(Schlesinger, Jr., 1992). 이 입장에서는 문화적 다양성에 대한 요구와 주장이 사회를 해체할 수 있는 위협으로 간주되며, 이 위협을 제거하기 위한 대책으로 주류 문화에 기초한 교양 교육을 주장한다. Hirsch(1987)와 Bloom(1987) 등 미국의 보수 교육가들은 학교의 일차적인 책임이 학생들이 주류 문화를 습득하도록 하는 것이라고 주장하며, 문화적 다양성 교육이 이러한 책임을 수행하는 데 방해가 되어서는 안 된다고 본다. 보수적 입장에서 문화적 다양성은 기존 문화 체제를 손상시키지 않는 범위 내에서만 인정되며, 교육의 목적은 소수 문화가 지배 문화에 동화, 포섭되는 것을 전제로 한다. 이러한 관점을 '용광로(melting pot)' 이데올로기라 부른다.

둘째, 한 사회의 문화적 다양성이 자유, 정의, 평등의 실현을 위한 국가적 대처와 노력을 증가시킴으로써 국가를 더욱 발전시킨다는 다문화주의(multiculturalism) 관점이다(Banks, 2014; Nieto, 2004; Sleeter & Grant, 2003). 진보주의 학자들은 다양성이 그 사회의 잠재력을 향상시키며, 문화적 다양성에 대처하는 능력이 중요한 시민의 자질이라고 주장한다. 따라서 학교는 학생들이 다양한 문화의 상대적 가치를 인정하면서, 자문화의 가치와 전통에 대해 비판적 성찰을 할 수 있도록 가르쳐야 한다. 이러한 관점을 '샐러드 그릇(salad bowl)' 이데올로기라 부르며, 이는 다양한 문화적 구성 요소들이 서로 공존하면서도 고유의 특성을 유지하고 조화를 이루어 새로운 통합성을 창출하는 것을 의미한다.

동화주의 관점에서는 다문화 교육에 반대하며, '샐러드 그릇' 관점에서는 다문화주의 정책과 다문화 교육을 지지한다. 역사적으로, 동화주의 정책을 시행해 온 국가들에서는 소수 집단에 대한 차별로 인해 많은 사회적 문제가 발생해왔다. 2010년에 독일의 메르켈 총리, 2011년에는 영국의 캐머런 총리와 프랑스의 사르코지 대통령이 각각 자국에서 다문화주의 정책이 실패했다고 선언했지만, 이는 어디까지나 정치적 수사일 뿐, 실제로 다문화주의 정책을 적극적으로 시행한 결과에 대한 성찰은 아니었다(Kymlicka, 2012). 즉, 다문화 정책을 제대로 시행해보지 않은 국가의 지도자들이 난민 문제로 인한 사회의 우경화에 편승하여 다문화주의를 비판한 것이다. 또한, 미국의 보수 성향 싱크탱크인 헤리티지 재단에서는 다문화주의가 미국의 정체성을 위협하고 있으며, 분리주의를 조장하는 다문화주의를 지양하고 애국적 동화주의를 실시해야 한다는 입장을 내세우고 있다(Gonzales, 2016). 그러나 미국 사회와 학교는 점차 인종적, 문화적으로 다양성이 증가하고 있으며, 이러한 다양성은 미국 사회에 활력을 불어넣고 민주주의 발전의 원동력이 되고 있다.

3) 우리나라의 다문화교육과 사회과

가. 다문화교육 정책

1990년대 외국인 노동자의 본격적인 유입과 2000년대 들어 급속히 증가한 국제결혼 가정으로 인해 우리 사회의 다양성에 대한 대중적 시각에 큰 변화가 일어났다. 특히, 2006년 한국계 미국인 풋볼 선수 하인즈 워드가 슈퍼볼 MVP를 수상하고, 한국인

어머니와 함께 한국을 방문하면서 우리 사회의 다문화가정에 대한 차별과 배타성에 대한 반성이 촉발되었다. 이러한 사회적 분위기 속에서, 정부 주도로 이주노동자와 결혼이민자의 증가에 대응하기 위한 논의가 본격적으로 시작되었고, 2006년 당시 교육인적자원부가 '다문화가정 자녀 교육지원 대책'을 입안하여 시행함으로써 본격적인 다문화교육 정책이 시작되었다. 이어서 2007년에는 「재한외국인처우기본법」이, 2008년에는 「다문화가족지원법」이 제정되었다.

2006년의 사업을 시작으로, 해마다 정부는 외국인 노동자 가정과 결혼이주자 가정 자녀들의 교육을 지원하고, 사회통합을 이루기 위해 한국어 교육, 생활지도, 진로지도 등 다양한 영역에서 교육 지원 사업을 실시해왔다. '다문화가정 자녀 교육지원 대책'이라는 명칭은 '다문화가정 학생 교육지원 계획,' '다문화학생 교육 선진화 방안,' 그리고 최근에는 '다문화교육 지원계획'으로 바뀌면서 사업의 내용도 조금씩 변해왔다. 초기에는 주로 다문화가정 자녀를 위한 언어교육과 문화교육이 중심이었으나, 이후 직업교육, 정보화교육 등이 추가되고, 대상자도 탈북 청소년과 중도입국 자녀를 포함하게 되었다. 최근에는 사업의 세부 항목에 '다문화 이해교육'을 추가하여, 일반 다수자 학생들이 다문화 감수성을 향상시키고, 모든 학생의 다문화 수용성을 증진시키기 위한 사업으로 확대하고 있다.

나. 다문화 교육과정

우리나라 학교 교육과정에 다문화주의가 본격적으로 반영되기 시작한 것은 '2007 개정 교육과정'부터이다. 2006년 교육인적자원부가 교과서에 포함된 '단일 민족주의 요소'를 조사한 결과, 기존 교과서에는 민족적 · 문화적 배타성을 담고 있는 내용이 상당히 많았다. 예를 들어, "우리는 생김새가 서로 같고, 같은 말과 글을 사용하는 단일민족입니다"(초등 6학년, 사회), "민족, 언어, 문화가 같은 단일 민족인 우리나라는" (중학교 2학년, 사회), "우리 민족은 ~ 세계사에서 보기 드문 단일 민족 국가로서의 전통을 이어오고 있다"(고등학교 1학년, 국사) 등과 같은 단일 민족주의적 요소가 포함되어 있었다(교육인적자원부, 2006).

이러한 문제를 해결하기 위해, 2007년 2월에 개정 · 고시된 교육과정은 기존의 단일 민족주의적 관점에서 벗어나 다인종·다문화 교육 요소를 적극적으로 반영하였다. 특히, 다문화주의 관점을 학습할 수 있도록 사회, 도덕, 국어 등 관련 교과에서 타문화에 대한 이해 및 존중, 편견 극복 및 관용을 강조하였다. 이후, 최근 2022 개정 교육과정까지 국가 교육과정에서 다문화 교육 관련 내용이 지속적으로 확대되고 있는 추세이다.

다문화 교육과정은 다문화교육의 철학을 구현하는 가장 핵심적인 부분이다. 다문화 교육가들은 기존 교육과정에서 문제시되는 부분을 찾아내어 개선하고, 소수 집단의 학생들에게도 평등한 교육 내용과 환경을 제공하고자 노력한다. 이를 위해 학생들의 다양한 문화적 배경과 역사, 언어·종교 등을 탐구하고 이를 학습에 활용한다.

뱅크스(Banks, 2014)는 각급 학교 교육과정에 다문화적 내용을 통합하기 위한 구성 원리를 네 단계로 분류하여 제시하였다. 제1단계인 **기여적 접근법**(the contributions approach)은 소수 집단이 주류 사회에 기여한 점을 부각시켜 그들의 자긍심을 길러주고자 한다. 이를 위해 소수 집단의 영웅, 명절, 축제와 같은 문화적 요소를 교육과정에 포함시킨다. 그러나 이러한 접근은 소수 집단이 경험하는 인종주의, 억압, 불평등과 같은 사회구조적인 문제를 간과하기 때문에, 미봉책에 가깝다는 한계가 있다.

제2단계인 **부가적 접근법**(the additive approach)은 교육과정의 기본적인 구조, 목표, 특성을 변화시키지 않으면서 소수 집단과 관련된 내용, 개념, 주제, 관점을 교육과정에 부가하는 것이다. 보통 관련 단원이나 과목 등을 교육과정에 첨가하는 형태로 이루어진다. 그러나 이 집근도 여전히 기존 교육과정의 기준에 따라 내용의 취사선택이 이루어진다. 이 두 단계의 공통점은 기존 교육과정의 기본 구조를 그대로 유지하면서 소수 집단 관련 내용을 덧붙인다는 것이다.

그러나, 제3단계인 **변혁적 접근법**(the transformation approach)에서는 교육과정의 근본적인 목표, 구조, 관점의 변화가 수반된다. 2단계 부가적 접근이 기존의 교육과정 체제를 그대로 유지하면서 다문화적 내용을 첨가하는 방식이라면, 3단계에서는 전혀 새로운 관점에서 교육과정을 변혁하여 재구성한다. 이 관점에서는 사회가 다양한 문화, 인종, 종교의 상호작용과 종합을 통해 형성되었다고 본다. 따라서 이 접근은 소수 집단을 사회의 예외적인 측면으로 파악하는 것이 아니라, 필수적인 부분으로 수용하여 교육과정을 구성한다.

제4단계인 **사회적 행동 접근법**(the social action approach)은 제3단계 변혁적 접근법의 요소에 실천과 행동의 문제를 강조하는 것을 덧붙인다. 수업 시간에 다루는 개념, 주제, 문제에 대해 학생들이 스스로 결정하고 실천해 보도록 한다. 이 접근법의 주요 목적은 학생들의 비판 의식, 의사결정력, 그리고 사회 변화를 추구하는 태도를 육성하는 데 있다. 따라서 이 접근은 사회 변화에 필요한 지식, 가치, 기능을 함양하고, 인종적, 민족적, 문화적으로 소외된 집단들에게 참여 기회를 부여함으로써 보다 민주적인 사회를 건설하고자 한다.

위에서 논의한 Banks의 교육과정 조직 원리를 요약하여 제시하면 〈표 12-1〉에 나타난 바와 같다.

〈표 12-1〉 **뱅크스의 다문화 교육과정의 조직 방법**

접근법	내용	특징
① 기여적 접근법 (The Contributions Approach)	해당 집단의 영웅, 명절 등과 같은 구체적인 문화적 요소들을 활용한다.	기본 구조나 규준을 바꾸지는 않는다. 다수 집단의 관점에서 내용을 선택한다.
② 부가적 접근법 (The Additive Approach)	기존 교육과정을 크게 변화시키지 않고, 소수집단과 관련된 내용, 개념, 주제, 관점을 부가한다.	
③ 변혁적 접근법 (The Transformation Approach)	교육과정의 구조를 변화시켜 다양한 집단의 관점에서 개념, 이슈, 사건들을 조망해 보도록 한다.	기존 교육과정의 규준, 패러다임, 기본적인 가정을 변혁시킨다. 지식이 객관적인 실체가 아니라 사회적 구성물임을 인식하도록 한다.
④ 사회적 행동 접근법 (The Social Action Approach)	중요한 이슈와 관련하여 의사결정을 내리고 실천해보도록 한다.	

우리나라의 다문화교육 프로그램은 교과를 막론하고 대체로 기여적 접근법이나 부가적 접근법을 기반으로 조직되어 있다(박선웅 외, 2010; 박한아, 2013; 정영애 · 류영철, 2018). 그러나 교육과정의 기본 가정과 조직 원리를 변혁하지 않고서는 학생들의 다문화 인식을 효과적으로 개선하기 어려우므로, 변혁적 접근법과 사회적 행동 접근법을 지향해야 한다. 최근 초등학교 5학년 학생들을 대상으로 기여적 · 부가적 접근법과 변혁적 · 사회적 행동 접근법의 프로그램을 실시하고 효과를 비교한 연구에 따르

면, 변혁적 · 사회적 행동 접근법의 프로그램이 다문화 존중성과 다문화 효능감을 크게 향상시키며, 기여적 · 부가적 접근법 프로그램에 비해 유의미한 차이를 나타냈다고 보고하고 있다(최지연 · 장인실, 2020).

다. 사회과교육의 과제

현대사회에서 사회가 다원화되고 문화적 다양성이 증가함에 따라, 이에 대한 적절한 대책을 세우는 것이 사회 각 분야의 중요한 과제이다. 특히 학교는 민주주의의 훈련장으로서, 개방성과 관용의 자질을 함양하는 곳이 되어야 한다. 다문화 사회에 대처하는 교육은 다문화가정 자녀의 적응 교육에 국한되어서는 안 되며, 우리 사회 모든 청소년들에 대한 시민교육이 되어야 한다. 따라서 다문화 사회의 시민교육은 먼저 반인종주의, 반편견(anti-bias) 교육에서 시작해야 한다. 반편견 교육이란 성별, 인종, 민족, 능력, 장애 유무 등에 상관없이 모든 사람을 편견 없이 존중하도록 가르치는 것을 의미한다. 또한, 사회 속에 존재하는 편견과 고정관념을 극복하여 학습자가 민주사회에서 공정하고 개방적인 참여자로 성장하도록 돕는 것이다.

사회과는 다문화 사회의 제반 문제를 가장 직접적이고 적극적으로 다루는 교과이므로, 다문화교육의 핵심적인 교과라고 할 수 있다. 사회과는 반편견, 평등, 그리고 사회정의를 추구하는 교육의 중심 교과로서의 역할을 수행해야 한다. 2000년부터 2010년 사이에 국내 학술지에 발표된 사회과 다문화교육 논문들을 분석한 강운선(2011)의 연구에 따르면, 사회과 다문화 연구 논문들은 다양성 존중, 타문화 이해, 반편견, 차별 폐지 등의 목표를 강조하는 반면, 사회정의, 비판적 의식, 사회재건 등의 목표에 대한 강조는 낮게 나타나 이 분야에 대한 관심이 필요함을 지적하고 있다. 특히 '다문화 시민성' 개념을 명료화하고, 통합적 내용 구성과 실천 방법을 모색해야 한다(김선미, 2013). 또한, 학교 교과와 다문화교육의 관계를 고려할 때, 사회과가 다문화교육의 핵심 교과임에 틀림없으나, 다문화교육은 특정 교과의 전유물이 아니라 범교과적인 생활양식으로 강조되어야 한다(조대훈, 2012).

연구보고 1

다문화교육을 실시함에 있어서 교사의 인식과 태도, 행동은 매우 중요하다. 거센손 등(2016)의 연구에 따르면, 백인 교사들은 흑인 학생들에 대해 흑인 교사들보다 훨씬 낮은 수준의 학업 성취를 기대한다고 밝혔다. 즉, 백인 교사와 흑인 교사가 동일한 흑인 학생을 평가할 때, 백인 교사들은 흑인 학생이 고등학교를 졸업할 것이라는 예측에서 흑인 교사들보다 40% 낮았으며, 4년제 대학교를 졸업할 것이라는 예측에서도 30% 낮은 결과를 보였다. 이 연구는 이러한 편견이 학생들의 학업 성취에 장기적인 영향을 미친다고 밝히고 있다.

* 훌륭한 다문화 교육의 실천가가 되기 위해 교사에게 필요한 자질은 무엇이라고 생각합니까?

자료: Gershenson, S., Holt, S. B., & Papageorge, N. W.(2016). Who believes in me? The effect of student-teacher demographic match on teacher expectations. *Economics of Education Review*, 52: 209-224.

2. 세계시민교육

21세기의 시민들은 과거 어느 때보다도 상호의존적인 세계에 살고 있다. 전 세계적 연결성이 특징인 세계화의 흐름은 이 시대의 시민들로 하여금 자신이 속한 공동체, 국가, 세계를 깊이 이해하고, 그 속에서 효과적으로 상호작용하기 위해 필요한 지식, 기능, 가치, 태도를 습득할 필요성을 부각시키고 있다. 세계시민교육(global citizenship education)은 인류가 운명공동체로 연결되어 있음을 이해하고, 국가의 경계를 초월한 세계시민적 협력과 공존을 추구하는 시민을 육성하는 것을 목표로 하며, 사회과 교육의 새로운 지평으로 떠오르고 있다.

1) 세계 공동체와 시민교육의 도전

21세기는 대규모 이주의 시대이다. 출생국을 떠나 타국에 거주하는 이주민의 규모가 2000년에는 전 세계 인구의 2.8%(약 1억 8천만 명)였으나, 2020년에는 3.6%(약 2억

8천 1백만 명)로 증가하였다(IOM, 2024). 우리나라도 연도별 출입국자는 해마다 증가하고 있으며, 행정안전부가 집계한 2022년 11월 기준 국내 거주 외국인 주민 수는 226만 명으로, 전년 대비 5.8% 증가하였고, 총인구 대비 4.4%에 이르는 것으로 나타났다(행정안전부, 2023). 전 지구적 인구 이동과 함께 국경 밖에서 벌어지는 일들이 우리의 일상생활에 영향을 미치고 있으며, 우리 사회의 사건들도 다른 국가의 사람들에게 영향을 미치고 있다.

하나의 공동체로서의 '세계'에 대한 인식은 다양한 사회 · 경제적 사건들을 통해 형성되고 있다. 통신기술의 발달로 물리적으로 멀리 떨어진 외국의 소식을 쉽게 접할 수 있게 되면서, 상호 연결된 사람들로 구성된 지구촌(global village)의 이미지가 부각되었다. 또한 인구 급증, 환경오염, 국제 무력 충돌 같은 세계적 이슈의 부상은 인류의 상호의존성에 대한 자각을 확산시켰다(Tucker & Evans, 1996).

'다국적 기업', '무한 경쟁', '시공간의 압축', '지역주의화' 등 세계화를 설명하는 여러 용어에서 드러나듯, 세계화는 국가 간, 국가와 사회 간, 그리고 사회와 사회 간의 상호작용과 연관성을 심화시킨다. 한 국가의 문제나 개인의 일상은 더 이상 지역적 한계에 머무르지 않으며, 이제 세계적 변화의 일부로 이해된다. 세계화에 따라 국가의 독립성은 약화되고, 세계적 상호의존성은 강화되고 있다. 따라서 현대사회의 시민들은 이러한 변화하는 공동체의 현실에 대처할 수 있는 교육이 필요하다.

세계화의 도래는 시민교육에서 시민성의 재검토라는 과제를 제시하고 있다. '세계'에 대한 인식이 확산되기 전의 시민교육은 '국가'라는 공동체 속에서 일정한 권리와 의무를 부여받은 존재로서의 시민을 대상으로 했다. 그러나 전 지구적 상호의존성과 상호연관성이 심화됨에 따라 '세계'라는 새로운 공동체가 등장했고, 기존 국민국가(nation-state)의 지위에도 변화가 나타나고 있다. 이에 따라 시민교육에서는 세계 공동체의 구성원으로서 시민적 역량을 육성하는 것이 새로운 과제로 부각되었다.

토레스(Torres, 2002)는 국가의 위상이 변화하게 된 원인을 세계 시장(world market)의 도래와 국제적 인권에 대한 관심의 확산에서 찾고 있다. 첫째, 무역 자유화, 직접투자의 확대, 다국적 기업의 활동 등은 국가의 시장 개입을 약화시켜, 결과적으로 국가의 주권 약화에 기여한다. 둘째, 세계화 시대의 인권은 국가라는 한정적인 권력 기구가 아니라 인간의 존엄성이라는 보편성에 의해 정당화되고 보호된다. 예를 들어,

특정 국가의 강제력 행사에 대해 인권을 근거로 타 국가, 국제기구, 혹은 시민단체 등이 개입하는 사례가 늘어나고 있다. 이렇듯 세계 시장의 확대와 인권 개념의 확산에 따른 주권 국가의 위상 변화는 강제력을 독점하는 '국가'와의 관계 속에서 정의되던 '시민' 개념의 재정립을 요구하고 있다.

같은 맥락에서 히터(Heater, 2003)는 교통 · 통신의 발달로 인한 세계의 변화가 단일 국가 중심의 시민권 개념에 도전을 가하고 있다고 지적한다. 이러한 도전은 두 가지 차원에서 동시에 이루어지고 있다. 첫째는 국가 내부의 다양한 소수 집단에 의해 제기되는 아래로부터의 도전이다. 세계 각국은 이주민이 증가하고 있으며, 이들은 출신 국가 고유의 문화, 언어, 종교에 대한 애착을 갖고 이주 국가 내에서 소수 집단을 형성한다. 이들이 국가나 시민 문화로부터 자기 문화의 독자성과 정체성을 인정받기 원하면서 시민권 개념이 도전을 받고 있다. 둘째는 유럽연합, 유럽경제공동체와 같은 초국가적 기구나 조직의 창설, 그리고 세계시민권 개념에 대한 의식이나 믿음에서 제기되는 위로부터의 도전이다. 과거에는 개별 국가 중심으로 국제적 관계가 형성되었지만, 최근에는 다양한 초국가적 기구에 국가가 포함되는 현상이 나타나고 있다. 또한, 국가의 법을 준수하는 것을 넘어서 보편적인 세계법이나 세계정부를 추구하는 도덕적 기준을 가지는 시민들이 늘어나고 있다(모경환 · 임정수, 2014에서 재인용).

이러한 안팎의 도전으로 인해 현대사회의 글로벌 시티즌(global citizen), 즉 세계시민에게는 기존의 '국가 시민' 개념을 초월하는 '세계 시민'으로서의 정체성과 자질, 즉 세계시민성이 필요하며, 이를 육성하는 것이 바로 세계시민교육(global citizenship education)이다. 현대사회의 시민은 한 국가의 국민이면서 동시에 세계시민이며, 또한 지역공동체의 주민이 된다. 따라서 그는 국민, 세계시민, 지역공동체 주민으로서의 다중 시민성(multiple citizenship)을 동시에 요구받는다(김왕근, 1999). 이러한 상이한 수준의 시민성들은 서로 상충되거나 긴장 관계에 놓일 수 있다. 예를 들어, 특정 국가와의 교역 조건 변화가 국가 차원에서는 이득이 되지만, 특정 지역사회의 기반 산업을 위태롭게 할 수도 있다. 이 경우 시민성의 수준에 따라 해당 정책에 대한 평가나 판단이 달라질 수 있다. 따라서 세계시민에게는 합리적인 선택과 의사결정력이 필요하며, 상이한 수준의 시민성 간에 균형 잡힌 관점이 요구된다(모경환 · 임정수, 2014).

2) 세계시민교육의 목표와 내용

가. 세계시민교육의 구성

영국의 구호단체인 옥스팜(Oxfam International)은 세계시민(global citizen)을 다음과 같이 정의하고 있다(Oxfam, 2015: 5). 세계시민은 ①세계시민으로서의 자신의 역할을 인식한다. ②다양성을 존중한다. ③세계의 문제를 이해한다. ④사회정의를 위해 헌신한다. ⑤지역 수준에서 세계 수준까지 공동체에 참여한다. ⑥정의롭고 지속가능한 세계를 위해 협력한다. ⑦자신의 행동에 책임을 진다.

세계시민교육의 토대를 마련한 한베이(Hanvey, 1976)는 상호의존성이 심화되는 시대의 교육목표로 '지구적 관점'(global perspectives)을 주장했다. 한베이에 따르면 지구적 관점은 다음 다섯 가지 요소로 구성되어 있다.

① **다양한 관점에 대한 인식**(Perspective Consciousness): 개인이 세계에 대해 갖는 관념은 보편적이지 않으며, 개인이 인식하지 못하는 영향을 받는다는 것, 그리고 타인이 나와 전혀 다른 관점을 가질 수 있음을 인식한다.

② **지구 상황에 대한 인식**(State of the Planet Awareness): 이주, 자원과 환경, 인구 변화, 정치 변화와 분쟁 등 세계적 상황과 추세에 대해 이해한다.

③ **비교문화적 인식**(Cross-Cultural Awareness): 세계 여러 문화의 차이와 공통점을 알고, 자신의 문화를 다른 사회구성원의 관점에서 바라볼 수 있다

④ **세계 정세에 대한 지식**(Knowledge of Global Dynamics): 각국의 경제 성장과 사회 변화 등에 대한 지식을 토대로 세계 체제의 특성과 구조를 이해한다.

⑤ **인류의 선택에 대한 인식**(Awareness of Human Choices): 개인, 국가, 인류가 당면한 문제의 해결을 위해 어떤 결정을 내리고, 이러한 결정이 세계 체제에 어떤 결과를 가져왔는지에 대해 이해한다.

나. 세계시민교육의 접근법

이러한 한베이의 제안은 당시 국가 통합과 애국심 함양을 위한 교육이 주를 이루던 미국 사회과에 큰 반향을 일으켰다. 이후 세계화의 확대 · 심화와 함께 세계시민

교육을 위한 교육과정 구상에 수많은 제안이 이루어졌다. 다양한 관점에 대한 인식, 상호의존성, 비교문화적 인식 등을 강조하는 한베이의 주장은 이후 미국 세계시민교육의 주도적인 전통을 형성하였다.

세계시민교육은 다양한 형태로 이루어지고 있다. 마이어스(Myers, 2006)는 세계시민교육을 단일 개념으로 정의하기보다는 다양한 접근법을 범주화함으로써 현재 이루어지고 있는 세계시민교육의 모습을 파악하려 하였다. 마이어스에 따르면, 세계시민교육에 대한 접근 방식은 크게 세 가지로 분류할 수 있다.

① **국제경쟁력 강화 접근**(international business training): 세계 시장에서 성공할 수 있는 기업 경영가와 노동자의 배출을 목표로 한다. 인적 자본론(human capital) 입장을 취하며, 학생은 미래의 노동자로서 고용 시장에서 필요한 기능을 훈련하는 데 초점을 둔다.

② **국제학 중심 접근**(international studies): 지리학, 정치학, 역사학과 같은 전통적인 학문을 통해서 세계의 각 지역과 국가들에 대한 지식을 전수하는 것을 목표로 한다. 국가를 분석 단위로 하여, 세계를 서로 경쟁하는 독립 국가의 집합으로 파악한다. 현재 대부분의 세계화 관련 중등교육은 이 모형을 따른다.

③ **세계 체제 접근**(world system approach): 세계는 상호의존적이라는 전제 하에 다양성 인정과 상호 이해를 추구한다. 인류가 공유하고 있는 문제들을 주로 다루며, 문제 해결을 위한 국가 간 협력을 강조한다. 평화, 인권, 사회 정의, 보편적 질서를 추구한다.

많은 국가에서 세계시민교육을 세계 시장에서 우위를 차지할 수 있는 경쟁력 육성 교육으로 받아들이고 있다. 세계시민교육이 일차적으로 세계화된 시대에서의 적응을 주요 과제로 삼긴 하지만, 궁극적으로는 정의와 평등을 추구하는 지구 공동체를 지향한다. 현재 대부분의 시민교육은 다른 지역과 국가에 대한 지식 전수와 국제적 역학 관계 파악에 중점을 두고 있다. 그러나 인류 공동 문제 해결을 위해 평화, 인권, 사회 정의를 지향하는 세계 체제 접근을 더욱 강조해야 한다(모경환 · 임정수, 2014).

다. 세계시민교육의 내용 요소

토레스(Torres, 2002)는 세계시민교육에서 반드시 고려해야 할 주제로 국제 인권, 보편적인 것과 지역적인 것 간의 조화, 그리고 민족 국가에 한정되지 않는 정치적 실천을 제시하고 있다. 세계시민교육은 인권을 정의하는 조약, 인권 보호를 위한 국제적 노력, 그리고 인권 보호를 위한 세계적 과제 등을 다루어야 한다. 또한 보편적인 것과 지역적인 것을 양분되거나 대립하는 개념으로 보는 것이 아니라 상호의존적인 관계로 다루어야 한다. 더 나아가, 보다 나은 세계를 위해 개인이 실천할 수 있는 것과 국제적인 수준에서 이루어지는 사회 운동에 대해서도 가르쳐야 한다.

UNESCO는 세계시민성(global citizenship)을 "보다 넓은 공동체에 대한 소속감과 보편적 인간성에 대한 자각"이라고 정의하며, 세계시민교육의 목표를 학습자들이 "보다 포용적이고, 정의롭고, 평화로운 세계를 형성하는 데 필요한 지식, 기능, 가치와 태도를 함양하도록 돕는 것"이라고 밝히고 있다. 또한 UNESCO는 세계시민교육의 영역을 인지적(cognitive) 차원, 사회-정서적(social-emotional) 차원, 그리고 행동적(behavioral) 차원으로 구분하고, 각 차원에 따른 세부 주제를 제안하고 있다(UNESCO, 2015).

〈표 12-2〉 **세계시민교육의 다양한 주제들**

인지적 차원
1. 지역, 국가, 세계 체제와 구조 2. 지역, 국가, 세계 차원에서 공동체의 상호작용과 연계성에 영향을 미치는 이슈 3. 근본적 가정들과 권력 역학관계
사회-정서적 차원
4. 정체성의 다양한 수준 5. 사람들이 속한 다양한 공동체와 이들의 연계성 6. 차이와 다양성에 대한 존중
행동적 차원
7. 개인적, 집단적으로 취할 수 있는 행동 8. 윤리적으로 책임 있는 행동 9. 참여하고 행동하기

이상의 내용 요소들은 세계적 수준의 사고와 지역적 수준에서 이루어지는 실천과

행동을 통합하는 방향으로 조직되어야 하며, 지식, 기능, 태도가 고루 함양될 수 있도록 구성해야 한다. 세계시민교육은 세계와 개인의 관계, 국가와 국가의 관계, 국가와 개인의 관계 등에 대한 시간적, 공간적 맥락에 대한 이해를 증진시키는 한편, 타문화에 대한 상대주의적 이해를 길러줌으로써 세계시민사회의 구성원으로서 요구되는 보편적이고 합리적인 소양을 함양하는 것을 지향한다.

3) 사회과 세계시민교육의 과제

세계시민교육(global citizenship education)이 본격적으로 우리나라 학교 교육과정에 반영된 것은 제7차 교육과정(1997~2006)부터이다. 1993년 2월 출범한 김영삼 정부는 1995년 이른바 '5 · 31 교육개혁조치'를 발표하며, '세계화를 위한 신교육'(New Education for Globalization)을 표방했다. 이에 따라 1997년에 개정 · 고시된 제7차 교육과정에 세계시민교육 내용이 본격적으로 포함되었다. 구체적으로, 사회과에서는 지구촌 문제의 해결을 위한 노력(6학년), 지구촌 사회와 한국(9학년), 문화권과 지구촌의 형성(10학년) 등의 단원에서 문민정부가 표방한 세계화에 대한 내용을 다루었다.

우리나라에서 세계시민교육은 아직까지 명확한 개념 규정이나 교육과정 개발의 준거 및 원리가 정립되지 않았다. 제7차 교육과정의 사회과(모경환 · 임정수, 2014)와 2007 개정 교육과정의 사회과(허수미, 2010)에서는 세계화의 개념이 경제적 신자유주의와 동일시되었고, 세계시민교육은 국제경쟁력 강화를 위한 수단적인 측면이 강했다. 이러한 추세는 2009 개정 교육과정에서도 크게 달라지지 않았다. 옥일남(2014)의 분석에 따르면, 2009 개정 교육과정의 고등학교 경제 교과서는 국제경쟁력 강화를 통한 세계화 추세에 대한 대응이 강조되어 있다. 이 연구는 경제 과목의 세계화 관련 내용이 경쟁의 논리를 넘어 지구촌 시민공동체의 삶의 질 향상에 관심을 가져야 한다고 주장한다.

우리나라 사회과 교육과정은 내용 면에서 인지적 측면에 비중이 높아 정서적, 행동적 영역에 대한 내용이 강화될 필요가 있다. UNESCO가 제시한 학습 주제 목록을 토대로 2009 개정 교육과정과 2015 개정 교육과정의 초등 사회과에 나타난 세계시민교육 내용 요소를 분석한 이소연 등(2017)의 연구에 따르면, 2009 개정 교육과정보다

2015 개정 교육과정에서 세계시민교육 관련 성취기준의 수가 증가하였고, 내용도 더욱 포괄적으로 발전했음을 밝히고 있다. 그러나 상대적으로 인지적 영역에 편중되어 있고, 내용 요소가 비체계적이라는 문제점도 지적한다. 비슷한 맥락에서, 제6차 교육과정부터 2015 개정 교육과정까지의 초 · 중 사회과 교육과정을 분석한 이정우(2017)의 연구에서도 인지적 영역에 치우쳐 있어, 정서적 영역과 행동적 영역도 균형적으로 다루어야 한다고 주장한다.

연구보고 2

모경환 · 임정수(2014)는 메리필드(Merryfield, 1998)가 설정한 세계시민교육에 대한 일곱 가지 개념 체계를 기준으로 우리나라 사회과 교육과정을 교수요목기부터 2009 개정 교육과정까지 분석하였다. 메리필드는 세계시민교육에 대한 개념적 입장을 다음과 같은 일곱 가지로 범주화하였다: (1) 인류와 세계를 역동적, 유기적, 상호의존적인 체계로 이해하기, (2) 전지구적 쟁점 이해하기, (3) 다양한 문화와 관점 이해하기, (4) 지역적, 전지구적 차원에서 의사결정을 내리고 행동하는 데 필요한 지식, 기능, 책임감 갖기, (5) 역사적인 차원에서 인류의 상호의존성 이해하기, (6) 간문화적 이해, 상호작용, 의사소통, (7) 비판적인 맥락에서 편견 해소와 도덕 교육의 중요성 인식하기.

모경환 · 임정수(2014)의 분석에 따르면, 우리나라 사회과 교육과정은 다음과 같은 특징을 보인다. 첫째, 국가 외부 세계와의 상호의존성에 대한 인식, 전지구적 쟁점 이해, 국가 외부 세계에 대한 이해는 제1차 교육과정부터 나타났다. 둘째, 국가 구성원이 아닌 지역사회 구성원 혹은 세계의 구성원으로서의 행동을 다루는 것은 제1차 교육과정부터였지만, 국가 시민성과 독립하여 존재하는 세계 시민성에 대한 고려가 이루어진 것은 제5차 교육과정부터이다. 셋째, 인류의 역사적 상호의존과 간문화적 이해에 대한 교육, 이질적인 대상에 대한 편견을 해소하고 사회적 약자를 배려하는 도덕적 태도의 함양 등은 제7차 개정 교육과정부터 나타나고 있다.

* 우리나라 중학교 사회 교육과정에 나타난 세계시민교육의 요소를 Merryfield(1998)의 개념 틀을 활용하여 분석해 보자.

자료: 모경환·임정수(2014). 사회과 글로벌 시티즌십 교육의 동향과 과제. 「시민교육연구」, 46(2): 73-108.

3. 테크놀로지

정보통신기술의 발전은 노동, 무역, 상업과 같은 경제 부문뿐만 아니라 문화와 의사소통에 이르기까지 전 방위적으로 변화를 일으키고 있다. 오늘날의 디지털 사회에서 정보통신기술은 국가적으로는 경제 성장의 핵심 동력이고, 기업에는 혁신과 경쟁력의 원천이며, 개인에게는 삶의 질을 높이는 도구로 자리 잡고 있다. 이러한 정보통신기술의 중요성이 점점 더 부각되면서, 교육 현장에서도 이를 적극적으로 활용하려는 움직임이 활발하게 이루어지고 있다. 사회과에서도 정보통신기술을 도입하여 보다 생동감 있고 다양한 학습 경험을 제공하고, 학생들의 학업 성취를 향상시키며, 나아가 교육의 평등을 실현하기 위한 도구로 활용하려는 노력이 활발히 진행되고 있다.

1) 테크놀로지 발전과 교육의 변화

테크놀로지가 지식과 정보를 활용하여 새로운 가치를 창출하는 핵심 도구로 부각되면서, 우리나라에서도 제7차 교육과정에서 ICT 교육이 본격적으로 도입되었다. ICT(Information and Communication Technology)는 하드웨어와 소프트웨어를 이용해 정보를 수집, 생산, 가공, 보존, 전달, 활용하는 모든 방법을 의미한다. 새로운 기술의 등장은 항상 사회 변화를 촉발하지만, 사물인터넷, 인공지능, 로봇기술 등으로 대표되는 정보통신기술은 그 변화의 속도와 범위가 전례 없이 빠르고 광범위하다.

이러한 급변하는 사회에 발맞추어, 전 세계적으로 교육 현장에 ICT를 도입하려는 움직임이 활발히 이루어지고 있다. 이는 후기산업사회라는 경제적 변화에 대한 대응이기도 하다. 후기산업사회에서는 육체적 노동이 아니라 정보가 부가가치의 원천이 된다. 따라서 정보를 수집하고, 생산하며, 가공하는 능력, 특히 ICT에 대한 소양을 갖춘 인재를 확보하는 것이 국가 경쟁력의 핵심으로 자리 잡고 있다. ICT 교육에 대한 투자는 곧 인적 자원 개발에 대한 투자로 이어진다. 예를 들어, 1994년 미국의 클린

턴 행정부는 학교에서의 인터넷 보급률을 높이기 위한 노력을 기울였으며, 그 결과 1994년부터 1999년까지 미국 공립학교의 인터넷 사용률이 35%에서 51%로 증가했다. 이를 위해 20억 달러 이상의 자금이 투입되었다(Mason & Berson, 2000: 527-528).

우리나라에서도 ICT 교육이 적극 추진되고 있다. 제7차 교육과정에서는 정보화 사회에 대비해 정보 능력 함양을 목표로 컴퓨터 교육과 정보 활용 교육을 강화했다. 2015 개정 교육과정에서는 문제를 합리적으로 해결하기 위해 다양한 지식과 정보를 처리하고 활용할 수 있는 '지식정보처리 역량'을 모든 교과가 추구하는 핵심 역량 중 하나로 설정하였으며, 중학교에서는 소프트웨어 교육을 강화하기 위해 '정보' 과목을 필수 교과로 신설하였다. 이러한 기조는 2022 개정 교육과정에서도 계속되고 있다.

초·중등학교에서 ICT 교육은 크게 소양 교육과 활용 교육, 두 가지로 나뉜다. 먼저, ICT 소양 교육은 정보통신기술 자체를 가르치며, 테크놀로지 다루는 기능의 숙달을 목표로 한다. 학생들은 정보 검색, 처리, 분석, 생성 등의 도구적 활용법을 배우게 된다. 반면, ICT 활용 교육은 정보통신기술을 학습과 일상생활에서 생산적으로 활용하는 능력을 키우는 데 중점을 둔다. 이 교육은 기본적인 ICT 소양을 바탕으로 문제 해결을 위해 정보통신기술을 적극 활용할 수 있도록 돕는 것이다.

2) ICT와 사회과교육

정보통신기술의 발달은 사회과교육에서도 중요한 이슈이다. 테크놀로지의 발전에 따른 사회적 변화는 사회과교육이 추구하는 목표를 재검토할 필요성을 제기하며, 정보통신기술의 도입은 사회과 수업의 형태를 크게 변화시키고 있다.

가. 정보통신기술의 발달과 사회과의 목표

테크놀로지의 발전은 사회적 변화를 유발하는 요인이 되기도 하고, 때로는 사회적 변화의 역동 속에서 신기술에 대한 필요가 발생하기도 한다. 사회과는 시간과 공간을 아우르는 인간의 사회적 삶을 탐구하는 교과이다. 따라서 사회 변화의 현상 자체와 그것을 촉발시키는 요인은 사회과가 다루는 중요한 이슈이다. 버슨(Berson) 등은 테크놀로지가 미치는 광범위한 변화가 사회과의 목표에 시사점을 준다고 설명하였다 (Berson et al, 2001).

첫째, 사회과는 새로운 지식 사회의 요구에 대처할 수 있어야 한다. 사회과 및 다른 교과에서 테크놀로지의 사용이 강조되는 이유는 현대 노동시장이 컴퓨터 사용과 관련된 소양을 요구하기 때문이다. 학생들이 다양한 정보를 활용하여 지식 사회의 노동 현장에서 요구하는 자질을 함양할 수 있어야 한다.

둘째, 사회과는 테크놀로지가 인류 공동체의 발전에 미친 영향을 다루어야 한다. 테크놀로지의 발전이 의사소통에 어떤 영향을 미치는지, 그리고 테크놀로지의 발달에 따라 교실에서 교사와 학생의 상호작용이 어떻게 변화할 것인지 등의 질문은 사회과에서 진지하게 다루어야 할 주제들이다.

셋째, 시민으로서의 책임을 다하기 위해서는 테크놀로지에 대한 소양이 필요하다. 현대 사회에서 테크놀로지는 민주주의의 발전과도 결코 무관하지 않다. 유능한 시민이 되기 위해서는 컴퓨터 테크놀로지에 대한 소양을 갖추고, 책임감 있는 정보 사용 태도를 길러야 한다.

넷째, 테크놀로지는 비판적 사고의 가능성을 확장시킴으로써 사회과에서 중요한 고려 요소가 된다. 시민성의 핵심 요소는 비판적 사고이며, 비판적 사고는 정보를 필요로 한다. 정보통신기술은 학생들이 접근하고 획득할 수 있는 정보의 양을 획기적으로 증가시켜 준다. 따라서 사회과에서 정보통신기술의 도입은 시민 교육의 가능성을 크게 확장시킬 것이다.

다섯째, 정보통신기술의 활용을 통해 학습자가 보다 주체적으로 참여할 수 있는 구성주의적인 학습 환경을 조직할 수 있다. 테크놀로지는 사회의 현실을 보다 생생하게 경험할 수 있도록 도와주어 수업의 실제성(authenticity)을 높여준다. 학습 경험의 실제성이 높아지면 학습자의 동기를 활성화하는 데도 더 큰 도움이 된다.

나. 정보통신기술의 발달과 사회과 수업

정보통신기술은 교실의 시공간적 제약을 극복할 수 있게 도와주어 수업과 학습에 혁신적인 변화를 가져올 것으로 기대된다. 상호작용이 가능한 멀티미디어는 새로운 커뮤니케이션의 장을 열어 사회과 수업의 가능성을 확장시킬 것이다. 특히, 사회과는 사회 현상을 탐구하는 교과인 만큼 정보통신기술의 도입은 수업의 효과를 크게 높일 수 있을 것으로 예상된다.

사회과 수업에서 사용될 수 있는 대표적인 테크놀로지와 그 적용 효과는 다음과 같다.

① 인터넷

1990년대 이후 사회과에서 인터넷 사용이 두드러지고 있다. 인터넷을 통해 학생들에게 더 넓고 다양한 경험을 제공할 수 있다. 인터넷은 학생들의 흥미를 자극하고 구성주의적 학습을 가능하게 한다. 인터넷상에 존재하는 풍부한 자료들은 문제해결학습 및 탐구학습에 유용하게 활용될 수 있다. 베렌펠드(Berenfeld, 1996)에 따르면, 인터넷을 통한 타 학교 학생들과의 원거리 협동학습이 초 · 중등학생들의 문제해결력을 증진시키는 것으로 나타났다.

② 데이터 처리를 위한 소프트웨어

워드프로세서, 스프레드시트 등의 데이터 처리 도구는 교실에서 활용되는 가장 일반적인 테크놀로지이다. 사회과에서 자료의 수집 및 분석뿐만 아니라, 학습한 내용을 프레젠테이션이나 보고서 등의 형태로 표현할 때도 유용하다. 특히, 스프레드시트는 함수와 통계 분석과 밀접하게 관련된 프로그램으로, 수학 교과와의 통합교육을 위한 도구로도 활용될 수 있다(Hollister, 1995).

③ 데이터베이스

데이터베이스는 정보의 저장고로, 정보의 획득, 분석, 결론 도출 과정에서 활용할 수 있다. 데이터베이스는 학생들이 정보를 능동적으로 사용할 수 있는 기회를 제공함으로써 참여를 증진시키고, 탐구 활동의 경험을 제공하며, 비판적 사고 기능을 고취시킨다.

3) ICT의 교육적 활용을 둘러싼 논쟁

가. 테크놀로지의 학습 효과

각국 정부가 정보통신기술 교육을 위한 대규모 투자를 지속하면서, 정보통신기술의 교육적 도입을 지지하는 이들과 부정적인 전망을 지닌 이들 간의 긴장이 나타나고 있다. 정보통신기술의 중요성과 효과를 강조하는 사람들은 ICT의 도입이 학습 효과를 높여 학생 성취를 향상시키는 데 기여할 것이라고 기대한다. 효과적인 사회과 교육을 위해 학생들에게 보다 다양하고 사실적인 교육적 경험을 제공하는 것이 무엇보다 중요한데, 인터넷과 같은 정보기술이 그 가능성을 크게 높여준다는 것이다. 사이버 공간에 존재하는 풍부한 정보는 학생들의 흥미를 자극하고 학습 동기를 유발하는 효과를 가진다(Maskin, 1996).

사회과 수업에서 테크놀로지 활용은 학업 성취도 향상 및 고차사고력 함양 등 다양한 효과를 나타낸다. 초등학교 5학년 사회과 문제해결학습에서 ICT 활용 효과를 분석한 최병모 · 전희옥(2007)의 연구에 따르면, 테크놀로지 활용이 학습자의 흥미와 참여 동기를 증진시켜 학업 성취도를 향상시킨다고 밝혔다. 비슷한 맥락에서 초등학교 4학년 사회 수업에서 ICT를 적용한 이경한 · 소지현(2004)의 연구에서는 테크놀로지를 활용한 문제해결학습이 수업의 흥미도와 만족도, 학업 성취도, 그리고 자기주도적 학습력의 신장을 가져왔다. 또한, 초등학교 6학년 수업에 ICT를 활용한 이명숙(2004)의 연구는 ICT 활용 수업이 고차사고력 향상에 긍정적인 영향을 미친다고 밝혔다. 나아가 황홍섭(2002)은 초등 사회과의 ICT 활용 교육으로서의 웹기반 GIS(Geographic Information System)가 지식의 효과적 활용을 넘어 지식을 구성하고 창출하는 잠재력이 있다고 주장한다.

나. 테크놀로지 활용을 둘러싼 문제점

한편, 무분별한 정보통신기술의 도입에 따른 부작용을 우려하는 목소리도 많다. 스콜브(Scolve, 1995)는 정보통신기술에 대한 맹목적인 추종을, 자동차가 처음 도입되었을 때 소비자들이 가졌던 기대에 비유했다. 소비자들은 자동차의 편리함에 매료되었지만, 사고의 위험이나 대기 오염 같은 부작용을 수십 년이 지나서야 비판적으로 인식하게 되었다. 정보통신기술의 교육적 활용에도 신중함이 필요하며, 관련 정책 수립 시 사회적, 경제적, 심리적, 물리적 비용에 대한 비판적 검토가 필수적이다(Berson et al, 2001). 과도한 기계 의존, 인터넷의 고립성, 사생활 침해, 대인관계 능력 결핍 등 인본주의적 비판과 함께, 투자비용 대비 효과가 기대에 못 미친다는 점도 지적된다. 이들이 제기하는 주요 비판은 다음과 같다:

첫째, 정보통신기술이 사회에 미치는 악영향에 대한 충분한 고려가 부족하다. 정보통신기술의 발달로 인해 인간은 진리를 추구하기보다는 단편적인 정보 관리에 치중하게 되었다. 특히 언어 영역에서 퇴행 현상이 두드러지는데, 사람들이 의미 있는 텍스트를 창조하기보다는 이미지를 복사하고 편집하는 데 더 많은 시간을 쓰면서 언어의 파괴와 문어(文語)의 변질이 빈번히 발생하고 있다. 또한, 정보의 상품화로 인해 개인 정보가 사적 이익을 위해 거래되고, 이 정보는 감시와 통제 수단으로 악용된다. 이와 더불어, 정보통신기술의 확산이 오히려 현대인의 고독감과 고립감을 심화시키고 공동체로부터의 소외를 초래하고 있다. 전자 매체를 통한 의사소통은 깊이 있는 면대면 상호작용을 감소시키며, 새로운 오락거리가 개인의 관심을 공적 사안에서 멀어지게 한다.

둘째, 정보통신기술이 학업 성취를 향상시킨다는 보장은 없다. 큐반(Cuban, 1999)은 멀티미디어가 학업 성취에 강력한 영향을 미친다는 확실한 증거가 없다고 주장한다. 미국의 아동인권단체 아동연합(Alliance for Childhood)의 보고서 "바보의 황금(Fool's Gold): 아동기의 컴퓨터에 대한 비판적 고찰"에 따르면, 초·중등교육에 e-러닝을 도입하는 것이 긍정적인 효과를 가져온다는 증거는 아직 부족하다. 특히, 11세 이전의 아이들에게는 신체적, 인지적, 사회적으로 해로울 수 있다. 취학 전 아동의 경우, 컴퓨터보다 인간관계 속에서의 공동생활이 발달에 더 효과적이다. 컴퓨터 활용은 창의력 저해, 체험 교육 기회 부족, 신체 건강 악화, 사회적 고립 등의 문제를 일으킬 수 있다. 또한, 정보격차(digital divide) 문제가 해결되지 않으면, 컴퓨터 활용이 오히려 불평등을 확대할 수 있다. 컴퓨터 설비나 서비스는 비용 문제와 기술적 어려움으로 인해 계층 간 접근성과 활용 능력의 차이를 초래할 수 있으며, 이를 고려하지 않은 정부 투자는 교육적 불평등을 심화시킬 위험이 있다(Cordes & Miller, 2000).

셋째, 정보통신기술의 도입에 지나치게 많은 자원이 투입되었다는 지적이 있다. 터클(Turkle, 1984)은 정보통신기술에 대한 과도한 교육적 투자가, 교육의 적절한 투자를 위한 정치적 의지 부족에서 비롯된 것이라고 비판한다. 유치원 교육, 학급 규모 축소, 교사 연수에 대한 투자가 오히려 학생들의 학업 성취에 더 효과적일 수 있다는 것이다. 즉, 테크놀로지를 맹신하기보다는 학생들의 실제 요구와 필요를 먼저 파악하는 것이 중요하다.

또한, 정보통신기술의 도입을 강조하는 주장들에는 '왜 배우는가'에 대한 논의가 부족하다. 정보통신기술 교육은 학생들의 학습 열정을 높이기보다는 효율적인 학습자를 양성하고, 비판적 사고보다는 직업 교육에 초점을 맞추고 있다는 비판이 있다. 정보통신기술이 교육 현장에서 바람직하게 활용되기 위해서는 교육 목표인 인간 발달에 대한 이해와 기술 적용의 적절성을 평가하는 것이 필요하다. 테크놀로지는 인간의 신체적, 정서적, 도덕적 삶을 풍요롭게 하고, 교육의 목적에 부합하도록 활용되어야 한다.

4) 인공지능과 시민교육

가. 인공지능과 디지털 시민성

현대 사회는 인공지능과 신기술이 가져오는 근본적인 변화를 맞이하고 있다. 전기가 지난 세기에 미친 영향처럼, 인공지능은 우리의 일상과 의사소통 방식을 변화시키고, 직업, 안보, 정치 등 삶의 모든 영역에 영향을 미치고 있다. 이러한 변화에 적응하기 위해서는 인재 양성을 위한 교육과 훈련 체제를 개선해야 하며, 교육은 이러한 변화의 중심에 서 있다.

교육부는 2022 개정 교육과정의 추진 배경으로 "디지털 전환, 기후변화, 학령인구 감소 등에 대응하여 미래 사회에 필요한 역량을 함양하고, 학습자 맞춤형 교육을 강화할 필요"가 있다고 강조했다. 이를 위해 "디지털 · AI 교육 환경에 맞는 교수 · 학습 및 평가체제 구축"을 중점 사항으로 설정하고, 디지털 기초 소양 교육을 모든 교과에 반영하도록 했다(교육부, 2021).

디지털 기술은 현대 사회의 모든 측면에 깊숙이 스며들어 있으며, 디지털 사회는 이미 현실화되었다. 유럽평의회는 '디지털 시민'(digital citizen)을 온·오프라인 커뮤니티에 적극적이고 책임 있게 참여할 수 있는 능력을 가진 사람으로 정의하고 있으며, 이 능력은 가정, 학교, 평생교육 기관을 통해 지속적으로 개발되어야 한다(Council of Europe, 2019). 이러한 디지털 시민의 자질로서 디지털 시민성(digital citizenship)은 "정보를 효과적으로 찾고, 접근하고, 생성하며, 윤리적으로 상호작용하고, 안전하게 디지털 환경을 탐색할 수 있는 능력"으로 정의된다(UNESCO, 2016).

지금까지의 디지털 시민성 정책은 기술적 기반 조성(1차 수준), 법적·제도적 장치 마련(2차 수준), 그리고 시민의 지식, 태도, 기능을 향상시키기 위한 정보서비스 개발(3차 수준)의 세 가지 단계로 진행되었으나, 3차 수준의 정책은 아직 미흡하다(윤성이·이원태, 2009). 기존의 디지털 교육이 역기능 보호와 컴퓨터 활용 능력에 초점을 맞췄다면, 이제는 디지털 시민성을 강화하는 교육으로의 전환이 필요하다. 인공지능 시대의 시민교육은 기술과 사람의 역할과 가치를 성찰할 수 있는 능력을 길러야 한다.

나. 인공지능 윤리와 시민교육

인공지능의 활성화와 함께 기술 오남용, 데이터 편향, 알고리즘 차별, 사생활 침해 등 다양한 윤리 문제가 대두되고 있다. 특히, 인공지능의 판단이 인종, 성별, 연령 등에서 편향과 차별을 초래할 수 있다는 점이 주목받고 있다. 이러한 문제를 해결하기 위해서는 인공지능의 설계, 활용, 평가에서 관련 법규를 준수하는 것이 중요하다. OECD, EU, UNESCO 등 국제기구들은 인공지능 윤리의 중요성을 인식하고, 원칙과 기준을 제시하고 있다.

2019년 4월, 유럽연합 집행위원회(European Commission: EC)는 '신뢰할 수 있는 인공지능 윤리 가이드라인'을 발표했다. 이 가이드라인은 모든 시민이 AI의 혜택을 공정하게 누릴 수 있도록 '**인간 중심의 AI**'를 목표로 하며, 신뢰할 수 있는 기술 발전을 위한 네 가지 원칙을 제시하고 있다: 인간 자율성 존중, 해악 금지, 공정성, 그리고 설명 가능성이다.

첫째, **인간 자율성 존중**(respect for autonomy)의 원칙은 인공지능과 상호작용하는 인간이 자기결정권을 가져야 한다는 것이다. 둘째, **해악 금지**(prevention of harm)의 원칙은 인공지능 시스템이 인간에게 해악을 끼치지 않아야 한다는 것이다. 셋째, **공정성**(fairness)의 원칙은 인공지능의 결정이 편견과 차별 없이 이루어져야 함을 의미한다. 넷째, **설명 가능성**(explicability)의 원칙은 인공지능의 작동과 결정 과정이 투명하게 공개되어야 함을 강조한다. 이러한 원칙들은 인공지능에 대한 신뢰를 구축하는 데 필수적이다.

우리나라의 인공지능 윤리 기준 또한 '인간성을 위한 인공지능'을 표방하며, 인공지능 개발과 사용에서 인간의 존엄성을 우선시해야 한다고 명시하고 있다(관계부처합동, 2020). 인공지능이 인간에게 해를 끼치지 않고 사회적 공공선에 기여할 수 있도록, 관련 모든 구성원이 윤리 기준을 확립하고 준수하는 것이 필요하다. 이러한 윤리적 관점은 사회과교육에서도 중요한 학습 목표이다. 사회과교육은 학생들이 인공지능 시대에 필요한 윤리적 판단력과 시민적 책임감을 기르는 데 기여할 수 있으며, 이를 통해 더 나은 디지털 사회를 형성하는 데 중요한 기반을 제공한다.

연구보고 3

터키(Turkey)에서도 사회과 수업에 ICT를 활용하는 것은 교수-학습을 개선하는 데 큰 도움을 줄 것으로 기대되고 있다. 이에 터키 교육부는 인터넷 접근성과 기기 보급을 위해 많은 예산을 투입하고 있다. 그러나 최근 터키의 사회과 교사 171명을 대상으로 실시한 설문조사에 따르면, 사회과 수업에서 테크놀로지 활용에 몇 가지 장애 요인이 있다는 것이 밝혀졌다. 이러한 장애 요인으로는 교사의 기술 부족, 인터넷 접속 장애, 행정 지원 부족, 기술 지원 부족 등이 있다. 또한, 테크놀로지 활용에 대한 연수를 받은 교사와 받지 않은 교사 간에 유의미한 차이도 나타났다.

* 우리나라 사회과 수업에서 테크놀로지를 활용하는 데에 어떤 장애 요인이 있으며, 이를 어떻게 극복할 수 있을지 생각해 보십시오.

자료: Tarman, B., Kilinc, E. & Aydin, H. (2019). Barriers to the Effective Use of Technology Integration in Social Studies Education. *Contemporary Issues in Technology and Teacher Education*, 19(4): 736-753.

주요개념

다문화교육, 용광로 이데올로기, 샐러드그릇 이데올로기, 기여적 접근법, 부가적 접근법, 변혁적 접근법, 사회적 행동 접근법, 세계시민성, 세계시민교육, 정보통신기술

Chapter 12

현대 사회과의 과제
연습문제

01. 다문화교육의 개념과 오개념을 설명하시오.

02. 동화주의와 다문화주의를 비교하시오.

03. Banks 교수의 다문화 교육과정 구성 원리를 설명하시오.

04. 세계시민교육의 목표로서 Hanvey가 제시한 지구적 관점 다섯 가지를 설명하시오.

05. UNESCO가 제시한 세계시민교육의 학습 요소를 설명하시오.

06. 마이어스(Myers)가 얘기하는 세계시민교육에 대한 세 가지 접근법을 비교하시오.

07. 사회과교육에 정보통신기술을 도입할 경우 예상되는 장점과 부작용을 비교하시오.

참고문헌

관계부처 합동(2020). 사람이 중심이 되는 「인공지능(AI) 윤리기준」. (2020.12).

교육부(2020a). 2020년 교육기본통계 결과 발표. 교육부 2020. 8. 28. 보도자료.

교육부(2020b). 출발선 평등을 위한 2020년 다문화교육 지원계획. 2020.2 교육부.

교육부(2021). 2022 개정 교육과정 총론 주요사항(시안) (2021.11.24.). 교육부 교육과정정책과

교육부(2023). 출발선 평등을 위한 2023년 다문화교육 지원계획. 2023.2 교육부.

교육인적자원부(2006). 다문화가정 자녀 교육지원 대책.

강운선(2011). 한국 사회과 다문화교육의 연구동향에 관한 메타분석. 「사회과교육」, 50(4): 153~171.

김선미(2013). 다문화시민성에 관한 한국 사회과교육과정 고찰. 「사회과교육연구」, 20(3): 55-68.

김왕근(1999). 세계화와 다중 시민성 교육의 관계에 관한 연구. 「시민교육연구」, 28: 45-68.

모경환, 임정수(2014). 사회과 글로벌 시티즌십 교육의 동향과 과제. 「시민교육연구」, 46(2): 73-108.

박선웅, 이민경, 구정화, 박길자(2010). 다문화교육 연구학교의 프로그램에 대한 비판적 분석.「시민교육연구」, 42(2): 29-60.

박한아(2013). 뱅크스(Banks)의 다문화교육 접근법에 기초한 중학교 음악교과서 분석. 「음악응용연구」, 6: 75-99.

옥일남(2014). 글로벌 시민성 함양을 위한 사회과 교수·학습 방안. 「시민교육연구」, 46(3): 105-140.

윤성이·이원태. (2009). 디지털시대 시민의식 제고를 위한 정책방안. 한국지역정보화학회지, 12(1), 59-84.

이경한·소지현(2004). 초등 사회과 수업에서 ICT 활용 문제 해결 학습이 학업성취도에 미치는 영향 -정보 탐색과 정보만들기를 중심으로-. 「교육종합연구」, 2: 197-219.

이명숙(2007). ICT 활용 수업이 고급사고력 신장에 미치는 효과. 「초등사회과교육」, 19(1): 103-132.

이소연, 성경희, 이정우(2017). 2009와 2015 개정 초등 사회과 교육과정에 나타난 세계시민교육 내용요소 분석. 「시민교육연구」, 49(3): 79-103.

이정우(2017). 사회과 교육과정에 반영된 세계시민교육. 「교육연구」, 68: 57-88.

임정수(2016). 한국 사회의 종교적 다양성의 심화와 다문화 시민교육의 과제. 「현대사회와 다문화」. 6(2): 25-46.

정영애, 류영철(2018). 다문화 정책학교의 다문화교육 접근법 분석: Banks의 다문화교육 접근법을 중심으로. 「다문화와 평화」, 12(3): 206-227.

조대훈(2012). 다문화사회 이야기: 방과 후 다문화 수업에 관한 질적 사례 연구. 「사회과교육」, 51(4): 147-162.

조대훈(2015). 글로벌·다문화 한국의 '시민'과 '시민교육': 새로운 쟁점과 과제. 「교육과학연구」, 17(1): 1-18.

조영달, 김재근, 박윤경, 박선운(2011). 다문화가정 학생에 대한 학교급 별 교육지원 방안 연구. 「교육연구와 실천」, 77: 33-65.

조인제, 김다영, 홍명기(2020). 다문화가정 학생의 학습부진과 학교부적응에 영향을 미치는 요인에 관한 연구: 경기도 외국인 밀집지역을 중심으로. 「문화교류와 다문화교육」, 9(4): 165-184

최병모·전희옥(2007). 사회과 문제해결학습에서 ICT활용 효과. 「사회과교육연구」, 14(3): 177-208.

최지연, 장인실(2020). Banks의 다문화교육 접근법 수준에 따른 프로그램이 초등학생의 다문화 인식과 효능감에 미치는 영향. 「교육논총」, 40(2): 215~234쪽.

허수미(2010). 세계화, 정보화 시대의 민주주의와 시민교육의 방향. 「사회과교육연구」, 17(1): 105-123.

행정안전부는(2023). 「2022년 지방자치단체 외국인주민 현황」. 2023.11.8. 보도자료

황홍섭(2002). 초등 사회과 수업에서의 ICT를 활용한 교수·학습 방안: 웹기반 GIS를 활용한 교수·학습 방법 개선. 「초등사회과교육」, 14: 185-204.

Banks, J.A.(2014). *An Introduction to Multicultural Education(5th edition).* Boston: Allyn and Bacon. 모경환 외 역. 「다문화교육 입문」. 아카데미프레스.

Berenfeld, B.(1996). Linking students to the inforshere. *T.H.E. Journal*, 23(9): 76-83.

Berson, M.J., Lee, J.K. & Stuckart, D.W.(2001). Promise and practice of computer technologies in the social studies: A critical analysis. In W.B. Stanley(Ed.), *Critical issues in social studies research for the 21st century.* Greenwich, Conn. : Information Age Pub.

Bloom, A.(1987). *The closing of the American mind.* NY: Simon & Schuster.

Cordes, C. & Miller, E.(1999). *Fool's gold: A critical look at computers in childhood.* Alliance for Childhood.

Council of Europe(2019). Digital Citizenship Education Handbook. URL: https://rm.coe.int/digital-citizenship-education-handbook/168093586f

Cuban, L.(2000). Is spending money on technology worth it?. *Education Week on the Web*(http://www.edweek.org, 2000, February 23).

European Commission(2019). Ethics Guidelines for Trustworthy AI: High-Level Expert Group on Artificial Intelligence. URL:

Gershenson, S., Holt, S. B., & Papageorge, N. W.(2016). Who believes in me? The effect of student-teacher demographic match on teacher expectations. *Economics of Education Review,* 52: 209-224.

Hanvey, R. G.(1976) *An Attainable Global Perspective.* NY: The American Forum for Global Education.

Heater, D. B. (2003). *A history of education for citizenship.* London: RoutledgeFalmer. 김해성 역

(2007). 「시민교육의 역사」. 파주: 한울.

Hirsch, E.D., Jr.(1987). *Cultural literacy: What every American needs to know*. Boston: Houghton Mifflin.

Hollister, B.C.(1995). Social math in the history classroom. *Social Education*, 59(1): 14-16.

International Organization for Migration (2024). World Migration Report 2024. IOM, Geneva. Available at https://publications.iom.int/system/files/pdf/wmr_2020.pdf

Gonzales, M.(2016). Multiculturalism and the Fight for America's National Identity. Washington, DC: The Heritage Foundation. http://report.heritage.org/hl1277

Kymlicka, W.(2012). Multiculturalism: Success, Failure, and the Future. Washington, DC: Migration Policy Institute. http://www.migrationpolicy.org

Maskin, M.R.(1996). "Infotectives" on the "infobahn": Designing internet-aided projects for the social studies classroom. *NASSP Bulletin*, 80(582): 59-70.

Mason, C.L. & Berson, M.J.(2000). Computer mediated communication in social studies method: An examination of students' perceptions and perspectives". *Theory and Research in Social Education*, 28(4): 527-545.

Merryfield, M.M.(1998). Pedagogy for global perspectives in education: Studies of teachers' thinking and practice. *Theory and Research in Social Education*, 26(3): 349-379.

Myers, J.P.(2006). Rethinking the social studies curriculum in the context of globalization: Education for global citizenship in the U.S. *Theory and Research in Social Education*, 34(3): 370-394.

Nietro, S.(2004). *Affirming diversity: The sociopolitical context of multicultural education*, 4th ed. Boston: Allyn and Bacon.

OECD (2020), International Migration Outlook 2020, OECD Publishing, Paris, https://doi.org/10.1787/ec98f531-en.

Oxfam(2015). Education for Global Citizenship: A guide for schools. London: Oxfam. http://www.oxfam.org.uk/education

Schlesinger, A.M., Jr.(1998). *The disuniting of American: Reflections on a multicultural society*. NY: Norton & Co.

Scolve, R.E.(1995). *Democracy and technology*. NY/London: Guilford Press.

Sleeter, C.E. & Grant, C.A.(2003). *Making choices for multicultural education: five approaches to race, class, and gender(4th edition)*. NY: Wiley & Sons.

Tarman, B., Kilinc, E. & Aydin, H. (2019). Barriers to the Effective Use of Technology Integration in Social Studies Education. *Contemporary Issues in Technology and Teacher Education*, 19(4): 736-753. https://www.learntechlib.org/primary/p/184930/.

Torres, C.A.(2002). Globalization, education, and citizenship: Solidarity versus markets?. *American Educational Research Journal*, 39(2): 363-378.

Tucker, J.L. & Evans, A.M.(1996). The challenge of a global age. In B.G. Massialas & R.F. Allen(Ed.), *Critical issues in teaching social studies: K-12.* Belmont: Wadsworth.

Turkle, S.(1984). *The second self: Computers and the human spirit.* NY: Simon and Schuster.

UNESCO (2015). *Global Citizenship Education: Topics and Learning Objectives.* Paris: UNESCO.

UNESCO(2016). A Policy Review: Building Digital Citizenship in Asia-Pacic through Safe, Effective and Responsible Use of ICT. URL: https://bangkok.unesco.org/content/policy-review-building-digital-citizenship-asia-pacific-through-safe-effective-and

찾아보기

저자소개

■ **모 경 환**

서울대학교 사범대학 사회교육과와 동 대학원을 졸업하고, 미국 UC Berkeley 대학교에서 박사 학위(Ph.D.)를 받았다. 현재 서울대학교 사범대학 사회교육과 교수로 재직 중이며, 한국사회과교육학회 회장을 맡고 있다. 주요 저서로는 『다문화교육』, 『청소년 문제와 보호』가 있으며, 역서로는 『시민교육의 이해』, 『다문화교육 입문』 등이 있다.

사회과교육론

초판 1쇄 발행 / 2024년 8월 30일
초판 3쇄 발행 / 2026년 2월 5일

●

저 자 / 모 경 환
발행인 / 이 중 수
발행처 / **동 문 사**

●

서울특별시 서대문구 홍제원 1길 12
(홍제동 137-8)
Tel : 02)736-3718(대), 736-3710, 3720
Fax : 02)736-3719
등록번호 : 1974.04.27. 제9-17호
가격 : 26,000원

●

ISBN : 979-11-6328-616-5 (93370)
E-mail : dong736@naver.com
www.dongmunsa.com